Management-Reihe Corporate Social Responsibility

Reihenherausgeber
René Schmidpeter
Dr. Jürgen Meyer Stiftungsprofessur für
Internationale Wirtschaftsethik und CSR
Cologne Business School (CBS)
Köln, Deutschland

Das Thema der gesellschaftlichen Verantwortung gewinnt in der Wirtschaft und Wissenschaft gleichermaßen an Bedeutung. Die Management-Reihe Corporate Social Responsibility geht davon aus, dass die Wettbewerbsfähigkeit eines jeden Unternehmens davon abhängen wird, wie es den gegenwärtigen ökonomischen, sozialen und ökologischen Herausforderungen in allen Geschäftsfeldern begegnet. Unternehmer und Manager sind im eigenen Interesse dazu aufgerufen, ihre Produkte und Märkte weiter zu entwickeln, die Wertschöpfung ihres Unternehmens den neuen Herausforderungen anzupassen, sowie ihr Unternehmen strategisch in den neuen Themenfeldern CSR und Nachhaltigkeit zu positionieren. Dazu ist es notwendig, generelles Managementwissen zum Thema CSR mit einzelnen betriebswirtschaftlichen Spezialdisziplinen (z. B. Finanz, HR, PR, Marketing etc.) zu verknüpfen. Die CSR-Reihe möchte genau hier ansetzen und Unternehmenslenker, Manager der verschiedenen Bereiche sowie zukünftige Fach- und Führungskräfte dabei unterstützen, ihr Wissen und ihre Kompetenz im immer wichtiger werdenden Themenfeld CSR zu erweitern. Denn nur, wenn Unternehmen in ihrem gesamten Handeln und allen Bereichen gesellschaftlichen Mehrwert generieren, können sie auch in Zukunft erfolgreich Geschäfte machen. Die Verknüpfung dieser aktuellen Managementdiskussion mit dem breiten Managementwissen der Betriebswirtschaftslehre ist Ziel dieser Reihe. Die Reihe hat somit den Anspruch, die bestehenden Managementansätze, durch neue Ideen und Konzepte zu ergänzen, um so durch das Paradigma eines nachhaltigen Managements einen neuen Standard in der Managementliteratur zu setzen.

Heidrun E. Kopp
(Hrsg.)

CSR und Finanzratings

Nachhaltige Finanzwirtschaft:
Rating statt Raten!

Herausgeber
Heidrun E. Kopp
Institut für nachhaltiges Finanzwesen
Nibelungenviertel, Wien
Österreich

ISSN 2197-4322   ISSN 2197-4330 (electronic)
Management-Reihe Corporate Social Responsibility
ISBN 978-3-662-47460-0   ISBN 978-3-662-47461-7 (eBook)
DOI 10.1007/978-3-662-47461-7

Die Deutsche Nationalbibliothek verzeichnet diese Publikation in der Deutschen Nationalbibliografie; detaillierte bibliografische Daten sind im Internet über http://dnb.d-nb.de abrufbar.

Springer Gabler
© Springer-Verlag Berlin Heidelberg 2016
Das Werk einschließlich aller seiner Teile ist urheberrechtlich geschützt. Jede Verwertung, die nicht ausdrücklich vom Urheberrechtsgesetz zugelassen ist, bedarf der vorherigen Zustimmung des Verlags. Das gilt insbesondere für Vervielfältigungen, Bearbeitungen, Übersetzungen, Mikroverfilmungen und die Einspeicherung und Verarbeitung in elektronischen Systemen.
Die Wiedergabe von Gebrauchsnamen, Handelsnamen, Warenbezeichnungen usw. in diesem Werk berechtigt auch ohne besondere Kennzeichnung nicht zu der Annahme, dass solche Namen im Sinne der Warenzeichen- und Markenschutz-Gesetzgebung als frei zu betrachten wären und daher von jedermann benutzt werden dürften.
Der Verlag, die Autoren und die Herausgeber gehen davon aus, dass die Angaben und Informationen in diesem Werk zum Zeitpunkt der Veröffentlichung vollständig und korrekt sind. Weder der Verlag noch die Autoren oder die Herausgeber übernehmen, ausdrücklich oder implizit, Gewähr für den Inhalt des Werkes, etwaige Fehler oder Äußerungen.

Umschlagfoto: Michael Bursik

Gedruckt auf säurefreiem und chlorfrei gebleichtem Papier

Springer Gabler ist Teil von Springer Nature
Die eingetragene Gesellschaft ist Springer-Verlag GmbH Germany
Die Anschrift der Gesellschaft ist: Heidelberger Platz 3, 14197 Berlin, Germany

Vorwort des Reihenherausgebers: Finanzratings – AAA in Sachen Verantwortung?

Das Thema der gesellschaftlichen Verantwortung – Corporate Social Responsibility (CSR) – hat nicht nur in den Unternehmen Einzug gehalten. Auch die Finanzbranche beschäftigt sich mit dem Thema Nachhaltige Investments und dem Rating von Unternehmen auf Basis ökologischer, sozialer und wirtschaftlicher Kriterien. Welches Know how benötigen Entscheider, um mehr Transparenz, Nachhaltigkeit und Glaubwürdigkeit in Kredit- und Investitionsentscheidungen zu erlangen? Eine große Herausforderung dabei ist sicher das Wechselspiel zwischen dem realen Handeln und der Kommunikation zu den Nachhaltigkeitsaktivitäten von Unternehmen. Insbesondere dann, wenn es um die Vergleichbarkeit der dargebotenen Informationen verschiedener Unternehmen – womöglich aus ganz unterschiedlichen Branchen – geht. So ist es nicht verwunderlich, dass sich die Kriterien für nachhaltige Investments der einzelnen Ratingagenturen oft stark voneinander unterscheiden und sich zudem laufend weiterentwickeln. Für die Unternehmen und Investoren entsteht so ein sehr unübersichtliches Bild in Sachen Nachhaltigkeitsratings.

Daher bilden sich mittlerweile einschlägige CSR-Standards, welche auch in den Finanzratings Berücksichtigung finden (werden). Die Finanzbranche steht dabei vor der großen Herausforderung, diese auch für die Wettbewerbsfähigkeit europäischer Unternehmen gewünschte Transparenz in Finanzanlagen weltweit zu fördern, ohne dabei neue bürokratische Hürden für erfolgreich handelnde Unternehmen – insbesondere im Mittelstand – aufzubauen. Zudem gilt es Nachhaltigkeit und Profitabilität nicht als Gegensatz zu sehen, sondern als wechselseitig notwendig und befördernd zu begreifen. Es stellt sich damit auch die Frage ist ein AAA ohne Nachhaltigkeit bzw. CSR überhaupt denkbar?

In vielfältigen Bereichen hat sich mittlerweile gezeigt, dass CSR-Maßnahmen die Rentabilität von Unternehmen erhöhen. Indem zum Beispiel die Mitarbeitermotivation, die Kundenzufriedenheit oder aber auch die Qualität der Zulieferbeziehungen steigt. Neben der reinen Effizienzfrage, rückt dabei auch die Frage nach der Effektivität in den Fokus. Ist das Geschäftsmodell des Unternehmens als Ganzes überhaupt nachhaltig? Muss das Unternehmen um die langfristige Rentabilität zu erhalten, ökologische und soziale Fragen stärker als bisher in die Kalkulationen miteinbeziehen? Ist die Externalisierung von Kosten, zum Beispiel die Verschmutzung der Umwelt überhaupt tragbar oder wird hier die Politik, die Stakeholder oder die Märkte das Unternehmen in Zukunft abstrafen und damit die Rentabilität des Geschäftsmodells gefährden?

Alles Fragen, die bei der Bewertung von Unternehmen durch Investoren miteinfließen müssen. Verstärkt wird die Dringlichkeit von fundierten Nachhaltigkeitsratings dadurch, dass es weltweit mittlerweile mehrere Billionen von Dollars und Euros gibt, die auf der Suche nach explizit nachhaltigen Investments sind. Zum einen, weil es Investoren so wollen, zum anderen, weil bereits gesetzliche Auflagen zur nachhaltigen Geldanlage zum Beispiel bei Pensionsfonds bestehen. Es scheint daher verwunderlich, dass Nachhaltigkeitskriterien in der klassischen Betriebswirtschaftslehre im Themenfeld Investitions- und Kreditentscheidung oft nahezu komplett ausgeblendet werden. Daher sind viele wichtige Fragen auch heute noch nicht akademisch ausreichend reflektiert. Wie kann ein integratives Nachhaltigkeitsrating aussehen, welches allen Stakeholdern und Managern nützliche Informationen liefert, ohne dabei zu viel Aufwand und Kosten zu erzeugen? Wie kann eine professionelle Investitionsentscheidung basierend auf Nachhaltigkeitskriterien sowohl die Wettbewerbsfähigkeit des Unternehmens fördern als auch die Anlagerenditen der Investoren erhöhen?

Aus der Praxis kommen jedoch vermehrt Beispiele, die aufzeigen, dass das Thema gesellschaftliche Verantwortung (CSR) zutiefst mit Finanz- und Investitionsentscheidungen zusammenhängt. Die finanzielle Dimension von Nachhaltigkeit erweist sich damit als entscheidend für die Zukunftsfähigkeit von Unternehmen und ganzen Branchen. Zudem zeigt sich bei den bereits etablierten Nachhaltigkeitsratings, dass insbesondere die Identifikation der richtigen Kennzahlen und ein modernes – dem Stand der aktuellen Diskussion entsprechendes – CSR-Verständnis maßgeblich für die Akzeptanz von Nachhaltigkeitsratings bei den Investoren und den Unternehmen ist. So ist bei vielen Investoren mittlerweile unbestritten, dass vielfältige ökologische und soziale Fragestellungen direkt oder indirekt den unternehmerischen Erfolg jedes Unternehmens mitbestimmen. Zahlen und Fakten in den Bereichen Ökonomie, Ökologie und Soziales zu erheben und für die Investitionsentscheidung zu nutzen, kann daher nicht verkehrt sein. Jedoch beeinflusst auch hier das richtige Verständnis von CSR sowie die Anwendung einer fundierten Methode den Aussagegehalt und damit den Erfolg des Ratings.

In der Management Reihe Corporate Social Responsibility schließt die nun vorliegende Publikation mit dem Titel „CSR und Finanzratings" die Lücke zwischen betriebswirtschaftlicher Theorie und unternehmerischer Praxis im Bereich des Nachhaltigkeitsratings von Unternehmen. Interdisziplinär und in einer neutralen Sichtweise behandelt sie die Rolle des Finanzratings für die aktuelle Corporate Social Responsibility Diskussion. Darauf aufbauend stellt das Buch konkrete Instrumente für das erfolgreiche Abschneiden bei Nachhaltigkeitsratings von Unternehmen dar. Es zeigt dabei auch auf, wie ein positives Nachhaltigkeitsrating die CSR-Strategie und damit auch den wirtschaftlichen Erfolg eines Unternehmens positiv beeinflussen kann. Alle LeserInnen sind damit herzlich eingeladen, die in der Reihe dargelegten Gedanken aufzugreifen und für die eigenen beruflichen Herausforderungen zu nutzen sowie mit den Herausgebern, Autoren und Unterstützern dieser Reihe intensiv zu diskutieren. Ich möchte mich last but not least sehr herzlich bei der Herausgeberin Dr. Heidrun Kopp für ihr großes Engagement, bei Michael Bursik und

Janina Tschech vom Springer Gabler Verlag für die gute Zusammenarbeit sowie bei allen Unterstützern der Reihe aufrichtig bedanken und wünsche Ihnen, werte Leserinnen und werter Leser, nun eine interessante Lektüre.

Prof. Dr. René Schmidpeter

Vorwort von Marlehn Thieme
Vorsitzende des Rates für Nachhaltige Entwicklung

Was macht ein gutes Rating aus? Mit Sicherheit die Fähigkeit, unternehmerische Chancen und Risiken umfassend zu betrachten und zu bewerten. Ratings, die lediglich auf Finanzkennzahlen fokussieren, blenden wichtige Aspekte der Unternehmensrealität aus, die die unternehmerische Leistungsfähigkeit und Zuverlässigkeit ausmachen. Selbst Analysten schätzen, dass lediglich 20 % der unternehmerischen Leistungsfähigkeit in den Finanzkennzahlen repräsentiert sind; der Rest ist in sogenannten intangible assets zu finden, die sich auch dem Blick der meisten gängigen Ratingsysteme entziehen. Diese nichtfinanziellen Leistungen sind es, die letztlich die wirtschaftlichen Erfolgsaussichten stärken – für die Unternehmen selbst und für die investierenden Kapitalgeber. Ein Unternehmen ist dann wirklich gut, wenn es rundum gute Produkte und Dienstleistungen anbietet, die fit für Zukunftsmärkte sind. Ein Unternehmen ist dann wirklich gut, wenn es anständig mit Mitarbeitern und Geschäftspartnern umgeht, die Umwelt immer weniger belastet und mit dem Geschäftszweck einen konkreten gesellschaftlichen Nutzen bringt.

Doch wie bewertet man das? Wie können Risikomanagementsysteme im Finanzmarkt funktionieren, die diese weniger harten Faktoren integrieren? Das ist die zukunftsentscheidende Frage für eine zukunftsfähige Wirtschaft mit einem entsprechend ertüchtigten Finanzmarkt.

In der digitalen Gesellschaft und der globalisierten Wirtschaft kommt es mehr denn je darauf an, eine Meinungsbildung auf Basis verlässlicher Informationsquellen zu ermöglichen – und das zu vernünftigen Kosten. Leitfragen, die helfen, die Zukunftsfähigkeit und Integrität eines Unternehmens unter die Lupe zu nehmen, bietet der Deutsche Nachhaltigkeitskodex. Er bietet einen Referenzrahmen für Nachhaltigkeit, der für alle Unternehmungen gleichermaßen gültig ist – seien es privatwirtschaftliche oder öffentliche, seien es produzierende oder dienstleistende Unternehmen, seien es Wissenschafts- oder zivilgesellschaftliche Organisationen. Alle agieren auch wirtschaftlich und haben wichtige Stakeholder: Sie sind Arbeitgeber, Nachfrager und Anbieter von Produkten und Dienstleistungen, ob wirtschaftlicher, wissenschaftlicher oder politischer Natur.

Der Nachhaltigkeitskodex ist zunächst ein Transparenzstandard, der vom Rat für Nachhaltige Entwicklung über einen drei Jahre währenden Entwicklungsprozess gemeinsam mit Unternehmen, zivilgesellschaftlichen Organisationen und Vertretern der Finanzwirtschaft erarbeitet wurde. In Deutschland empfehlen wir ihn zur freiwilligen Anwendung.

Das Ziel ist, Akzeptanz für die Offenlegung von nichtfinanziellen Informationen zu schaffen, indem wir Unternehmen einen praktikablen Einstieg anbieten. Der Nachhaltigkeitskodex leistet das mit 20 Kriterien und ausgewählten Leistungsindikatoren.

Der Deutsche Nachhaltigkeitskodex nutzt insbesondere Unternehmen, die Nachhaltigkeit bereits strategisch oder aus einer historisch gewachsenen Unternehmenskultur heraus im Kerngeschäft verankern. Das können deutsche und europäische Unternehmen sein, die qua Firmensitz dichtere Regulierung etwa in der Umwelt- und Sozialgesetzgebung und damit höhere Produktionskosten haben und dies in einen Wettbewerbsvorteil verwandeln möchten. Und das können Unternehmen mit globalen Wertschöpfungsketten sein, die freiwillige Maßnahmen ergreifen, um negative Folgen ihrer Geschäftstätigkeit auf Umwelt und Gesellschaft zu reduzieren und die positiven zu maximieren. Einfach, weil sie es für richtig halten. Es ist legitim, zu erwarten, dafür am Markt honoriert zu werden. Momentan sind diejenigen die Gewinner am Markt, die es schaffen, unliebsame Effekte zu externalisieren. Doch die Gesellschaft ändert sich, und die Wirtschaft wird sich auch ändern müssen. Und sie wird sich ändern, da der entsprechende Handlungsdruck im globalen Wettbewerb wächst. Die Preise für Lebensmittel und endliche Rohstoffe steigen, das Gefälle zwischen Arm und Reich spaltet die Gesellschaft, die multipolare Welt mit ihren unterschiedlichen Rechtsräumen steht im Wertekonflikt.

Die unternehmerische Verantwortung ist so vielfältig wie die Unternehmenswelt selbst. Manche haben Nachhaltigkeit im Kerngeschäft schon länger als Wettbewerbsvorteil erkannt und entwickelt, andere befassen sich noch gar nicht damit. Daher ist der Nachhaltigkeitskodex auch ein Instrument, um das Thema strategisch zu entwickeln und die Chancen zu ergreifen, die in der vorausschauenden Befassung mit Nachhaltigkeitsthemen liegen. Der Deutsche Nachhaltigkeitskodex bietet ein Maximum an Gestaltungsspielraum für Transparenz innerhalb eines standardisierten Rahmens, der Vergleichbarkeit schafft. Mit dem Comply-or-Explain-Ansatz und dem Wesentlichkeitsprinzip kann jedes Unternehmen für sich entscheiden und nach außen erklären, was wichtig ist und worin der Konsolidierungskreis besteht, für den ein Unternehmen seine Verantwortung definieren kann.

Entsprechenserklärungen zum DNK mit seinen 20 Kriterien und der stützenden Auswahl quantifizierbarer Leistungsindikatoren liefern eine nüchterne, zukunftsorientierte und damit modellierbare Informationsbasis. Als Kernzielgruppe hat der Nachhaltigkeitsrat vor allem Kapitalmarktakteure im Sinn. Das Ziel ist, Kapitalströme in nachhaltige Geschäftsmodelle zu lenken. Wir ergänzen mit einer Datenbank mit Entsprechenserklärungen zum Nachhaltigkeitskodex den etablierten Markt anspruchsvoller ESG-Ratings und sozialethischer Investments, der auf einen Marktanteil von 1,4 % beziffert wird. Der Markt, den wir motivieren und bewegen wollen, sind die übrigen 98,6 %. Dafür brauchen wir einen langen Atem – und die Unterstützung durch berichtende Unternehmen ebenso wie durch nachfragende Investoren.

Ich bin davon überzeugt, dass der Nachhaltigkeitskodex an der richtigen Stelle ansetzt, denn in der Vergangenheit haben wir gesehen, dass die bisher praktizierte Nachhaltigkeitsberichterstattung das Informationsbedürfnis insbesondere des Kapitalmarktes nicht befriedigen kann. Investoren brauchen standardisierte Informationen, die leicht auffindbar sind und aus denen sich Kennzahlen und Produkte gestalten lassen. Sie brauchen neben dem Bericht auch zukunftsbezogene Aussagen über Nachhaltigkeitsziele, um den unternehmerischen Erfolg bewerten zu können.

Hier treffen sich die Interessen des Finanzmarktes mit denen der Unternehmen, die sich mit einer Vielzahl von Berichtsanforderungen konfrontiert sehen. Sie beklagen immer wieder die Flut an Fragebögen, einer Black Box von Ratings und Rankings, die ihre Bewertungskriterien selbst den bewerteten Unternehmen nicht offenlegen. Daher braucht es einen Mechanismus, der das Lernen in Unternehmen ermöglicht. Auch hier kann der Nachhaltigkeitskodex unterstützen. Würden Ratings und Rankings ihre spezifischen Fragebögen auf den Kernanforderungen nachhaltigkeitsbezogener Transparenz, wie sie der Nachhaltigkeitskodex formuliert, aufbauen, dann sänken die Transaktionskosten für die Unternehmen, und es wäre möglich, zumindest ein Schlaglicht auf die Bewertungsmaßstäbe der Ratingagenturen zu werfen.

Wir brauchen mehr Mut zur Auseinandersetzung mit den eigenen Nachhaltigkeitsleistungen, mit Zielkonflikten und mit gesellschaftlichen Herausforderungen der Zukunft – auch in der Finanzwirtschaft. Deshalb ist es wichtig zu erkennen, ob Kompetenzen für die Bewertung von Nachhaltigkeitsleistungen bereits in ausreichendem Maße vorhanden sind, oder ob es Nachholbedarf gibt. Die EU-Berichtspflicht zu nichtfinanziellen Informationen und Diversity, die 2014 verabschiedet wurde, spricht die Finanzindustrie und Versicherungswirtschaft als Schlüsselbranchen an. Ich halte diesen Schritt für wichtig, haben diese Branchen doch eine potenzielle Hebelwirkung und können nachhaltige Entwicklung maßgeblich befördern oder verhindern.

Keine unternehmerische Praxis wird erfolgreich sein ohne die artikulierte oder schweigende Zustimmung von uns allen. Wir können sie daher ändern. Wir können als Investoren und Bürger, als Politiker und Unternehmen auch die Praxis der Finanzwirtschaft ändern. Dafür brauchen wir in Deutschland und Europa, und dann sicher auch globaler, eine Verständigung und einen Vergleichsrahmen für wirtschaftliche Nachhaltigkeit, die Governance-Fragen ebenso berücksichtigen wie gesellschaftliche und ökologische Tragfähigkeiten. Erst wenn klar ist, was unsere gemeinsamen Visionen und Ziele nachhaltigen Wirtschaftens sind, kann eine Dynamik entstehen, welche die Mechanismen der Märkte verändert. Zum Wohl für uns alle und für die uns nachfolgenden Generationen.

Marlehn Thieme

Photocredit: Rat für Nachhaltige Entwicklung

Marlehn Thieme ist Vorsitzende des Rates für Nachhaltige Entwicklung. Sie studierte Rechts- und Sozialwissenschaften. Von 1986 bis Ende 2013 arbeitete sie bei der Deutschen Bank AG. Nach einer Trainee-Ausbildung in Remscheid, Wuppertal und Mailand war sie in der zentralen Personalabteilung in Frankfurt tätig. 1995 wurde sie Geschäftsführerin der Stiftung Alfred Herrhausen „Hilfe zur Selbsthilfe". Ab 2001 war Marlehn Thieme im Privatkundengeschäft tätig, von 2005 bis 2013 zeichnete sie als Direktorin für den Bereich Corporate Social Responsibility (CSR)/Corporate Citizenship verantwortlich. Von 2008 bis 2013 war sie Mitarbeitervertreterin im Aufsichtsrat der Deutsche Bank AG, seit 2015 ist sie Aufsichtsratsvorsitzende der Bank für Kirche und Diakonie (KD-Bank). Marlehn Thieme ist Mitglied des Rates der Evangelischen Kirche in Deutschland (EKD) und des Fernsehrates des ZDF. Seit 2004 ist sie Mitglied des Rates für Nachhaltige Entwicklung. Von Juli 2010 bis Februar 2012 war sie dessen Stellvertretende Vorsitzende, am 29. Februar 2012 wurde sie zur Vorsitzenden des Rates gewählt.

Inhaltsverzeichnis

Vorwort des Reihenherausgebers: Finanzratings – AAA in Sachen Verantwortung? V

Vorwort von Marlehn Thieme, Vorsitzende des Rates für Nachhaltige Entwicklung IX

Nachhaltigkeitsratings: Zur „Vermessung" von Nachhaltigkeit im Finanzbereich 1
Heidrun E. Kopp

Teil I   Information ist alles – Nachhaltigkeitsratings im globalen Kontext

Vertrauen schaffen, Bewusstsein bilden 31
Gertrude Tumpel-Gugerell

Die Rolle von nachhaltigen Ratingagenturen im europäischen Kontext 37
Othmar Karas

Sustainability Principles and Standards of the European Investment Bank (EIB) 43
Wilhelm Molterer

Es bedarf eigentlich nur eines gesunden Hausverstands, um Dinge nachhaltig zu gestalten – Interview mit Helmut Mödlhammer, Präsident des Österreichischen Gemeindebundes 47
Helmut Mödlhammer

Teil II   Das gute Geld – Qualität geprüft: Begrifflichkeiten

Wie nützlich sind Nachhaltigkeitsratings für eine nachhaltige Entwicklung von Unternehmen? 55
Claudia Döpfner

**Der Markt für nachhaltige Geldanlagen in Deutschland und Europa –
Standards und Trends** 65
Claudia Tober

Investment Reporting im Wandel 79
Oliver Oehri

Teil III   Kontrolle schafft Vertrauen – Gütesiegel für Privatkund/innen

**Nachhaltige Geldanlagen in Österreich:
Rahmenbedingungen – Motivation – Entwicklung** 91
Roswitha M. Reisinger

Das Österreichische Umweltzeichen für Nachhaltige Finanzprodukte 99
Christian Kornherr

Teil IV   Das Prinzip der Verantwortung – Staatenratings im Fokus

**Das Rating der Nachhaltigkeit von Staaten – Analyse und Bewertung
existierender Ratingmethoden** 109
Henry Schäfer und Florian Sauter

Sustainability Ratings auf Länderebene 135
Marcia Hoffmann und Richard Lernbass

Sustainability Rating As Internal Challenge for the Financial Sector 151
Bastiaan C. J. Zoeteman

**Teil V   Unternehmensratings gestern – heute – morgen
           Herausforderungen und Chancen**

Fünf Fragen an Robert Haßler – CEO der oekom research AG 175
Robert Haßler

**Man muss den Finanzanalysten ökologisch relevante Aspekte inzwischen
nicht mehr erklären – Reinhard Friesenbichler im Gespräch über
Nachhaltigkeitsratings im Wandel der Zeit** 187
Reinhard Friesenbichler

Fünf Thesen zu den Erfordernissen eines Nachhaltigkeitsratings 2.0 193
Silke Stremlau

Inhaltsverzeichnis

Die Nachhaltigkeitszertifizierung der Vorsorge- und Pensionskassen – ein Erfolgsmodell am nachhaltigen Finanzmarkt? 207
Susanne Hasenhüttl

Teil VI   Potenzial durch Transparenz - Integriertes Reporting

Integrated Reporting und Nachhaltigkeitsratings 221
Aslan Milla und Julia Knauseder

Nachhaltiger investieren durch integrierte Ratings – Königsweg oder Utopie? 235
Johannes Weber und Karen Wendt

Teil VII   Who Cares Wins (UN Global Compact) – Ethik und Erfolg in Unternehmen

Nachhaltigkeit der BONUS Pensionskassen Aktiengesellschaft und der BONUS Vorsorgekasse AG 257
Gabriele Feichter und Romana Pontasch-Reiner

Von den Herausforderungen bei Einführung nachhaltiger Investmentstrategien in der Finanzbranche 271
Herbert Ritsch

Wie nützlich sind CSR-Ratings? 281
Michael Sasse

Changing Sustainability Paradigms in a Turbulent Banking Environment ... 289
Hans Biemans

Teil VIII   Praktisch nachhaltig – Case Studies

Negative Screening und Exklusionsprozesse im Rahmen von Socially Responsible Investing: Der norwegische Pensionsfonds GPFG als Fallstudie 315
Marie Czuray, Stéphane Gartner und Markus Scholz

Transparenz, Nachhaltigkeit und Rendite: *Das* wirtschaftliche Erfolgskonzept der Zukunft 329
Stefanie Schock und Armand Colard

Die Herausgeberin

Photocredit: Edith Walzl

Dr. Heidrun E. Kopp MBA, MA ist Expertin für CSR & Nachhaltigkeit, studierte in Wien, London und den USA (u.a. Executive Training zum Thema „Corporate Social Responsibility" an der Harvard Business School). Sie verfügt über langjährige Erfahrung im Bankensektor mit Fokus auf die Region Zentral- und Osteuropa. Ihr Schwerpunkt ist die Integration von CSR & Diversity ins Kerngeschäft von Banken. Hierbei konzentriert sie sich unter anderem auf die Bedeutung von Nachhaltigkeitsratings als wesentliche Ergänzung zu konventionellen Kreditratings, im Sinne der Kernfrage „Wie müssen Nachhaltigkeitsratings ausgestaltet sein und welche Rahmenbedingungen sind dafür in Zukunft erforderlich?"

Heidrun Kopp hat ihr Know-how und ihre Erfahrung in zahlreichen Fachforen, Vorträgen und Publikationen präsentiert. Ein weiterer Schwerpunkt in der Auseinandersetzung mit nachhaltiger Finanzwirtschaft liegt in der Verbesserung des Finanzwissens insbesondere von Jugendlichen. Im Jahr 2014 hat Heidrun Kopp das Institut für nachhaltiges Finanzwesen gegründet, als Dialogforum für zukunftsfähige, ökologische und soziale Initiativen im Finanzwesen. Eine Zielsetzung besteht in der Bewusstseinsbildung und Orientierungshilfe für engagierte Bürger/innen. Diese Plattform möchte sämtliche Stakeholder, die an einem innovativen und zukunftsfähigen Finanzwesen interessiert sind, in einen gleichberechtigten Dialog einbeziehen. (www.inafina.org)

Nachhaltigkeitsratings: Zur „Vermessung" von Nachhaltigkeit im Finanzbereich

Heidrun E. Kopp

> *Wir sind alle mitverantwortlich für das, was kommt. So ist es unser aller Pflicht, statt etwas Schlimmes vorauszusagen, uns einzusetzen für jene Dinge, die die Zukunft besser machen.*
> (Karl Popper)

Zusammenfassung

300 Jahre nach dem Tod von Hans Carl von Carlowitz, dem „Erfinder" der Nachhaltigkeit, ist der Begriff in aller Munde. In Carlowitz' „Sylvicultura Oeconomica" aus dem Jahr 1713 wird der Begriff der nachhaltigen, damals noch „nachhaltenden" Nutzung von Naturressourcen auf bestechend einfache Weise erstmals definiert: Im Rahmen einer geregelten Forstwirtschaft sollte immer nur so viel Holz geschlagen werden, wie auch wieder nachwachsen könne, um die bedeutende Ressource auch für kommende Generationen zu erhalten (vgl. Huss/ v. Gadow 2012, S.25). Die Brundtland-Kommission brachte diese Definition 1987 auf den allgemeineren Begriff einer Entwicklung, „die den Bedürfnissen der heutigen Generation entspricht, ohne die Möglichkeiten künftiger Generationen zu gefährden, ihre eigenen Bedürfnisse zu befriedigen und ihren Lebensstil zu wählen" (Brundtland 1987). Auf dem Weg vom Besonderen (Holz) zum Abstrakten (Bedarf) tun sich immer Lücken auf, die dazu einladen, sie mit Interpretationen zu füllen. Das ist die Herausforderung an Unternehmen, die „nachhaltige" Produkte und Leistungen anbieten, und an jene Ratingagenturen, die diese Nachhaltigkeit bewerten – als Entscheidungshilfe für Kunden, aber auch als inhaltliche Unterstützung für Unternehmen selbst.

H. E. Kopp (✉)
Institut für nachhaltiges Finanzwesen, Nibelungenviertel, Wien, Österreich
E-Mail: heidrun.kopp@inafina.org

Die Finanzwirtschaft spielt dabei eine zentrale Rolle: durch die unternehmerische Funktion der Institute, aber insbesondere durch die Hebelwirkung, die durch das Angebot an nachhaltigkeitstauglichen Anlageprodukten sowie in der Kreditbewilligung erreicht wird. Für die Finanzwirtschaft selbst könnte es sich auch aus ganz eigennützigen Motiven als bedeutsam herausstellen, nachhaltige Angebote zu machen und diese Nachhaltigkeit auch für Kunden/innen nachvollziehbar zu kommunizieren. Die Finanzkrise 2008 ist längst nicht vergessen, und das Vertrauen der Privatanleger in die Branche zurückzugewinnen ist immer noch eine entscheidende und schwierige Aufgabe, die Finanzunternehmen nicht geringschätzen sollten. Gütesiegel, die sich direkt an Konsument/innen richten und in anderen (Wirtschafts-)Bereichen bereits gut eingeführt sind, kommen auch als Entscheidungshilfe für die Privatanlage bereits zur Anwendung – wenn auch noch nicht in großem Umfang. In den kommenden Jahren dürften die „Guten Siegel" weiter an Bedeutung gewinnen, sofern es gelingt, sie als verlässliche und vertrauenswürdige Werkzeuge für die Banken ebenso wie für die Kund/innen im Markt zu verankern.

Persönliche Anmerkung zum Titel: Dieser wurde inspiriert vom Buch Die Vermessung der Welt (2005) von Daniel Kehlmann.

Dass die Idee des nachhaltigen Wirtschaftens im 21. Jahrhundert im Mainstream angekommen ist, ist nur auf den ersten Blick ein Gemeinplatz. Der Übergang zu einem „grünen Kapitalismus" (siehe Oliver Oehri in diesem Band) kann als äußerst komplex bezeichnet werden. Der Nachhaltigkeitsbericht wird insbesondere in großen Unternehmen zunehmend Standard – wenn auch noch vielfach mit starkem Fokus auf die externe Kommunikation und häufig mit zu geringer Verankerung in den Unternehmensstrukturen. Viele Nachhaltigkeitsgütesiegel sind bei Konsument/innen immer breiter akzeptiert. Zugleich steigen mit der zunehmenden Relevanz der Bewertung bzw. Wahrnehmung von Unternehmen als „nachhaltig" die Anforderungen an die Definition von Nachhaltigkeit – und damit an die Anbieter von CSR- bzw. Nachhaltigkeitsratings. Dass hier von CSR- bzw. Nachhaltigkeitsratings die Rede ist, deutet auf ein Problem hin, welches die Branche der Ratingunternehmen ebenso wie ihre Kunden vielfach beschäftigt: Die Begrifflichkeiten sind uneinheitlich: ESG-Rating, CSR-Rating, Nachhaltigkeitsrating, Sustainability Rating existieren als Bezeichnungen parallel nebeneinander, in der akademischen Auseinandersetzung ebenso wie in der öffentlichen Diskussion.

Die Bewertung von Nachhaltigkeit im unternehmerischen Kontext wird heute von einer Vielzahl von Nachhaltigkeitsratingagenturen auf europäischer und internationaler Ebene angeboten, darunter Agenturen wie oekom research (Deutschland), Vigeo (Frankreich, Belgien), Sustainalytics (Deutschland), CDP/Carbon Disclosure Project (Großbritannien), FTSE4Good (Großbritannien). Diese Ratingagenturen analysieren und bewerten Großunternehmen jeder Branche, in der Regel börsennotierte Unternehmen, nach eigenen Kriterienkatalogen und im Auftrag (und auf Rechnung) von Investoren. Im Gegensatz zu Ratings von herkömmlichen Ratingagenturen wie Moody's oder Standard & Poor's werden Nachhaltigkeitsunternehmensratings nicht vom bewerteten Unternehmen beauftragt und bezahlt. Die Unternehmensbewertungen nach Nachhaltigkeitskriterien werden anhand definierter Methodologien vorgenommen und umfassen soziale und ökologische Kategorien, fallweise wird auch die ökonomische Dimension berücksichtigt.

Dass die Definition dieser Kategorien Schwierigkeiten bereitet, liegt auf der Hand. Der Nachhaltigkeitsbegriff beruht auf einer grundlegenden Übereinkunft darüber, was als nachhaltig zu bezeichnen ist: Unterschiedliche ethische Vorstellungen führen also auch zwangsläufig zu unterschiedlichen Kriterien bei der Bewertung von Nachhaltigkeit durch verschiedene Ratinganbieter. Das Fehlen verbindlicher Standards wird von den bewerteten Unternehmen oft kritisiert, ebenso wie die mangelnde Transparenz im Ratingprozess (vgl. dazu den Beitrag von Michael Sasse in diesem Band).

Transparenz könnte im Zusammenhang mit Nachhaltigkeitsratings das entscheidende Schlagwort werden – zwar ist die Diskussion um einheitliche Ratingstandards ebenfalls ein vieldiskutiertes Thema, die Forderung stößt aber nicht nur auf Gegenliebe. Die Bewertung von Nachhaltigkeit, so wird von Seiten zahlreicher Stakeholder und Expert/innen argumentiert, sei zu komplex und von zu vielen Faktoren abhängig, als dass sie auf einige allgemeingültige Standards reduziert werden könne. Unterschiedliche sozioökonomische Umstände seien ebenso zu berücksichtigen, wie der Rekurs auf verschiedene ethische Konzepte zulässig bleiben müsse.

In jedem Fall ist es bei der Diskussion um einheitliche Standards entscheidend, wer in sie einbezogen wird, und unerlässlich, die Vor- und Nachteile für Unternehmen und Staaten gründlich abzuwägen und zu prüfen. Vorläufig scheint Transparenz im Prozess der „Mittelweg der Stunde" zu sein, was sich auch in vielen Beiträgen des vorliegenden Buches widerspiegelt.

Die Motivation, diesen Sammelband zusammenzustellen, entstand im Zuge der Arbeit an der Dissertation *Corporate Social Responsibility (CSR) in Bankunternehmen* (2011). Dabei stellte sich heraus, dass kaum Literatur existiert, die sowohl CSR-Expert/innen als auch interessierten Konsument/innen einen umfassenden, interessanten und verständlichen Überblick über Nachhaltigkeitsratingagenturen und sozial-ökologische Qualitätssiegel gibt. Diesen Überblick stellen die Autorinnen und Autoren des vorliegenden Bandes nun zur Verfügung – und einiges mehr. Für den Sammelband konnten namhafte Expert/innen aus Ratingunternehmen und aus dem Bankwesen gewonnen werden. Wissenschaftler/innen, die sich auf akademischer Ebene mit CSR und Nachhaltigkeit auseinandersetzen, haben ebenso Beiträge zur Verfügung gestellt wie Journalist/innen, die ihre Rechercheergebnisse zur Diskussion stellen, und Praktiker/innen, die ihre Erfahrungen teilen. Dadurch ergibt sich eine Vielfalt an ganz unterschiedlich konzipierten und ausgeführten Beiträgen – sie kann als Hinweis darauf verstanden werden, wie breit die Diskussion über Nachhaltigkeit auch in der Finanzwirtschaft mittlerweile geführt wird. In diesem Sinne ist auch der „Dialog" der einzelnen Beiträge im vorliegenden Band zu verstehen: Sie wurden von Expert/innen verfasst, die in der Sache engagiert sind, als Diskurs aus der und über die Praxis, der an vielen Stellen aus theoretischen Überlegungen entspringt und an ebenso vielen über sie hinausweist. Die in englischer Sprache gelieferten Beiträge wurden im Original belassen, um die Pointiertheit gerade dieser vor allem aus dem akademischen Bereich stammenden Texte nicht durch eine Übersetzung „abzuschleifen". Die Internationalität der Debatte ist ebenfalls ein wichtiger Aspekt, auf den in diesem Band hingewiesen wird und der in den englischsprachigen Beiträgen Ausdruck findet.

Der Band eröffnet mit einem Vorwort von **Marlehn Thieme**, u. a. Vorsitzende des Rates für Nachhaltige Entwicklung in Deutschland, die eine entscheidende Frage an den Anfang ihres Beitrages stellt: „Was macht gutes Rating aus?" Die bestechende Antwort: die Fähigkeit, unternehmerische Chancen und Risiken umfassend zu betrachten und zu bewerten. Das bedeute inzwischen, sich nicht bloß auf Finanzkennzahlen zu beschränken. Nicht-finanzielle Leistungen würden letztlich die wirtschaftliche Leistungsfähigkeit stärken, macht Thieme deutlich: „Ein Unternehmen ist dann wirklich gut, wenn es anständig mit Mitarbeitern und Geschäftspartnern umgeht, die Umwelt immer weniger belastet und mit dem Geschäftszweck einen konkreten gesellschaftlichen Nutzen bringt." Die Gestaltung von Risikomanagementsystemen im Finanzmarkt, die diese weniger harten Faktoren berücksichtigen, sei die zukunftsentscheidende Frage, der sich der Finanzmarkt ebenso wie die Wirtschaft zu stellen habe. In einer digitalen Gesellschaft und globalen Wirtschaft, so Thieme, sei es verstärkt erforderlich, Meinungsbildung auf Basis verlässlicher Informationsquellen zu ermöglichen – eine Thematik, der sich der Rat für Nachhaltige Entwicklung in Deutschland mit der Entwicklung des Deutschen Nachhaltigkeitskodex (DNK) angenommen habe. Der DNK biete ein Maximum an Gestaltungsspielraum für Transparenz innerhalb eines standardisierten Rahmens, der Vergleichbarkeit schaffe. So sollen vor allem Kapitalmarktakteure angesprochen werden, denn das Ziel des Deutschen Nachhaltigkeitskodex sei es, Kapitalströme in nachhaltige Geschäftsmodelle zu lenken. Thieme betont die Wichtigkeit der Auseinandersetzung mit dem Stand eigener Nachhaltigkeitsleistungen – gerade in der Finanzwirtschaft. Sie verweist auf die 2014 verabschiedete EU-Berichtspflicht zu nicht-finanziellen Informationen und Diversity, die Finanzindustrie und Versicherungsindustrie als Schlüsselbranchen anspreche. Diese Branchen, so Thieme, haben eine potenzielle Hebelwirkung und können nachhaltige Entwicklung maßgeblich befördern oder verhindern. Daher müssten die gemeinsamen europäischen Ziele und Visionen in Bezug auf das nachhaltige Wirtschaften auch in der Finanzwirtschaft definiert werden – unternehmerische Praxis erfordere immer die Zustimmung aller und könne also geändert werden.

1 Information ist alles – Nachhaltigkeitsratings im globalen Kontext

Die Ressourcen zur Bewältigung der Klimakrise haben wir, uns fehlt nur die Bereitschaft zum Handeln.
(Al Gore)

Welchen Stellenwert hat das Thema Nachhaltigkeit bzw. Nachhaltigkeitsratings im Rahmen europäischer Institutionen? Im Kontext der unternehmerischen Verantwortung (Corporate Social Responsibility) beschäftigt sich die Europäische Kommission seit ihrem Grünbuch „Europäische Rahmenbedingungen für die soziale Verantwortung der Unternehmen" aus dem Jahre 2001 mit diesem Thema (Europäische Kommission 2001). Die Forderungen sind sehr umfassend und sollen auch eine Einbeziehung relevanter Stakeholder sicherstellen. Vertrauensbildung und Imagestärkung gegenüber dem Kunden sind die erwarteten Folgen, die die (freiwillige) Teilnahme für Unternehmen attraktiv machen sollen. Regulatorische Verankerung wird von vielen Stakeholdern, insbesondere Wirtschaftsakteuren, mit dem Hinweis auf eine Einschränkung der Geschäftstätigkeit und administrativen und damit kostenintensiven Bürden abgelehnt. Dass es sich um eine Querschnittsmaterie handelt, die in viele Rechts- und Wirtschaftsbereiche reicht, wird vielfach ebenfalls als Schwierigkeit gesehen. Dieser Umstand könnte sich aber auch als Vorteil herausstellen, da dadurch ökologische und soziale Fragestellungen in anderen Rechtsbereichen verankert werden können. Als Beispiel ist die neue EU-Vergaberichtlinie 2014 zu nennen, die die Möglichkeit eröffnet, nachhaltige Beschaffungsnotwendigkeiten im öffentlichen Auftragswesen anzustoßen.

Zusammengefasst: Es existieren zum jetzigen Zeitpunkt auf EU-Ebene weder direkte Verpflichtungen zu Corporate Social Responsibility noch Sanktionsmöglichkeiten für „nicht-nachhaltige" Unternehmenstätigkeiten in der Finanzwirtschaft. Hier sei die „ketzerische" Frage erlaubt, wie ernst derartige Regulatorien genommen werden, wenn keine Sanktionsmöglichkeiten vorgesehen sind? Analog zur EU-Kommission kann exemplarisch eine globale Initiative genannt werden, die ebenfalls auf freiwillige Selbstverpflichtung von (Finanz-)Unternehmen setzt: der UN Global Compact, der 2000 auf Initiative des damaligen UN-Generalsekretärs Kofi Annan gegründet wurde, mit dem Ziel, die Globalisierung ökologischer und sozialer zu gestalten. Unternehmen haben hier die Möglichkeit, freiwillig beizutreten, um sich dann jedoch zur Einhaltung der zehn Prinzipien und zum regelmäßigen Fortschrittsbericht zu verpflichten. Es existiert in diesem Zusammenhang das Bestreben, auf regelmäßige Berichterstattung zu achten. Bei rd. 12.000 Unternehmen und Organisationen, die sich der Initiative verpflichtet haben, ist die Ernsthaftigkeit der Teilnehmenden aber das entscheidende Element. Eine weitere internationale Initiative ist die United Nations Environment Programme Finance Initiative (UNEP-FI) mit Sitz in Genf als eine globale Partnerschaft zwischen der UNEP und dem privaten Finanz- und Versicherungssektor. Dieser Initiative ist ein umfangreiches Engagement nicht abzusprechen, es wären aber wohl klarere und konkretere Verpflichtungen für die teilnehmenden Banken und Versicherungen wünschenswert.

Aufgrund der Spannbreite und Einflussmöglichkeiten dieser internationalen Organisation wären hier sicherlich weitere Möglichkeiten und Chancen ersichtlich, um diese Branche nachhaltiger zu machen. Im internationalen Vergleich kann festgehalten werden, dass die Europäische Zentralbank (EZB) und die europäischen Nationalbanken Nachhaltigkeit eher im konventionellen Sinne im Sinne von ökonomischer Resilienz (regulatorische Rahmenbedingungen betreffend) verstehen, und nicht notwendigerweise hinsichtlich ökologisch-sozialer Verpflichtungen.

Internationale Organisationen wie die Europäische Investitionsbank (EIB) verfügen über nicht-finanzielle Zielsetzungen (ökologisch, soziale) in ihren Geschäftsbedingungen als Teil ihrer Geschäftsgebarung bzw. als Vereinbarung mit ihren Geschäfts- bzw. Kooperationspartnern. Dies ist ein erster wichtiger Schritt; ein konkreter Prozess zur Verfolgung der Einhaltung der Vereinbarungen wäre für konkrete Umsetzungen wohl wesentlich, wenn man hier eine Wirkung und einen Beitrag erzielen möchte. Gestaltungsmöglichkeiten – etwa durch Anreizsysteme – erfordern immer auch politischen Willen. Menschen mit Visionen vor allem in der Politik sind in der Geschichte immer dann gefragt, wenn große Entscheidungen anstehen. Heute bräuchte es solche Persönlichkeiten, die gelebte Nachhaltigkeit als Innovation und Chance wahrnehmen.

Die Beiträge des ersten Teiles des vorliegenden Bandes setzen sich mit den Spezifika von Nachhaltigkeitsthemen von der europäischen bis hin zur kommunalen Ebene auseinander. Dabei geht es um die Möglichkeiten und den Einsatz von Nachhaltigkeitsratings und die Implementierung von Standards ebenso wie um die tägliche Praxis nachhaltigen Wirtschaftens in (Finanz-)Betrieben und Institutionen. Wie ist es um die Implementierung verbindlicher Standards auf EU-Ebene bestellt? Wie können und sollen auf der anderen Seite auf kommunaler Ebene Schwerpunkte gesetzt werden?

Im Interview-Beitrag **Vertrauen schaffen, Bewusstsein bilden – ein Dialog mit Gertrude Tumpel-Gugerell** werden die Möglichkeiten von Nachhaltigkeitsratings, die Notwendigkeit von Rahmenbedingungen sowie die Rolle von Aufsichtsbehörden ausgelotet, um eine nachhaltige Wirtschaftsentwicklung zu unterstützen. Gertrude Tumpel-Gugerell, ehemaliges Mitglied des Direktoriums der Oesterreichischen Nationalbank sowie der Europäischen Zentralbank, geht dabei von einer grundlegenden Voraussetzung aus: „Der Finanzwirtschaft wird in der Gesellschaft klar die Rolle zugewiesen, nicht nur kurzfristige Gewinnoptimierung zu betreiben, sondern auch nachhaltige Wirtschaftsentwicklung zu unterstützen."

Nachhaltigkeitsratings könnten dazu beitragen, dass die Finanzwirtschaft diese Rolle dauerhaft ausfüllen kann. Tumpel-Gugerell definiert dabei die Integration von wirtschaftlichen Kriterien mit Nachhaltigkeitskriterien als einen Schlüsselpunkt – ob Nachhaltigkeitsaspekte in konventionelle Ratings einbezogen werden oder eine parallele Infrastruktur unterhalten wird, sei ebenso bedeutsam wie die Frage, wer Ratings veranlasst und bezahlt. Ratings müssten für die Kunden, die Investoren transparent sein. „Vertrauen" fällt als das zentrale Stichwort: Die durch die **Finanzkrise** hervorgerufene „Erschütterung" sei längst nicht überwunden. Auch deshalb schätzt Tumpel-Gugerell europaweite Standards als bedeutsam ein – einerseits käme dadurch für Investoren ein größerer Pool an Finanzmitteln zustande, und andererseits wäre auch beim Kauf von Produkten aus anderen Ländern sichergestellt, dass Prinzipien der Nachhaltigkeit eingehalten sind. Um das Thema Nachhaltigkeit im Finanzsektor langfristig aufzuwerten und zu verankern, sei neben dem Vertrauen in die Institutionen ein weiterer Aspekt unerlässlich: die Bewusstseinsbildung bei allen Einzelnen – Stichwort Finanzbildung.

In seiner Eigenschaft als Mitglied des Europäischen Parlaments ist **Othmar Karas** in der Lage, **die Rolle von nachhaltigen Ratingagenturen im europäischen Kontext** aus nächster Nähe zu beurteilen. Der Ausgangspunkt seines Beitrages ist das Postulat der Nachhaltigkeit: Dauerhafter Wohlstand könne nur in Verbindung mit nachhaltiger Entwicklung erreicht werden, nur durch langfristiges Denken und Handeln sei es möglich, Erreichtes zu bewahren und darauf Neues aufzubauen. Karas verweist auf die zentrale Rolle dieses Postulates in der ökosozialen Markwirtschaft und darauf, dass es auch den Kern der europäischen Wirtschaftsordnung bilde, wie etwa der Vertrag von Lissabon deutlich erkennen lasse. Im Zusammenhang mit Nachhaltigkeit in Bezug auf Ratingagenturen vollzieht Karas die Gesetzesimplementierungen und die aus diesen folgenden geänderten Rahmenbedingungen für Ratingagenturen seit 2013 nach, von den Änderungen bei den Regeln für die Ratingagenturen bis zu den Änderungen bei den rechtlichen Rahmenbedingungen der Finanzmärkte.

Betreffend die eigentlichen Nachhaltigkeitsratingagenturen spricht sich Karas für gemeinsame europäische Standards für die Quellen der Informationsgewinnung aus, sodass etwa Umweltziele und ihre Ergebnisse innerhalb Europas vergleichbar werden.

Die Europäische Union und ihre Organe – und dabei vor allem die Finanzinstitutionen – spielen im Nachhaltigkeitssektor nicht zuletzt durch ihre Vorbildfunktion eine entscheidende Rolle. Das gilt in besonderer Weise für die Europäische Investitionsbank (European Investment Bank – EIB), die Bank der Europäischen Union. **Wilhelm Molterer**,[1] Vizepräsident der EIB, gibt in seinem Beitrag einen Überblick über die Nachhaltigkeitsprinzipien und -standards der Institution.

Im Rahmen ihrer Aufgabe, Projekte zu finanzieren, um die Aufgaben und Zielsetzungen der Europäischen Union zu unterstützen, stelle die EIB im Rahmen interner Direktiven sicher, dass bei der Auswahl der Projekte jeweils auch auf ökologische und soziale Auswirkungen Bedacht genommen wird, sofern die jeweiligen Projekte nicht ohnehin einen direkten sozialen bzw. ökologischen Beitrag leisten. Molterer beschreibt die in diesem Zusammenhang implementierten Instrumente der **European Principles for the Environment** (2006) und des **Environmental and Social Principles and Standard Statement** (2009), in denen ökologische und soziale Standards festgeschrieben werden, die die EIB für die Finanzierung von Projekten vorsieht. Von Nachhaltigkeitsratingagenturen wird die EIB wie jede andere Bank behandelt. Molterer verweist auf die guten Ergebnisse der EIB in diversen Ratings und betont auch den Wert des Feedbacks, das Nachhaltigkeitsratings für die Verbesserung der eigenen Performance darstellen.

Während die EU auf supranationaler Ebene die Möglichkeit hat, Richtlinien und Verordnungen zu erlassen, beschränken sich die Möglichkeiten der **Gemeinden** auf die regionale, die kommunale Praxis. Dabei ist die Relevanz der kommunalen Gestaltungsoptionen nicht zu unterschätzen; die Gemeinden sind ein wesentlicher Wirtschaftsfaktor, und kommunale Entscheidungen wirken sich unmittelbar auf die Bürger/innen aus. Im Gespräch erläutert **Helmut Mödlhammer**, Präsident des Österreichischen Gemeindebundes, welche Möglichkeiten den Kommunen in wirtschaftlich schwierigen Zeiten und generell zur Verfügung stehen, um nachhaltig zu wirtschaften und zu investieren. Dabei geht es um Regionalität und um lokales Investieren, um ökologische, soziale und gesellschaftliche Kriterien und um die Frage nach dem Zusammenhang zwischen Nachhaltigkeit und menschlicher Vernunft.

Der an das Interview anschließende Fragenkatalog zu einem Survey, der in Kooperation mit dem Österreichischen Gemeindebund unter lokalen Entscheidungsträgern im Jahre 2016 durchgeführt wurde, gewährt einen zusätzlichen Einblick in den Themenkomplex „Nachhaltigkeit" auf kommunaler Ebene.

---

[1] Seit 2015 ist W. Molterer Managing Director des Europäischen Fonds für strategische Investitionen (EFSI, eine Initiative der EIB-Gruppe und der Europäischen Kommission).

2 Das gute Geld – Qualität geprüft: Begrifflichkeiten

Es erscheint manchmal wie eine „babylonische Sprachverwirrung": Unterschiedliche Wahrnehmungen von Nachhaltigkeit im unternehmerischen Kontext und deren konkrete Interpretation sowie die Anwendung von darauf aufbauenden Konzepten führen dazu, dass das Begriffsfeld „Nachhaltigkeit" kaum abzugrenzen ist. Eine Vermischung von deutschen und englischen Begriffen und die Bildung von Akronymen erschweren den seriösen Umgang mit der Thematik noch weiter. Votaw (1972) hat zum Begriff CSR einmal gemeint: „This term [CSR, d. Verf.] is a brilliant one; it means something but not always the same thing, to everybody." (Votaw 1972, S.25) Über den Begriff der Nachhaltigkeit kann getrost dasselbe gesagt werden. Ist dieser gordische Knoten zu lösen? Beziehungsweise: Kann man trotz der mangelnden definitorischen Perfektion legitime Ergebnisse aus der Betrachtung und der Bewertung von nachhaltigen Maßnahmen bekommen?

Diese Fragen sind wichtig, weil vom Verständnis des Begriffes letztlich auch die weitere Diskussion und Entwicklung der Nachhaltigkeitsratings abhängt. Die Trends auf dem Markt haben einerseits eine Vielzahl neuer Akteure und andererseits Zusammenschlüsse und Kooperationen bestehender Nachhaltigkeitsratingagenturen sowie deren Übernahme durch konventionelle Ratingagenturen zur Folge. Die entscheidende Frage, ob hier eher die Chance für eine langfristige Verankerung ökosozialer Themen oder die Gefahr einer Verwässerung des Themas – Stichwort „corporate green washing" – liegt, ist auch definitorisch zu stellen.

Die Autorinnen und Autoren des zweiten Teils klären wichtige Begriffe im Zusammenhang mit Nachhaltigkeit, ESG und CSR. Dabei kommt einerseits die Schwierigkeit zur Sprache, Nachhaltigkeit begrifflich festzumachen und unterschiedliche ethisch-politische Ansätze und Dispositionen auf einen Nenner zu bringen – beziehungsweise die Breite des Begriffes mit seinen unterschiedlichen Implikationen im Blick zu behalten. Andererseits werden mit besonderem Augenmerk auf die Finanzwirtschaft Arbeitsbegriffe eingeführt und diskutiert, die im Bereich Nachhaltigkeitsinvesting und -Rating eine Rolle spielen und für das Verständnis der verschiedenen Ratingmethoden und Investmentansätze von Bedeutung sind. Die Herleitung und Entwicklung der verschiedenen Begriffe bildet dabei in den einzelnen Aufsätzen einen interessanten Hintergrund.

Claudia Döpfner legt in ihrem Beitrag die provokant erscheinende Frage **Wie nützlich sind Nachhaltigkeitsratings für eine nachhaltige Entwicklung von Unternehmen?** analytisch an: Es geht darum zu zeigen, inwieweit die derzeit gängige Praxis der Anwendung von Nachhaltigkeitsratings der Anforderung gerecht wird, die an Ratings in der Theorie gestellt wird, nämlich, eine Rolle bei der Entwicklung der Marktwirtschaft in eine soziale, ökologische, zukunftsfähige Richtung zu spielen. Auch wenn Nachhaltigkeitsberichterstattung für große Unternehmen heute Standard sei, dürfe nicht vergessen werden, dass dabei vollkommen unterschiedliche Zugänge zur Anwendung kämen. Der Markt für Nachhaltigkeitsbewertungen, so Döpfner, sei ein bislang nicht öffentlich regulierter Bereich, der Begriff „Nachhaltigkeit" inhaltlich nicht geschützt. Die Folge sei, dass bei der Bewertung von Nachhaltigkeit bei manchen Anbietern ethisch-ökologisch orientierte Konzepte zur Anwendung kämen, die Nachhaltigkeitsbewertungskriterien als Wert an sich sehen würden, während andere ökonomisch orientierten Konzepten folgen, die sich auf soziale und ökologische Kriterien insofern konzentrieren würden, als diese eine direkte oder indirekte wirtschaftliche Auswirkung auf das bewertete Unternehmen haben. Derzeit würden überwiegend ökonomisch orientierte Ansätze angeboten, wertorientierte ethisch-ökologische Ansätze bilden demnach die Ausnahme am Markt. Die Autorin geht davon aus, dass diese Entwicklung sich fortsetzen und es zu einer weiteren Ökonomisierung von Nachhaltigkeitsratings kommen könnte, da Finanzdienstleister und Versicherungen selektiv Informationen bei Nachhaltigkeitsratingagenturen einkaufen und mit eigenen Infos und Know-how ergänzen würden. Auch die Übernahme von Nachhaltigkeitsratingagenturen durch große Finanzdienstleister, die Döpfner als nicht unkritisch einschätzt, würde hier eine Rolle spielen. Mit der breiten Verwendung des Nachhaltigkeitsbegriffes bewegen sich Ratingagenturen auf völlig korrekter Basis, so Döpfner, und gerade deshalb sei die Forderung nach Transparenz bei den Bewertungskriterien so relevant. Für sie steht es außer Zweifel, dass nur unabhängige und an wertorientierten, ethisch-ökologischen Ansätzen orientierte Ratingagenturen aussagekräftige Informationen zur Nachhaltigkeitsperformance liefern können.

Oliver Oehri bringt als Gründungspartner des CSSP (Center for Social and Sustainable Products AG) in Vaduz mit seinem Beitrag die schweizerisch-liechtensteinische Sichtweise ein. Im Aufsatz **Investment Reporting im Wandel** werden zunächst die gängigen Lesarten von ESG-Kriterien ökonomisch und zukunftsorientiert interpretiert: Inzwischen stehe hinter der Implementierung und Anwendung von ESG-Kriterien bzw. der Inanspruchnahme entsprechender Ratings nicht unbedingt an erster Stelle der Wunsch nach verantwortungsvollem oder ethisch bewusstem Handeln. Wirtschaftliche Überlegungen, konkret solche des Risikomanagements, würden zunehmend an Stellenwert gewinnen. Es werde daher von Experten erwartet, dass in den nächsten zehn Jahren Finanz- und Nachhaltigkeitsanalysen verschmelzen und sich die Berücksichtigung von ESG-Kriterien als Standard etablieren würde. Der Übergang zu einem **grünen Kapitalismus** werde, so Oehri, von internationalen Konzernen – mit Blick auf ein besseres Risikomanagement – zunehmend ebenso gefordert wie von den Regierungen führender Staaten. Dem drohenden Scheitern der Bemühungen, etwa den Klimawandel einzudämmen, stehen auch Initiativen des Finanzmarktes entgegen, etwa der 2014 initiierte Montreal Carbon Pledge. Eine bedeutsame Rolle, so Oehri, spielen Stiftungen und Family Offices im ESG-Kontext. Stiftungen, diese in Deutschland, Liechtenstein und der Schweiz so bedeutsamen gemeinnützigen Institutionen, würden selbst nur zu einem sehr geringen Prozentsatz gemeinnützig – und damit auch ökosozial nachhaltig – investieren. Inzwischen habe der Schweizer Stiftungsrat das ESG-Investing in den Swiss Codex/Verhaltenskodex übernommen. Family Offices, die sich dem Thema als Form der erweiterten Risikobetrachtung ihrer Investmententscheidungen immer häufiger widmen würden, fänden dabei Unterstützung auf digitalen Informations- und Netzwerkplattformen wie der „Family Office Academy". In einer ausführlichen Darstellung beschäftigt sich Oehri mit Orientierungshilfen bei der Einordnung von **Labels (Gütesiegeln)**. Mit Blick auf die verschiedenen europäischen

ESG-Investment-Labels gibt er dabei zu bedenken, dass diese inhaltlich äußerst heterogen seien und eine jährliche Überprüfung für Fonds außerdem unzureichend sei. Labels könnten deshalb nur eine grobe Orientierungshilfe für Kunden darstellen. Die Lösung sieht Oehri im ESG-Investment-Rating bzw. ESG-Investment-Reporting, das Portfolio-Strukturveränderungen sowie Rating-Veränderung der Emittenten in einem Portfolio dynamisch wiedergebe. Als Beispiel beschreibt Oehri die Plattform yourSRI.com, auf der ESG-Investment-Reportings sowohl für konventionelle als auch für nachhaltige Fonds abgefragt werden können.

Der Beitrag von **Claudia Tober** beschäftigt sich mit dem Markt für nachhaltige Geldanlagen hinsichtlich Definition, Methodik und Entwicklung. Tober geht außerdem auf entsprechende Instrumentarien im Bereich Transparenz, Orientierungshilfen sowie Standards ein und diskutiert identifizierte Trends und regulatorisches Potenzial. Als Geschäftsführerin des Forum Nachhaltige Geldanlagen (FNG) zitiert die Autorin die **Definition**, mit der das FNG arbeitet: „Nachhaltige Geldanlagen ist die allgemeine Bezeichnung für nachhaltiges, verantwortliches, ethisches, soziales, ökologisches Investment und alle anderen Anlageprozesse, die in ihre Finanzanalyse den Einfluss von ESG (Umwelt, Soziales und Governance)-Kriterien einbeziehen. Dies beinhaltet auch eine explizite schriftlich formulierte Anlagepolitik zur Nutzung von ESG-Kriterien." Die Umsetzung der Definition und des ESG-Ansatzes erfolge über verschiedene Anlagestrategien: Ausschlusskriterien, Best-in-Class, Engagement, Impact Investment, Integration, Nachhaltige Themenfonds, normbasiertes Screening, Stimmrechtsausübung. Das FNG arbeitet eng mit dem europäischen Dachverband Eurosif (European Sustainable Investment Forum) zusammen. Die Autorin zitiert eine Eurosif-Studie aus 2014, die neben der Dominanz institutioneller Anleger auf dem nachhaltigen Geldanlagemarkt und einem vergleichsweise hohen Anteil an privaten Investoren in Polen, der Schweiz, Frankreich, Deutschland und Finnland auch die dominierenden Strategien der Anleger nennt: Dabei würden Ausschlüsse von Investments nach spezifischen Kriterien an erster Stelle stehen, gefolgt von Engagement und Stimmrechtsausübung sowie Impact Investing, also Investitionen in Unternehmen, Organisationen oder Fonds mit der Zielsetzung, neben finanziellen Erträgen auch Einfluss auf soziale sowie ökologische Belange auszuüben. Um angesichts des starken Wachstums von nachhaltigen Geldanlagen und der immer stärker ausdifferenzierten Produktpalette die Informationskosten für Anleger zu senken und diesen die Entscheidung für ein nachhaltiges Anlageprodukt zu erleichtern, hat das FNG im deutschsprachigen Raum, im Kontext eines breit angelegten Stakeholder-Dialogs ein Qualitätssiegel für nachhaltige Publikumsfonds entwickelt (FNG-Siegel). Wesentlich sei auch die politische Rahmensetzung/Regulierung, die mit verschiedenen Ansätzen den Hebel für mehr Nachhaltigkeit durch den Finanzbereich verstärkt in Bewegung bringen könne.

3 Kontrolle schafft Vertrauen – Gütesiegel für Privatkund/innen

> *Wer die Verantwortung von sich weist, weist auch die Freiheit von sich.*
> (Hermann Schulze-Delitzsch)

In vielen Bereichen ist es bereits gelungen, maßgebliche Schritte hin zu einem nachhaltigen, einem „grünen" Produktangebot zu setzen und dies durch Qualitätssiegel oder auch Qualitätslabel sichtbar zu machen – auch nach teils schwierigen Anlaufphasen. Ein Beispiel ist die Lebensmittelbranche: Auch hier waren Gütesiegel zu Beginn sehr umstritten oder wurden belächelt. Heute sind sie aus der Branche kaum mehr wegzudenken und auf dem Markt gut etabliert. Ein Trend, der in dieser Dimension im Finanzbereich noch nicht sehr intensiv sichtbar ist. Möglicherweise handelt es sich hier um ein klassisches „Henne-Ei-Problem": Konsument/innen fragen nicht aktiv nach nachhaltigen Finanzprodukten und Banken bieten – deshalb – solche Produkte nur in sehr eingeschränktem Umfang an.

Liegt das daran, dass die Bankkund/innen kein Vertrauen in die Finanzprodukte haben und den „grünen" Versprechungen nicht glauben? Ist der Beratungs- und Schulungsaufwand für Banken zu hoch – auch weil vielfach das Stereotyp der geringeren Performance in den Köpfen von Entscheidungsträgern sitzt? Noch sind institutionelle Anleger die vordergründige Zielgruppe nachhaltiger Finanzdienstleistungen. Ein Trend in Richtung nachhaltiger Geldanlage für Privatkund/innen ist aber bereits zu erkennen. Um diesen die Anlageentscheidung zu erleichtern, könnten Gütesiegel und Zertifizierungen in Zukunft noch wichtiger werden. Ein Ziel könnte sein, dass jede Bank ein gut sortiertes „grünes Finanzprodukteregal" in ihrem Portfolio aufweist. Die Autor/innen dieses Teiles geben einen Überblick über die Thematik und einen Einblick in ihre Spezifika.

In ihrer Funktion als **Herausgeberin der Zeitschrift LebensART** hat **Roswitha M. Reisinger** sich umfassend mit dem Thema nachhaltige Geldanlagen beschäftigt: Im Rahmen eines umfangreichen Berichts in diesem Medium wurde eine umfassende Recherche und Analyse des österreichischen Marktes zum Thema **Angebot von nachhaltigen Geldanlagen in Österreich** durchgeführt. In ihrem Beitrag für den vorliegenden Band referiert die Autorin auf die so gewonnenen Erkenntnisse über das Spektrum nachhaltiger Geldanlagen in Österreich und die vorhandenen Gütesiegel zur Entscheidungshilfe für Privatkund/innen. Reisinger weist auf das gestiegene Volumen nachhaltiger Geldanlagen in Österreich in der jüngsten Vergangenheit hin. In Gesprächen mit der Autorin, aus denen diese zitiert, werden die Hintergründe der Entwicklung erörtert: Unternehmen und Fondsmanager sind lern- und kritikfähig und reagieren auch auf den Wunsch der Anleger – unter Berücksichtigung der entsprechenden Rendite –, zu einer besseren Welt beizutragen. Auch das Interesse der Privatkund/innen habe zugenommen, wenngleich nicht im selben Ausmaß wie das der institutionellen Anleger. Privatpersonen investieren vor allem in nachhaltige Themenfonds, etwa erneuerbare Energien oder Umweltschutz, weil sie zukunftsfähige Entwicklungen unterstützen wollen. Angesichts von Umfrageergebnissen, denen zufolge Österreicher/innen bei der Geldanlage vor allem Wert auf Sicherheit legen würden, erscheine das überschaubare Angebot von nachhaltigen Sparbüchern überraschend. Was den Wissensstand von Privatkund/innen zu nachhaltigen Anlagemöglichkeiten angeht, so führt die Autorin – wiederum unter Berufung auf namhafte Experten – aus, dass nur einer kleinen Minderheit von Bankkund/innen nachhaltige Fonds oder Zertifikate bekannt seien, und auch die Informationsqualität in Bankfilialen scheint eher bescheiden. Umso wichtiger seien für private Anleger Güte- und Qualitätssiegel, mit denen nachhaltige Geldanlagen zertifiziert werden. Deren wichtigste werden von der Autorin abschließend detailliert dargestellt.

Wie steht es um die konkreten Kriterien bei der Vergabe eines Gütesiegels? **Christian Kornherr** gibt in seinem Beitrag über das **Österreichische Umweltzeichen für Nachhaltige Finanzprodukte** einen Einblick in die Zertifizierung. Die Problematik der uneinheitlichen Definition von Nachhaltigkeit gießt Kornherr am Beginn seines Beitrages in Zahlen und Fakten: 397 nachhaltige Publikumsfonds seien laut Sustainable Business Institute im 3. Quartal 2014 in Deutschland, Österreich und der Schweiz zum Vertrieb zugelassen gewesen. Für die Erstellung der Statistik werde oft auf die Produktinformation der Fondsgesellschaften zurückgegriffen. Um dem Informationsbedürfnis in einem wachsenden Markt gerecht zu werden, so Kornherr, sei im Rahmen des Österreichischen Umweltzeichens, des offiziellen staatlichen Gütesiegels für umweltverträgliche Produkte, die Richtlinie für „Nachhaltige Finanzprodukte" geschaffen worden. Betreffend die Kriterien für die Vergabe dieses Gütesiegels betont der Autor die Notwendigkeit der aktiven Selektion nachhaltiger Unternehmen durch die Finanzdienstleister: „Ein konventioneller Fonds, der zufällig nachhaltige Titel im Portfolio hat, kann das Österreichische Umweltzeichen nicht erhalten." Im Verlauf des Beitrages erläutert Kornherr die dreisäulige Umweltzeichen-Kriterienstruktur im Detail und setzt auch die Rolle Österreichs als Vorreiter bei Nachhaltigkeitszertifizierungen im Finanzbereich im internationalen Vergleich auseinander.

Zu erwarten sei, dass sich für Privatanleger das Umweltzeichen-Portfolio in naher Zukunft um weitere Finanzprodukte wie Sparbücher erweitern werde: Der Markt bewege sich in Richtung der Privatanleger.

4   Das Prinzip Verantwortung – Staatenratings im Fokus

Die Welt, die wir geschaffen haben, ist das Resultat einer überholten Denkweise. Die Probleme, die sich daraus ergeben, können nicht mit der gleichen Denkweise gelöst werden, durch die sie entstanden sind.
(Albert Einstein)

In der medialen Öffentlichkeit werden eher Kreditratings wahrgenommen – dieser Trend hat sich seit der Finanz- und Wirtschaftskrise im Jahr 2008 noch verstärkt. Die Ratingagenturen haben in der öffentlichen Wahrnehmung nicht gut abgeschnitten, sie werden mitunter als Teil des Problems gesehen. Die entsprechenden Diskussionen haben bewirkt, dass interessierte Bürger/innen das Gefühl haben, mitreden zu können, wenn es um „Triple A's" oder auch um deren Verlust geht. Die Erweiterung des Risikoprofils durch ökosoziale Länderbetrachtungen wird wohl noch ein langer Weg werden. Manchmal beginnt der Umdenkprozess auch an der Basis: bei Gemeinden. Dort, wo Bürger/innen sich direkt angesprochen fühlen, weil es um ihren unmittelbaren Lebensraum geht.

Das Rating von Staaten nach Nachhaltigkeitskriterien zeigt die generelle Komplexität von Nachhaltigkeitsratings auf: Ist es grundsätzlich schon eine Herausforderung, Kriterien für die Bewertung nachhaltigen Wirtschaftens und Produzierens zu definieren, so stellt die Definition von Kriterien, mit denen Staaten bewertet werden sollen, noch einmal eine besondere Aufgabe dar. Um etwa die Nachhaltigkeit von Staatsanleihen zu bewerten, ist eine Vielzahl politischer, sozialer und ökologischer Kriterien zu beachten, für die Ratingagenturen wiederum auf der Grundlage ihres je eigenen Wertesystems Kriterien festlegen. Der Komplexität und Vielschichtigkeit des Feldes der Nachhaltigkeitsbewertung von Staaten wird mit drei besonders umfassend recherchierten Beiträgen Rechnung getragen.

Das Ziel des Beitrags von **Henry Schäfer und Florian Sauter** ist – basierend auf einer 2013 geleisteten Arbeit –, auf Staaten bezogene Nachhaltigkeitsratings (die Autoren verwenden den Begriff ESG-Ratings) verschiedener Ratinganbieter vergleichbar zu machen. Zu diesem Zweck definieren die Autoren im ersten Teil ihres Beitrages die relevanten Bewertungsfaktoren der ausgewählten ESG-Ratings, um im zweiten Teil ihr Scoringmodell zum Vergleich der Anbieter von ESG-Staatenratings vorzustellen und dessen Anwendung zu demonstrieren.

Im Zuge der Subprime-Krise, so Schäfer/Sauter, wurde die Rolle der Anbieter von Kreditratings (Credit Ratings) und deren Versagen diskutiert. Diese Diskussionen liefern Anhaltspunkte, die für die Analyse von Qualität und Geschäftsmodellen von ESG-Ratinganbietern wesentlich sind und aus denen Kriterien zur Bewertung von Ratinganbietern abgeleitet werden können.

Für die Bewertung im Rahmen des Scoringmodells gehen die Autoren auf die einzelnen Kriterien der neun für die Untersuchung ausgewählten Ratinganbieter ein: Sie analysieren Ratingphilosophie und -methodik, die Informationsquellen, die die Ratinganbieter verwenden, die Transparenz der Wertschöpfungskette, die Qualitätssicherung, die Unabhängigkeit der Anbieter von äußeren Einflüssen durch Stakeholder und die Flexibilität der Ratings in Gestalt der Möglichkeit der individuellen Anpassung einzelner Kriterien.

Die Autoren benennen die begriffliche Divergenz zwischen einzelnen ESG-Staatenratings als Problem, weisen aber auch darauf hin, dass es argumentierbare Gründe für unterschiedliche Begrifflichkeiten von Nachhaltigkeit gibt. Im Zusammenhang mit den Quellen, aus denen Ratinganbieter die Informationen für ihre Produkte beziehen, betonen die Autoren die Bedeutung von NGOs (nichtstaatlichen Organisationen), weisen aber auch auf das Problem der mangelnden Transparenz in diesem Kontext hin. Aufbauend auf den vorgestellten Bewertungskriterien werden die im Untersuchungssample ausgemachten Ratinganbieter von den Autoren mittels eines Scoringsystems bewertet und zu einem Ranking verdichtet. Verbesserungsbedarf machen Schäfer/Sauter im Bereich Transparenz aus und betonen, dass die transparente Darstellung des eigenen Ratingansatzes auch als

Zeichen selbstbewussten Auftretens und als Vertrauen in die Ratingmethodik gewertet werden kann.

Auf die von Schäfer/Sauter diskutierte Problematik unterschiedlicher Nachhaltigkeitskonzeptionen gehen auch **Marcia Hoffmann und Richard Lernbass** in ihrem Beitrag ein. Ausgangspunkt sind dabei zunächst die Ursachen und Auswirkungen der finanziellen Globalisierung der letzten beiden Jahrzehnte. In diesen Zeitraum, so die Autor/innen, sei auch die Bedeutung internationaler Portfolioinvestitionen in ausländische Aktien, Staats- und Unternehmensanleihen gestiegen. Bei wachsendem Interesse an der internationalen Diversifizierung von Anlagen gebe es einen wachsenden Bedarf an wirtschaftsspezifischen Informationen und damit auch Länderratings. Die seit der Jahrtausendwende rasch wachsende Nachfrage nach nachhaltigen bzw. ethischen Investitionen/Impact Investments führe folglich zu wachsender Nachfrage nach **Sustainability Ratings auf Länderebene**.

Neben den bekannten Länderratings von Moody's, Fitch oder Standard & Poor's werden Länderratings vermehrt auch von kleinen Ratingagenturen angeboten. Für den Nachhaltigkeitsbereich verweisen die Autor/innen u. a. auf das oekom Country Rating, in dem 55 Staaten anhand von rund 100 Umwelt- und Sozialkriterien bewertet werden. oekom research konzentriere sich auf Umwelt- und Sozialkriterien und verfolge somit die konträre Strategie zu den Ratingagenturen, die für regulatorische Länderratings ausschließlich ökonomische und fallweise politische Faktoren analysieren würden.

Schließlich verweisen Hoffmann/Lernbass auf das neue Modell des FER 3D Länder-Screenings, das neben sozialen und ökologischen auch die ökonomische Dimension berücksichtigt und als Quellen internationale und supranationale Organisationen, statistische Behörden, Universitäten, Forschungsinstitute, ausgewählte NGOs sowie eigene Berechnungen verwendet, um weltweite Vergleichbarkeit nach internationalen Standards zu garantieren.

Bastiaan C. J. Zoeteman, Professor am niederländischen Tilburg Sustainability Center, legt den Fokus seines Beitrages auf die **Nachhaltigkeitsleistung und -messung bei Ländern und Städten** und stellt verschiedene Instrumente zur Messung von Nachhaltigkeit vor, darunter den **Sustainability Attitude Index**, der an der Tilburg University entwickelt wurde.

Der Finanzbereich, so der Autor, habe sich erst in den letzten Jahren aufgeschlossener gegenüber Nachhaltigkeitsratings gezeigt – aufgrund anhaltenden Drucks seitens der Öffentlichkeit. Obwohl die globale Welle der Auseinandersetzung mit nachhaltiger Entwicklung und nachhaltigem Wirtschaften schon seit mindestens zwei Dekaden diskutiert werde, habe sich dies erst vor etlichen Jahren in der operativen Tätigkeit von Banken festgemacht („working floor").

Dabei stelle sich allerdings immer noch die Frage, so Zoeteman, ob die Krise von 2008 stark genug gewesen sei, um Nachhaltigkeitskriterien im Finanzbereich zu internalisieren. Fest stehe, dass sowohl Bürger/innen als auch nationale Parlamente in Europa nicht ausreichend für die Bedeutung des Finanzsektors im Bereich von Nachhaltigkeit und sozialen und ökologischen Angelegenheiten sensibilisiert seien. Dass Nachhaltigkeit im Finanzbereich utopisch bleibe, sei damit nicht gesagt; Bewusstseinsbildung bei CEOs sei ebenso möglich wie ein stärkerer Fokus auf die Nachhaltigkeitsperformance von Finanzunternehmen von Seiten der Konsumentenorganisationen. Der Autor beschreibt ausführlich die Anfänge des Nachhaltigkeitsmonitorings und weist anschließend darauf hin, dass internationale Vereinbarungen zur Umwelt- und Nachhaltigkeitsentwicklung auf nationaler Ebene beobachtet und statistisch festgemacht würden. Die konkrete Implementierung von Nachhaltigkeitszielen finde wiederum im Rahmen von konkreten Projekten auf der lokalen Ebene von Städten oder Gemeinden statt – durch Unternehmen, lokale Regierungen, Bürger/innen und finanziert durch Banken und Private-Equity-Partner. Für die Evaluierung der Nachhaltigkeitsleistung auf der Ebene von europäischen Städten seien zahlreiche, zumeist freiwillige Initiativen vorhanden, etwa das „Reference Framework for European Sustainable Cities" (RFSC), das eine Anleitung („tool kit") für Länder bereitstellt, um deren Arbeit für eine nachhaltige städtische Entwicklung zu unterstützen.

5 Unternehmensratings gestern – heute – morgen Herausforderungen und Chancen

> *Es ist nichts schwieriger im Vollzug, zweifelhafter im Erfolg oder gefährlicher in der Handhabe als die Einleitung einer neuen Ordnung. Diejenigen, die Änderungen einführen, haben Feinde in all denjenigen, die von der alten Ordnung profitieren, und nur mäßige Unterstützung von denjenigen, die von der neuen Ordnung profitieren.*
> (Nicolo Macchiavelli, in: Der Fürst)

Die Branche der Nachhaltigkeitsratingagenturen sieht sich selbst gut im Markt verankert. Deckt sich diese Selbsteinschätzung mit der Realität? Dass der Umgang mit Nachhaltigkeit ein zunehmend lukratives Geschäft ist, zeigt sich im Trend. Das bereits angesprochene Auftreten neuer Akteure und die Tendenz zur Verschmelzung und Kooperation zwischen Nachhaltigkeitsratingagenturen bedeuten auch, dass der zunehmende Wettbewerb und die steigenden Anforderungen der Nutzer/innen bestehenden Nachhaltigkeitsratingagenturen kaum eine Entscheidungsmöglichkeit – für oder gegen Zusammenschluss oder Kooperation – offenlassen.

Ob es durch die Verbreiterung der Branche zum „corporate green washing" kommen wird, wird sich zeigen – die Möglichkeit der Entwicklung hin zum bloßen „Image-Aufpolieren" für einige Unternehmen ist angesichts der aktuellen Entwicklungen jedenfalls nicht außer Acht zu lassen.

Eine signifikante Rolle wird Nachhaltigkeit nur dann spielen, wenn das Thema von den Akteuren des konventionellen Finanzmarktes aufgegriffen wird und sich Expert/innen der Branche, wie es Silke Stremlau hier formuliert, einer „anschlussfähigen Sprache für Konzernlenker" bedienen. Denn diese sind es letztlich, bei denen das Thema Nachhaltigkeit ankommen muss, um langfristig Signifikanz zu erreichen. Dass hier – auch wenn von nahezu allen Autor/innen von einem Verbesserungspotenzial u. a. im Rahmen der

Transparenz gesprochen wird – bereits von einem hohen Qualitätsniveau von Nachhaltigkeitsratings gesprochen werden kann, ist grundsätzlich nicht von der Hand zu weisen und durchaus ein Grund für Selbstbewusstsein in der Branche. Vielfach kann aber auch pointiert formuliert werden: Es trifft nicht zu, dass Nachhaltigkeitsratingagenturen nicht ernst genommen werden – sie werden von relevanten Entscheidungsträgern vielfach einfach nicht wahrgenommen. Die Agenturen leisten bereits gute Arbeit auf hohem Niveau, sie befinden sich aber auch jeweils am Scheideweg: Wie gelingt der Sprung in die Wahrnehmung, ohne die eigenen qualitativen Maßgaben zu verlieren? Die von Oliver Oehri mittelfristig erwartete Verschmelzung von Finanz- und Nachhaltigkeitsanalysen kann zum Anlass für ein interessantes Gedankenspiel genommen werden: Was würde dies für die Zukunft und Bedeutung von Nachhaltigkeitsratingagenturen bedeuten? Würde ihre Bedeutung und Wertigkeit zusätzlich verstärkt, oder würde der Nachhaltigkeitsaspekt in der Bewertung durch die Brille der ökonomischen Betrachtung zurückgehen?

Die Branche der Nachhaltigkeitsratings in ihrer Entwicklungsgeschichte ist Gegenstand des folgenden, umfangreichen Schwerpunkts dieses Buches. Die Autor/innen dieses Teiles erörtern die Entwicklung des Feldes von den ersten Schritten bis in die Gegenwart des Nachhaltigkeitsratings und geben Ausblicke auf aktuelle und mögliche zukünftige Trends und Entwicklungen. Das breite Spektrum an Expert/innen, die für diese Auseinandersetzung gewonnen werden konnten, ermöglicht dabei einen umfassenden Ausblick. So enthält dieser Teil zahlreiche Beiträge aus Perspektive der Ratingunternehmen, die ihre jeweilige Geschichte, ihren Blick auf den Markt und ihre Arbeitsweise darlegen, Beiträge aus dem universitären Umfeld, die akademische Perspektiven zur Verfügung stellen und Einblick in die wissenschaftliche Auseinandersetzung mit den komplexen Begriffen gewähren, die im Zusammenhang mit Nachhaltigkeit und Nachhaltigkeitsratings zur Anwendung kommen, sowie auch Beispiele aus der Anwenderperspektive, die die Erfahrungen mit der Implementierung von Standards und konkreten Modellen darstellen.

Am Anfang steht dabei die **historische Reflexion**: Wie gestalteten sich die Anfänge der Nachhaltigkeitsratingbranche, was waren die Herausforderung und die Schwierigkeiten im Vergleich zu heute? **Robert Haßler**, Gründer und Geschäftsführer der oekom research, beantwortet dazu **fünf Fragen**, und geht dabei zunächst auf die Schwierigkeiten bei der Entwicklung von Nachhaltigkeitsratings ein. So setze ein Geschäftsmodell wie das des Nachhaltigkeitsratings, bei dem der Nutzer zugunsten der Unabhängigkeit der Beurteilung die Kosten trägt, naturgemäß eine ausreichende Anzahl an zahlenden Nutzern voraus. Die Zahl der Nachhaltigkeitsfonds sei anfangs nur langsam gewachsen, erst 2005 habe sich die Entwicklung beschleunigt. Inzwischen sei das Thema auch den Unternehmen nicht mehr „unheimlich" wie zu Beginn. Natürlich gäbe es aber Verbesserungsmöglichkeiten, etwa bei der Transparenz des Bewertungsprozesses. Zur Entwicklung der Branche in den vergangenen Jahren weist Haßler auf die parallelen Entwicklungen der Konzentration von etablierten Nachhaltigkeitsratingagenturen in Netzwerken und des Auftretens neuer Akteure – insbesondere die klassischen Anbieter von Finanzmarktinformationen, die die Zeichen der Zeit erkannt hätten – hin. Wachstum durch Übernahmen und Fusionen und Spezialisierung von Agenturen seien hier die Schlagworte vor dem Hintergrund der steigenden Anforderungen der Nutzer/innen von Nachhaltigkeitsratings. Dass die Anforderungen steigen, habe damit zu tun, dass Nachhaltigkeitsratings den Weg in den Mainstream finden würden: Sei es in der Vergangenheit primär ihre Aufgabe gewesen, nachhaltig agierende Unternehmen zu identifizieren, so sei es jetzt zunehmend erforderlich, entsprechende nicht-finanzielle Daten für alle Unternehmen vorzulegen, die auf dem Radar der konventionellen Anleger und Analysten sind. Damit sich Nachhaltigkeitsratings auch nachhaltig im „Mainstream" etablieren könnten, sei weiterhin konsequent gegen das Vorurteil des Performancenachteils vorzugehen.

Das Vorurteil, nachhaltige Investments würden weniger Rendite erwirtschaften, benennt auch **Reinhard Friesenbichler** im Expertengespräch. Friesenbichler weist dabei auf die Öffnung hin, die der Markt gegenüber Nachhaltigkeitsratings nach der Finanz- und Wirtschaftskrise von 2008 vollzogen habe. Sei vor der Krise mitunter noch von einer Modeerscheinung die Rede gewesen, hätten sich nachhaltige Investments seither zu einem etablierten Kapitalmarktsegment entwickelt. Der Einschätzung folgend, dass momentan zehn Prozent aller Assets under Management (AUM) in nachhaltigen Investments veranlagt sind, hält Friesenbichler es für eine realistische Prognose, dass es in zehn Jahre zwischen 20 und 30 Prozent sein könnten. Auch sei der Trend erkennbar, dass sich Klein- und Mittelbetriebe von externen Spezialisten überprüfen lassen würden – nicht für Investoren, sondern um das eigene interne Entwicklungspotenzial zu erkennen. Gleichzeitig finden einfache Instrumente der Nachhaltigkeitsprüfung teilweise Eingang in die Bonitätsprüfung von Banken.

Die Frage der Prozessvereinheitlichung und **Standardisierung** im Nachhaltigkeitsresearch sieht Friesenbichler kritisch, die Messung der Nachhaltigkeit und Ethik eines Unternehmens sei ein komplexer Vorgang, ein einziger, „wahrer" Weg existiere in diesem Zusammenhang nicht.

Abschließend geht Friesenbichler auf die Entstehung und die Bedeutung von VÖNIX ein, den Nachhaltigkeitsindex der Wiener Börse, für dessen Entwicklung er verantwortlich zeichnete und den er bis heute betreut.

Silke Stremlau richtet den Blick in die Zukunft: Mit ihren **Fünf Thesen zu einem Nachhaltigkeitsrating 2.0** entwirft sie ein Szenario für eine wünschenswerte Entwicklung der Branche. Dabei ist der Ausgangspunkt die **Frage nach der Bedeutung und Rolle von Nachhaltigkeitsratings**, die Stremlau eindeutig beantwortet: Nachhaltigkeitsratings haben einen indirekten, mitunter sogar direkten Einfluss auf die Nachhaltigkeitspolitik von Unternehmen. Bei der Weiterentwicklung bestehender Nachhaltigkeitsratingansätze für ein „Nachhaltigkeitsrating 2.0" geht es nun um bisher nicht Erreichtes im Hinblick auf die Zielsetzung von Nachhaltigkeitsratings – ohne dabei das bisher Erreichte aus dem Blick zu verlieren. Denn heute hätten sich CSR-Abteilungen in großen Unternehmen, deren Experten die Anfragen von Ratingagenturen beantworten, gut etabliert, und viele Unternehmen hätten die Relevanz von Nachhaltigkeitsratings für die öffentliche Wahrnehmung erkannt. Dabei vergisst die Autorin nicht, darauf hinzuweisen, dass die globalen sozialen und ökologischen Probleme sich durch Nachhaltigkeitsmaßnahmen bisher nicht verbessert haben. Dabei solle aber das bisher geringe Volumen nachhaltiger Anlagen nicht außer

Acht gelassen werden, da von einer solchen Nische keine umwälzende Veränderung des Marktes ausgehen könne. Die Beweisführung, was Nachhaltigkeitsratings bewirken und bewegen können, solle zu einer höheren Glaubwürdigkeit und Daseinsberechtigung des Marktes führen. Stremlau zeigt auf, dass die Ratings **impactorientierter** werden müssen, um den Schritt zum „Nachhaltigkeitsrating 2.0" zu machen, also wissenschaftlich fundierte Ansätze zur Messung der konkreten gesellschaftlichen Auswirkung von Unternehmenstätigkeiten entwickeln bzw. ausweiten; sie müssten **aussagekräftiger** werden, ohne ihr Heil im Einheitsrating zu suchen, das die Komplexität des Themas nicht erfassen würde; und außerdem müssten sie branchenfokussierter, professioneller und materieller werden. Auch Investoren seien hier gefordert: Als Auftraggeber von Nachhaltigkeitsratings müssten sie noch stärker die „Hebelwirkung" des Geldes erkennen und schließlich durch ihr Anlageverhalten auch einfordern.

Susanne Hasenhüttl geht in ihrem Beitrag zur **Nachhaltigkeitszertifizierung der österreichischen Vorsorge- und Pensionskassen** unter anderem der Frage nach, warum der Markt für die Nachhaltigkeitszertifizierung in Österreich entgegen den Entwicklungen in anderen Ländern sehr klar von institutionellen Investoren (etwa staatlichen und betrieblichen Pensionskassen, betrieblichen Vorsorgekasse) dominiert wird. Die Expertin der Österreichischen Gesellschaft für Umwelt und Technik (ÖGUT) beschreibt zunächst Entwicklungen in der österreichischen Gesetzgebung als Ausgangslage: 2002 wurden die betrieblichen Vorsorgekassen vom österreichischen Gesetzgeber vorgeschrieben. Seit 2004 komme das von der ÖGUT entwickelte Verfahren zur Zertifizierung dieser Kassen nach ökosozialen Kriterien zur Anwendung. Die Autorin beschreibt die drei Ebenen des (freiwilligen) Verfahrens – Prüfung der Veranlagungsgrundsätze und -kriterien, Portfolioprüfung zur konkreten Veranlagungspraxis und Prüfung von Transparenz, Kommunikation und Engagement – sowie das Prüfverfahren, in dem die Entscheidung über die Verleihung des Nachhaltigkeitszertifikats getroffen wird.

Die Berücksichtigung von Nachhaltigkeitskriterien, so Hasenhüttl, habe sich im Laufe der Jahre in diesem Branchensegment zum Standard entwickelt, sodass eine anerkannte Zertifizierung eine wichtige Rolle der externen Überprüfung darstelle. Die Zielsetzung von ÖGUT sei es nun, Nachhaltigkeit im Finanzbereich voranzutreiben, was unter anderem durch eine weitere Differenzierung des Ratings in Gold-, Silber- und Bronze-Auszeichnung angestrebt werde. Hier verzahnt sich das Engagement der ÖGUT auch mit dem Österreichischen Umweltzeichen für Nachhaltige Finanzwirtschaft.

6 Potenzial durch Transparenz – Integriertes Reporting

Was du nicht messen kannst, kannst du nicht lenken.
(Peter Drucker)

Dem Integrierten Reporting wird im Folgenden ein breiter Platz eingeräumt, geht es hier doch um Verbindung von Interessen, die auch Ratingagenturen verfolgen, konkret um korrekte, aktuelle und wesentliche Informationen zu nicht-finanziellen Kriterien. Momentan verfügen viele Unternehmen – insbesondere auch, um einer Vielzahl regulatorischer Erfordernisse gerecht zu werden – über schier unendliche Mengen an Daten, Fakten und Informationen. Kunst und Wert einer Information liegen mitunter in der kurzen und prägnanten Zusammenfassung ihrer Inhalte. Ein weiterer wesentlicher Wert ist in der Transparenz der Information zu sehen. Seit 2014 ist die EU-Direktive zur Veröffentlichung von nichtfinanziellen Kriterien für große Unternehmen in öffentlichem Interesse vorgeschrieben, sie betrifft in Europa rund 6000 Unternehmen. Ein kleiner Schritt in Richtung von mehr Achtsamkeit gegenüber Nachhaltigkeit?

Eine umfangreiche Diskussion wird seit der Gründung der Initiative Global Initiative for Sustainability Ratings (GISR) im Jahr 2011 zum Thema Standardisierung von Nachhaltigkeitsratings und -rankings geführt. Zielsetzung von GISR ist es, einen international akzeptierten Standard für Nachhaltigkeitsratings, -rankings und -indizes zu etablieren. Der Standard wird in drei Schritten entwickelt: Die zwölf Kernmerkmale (Stufe eins), die ein Nachhaltigkeitsrating, -ranking oder -index demnach aufzuweisen hätte, um als glaubwürdig zu gelten, wurden im Dezember 2013 veröffentlicht. Die Entwicklung der Stufen zwei (Kernthemen – wesentliche Aspekte und Fragestellungen) und drei (Indikatoren – Kenngrößen zur Messung der Nachhaltigkeitsleistung) soll bis Ende 2015 abgeschlossen sein, anschließend soll der Standard verabschiedet werden.

Diesem Standardisierungsanspruch stehen einige Experten sehr kritisch gegenüber (siehe etwa die entsprechenden Aussagen im Beitrag von Reinhard Friesenbichler), wohingegen sich Unternehmensvertreter durchaus einen höheren Standardisierungsgrad von Nachhaltigkeitsratings vorstellen können – um nicht zu sagen, wünschen würden (siehe den Beitrag von Michael Sasse).

Julia Knauseneder und Aslan Milla machen in ihrem Aufsatz in der Parallelführung von Geschäfts- und Nachhaltigkeitsbericht ein Problem aus. Während die Unternehmensberichterstattung immer komplexer werde, lieferten Geschäftsberichte eine isolierte Betrachtung von historischen Finanzdaten, was oft zu kurz greife. Darüber hinaus würden die zusätzlichen Informationen aus den Nachhaltigkeitsberichten vielfach nicht mit den Zahlen des Geschäftsberichts in Verbindung gesetzt. Die Lösung aus Sicht der Autor/innen ist **Integrated Reporting**, das die Lücken schließen und die **vielfältigen Standards und Rahmenwerke auf einen gemeinsamen Nenner bringen** soll.

Die Rolle von Unternehmen in der Gesellschaft, so Knauseneder/Milla, habe sich ebenso verändert wie die Werte, die sie schaffen. Es werde folglich mehr Transparenz erwartet und auch gefordert: Die wachsende Berichtsverpflichtung zu Nachhaltigkeit, Corporate Governance und Vergütung habe teilweise Doppelgleisigkeiten geschaffen. Die Aufgabe sei nun die zielgerichtete und maßgenaue Bündelung von Informationen.

Zur Beurteilung des Unternehmenswerts seien die Informationen heutiger Unternehmensberichte nicht mehr ausreichend, schreiben Knauseneder und Milla, und rechnen unter Verweis auf die bekannte Gutenberg-Definition zum Unternehmenswert vor: Vor knapp 30 Jahren haben materielle Güter noch 83 Prozent des Shareholder Value eines Unternehmens ausgemacht, im Jahr 2015 sei ihr Anteil am Unternehmenswert auf

16 Prozent zurückgegangen. Heutige Geschäftsmodelle bauten stärker auf Faktoren wie Humankapital, Naturalkapital oder Beziehungen auf – Aspekte, die in klassischen Geschäftsberichten nur wenig erläutert würden. In den letzten zehn Jahren habe sich die Anzahl an Nachhaltigkeitsratings mehr als verfünffacht. Als Konsequenz verweisen die Autor/innen auf die Standardisierungsbemühungen der Global Initiative for Sustainability Ratings (GISR) und auf das 2013 vom IIRC (International Integrated Reporting Council) publizierte Rahmenwerk für Integrierte Berichterstattung, das einen integrierten Bericht mit reduziertem Umfang anstrebe, sowie auf das gemeinsame Memorandum of Understanding, das IIRC und GISR nach ihrem Zusammenschluss veröffentlichten.

Ebenfalls zum Themenkomplex integrierter Ratings fragen **Karen Wendt und Johannes Weber: Königsweg oder Utopie?** Nachhaltiges Investieren, so Weber/Wendt, werde vordergründig zunehmend Teil des Mainstream. Bei genauer Betrachtung werde aber deutlich, dass dabei Instrumente und Maßstäbe zur Anwendung kämen, die den Autoren als unzureichend erscheinen. Von dieser Feststellung ausgehend reflektieren Weber/Wendt über Chancen und Möglichkeiten von integrierten Ratings als Instrument des Übergangs zu einer nachhaltigen Form des Investierens auch bei „konventionellen" Anlegern. Sei die Begrifflichkeit von Nachhaltigkeit immer von Unschärfen begleitet – unterschiedliche Wertvorstellungen bringen diese mit sich –, so seien die Ziele von Nachhaltigkeitsratingagenturen leichter zu definieren. Als Dienstleister würden sie ihren Kunden eine Hilfestellung bei der Bewertung der Nachhaltigkeit von Geldanlagen anbieten. Um den erhofften Wettbewerb um die beste Bewertung anzustoßen, scheinen Fakten oft nicht ausreichend, denn die Vorstellung, finanzieller Profit gehe auf Kosten von Nachhaltigkeit, sei immer noch vorherrschend, auch wenn Studien zu anderen Ergebnissen kämen. Gelänge es, so die Autor/innen, mangelnde Nachhaltigkeit in Renditechancen und -risiken zu transformieren, also externe Risiken zu internalisieren, wäre das wohl auch für „hartgesottene Nachhaltigkeitsverweigerer" ein Argument, um diese Kriterien in der strategischen Planung bzw. Anlagestrategie zu berücksichtigen. Eine solche integrierte Betrachtung müsste auch im Berichtswesen und im Rating Anwendung finden, wobei in Bezug auf das Reporting die Notwendigkeit gesetzlicher Maßnahmen vorausgesetzt wird, die teilweise – etwa in Gestalt der geänderten Rechnungslegungs-Richtlinie der EU – auch schon umgesetzt würden. Die Autor/innen schließen mit den zentralen Herausforderungen, die sie auf der Investorenseite ausmachen: Entwicklung eines Nachhaltigkeits- und ESG-Verständnisses, Bildung von Key Performance Indicators (KPIs) und Entwicklung von entsprechenden Messskalen sowie Quantifizierung von qualitativen Daten und schließlich einheitliche Standards, für die den Autoren zufolge gewisse staatliche Vorgaben unerlässlich wären. Integrierte Ratings, so Weber/Wendt, könnten Teil des Königswegs hin zu mehr Nachhaltigkeit im Investmentgeschäft werden.

7 Who Cares Wins (UN Global Compact) – Ethik und Erfolg im Unternehmen

> *Nachhaltige Entwicklung bedeutet nicht mehr als langfristig profitable Unternehmensführung.*
> (Jan Olaf Williams, President WBCSD Foundation, Senior Vice President, Storebrand)

Nachhaltigkeit als wirtschaftliches Erfolgskonzept für die unternehmerische Zukunft? Ein Dauerthema, das die Erfahrungen von Spezialisten beherrscht, die sich schon seit vielen Jahren mit der Thematik im Unternehmen auseinandersetzen. Die Erfahrung zeigt, dass es hier auch nach langen Jahren der Anwendung immer wieder Diskussionen geben kann (wie etwa der Beitrag von Romana Pontasch-Reiner und Gabriele Feichter zeigt).

Welche Rolle spielt die Diskussion mit Nachhaltigkeitsratingagenturen bzw. der Umgang mit den Ratingresultaten für die CSR-Experten in Banken? Sie sind in der Regel „Verbündete" in der Sache, die dabei das Unternehmen, für das sie tätig sind, korrekt und fair behandelt wissen wollen. Gleichzeitig ist eine korrekte, aber kritische Bewertung für das Vorantreiben von ökologischen und sozialen Maßnahmen im Unternehmen mitunter hilfreich – etwa, wenn von Seiten eines Vorstandsgremiums zwar kein intrinsisches Verständnis für Nachhaltigkeitsthemen vorhanden ist, aber in jedem Fall ein Bewusstsein für die Notwendigkeit, einen Imageschaden durch unvorteilhafte Bewertung und öffentliche Diskussion bei opinion leadern zu vermeiden.

Die Schwierigkeiten bei der Implementierung eines Nachhaltigkeitskonzepts in einem Unternehmen finden sich vielfach einfach auf der operativen Ebene (vgl. dazu etwa den Beitrag von Herbert Ritsch). Anderseits lässt sich auch zeigen, dass wirtschaftlich agierende Unternehmen gleichzeitig einen hohen Anspruch zur Unterstützung von gesellschaftlicher Veränderung haben können und diesen auch umfassend in die täglichen Abläufe integrieren, statt nur eine „grüne Ecke" zu bespielen (wie etwa im Beitrag von Hans Biemans dargelegt). Letzteres ist allerdings quasi die Königsdisziplin – eine gut ausgestattete „grüne Ecke" bei den meisten Finanzunternehmen wäre aus heutiger Sicht bereits ein großer Fortschritt. Eine wirkliche Rolle – das zeigt etwa Oliver Oehris Beitrag – wird Nachhaltigkeit dann spielen, wenn das Thema von den Akteuren des konventionellen Finanzmarktes aufgegriffen wird.

Gabriele Feichter und Romana Pontasch-Reiner, beide in der BONUS Pensionskassen AG bzw. der BONUS Vorsorgekasse AG tätig, stellen das Modell der nachhaltigen Veranlagung der BONUS-Gruppe vor. Die BONUS Pensionskassen AG und die BONUS Vorsorgekasse AG, so die Autorinnen, haben sich für Nachhaltigkeit auch als Alleinstellungsmerkmal entschieden. Die Veranlagung der eingezahlten Pensions- bzw. Abfertigungsbeiträge nach ökologischen, sozialen und ethischen Kriterien erfolge aus der Verantwortung den Berechtigten gegenüber – aber auch, um sich von den Mitbewerbern zu unterscheiden. Transparenz sei dabei ein wichtiges Thema, die externe Kontrolle erfolgt durch die Österreichische Gesellschaft für Umwelt und Technik (ÖGUT, siehe dazu auch den Beitrag von S. Hasenhüttl).

Die Autorinnen beschreiben, dass nach der Finanzkrise 2008 der nachhaltige Investmentansatz auf dem Prüfstand gewesen sei. Die BONUS-Gruppe habe aber entschieden, das wirtschaftliche Handeln nicht nur weiterhin an sozialen und ökologischen Kriterien auszurichten, sondern das Investmentkonzept BONUS[21] zu erarbeiten, das neue Standards auf dem österreichischen Vorsorgekassenmarkt setzen sollte.

In einer **Case Study** zur Umsetzung des Investmentkonzepts BONUS[21] beschreiben Feichter/Pontasch-Reiner den mehrstufigen Investmentprozess, die Zusammensetzung des Anlageuniversums sowie die mehrfachen internen und externen Prüfungsverfahren. Eine weitere Fallstudie befasst sich mit dem Nachhaltigkeitskonzept der Bonus Vorsorgekasse AG und stellt anschließend dar, wie das Investmentkonzept BONUS[21] in der Praxis zur Anwendung kommt und wie die einzelnen Elemente anhand des BONUS Global Equity, einem nachhaltigen, globalen Aktienfonds und Spezialmandat der BONUS, ineinandergreifen. Ein Fazit kann vorweggenommen werden: Die Erkenntnis der Bonus-Gruppe lautet, dass sich Nachhaltigkeit und Rendite offensichtlich nicht ausschließen.

Herbert Ritsch entwickelt in seinem Beitrag eine Reihe von provokanten Thesen aus Sicht eines Experten einer österreichischen Privatbank. Dabei referiert er Schwierigkeiten und Herausforderungen bei der organisatorischen Umsetzung von Nachhaltigkeit in Banken. Mit Blick auf den **Global Marshall Plan** (vgl. www.globalmarshallplan.org) und dessen Kernziel der schrittweisen Realisierung einer weltweiten ökosozialen Marktwirtschaft betont Ritsch die Hebelwirkung von Investitionen in diesem Prozess. Was den Anteil an nachhaltigen Investments am Markt betrifft, verweist Ritsch auf die Statistik: Die jährlichen Zuwachsraten sind hoch – dies allerdings auf niedrigem Niveau. Um das zu ändern, fordert Ritsch „eine neue ökonomische Sichtweise auf die Themenstellungen der Klimagerechtigkeit oder der sozialen Ungleichheit, die uns heute beschäftigen". Es erfordere Mut vonseiten der Unternehmensführung, moralkonform zu investieren, der bisher noch zu selten sichtbar werde. Auch in diesem Beitrag wird auf das Problem der Begriffsbestimmungen hingewiesen, ihre Vielfältigkeit behindere vielfach den Vorstoß zum Kern des Themas. Zur Vermittlung seien auch „machtkompetente, ethisch bewusste Leader" in Politik und Wirtschaft gefragt. Der höhere Aufwand an Beratungs- und Ausbildungszeit bei „ethischen" Finanzprodukten wiederum erfordere ein weiteres Mal ein klares Bekenntnis durch Banken als Teil der – in der Regel kommunizierten – gesellschaftlichen Verantwortung. Und ein solches Bekenntnis sei auch von politischer Seite nötig. **Gesetzliche Rahmenbedingungen für institutionelle Anleger** wären notwendig, so könne die Nachfrage vonseiten der Kund/innen stimuliert werden. Seine konkreten Forderungen fasst Ritsch abschließend in einem Forderungskatalog aus 6 Punkten zur besseren Verortung von nachhaltigen Investitionen im Anlageuniversum von Banken und Kapitalanlagegesellschaften zusammen.

Auf die **Ambivalenz im Verhältnis zwischen Nachhaltigkeitsratingagenturen und bewerteten Unternehmen** weist **Michael Sasse** hin. Der Nachhaltigkeitsbeauftragte der Oesterreichischen Kontrollbank führt in seinem Beitrag aus, dass sich Ratingagenturen als Wegbereiter für nachhaltiges Investment sehen, das langfristig auch für den Unternehmenserfolg von Vorteil wäre, während die überprüften Unternehmen Agenturen mitunter auch als „ungerufene Geister" wahrnehmen. Dass es sich aus Reputationsgründen kein Unternehmen leisten kann, sich der Zusammenarbeit mit Ratingagenturen zu verschließen, setzt Sasse voraus. Ihm geht es nun darum auseinanderzusetzen, welchen Nutzen Nachhaltigkeitsratings tatsächlich haben – und welchen sie haben könnten.

Eine differenzierte Wahrnehmung von Nachhaltigkeitsratingergebnissen, so Sasse, sei für die interessierte Öffentlichkeit schwierig, die Ratingergebnisse seien komplex, könnten missverständlich ausgelegt werden und sind teilweise auch nicht zur Veröffentlichung freigegeben. Für Privatanleger spielen Labels und Qualitätszertifikate eine nachvollziehbarere und wesentlichere Rolle. Der Autor wünscht sich für Nachhaltigkeitsratings Standards und Vergleichbarkeit, wohl wissend, dass dies nur schwer erreichbar ist, und weist auf konkrete Problemfelder in der „Zusammenarbeit" zwischen Ratingagentur und Unternehmen hin: So werde von den Agenturen „korrektes" Verhalten der bewerteten Unternehmer eher vorausgesetzt, während negative mediale Schlagzeilen konsequent zur schlechtesten Bewertungsnote führen würden.

Was sich die Banken und deren Nachhaltigkeitsexperten wünschen würden, damit Ratingergebnisse auch konkreten positiven Impact im Unternehmen bewirken könnten, bringt Sasse auf den Begriff: Transparenz.

Hans Biemans vermittelt in seinem Beitrag **Changing sustainability paradigms in a turbulent banking environment** zunächst die Genese des Nachhaltigkeitsparadigmas im Bankwesen. Die im von Biemans eingeführten Stufenmodell dargestellte traditionelle Praxis von Banken, Beziehungen mit als kontrovers wahrgenommenen Unternehmen zu vermeiden, um die Reputation der Bank zu schützen und das Kreditrisiko niedrig zu halten, wäre nach der Finanzkrise nicht mehr ausreichend. Die Banken hätten nun selbst ein eher schlechtes Image, an dem sie arbeiten müssten. Die Auseinandersetzung mit Nachhaltigkeit ist nicht nur, aber auch deswegen in eine neue Phase eingetreten. Analog zu den an der Tilburg-Universität entwickelten fünf verschiedenen Levels von „Nachhaltigkeitsverhalten" („sustainability attitudes"; vgl. dazu auch den Beitrag von Bastiaan C. J. Zoeteman in diesem Band) sollen Banken am Ende des Prozesses die Rolle des Finanzintermediärs neu interpretieren, indem sie aktiv einen Veränderungsprozess in der Realwirtschaft hin zu einem positiven Wandel in der Gesellschaft durch ihre Finanzierungspolitik unterstützen. Der Autor beschreibt, welche Rolle Nachhaltigkeitsratings und Zertifizierung in diesem Paradigmenwechsel spielen – und auch, inwieweit die Entwicklung bei Banken noch hinter derjenigen im Zusammenhang mit Investments zurückbleibt. In der anschließenden **Case Study zur Nachhaltigkeitsstrategie der Rabobank** setzt Biemans das Modell der erfolgreichen niederländischen Genossenschaftsbank auseinander, die im

Dezember 2014 ihre „2020 sustainability ambitions" veröffentlicht hat. Die beiden übergeordneten Schwerpunkte in diesem Papier, so Biemans, seien Verantwortung gegenüber der Gesellschaft und gleichzeitig der aktive Beitrag zum Erfolg der eigenen Kunden durch Zugang zu erforderlichen Finanzierungsmöglichkeiten und Verbesserung der Beratungs- und Serviceleistung. Die Rabobank arbeite in diesem Zusammenhang mit „nachhaltigen Kundenprofilen" („sustainable client photo") zur Unterstützung der jeweiligen Vorhaben und lege besonderes Augenmerk auf die Ausbildung der Mitarbeiter, um professionellen Dialog mit Kunden möglich zu machen. Eine wesentliche Rolle spiele dabei auch das vom Generaldirektor der Bank geleitete Ethikkomitee, an das Kundenbetreuer/innen mit den Fragen und Schwierigkeiten herantreten können, die sich in der Umsetzung des Konzepts im operativen Tagesgeschäft ergeben würden.

8 Praktisch nachhaltig – Case Studies

> *Wir brauchen keine weiteren Versprechen. Wir müssen anfangen,*
> *die Versprechen einzuhalten, die wir bereits gegeben haben.*
> (Kofi Annan)

Die beiden Fallstudien zeigen auf kompetent-anschauliche Weise, was möglich ist, wenn sich Entscheidungsträger zu einer Sache verpflichten. Im ersten Beispiel geschieht dies anhand des norwegischen Pensionsfonds, der beispielgebend für einen nachhaltigen, generationengerechten Umgang mit Staatseinnahmen ist. Gleichzeitig stellt das gigantische Volumen des Pensionsfonds – immerhin im Jahre 2013 mit einem Marktwert von 618 Milliarden Euro – eine eindrucksvolle Manövriermasse für nachhaltiges und konsequentes Engagement in der Anlagepolitik und Auswahl des Anlageuniversums dar. Die Konsequenz und Professionalität, die der Fonds mit Transparenz zu kombinieren vermag, zeigen die Autor/innen Scholz, Czuray und Gartner.

Die Kooperation zwischen einer Umwelt-NGO und einem Versicherungskonzern wiederum, die im Beitrag von Schock/Colard verhandelt wird, zeigt, dass man ähnlich gelagerte Ziele gemeinsam und professionell verfolgen kann – das Ergebnis von Evaluierungsprozess und „Nachhaltigkeits-Check" kann sich sehen lassen. Eine unorthodoxe Beziehung, um Licht in die „Blackbox" des Finanzmarktes zu bringen, und ein wichtiges Beispiel für das Potenzial, das frei wird, wenn sich sehr unterschiedliche Partner auf Augenhöhe und mit hoher professioneller Wertschätzung in einer „Cross-over Beziehung" begegnen. Die Bedeutung des **finance footprint** wird auch dadurch dokumentiert, wenn Schock/Colard das Gedankenexperiment anstellen, dass auf Basis der angestrebten Verbesserung von fünf Prozent des Anlageuniversums der österreichischen Allianz Gruppe bereits ein Volumen von 350 Millionen Euro in Bewegung wäre, bezogen auf die 70.000 Milliarden USD, die laut der Boston Consulting-Group 2014 weltweit investiert waren.

Markus Scholz, Marie Czuray und Stéphane Gartner untersuchen in ihrem Beitrag die Entwicklung und die Funktionsweise der **„Ethischen Richtlinien" des norwegischen Pensionsfonds** im Rahmen einer Fallstudie.

Der staatliche Pensionsfonds des Königreichs Norwegen (Government Pension Fund Global, GPFG) verwendet für seine Anlagepolitik „Ethische Richtlinien", die durch einen „Ethikrat" überwacht werden. Die Autoren stellen zunächst den Status quo des GPFG dar: Der Fonds investiere die Gewinne aus dem nationalen norwegischen Erdölsektor bei moderatem Risiko, um damit sicherzustellen, dass auch künftige Generationen in den Genuss dieser Gewinne kommen. 2002 seien aus einem konkreten Anlassfall heraus die sogenannten „Ethischen Richtlinien" (Ethical Guidelines) zur Bestimmung der Anlagepolitik formuliert worden. Unternehmen, die gegen diese Richtlinien verstoßen, werden im Zuge eines Exklusionsverfahrens auf Empfehlung des Ethikrates aus dem Beteiligungsportfolio ausgeschlossen. Derzeit betreffe das 63 Unternehmen, u. a. prominente Namen wie British Tobacco Plc und Wal-Mart Stores Inc. Die Autoren geben in ihrem Beitrag einen historischen Überblick über den GPFG und die Entwicklung der Ethischen Richtlinien und des Ethikrates. Anschließend setzen sie auseinander, wie das Verfahren zur Identifizierung ungeeigneter Investitionspartner und der Entscheidungsprozess zur Exklusion dieser Unternehmen funktionieren. In der Fallstudie wird das Exklusionsverfahren anhand von Afrika Israel Investment und deren Tochterunternehmen Danya Cebus Ltd. dargestellt, die 2014 aufgrund der Beteiligung am Bau von Siedlungen in Ost-Jerusalem aus dem Portfolio ausgeschlossen wurden. Aufgrund seiner transparenten Darstellung – die Ergebnisse werden in Jahresberichten veröffentlicht – kann der GPFG als internationales Vorbildmodell bezeichnet werden.

Die Autor/innen **Stefanie Schock und Armand Colard** vom Sustainable Finance Team von **WWF Austria** sprechen von einer **„Blackbox" Finanzmarkt** in Bezug auf das Verhältnis von Wirtschaft und Nachhaltigkeit. Um mehr Transparenz und „Licht" in diese „Blackbox" zu bringen, arbeite WWF Austria seit dem Jahre 2011 mit dem Versicherungskonzern Allianz Gruppe als Praxispartner zusammen. Im Sinne des Verursacherprinzips werde hier ein ganzheitlicher Ansatz als Teil zur Lösung globaler Probleme definiert.

Das Projekt, das hier im Rahmen einer **Case Study** beschrieben wird, war die gesamtheitliche Bewertung des Investitionsportfolios des Versicherungskonzerns – also des kerngeschäftsrelevanten Teils des Versicherungskonzerns – auf der Grundlage eines Sets an Kriterien, um darauf aufbauend quantitativ messbare Nachhaltigkeitsziele zu definieren und zu verfolgen. Im Beitrag wird detailliert der mehrjährige Prozess von einer Machbarkeitsstudie über die Entwicklung eines geeigneten Modells und einer Portfolioanalyse bis zur Definition von Nachhaltigkeitszielen bis 2020 und 2050 – begleitet von einem Multi-Stakeholder-Prozess – dargestellt. Im Zuge der Modellentwicklung, so Schock/Colard, wurde bis Mitte 2014 der gesamte Bestand an Investments (mehr als 7 Milliarden Euro) der österreichischen Allianz Gruppe zu 95 Prozent bewertet. Die in der Folge definierten Nachhaltigkeitsziele würden die Umschichtung eines Volumens von 350 Millionen Euro in Richtung nachhaltigerer Anlagen bis zum Jahr 2020 vorsehen. Die Zusammenarbeit stelle nicht zuletzt ein **Best-Practice-Modell** dar, das die **Vereinbarkeit von Transparenz, Nachhaltigkeit und Rendite** nachweise.

9 Ausblick

> *In einigen Jahren könnte die Beziehung zwischen der Umwelt, den Ressourcen und Konflikten fast so offensichtlich erscheinen wie die Verbindung, die wir heute zwischen Menschenrechten, Demokratie und Frieden sehen.*
> (Wangari Maathai)

Die Beiträge des vorliegenden Buches bieten viele Informationen über die Geschichte und Gegenwart von Nachhaltigkeitsratings und ihre gegenwärtige und zukünftige Rolle in der Finanzwirtschaft. Wie bei guten Diskussionsbeiträgen üblich, bringen sie auch viele Fragen mit sich: Wird die Zukunft weitreichende Standardisierungen bei Nachhaltigkeitsratings bringen? Eine Verschmelzung mit Finanz- und Kreditratings? Wird eine Hinwendung zu einem „grünen Kapitalismus" zwischen Industrieländern, Emerging Markets wie China und Entwicklungsländern Konfrontationen auslösen – in noch stärkerem Maße, als dies jetzt schon der Fall ist? Werden Klimawandel, Naturkatastrophen, Wasserknappheit etc. dazu führen, dass es irgendwann nicht mehr möglich ist, sich aus der Verantwortung zu nehmen?

Die grundsätzliche Auseinandersetzung darüber, ob nachhaltige Produkte weniger Rendite erwirtschaften, wird auch hier nicht endgültig geklärt. Aber etliche Beiträge untermauern anhand konkreter Beispiele, dass sich mit einer nachhaltigen Anlagepolitik stabile Ergebnisse erzielen lassen, die den nachhaltigen Renditeergebnissen nicht nachstehen.

Es zeigt sich jedoch auch, dass der Finanzmarkt hinsichtlich Nachhaltigkeit als „Blackbox" wahrgenommen wird, und dass die Finanzwirtschaft, im Gegensatz zu anderen Branchen, erst am Anfang der substanziellen Auseinandersetzung mit Nachhaltigkeit in der gesamten Wertschöpfungskette steht. Die Hebelwirkungen, die Finanzinstitute haben können – nicht nur im Veranlagungsbereich, sondern auch bei Kreditgewährung –, deuten auch auf ein zukünftiges Feld für Nachhaltigkeitsbewertungen hin, wie etwa Hans Biemans darlegt. Einen Ansatz, der Licht in die „Blackbox" bringen könnte, stellen wohl auch die sogenannten Equator Principles dar, ein freiwilliges Regelwerk von Banken zur Einhaltung von Umwelt- und Sozialstandards im Bereich der Projektfinanzierungen. Die teilnehmenden Institute verpflichten sich dabei, nur solche Projekte zu finanzieren, bei denen die Kreditnehmer die Umwelt- und Sozialkriterien der Prinzipien erfüllen.

Gezeigt wurde in den Beiträgen dieses Bandes, dass es bessere Verbindungen zwischen Nachhaltigkeitsmaßnahmen in Unternehmen, Ratingergebnissen und dem Impact braucht, den die Maßnahmen für die Gesellschaft und die Natur letztlich bringen.

Haben sich Nachhaltigkeitsbetrachtungen (Ratings) in der Regel nur mit der Zielgruppe institutioneller Anleger auseinandergesetzt, so ist eine Erkenntnis aus den Beiträgen und Meinungen, die in diesem Band enthalten sind, dass in Zukunft privaten Anleger/innen sowie Kund/innen generell eine verstärkte Bedeutung zukommen wird – in der Nachfrage nachhaltiger Produkte und in der Erwartung von mehr Transparenz seitens des Bankpartners. Zahlreiche Gütesiegel für interessierte und engagierte Privatkund/innen sind bereits in Vorbereitung und werden den Markt für nachhaltige Bankprodukte positiv weiterentwickeln.

Die Arbeitshypothese für das vorliegende Buch war, dass Nachhaltigkeitsratings in Zukunft eine wesentliche Ergänzung zu arrivierten Ratings darstellen werden. Dass diese Hypothese weder verifiziert noch falsifiziert werden kann, liegt in der Natur der Untersuchung. Wenn von der Relevanz von Nachhaltigkeitsratings ausgegangen wird – und auf dieser Grundannahme beruht der vorliegende Band natürlich ebenfalls –, so wird es nötig sein, Nachhaltigkeitsratings in einer Weise weiterzuentwickeln, dass sie nicht nur von Nachhaltigkeitsspezialisten in einem Unternehmen wahrgenommen werden, sondern dass auch Finanzverantwortliche und Entscheidungsträger generell sich ernsthaft damit auseinandersetzen und ihre Ergebnisse in ihrer Risikobetrachtung und Geschäftsentscheidung mitberücksichtigen. Zu dieser Entwicklung soll dieses Buch einen Beitrag leisten. Fakt ist: Es ist noch viel zu tun. Jetzt ist die Zeit gekommen, nun liegt es an uns allen, die besten Voraussetzungen für eine nachhaltige Zukunft durch eine Finanzwirtschaft zu schaffen, die Vertrauen als neue Währung begreift.

Literatur

Brundtland-Kommission (1987) Our Common Future. Deutsche Zusammenfassung. https://www.nachhaltigkeit.info/artikel/brundtland_report_563.htm. Engl. Original: https://unric.org/html/german/entwicklung/rio5/brundtland/A_42_427.pdf. Zugegriffen: 24. April 2015

Europäische Kommission (2001) Europäische Rahmenbedingungen für die soziale Verantwortung der Unternehmen. http://eur-lex.europa.eu/LexUriServ/LexUriServ.do?uri=COM:2001:0366:FIN:DE:PDF. Zugegriffen: 27. April 2015

Huss J, von Gadow F (2012) Einführung. In: von Carlowitz HC (Hrsg) Sylvicultura Oeconomica: haußwirthliche Nachricht und Naturmäßige Anweisung zur Wilden Baum-Zucht, Faksimile der Erstausgabe (Leipzig, 1713). Remagen-Oberwinter, Kessel

Votaw D (1972) Genius become rare. In: Votaw D, Sethi PS (Hrsg) The corporate dilemma/traditional values versus contemporary problems. Prentice Hall, Englewood Cliffs, S 11–45

Photocredit: Edith Walzl

Dr. Heidrun E. Kopp MBa MA ist Expertin für CSR & Nachhaltigkeit, studierte in Wien, London und den USA (u.a. Executive Training zum Thema „Corporate Social Responsibility" an der Harvard Business School). Sie verfügt über langjährige Erfahrung im Bankensektor mit Fokus auf die Region Zentral- und Osteuropa. Ihr Schwerpunkt ist die Integration von CSR & Diversity ins Kerngeschäft von Banken. Hierbei konzentriert sie sich unter anderem auf die Bedeutung von Nachhaltigkeitsratings als wesentliche Ergänzung zu konventionellen Kreditratings, im Sinne der Kernfrage „Wie müssen Nachhaltigkeitsratings ausgestaltet sein und welche Rahmenbedingungen sind dafür in Zukunft erforderlich?"

Heidrun Kopp hat ihr Know-how und ihre Erfahrung in zahlreichen Fachforen, Vorträgen und Publikationen präsentiert. Ein weiterer Schwerpunkt in der Auseinandersetzung mit nachhaltiger Finanzwirtschaft liegt in der Verbesserung des Finanzwissens insbesondere von Jugendlichen. Im Jahr 2014 hat Heidrun Kopp das Institut für nachhaltiges Finanzwesen gegründet, als Dialogforum für zukunftsfähige, ökologische und soziale Initiativen im Finanzwesen. Eine Zielsetzung besteht in der Bewusstseinsbildung und Orientierungshilfe für engagierte Bürger/innen. Diese Plattform möchte sämtliche Stakeholder, die an einem innovativen und zukunftsfähigen Finanzwesen interessiert sind, in einen gleichberechtigten Dialog einbeziehen. (www.inafina.org)

Teil I
Information ist alles – Nachhaltigkeitsratings im globalen Kontext

Vertrauen schaffen, Bewusstsein bilden

Gertrude Tumpel-Gugerell

Zusammenfassung

Ein Dialog mit Gertrude Tumpel-Gugerell, ehemalige Direktorin der Oesterreichischen Nationalbank (OeNB) sowie der Europäischen Zentralbank (EZB), über die Möglichkeiten von Nachhaltigkeitsratings und einheitlichen Standards.

▶ **Ist es aus Ihrer Sicht sinnvoll, wenn sich die Finanzwirtschaft nicht nur mit ökonomischen Kriterien, sondern auch mit sozialen, ökologischen beziehungsweise gesellschaftlich relevanten Kriterien wie der Finanzbildung umfassend auseinandersetzt?**

Der Finanzwirtschaft wird in der Gesellschaft klar die Rolle zugewiesen, nicht nur kurzfristige Gewinnoptimierung zu betreiben, sondern auch nachhaltige Wirtschaftsentwicklung zu unterstützen. Dies setzt natürlich voraus, dass es Projekte und Eigentümer gibt, die diese Ziele verfolgen. Finanzwirtschaft selbst kann nicht die Ziele setzen, die die Projekte verfolgen, sondern es ist wichtig, dass Projekte in der Gesellschaft entstehen und verfolgt werden – dann kann die Finanzwirtschaft finanzieren. Damit das möglich wird, ist natürlich auch ein Steuersystem nötig, das eine nachhaltige Wirtschaftsentwicklung unterstützt und das ressourcenintensive, umweltbelastende Aktivitäten steuerlich auch entsprechend behandelt.

Wichtig ist, genug Mittel für langfristige Projekte zu haben – viele Impulse im nachhaltigen Bereich tragen einfach erst langfristig Früchte. Darum ist Stabilität als Rahmenbedingung auch für Nachhaltigkeit entscheidend: politische Stabilität, wirtschaftliche Sta-

---

G. Tumpel-Gugerell (✉)
Österreichisches Institut für Wirtschaftsforschung, Arsenal Objekt 20, 1030 Wien, Österreich
E-Mail: gertrude@tumpel-gugerell.at

bilität, Verlässlichkeit des Rechtssystems. Und in dieser Sphäre spielen auch die Kunden, die Anleger eine wichtige Rolle: Indem sie bereit sind, Mittel in nachhaltige Projekte zu investieren, können sie Einfluss nehmen. Und so kommt der Projektbeurteilung, der Transparenz, dem Rating, der vertrauenswürdigen Projektaufbereitung und -information eine wichtige Rolle zu.

▶ **Sie sehen es also als einen Vorteil, wenn sich die Finanzwirtschaft mit dem Thema auseinandersetzt. Gilt das auch für den Wirtschaftsstandort Österreich?**

Natürlich! Österreich hat durch sehr viele Förderungen, auch von öffentlicher Seite, mittlerweile einen relativ hohen Anteil an biologisch erzeugten Lebensmitteln erreicht. Ich halte das für einen großen Erfolg. Auch das Bewusstsein für die Qualität der Lebensmittel steigt – ein Bewusstsein, das in manchen mediterranen Ländern immer vorhanden war. Und das, was auf dem Gebiet der Lebensmittel erreicht worden ist, sollte und kann durchaus auch auf anderen Gebieten entstehen. Etwa im Bereich Nachhaltigkeit beim Bauen: Dazu gibt es Beispiele in Skandinavien, aber auch in Vorarlberg, wo man natürliche Rohstoffe wie Holz nutzt. Das ist Investieren in Qualität, in langlebige Wirtschaftsgüter. In der Erzeugung von Textilien gibt es ähnliche Beispiele. Unerlässlich ist dabei, dass Transparenz über die Herstellungsmethoden und Herstellungsweisen herrscht, ebenso wie über soziale Standards: Wie werden die Mitarbeiter in den Betrieben behandelt? Wie jene in den Lieferfirmen? Werden soziale Standards eingehalten? Wie sind die Arbeitsbedingungen? Es geht also um die gesamte Produktionskette – und dann auch um die Entsorgungskette, um die Wiederverwertung von Materialien. Nachhaltigkeit bedeutet auch die Entwicklung von recyclingorientierten Konzepten.

▶ **What you can't measure you can't manage. Stellen aus Ihrer Sicht Nachhaltigkeitsratings ein taugliches Instrument für die Evaluierung dieser nichtfinanziellen Kriterien oder Nachhaltigkeitsmaßnahmen dar?**

Grundsätzlich bin ich dafür, Qualitätssiegel zu verwenden. Wir sind das bereits aus verschiedenen Bereichen unseres Lebens gewöhnt: Bei Medikamenten gibt es Qualitätsstandards, ebenso bei Lebensmitteln. Und natürlich kann man solche Standards auch bei Finanzprodukten anlegen. Nicht ganz einfach ist die Integration von rein wirtschaftlichen Kriterien mit Nachhaltigkeitskriterien. Entweder fügt man beides zusammen und erreicht, dass herkömmliche Ratingagenturen auch Aussagen zu Nachhaltigkeitsaspekten treffen. Oder die Infrastruktur für Nachhaltigkeitsratings wird parallel aufgezogen, was natürlich einen großen Aufwand bedeutet. Die Frage ist auch, wer die Ratings veranlasst – es war ja ein lange umstrittener Punkt, dass die Ratings von den Emittenten bezahlt werden und nicht von den Investoren. Wenn Investoren bereit sind, Geld aufzuwenden, ist das natürlich vorzuziehen. Eine strenge Aufsicht über die Tätigkeit dieser Ratingagenturen ist sicher auch notwendig, so wie sich dies auch bei den finanziellen Ratings herausgestellt hat: Als hier die Aufsicht fehlte, sind alle möglichen Unsinnigkeiten vorgekommen.

▶ **Sollen diese Ratings für den Kunden transparent gemacht werden?**

Ja, sicher. Das heißt, sie müssen auch in verständlicher Weise aufbereitet werden.

▶ **Wären aus Ihrer Sicht hierzu europäische Rahmenbedingungen notwendig, um bestimmte ökosoziale Mindeststandards als Teil des Produkt- und Serviceportfolios bei Banken einzufordern?**

Europaweite Standards hätten sicher den Vorteil, dass einfach ein größerer Pool an Finanzmitteln vorhanden wäre und man auch beim Kauf von Produkten aus anderen Ländern sichergehen könnte, dass hier die Nachhaltigkeit bereits geprüft wurde.

▶ **Denken Sie, dass es staatliche Anreizsysteme dafür geben soll? Bedarf es rechtlicher Verpflichtungen, unter anderem für Banken?**

Das sollte eine privatwirtschaftliche Aktivität sein, die Rolle des Staates würde ich nur in der Überwachung der Seriosität der Ratingfirmen sehen.

▶ **Und wie steht es mit staatlichen Anreizsystemen?**

Staatliche Anreizsysteme wären eine interessante Perspektive, analog zur Energieförderung wäre es ein Denkansatz, Teile der Energieförderung auch der Förderung nachhaltiger Finanzprodukte zu widmen.

▶ **Mitunter wird von „Vertrauen als neue Währung" gesprochen. Zahlreiche Studien zeigen, dass der Vertrauensverlust in die Finanzwirtschaft so hoch ist wie nie zuvor. Wäre eine konsequente Auseinandersetzung mit nichtfinanziellen Maßnahmen eine Möglichkeit, um die Glaubwürdigkeit und das Vertrauen in den Finanzsektor zu stärken?**

Im Vorfeld der Finanzkrise ist vieles passiert, das auch das Vertrauen der Kunden reduziert, ja erschüttert hat. Dieses Vertrauen muss Schritt für Schritt wieder aufgebaut werden, und im Bereich der Regulierung ist seither auch viel geschehen: Transparenzanforderungen, Beratungsprotokolle, bessere Information der Kunden, weniger Interessenkonflikte bei den Bankberatern, die für riskantere Produkte mehr Gebühren erhalten als bei weniger riskanten Produkten.

Nachhaltigkeit ist eine zusätzliche Dimension – jemand muss schon einigermaßen gut verdienen, um nachhaltige Investitionen zu erwägen, die oft auch erst längerfristig ihre Erträge zeigen. Für viele Menschen ist das Wichtigste, dass sie eine Wohnung finanzieren können, ein Auto oder die Ausbildung ihrer Kinder. Die Nachhaltigkeit kommt dann vielleicht im nächsten Schritt. Zusammengefasst: Man kann mit Fokus auf Nachhaltigkeit alleine nicht das Vertrauen wieder herstellen, aber ich stelle etwa schon in meinem persönlichen Umfeld fest, dass Finanzinstitute, die sich engagieren, auch im gesellschaftlichen Bereich oder im Nachhaltigkeitsbereich, damit auch bei ihren Kunden punkten. Da geht es nicht so sehr um das Thema Sponsoring oder Imagewerbung, sondern es geht auch um Fragen wie: Was macht die Bank mit ihren Gewinnen? Kann sie einen Teil davon für soziale und gesellschaftlich nützliche Projekte verwenden? Legt sie Rechenschaft darüber ab? Um solche Fragen geht es – weil man von dieser Geisteshaltung des Managements dann auch auf die interne Unternehmenskultur, auf die Behandlung der Mitarbeiter und den Umgang mit komplexen Themenstellungen schließt.

▶ **Hier liegt eine Frage nahe: Welche Rolle spielt Finanzbildung in diesem Zusammenhang?**

Ein ganz wichtiges Thema. Im Augenblick ist es in den Schulen noch zu wenig präsent, aber es gibt umfangreiche Initiativen der Oesterreichischen Nationalbank (OeNB) zur Förderung der Finanzerziehung – auch zur Unterstützung der diesbezüglichen Bemühungen der Lehrerschaft. Tatsächlich ist der Komplex enorm wichtig, denn jeder Einzelne trifft ja in seinem Leben finanzielle Entscheidungen, die lange wirken – oft bis in die nächste Generation hinein. Ich bin sehr dafür, hier verstärkt anzusetzen. Und dabei geht es um Grundfragen: Wie funktioniert das Steuersystem? Wie funktionieren Anlageprodukte? Wie kann ich mir Grundinformationen über die Finanzmärkte besorgen? Für Männer wie für Frauen ist das gleichermaßen wichtig. Oft sagen Frauen, dass sie das ihren Männern überlassen – wenn Frauen dann aber auf sich alleine gestellt sind, wird es aber wirklich schwierig, denn sie müssen die Entscheidungen dann selbständig treffen und sind darauf oft nicht vorbereitet.

▶ **Nachdem Sie für zwei starke und arrivierte Institutionen gearbeitet haben und wissen, wie die Strukturen funktionieren: Welche Rolle würden Sie für das Thema Nachhaltigkeit bei der OeNB, aber auch auf europäischer Ebene, bei der EZB, sehen? Was könnte noch gemacht werden?**

Die OeNB hat sich selbst schon sehr früh mit dem Thema Nachhaltigkeit beschäftigt. Wir (Anm.: die OeNB) haben sehr früh Kollegen gehabt, die sich auch im Ressourceneinsatz selbst eingesetzt haben. Und natürlich hat eine Institution wie die Oesterreichische Nationalbank eine gesellschaftspolitische Aufgabe und kann sehr viel im Bereich Finanzerziehung tun.

Die EZB hat eine europäische Verantwortung; sie sendet natürlich auch wirtschaftspolitische Botschaften aus und engagiert sich auch stark im Bereich Finanzerziehung. Sie bringt Menschen aus der ganzen Welt zusammen, zu Seminaren, zu Konferenzen, zu wissenschaftlichen Aktivitäten. Erst vor Kurzem wurden wieder Preise für junge Ökonomen vergeben. Gerade an solchen Stellen kann Bewusstsein geschaffen werden – es kommt schließlich darauf an, welche Themen ausgezeichnet werden. So würde ich diese Verantwortung sehen.

Photocredit: Petra Spiola

Mag. Dr. Gertrude Tumpel-Gugerell war von 2003 bis 2011 Mitglied des Direktoriums der Europäischen Zentralbank in Frankfurt. Die Zuständigkeiten umfassten dabei Marktoperationen (bis 2006) sowie Zahlungsverkehrssysteme und Marktinfrastrukturen. Von 1997 bis 2003 war sie Mitglied des Direktoriums der Oesterreichischen Nationalbank, Wien, ab 1998 in der Funktion als Vize-Gouverneurin, jeweils mit den Zuständigkeiten für Volkswirtschaft und Finanzmärkte. Seit 2011 ist Gertrude Tumpel-Gugerell Beraterin des Österreichischen Instituts für Wirtschaftsforschung im Rahmen ihrer Forschungsschwerpunkte Makroökonomie, europäische Wirtschaftspolitik und Regulierung sowie Finanzmarktstabilität.

Die Rolle von nachhaltigen Ratingagenturen im europäischen Kontext

Othmar Karas

Zusammenfassung

Kofi Annan hat einmal gesagt, dass Wohlstand und Nachhaltigkeit keine Gegensätze seien. Dem kann ich nur zustimmen und hinzufügen: Dauerhafter Wohlstand kann nur in Verbindung mit einer nachhaltigen Entwicklung erreicht werden. Weder die Politik noch die Wirtschaft darf auf kurzfristige Erfolge abzielen, denn diese sind auf Sand gebaut. Wir müssen langfristig denken und handeln, denn nur so können wir das bisher Erreichte bewahren und Neues darauf aufbauen. Dieses Handeln in sozialen, wirtschaftlichen und ökologischen Fragen mit dem Blick über den morgigen Tag hinaus findet sich auch in der ökosozialen Marktwirtschaft wieder. Es war richtig, dass sich die Europäische Union der sozialen Marktwirtschaft verpflichtet hat, und es ist gut, dass sie eine Vorreiterin in Sachen Nachhaltigkeit ist. Das zusätzliche Engagement nachhaltiger Ratingagenturen ist zu begrüßen, denn je mehr Themenfelder wir bei der Bewertung von Ländern und Unternehmen abdecken, desto präziser werden diese.

Auch im europäischen Kontext müssen die drei Ebenen der Nachhaltigkeit – rechtliche, ökonomische und ökologische – gestärkt werden, damit Ratingagenturen in Zukunft verlässliche Partner der ökosozialen Marktwirtschaft sein können und mithelfen, dass diese stabil und sicher am Aufschwung Europas arbeitet.

Kofi Annan hat einmal gesagt, dass Wohlstand und Nachhaltigkeit keine Gegensätze seien. Dem kann ich nur zustimmen und möchte noch hinzufügen: Dauerhafter Wohlstand kann nur in Verbindung mit einer nachhaltigen Entwicklung erreicht werden.

O. Karas (✉)
Europäisches Parlament, ASP 8F143, Rue Wiertz 60, 1047 Brüssel, Belgien
E-Mail: othmar.karas@europarl.europa.eu

© Springer-Verlag Berlin Heidelberg 2016
H. E. Kopp (Hrsg.), *CSR und Finanzratings,* Management-Reihe Corporate Social Responsibility, DOI 10.1007/978-3-662-47461-7_3

Weder die Politik noch die Wirtschaft darf auf kurzfristige Erfolge abzielen, denn diese sind auf Sand gebaut. Wir müssen langfristig denken und handeln, denn nur so können wir das bisher Erreichte bewahren und Neues darauf aufbauen. Dieses Handeln in sozialen, wirtschaftlichen und ökologischen Fragen, mit dem Blick über den morgigen Tag hinaus, findet sich auch in der ökosozialen Marktwirtschaft wieder. Ökosoziale Politik trägt Verantwortung für die nächste Generation, ohne das Individuum aus seiner eigenen Verantwortung zu entlassen oder ihm den Raum zur Selbstentfaltung zu nehmen. In diesem Sinne bildet die ökosoziale Marktwirtschaft auch den Kern der europäischen Wirtschaftsordnung. In Artikel 3 Absatz 3 des Vertrages von Lissabon heißt es dazu:

> Die Union errichtet einen Binnenmarkt. Sie wirkt auf die nachhaltige Entwicklung Europas auf der Grundlage eines ausgewogenen Wirtschaftswachstums und von Preisstabilität, eine in hohem Maße wettbewerbsfähige soziale Marktwirtschaft, die auf Vollbeschäftigung und sozialen Fortschritt abzielt, sowie ein hohes Maß an Umweltschutz und Verbesserung der Umweltqualität hin. Sie fördert den wissenschaftlichen und technischen Fortschritt.
> Sie bekämpft soziale Ausgrenzung und Diskriminierungen und fördert soziale Gerechtigkeit und sozialen Schutz, die Gleichstellung von Frauen und Männern, die Solidarität zwischen den Generationen und den Schutz der Rechte des Kindes.
> Sie fördert den wirtschaftlichen, sozialen und territorialen Zusammenhalt und die Solidarität zwischen den Mitgliedstaaten.
> Sie wahrt den Reichtum ihrer kulturellen und sprachlichen Vielfalt und sorgt für den Schutz und die Entwicklung des kulturellen Erbes Europas.

Nachhaltig handeln und gestalten bedeutet auch, die Lehren aus der Vergangenheit zu ziehen, um die richtigen Schlüsse für die Zukunft zu finden. Die Grundlage für die Krise, deren Bewältigung sich Europa seit 2008 stellt, ist vielfältig. Die US-amerikanische Hypothekenkrise („Subprime-Krise") setzte in Verbindung mit einer erheblichen Deregulierung des Finanzwesens der USA eine Abwärtsspirale in Gang, in die auch die europäischen Banken hineingezogen wurden. Durch das Platzen der Immobilienblase in den USA kam es bei allen Banken zu massiven Abschreibungen und Wertberichtigungen. Als in der Folge kleinere US-Banken zusammenbrachen, schien es noch, als könnte diese Lücke durch die großen Investmentbanken ausgefüllt und ein Überschwappen der Krise auf europäische Banken verhindert werden.

Die Pleite der „Lehman Brothers" setzte allerdings eine Kettenreaktion in Gang, da der Geldfluss auf dem Interbankenmarkt versiegte und weitere Banken in den Abgrund gerissen wurden. Das Versagen des Bankensektors hatte enorme politische Auswirkungen: Konjunkturprogramme und staatliche Bankenrekapitalisierungsprogramme rissen Löcher in Staatsbudgets. Nachlässigkeiten der vergangenen Jahre wurden offensichtlich, Rettungsmaßnahmen und überfällige Strukturanpassungen des Arbeitsmarktes führten zu einem drastischen Anstieg der nationalen Verschuldung. Dadurch wurden speziell jene Mitgliedstaaten ins Wanken gebracht, die ohnehin schon mit Struktur- und Haushaltsproblemen zu kämpfen hatten. Um in weiterer Folge ein Auseinanderfallen der Eurozone zu verhindern und um die Auswirkungen auf die einzelnen Mitgliedstaaten abzufedern, wurden Hilfspakete und Restrukturierungsprogramme unter Federführung der EU beschlossen.

In vielen Fällen wurden die drohenden Risiken von den Ratingagenturen im Vorfeld nicht bemerkt, weshalb sie nach Ausbruch der Krise mit umso strengeren und folgenreicheren Bewertungen de facto in den Markt eingriffen. Durch diese einflussreichen Ratings wurde die Lage in vielen Staaten noch verschärft.

Selbstverständlich sind transparente Bewertungen von Staaten und Unternehmen notwendig, um sich über Risiken und Chancen bei Anlageprodukten und darüber hinaus bewusst zu werden. Doch in der Hochzeit der Krise gab es einige Unschärfen und ungerechtfertigte Schlüsse der Ratingagenturen, die die Spielräume der Staaten zusätzlich verkleinerten. Hier setzte die erste Begriffsmöglichkeit einer nachhaltigen Ratingagentur an. Ratingagenturen agieren heute nachhaltig, weil wir mit dem Gesetzespaket zu Ratingagenturen im Sommer 2013 die Schlüsse aus den Fehlern der Vergangenheit gezogen haben.

Seit dem 1. Juli 2013 sind 22 Ratingagenturen in der Europäischen Union registriert und werden von der Europäischen Wertpapier- und Marktaufsichtsbehörde (ESMA) überwacht. Die Kommission wird in einem Anfang 2016 fälligen Bericht bewerten, ob zusätzliche Maßnahmen zur Wettbewerbsförderung auf dem Ratingmarkt notwendig sind.

Heute dürfen die Berichte von Ratingagenturen beispielsweise keine direkten Weisungen mehr an die nationale Politik enthalten. Dadurch wird gewährleistet, dass die Ratingagenturen nicht mehr in die nationale politische Agenda eingreifen können und das Primat der Politik sichergestellt ist. Erstmals können sich Anleger, Investoren und Emittenten an den Ratingagenturen schadlos halten, wenn diese vorsätzlich oder grob fahrlässig EU-Regelungen verletzen oder ein Fehlurteil abgeben. Dadurch werden vorschnell gefällte Urteile und ihre oft gravierenden Folgen verhindert. Ebenso schreibt die neue Verordnung vor, dass Ratingagenturen ihre Bewertungskriterien offenlegen müssen und nur mehr an drei jährlichen Fixterminen ihre Länderratings veröffentlichen dürfen. Es geht bei diesem Schritt jedoch nicht darum, Transparenz zu verhindern, sondern es soll keine Möglichkeiten mehr geben, Staaten mit vorschnellen Ratings den Weg zu langfristigen Strukturreformen zu verbauen.

Ein zweiter Aspekt der Nachhaltigkeit bei Ratingagenturen ist die Implementierung von veränderten Rahmenbedingungen in die eigentlichen Bewertungen.

Nicht nur die Regeln für die Ratingagenturen haben sich geändert, sondern auch die rechtlichen Rahmenbedingungen der Finanzmärkte. Dies gilt es bei Ratings zu berücksichtigen, um auf ihre nachhaltige Aussagekraft vertrauen zu können.

Die drei großen amerikanischen Ratingagenturen inkludieren bei der Bewertung einzelner Banken immer noch das Rating des Landes, in dem die Bank ihren Sitz hat. Dies war jedoch nur bis zur Vollendung der Bankenunion korrekt, denn bis zu diesem Zeitpunkt gab es die Möglichkeit, dass der Staat strauchelnde Banken auffangen musste und so das Staatsbudget weiter belastet wurde. Mit dem neuen „Bail-In-Mechanismus" und dem Bankenabwicklungsfonds müssen ab jetzt jedoch all jene die Rechnung bezahlen, die auch von den Risiken profitieren. Den Steuerzahlern wird nicht mehr in die Tasche gegriffen, wenn eine Bank in Schieflage gerät, und auch die Staatsfinanzen spielen keine Rolle mehr in der Bewertung der einzelnen Institute.

Im Gegensatz zu den US-Agenturen berücksichtigt beispielsweise die europäische Ratingagentur „Scope" diese veränderte Gesetzeslage und separiert den Zustand der Staatsfinanzen von der Bewertung individueller Bankeninstitute. Auch sie handelt also nachhaltig, weil sie die Schlüsse, die wir aus der Vergangenheit gezogen haben, für die Bewertung der Zukunft miteinbezieht.

Neben diesen zwei Faktoren – der Nachhaltigkeit durch die Einbeziehung der veränderten inneren Voraussetzungen und der veränderten Rahmenbedingungen – gibt es noch die „klassische" Möglichkeit nachhaltiger Ratingagenturen. Sie bemessen und bewerten Länder und Unternehmen nach eigens definierten Nachhaltigkeitskriterien. Die Länderratings der deutschen Agentur oekom research beispielsweise entscheiden nach einer Vielzahl nachhaltiger Indikatoren wie Korruption, Nachhaltigkeit in Bildung und Energieeffizienz. Das so erstellte Länderrating dient im Anschluss auch als Entscheidungsgrundlage für nachhaltige Kapitalinvestitionen.

Auch für die belgische Fondsgesellschaft Petercam zählen Transparenz, Umwelt und Vermögensverteilung zu den entscheidenden Faktoren bei der Bewertung eines Landes.

All diese Ratings werden aus zwei Quellen gespeist. Zum einen werden alle Informationen genutzt, die Unternehmen in Jahres- oder Nachhaltigkeitsberichten selbst zur Verfügung stellen. Zum anderen greift man auch auf Studien der EU, von Menschenrechts- und Umweltschutzorganisationen zurück.

Bei beiden Quellen ist es wichtig, dass es gemeinsame europäische Standards gibt. Umweltschutzziele und ihre Ergebnisse können, gerade in Grenzregionen, nur dann ein nachhaltiges Bild der tatsächlichen Lage abgeben, wenn sie innerhalb Europas vergleichbar sind. Ein europäischer Binnenmarkt kann nicht durch verschiedene Bewertungen der Umwelteinflüsse fragmentiert werden. Auch die von Kommissionspräsident Juncker ins Leben gerufene Kapitalmarktunion braucht gemeinsame europäische Parameter, um eine Vergleichbarkeit zwischen den verschiedenen Angeboten zu ermöglichen.

Europa kann es sich nicht leisten, hier zögerlich zu agieren. In der Studie „Cost of Non Europe" ist eine Fülle von Feldern aufgezeigt, in denen eine Vergemeinschaftung der Verantwortung Geld spart und neues Potential freisetzt. Das gilt auch für die Bewertung von Risiken durch Ratingagenturen.

Ich bin froh, dass Europa sich der sozialen Marktwirtschaft verpflichtet hat und ein Vorreiter beim Thema Nachhaltigkeit ist. Das zusätzliche Engagement nachhaltiger Ratingagenturen ist zu begrüßen, denn je mehr Themenfelder wir bei der Bewertung von Ländern und Unternehmen abdecken, desto präziser werden diese.

Auch im europäischen Kontext müssen die drei Ebenen der Nachhaltigkeit – rechtliche, ökonomische und ökologische – gestärkt werden, damit Ratingagenturen in Zukunft verlässliche Partner der ökosozialen Marktwirtschaft sein können und mithelfen, dass diese stabil und sicher am Aufschwung Europas mitarbeiten.

Photocredit: Suzy Stöckl

MEP Mag. Othmar Karas wurde 1957 in Ybbs an der Donau geboren. Er war Nationalratsabgeordneter und Generalsekretär der ÖVP, bevor er 1999 in das Europäische Parlament gewählt wurde. Neben seiner Tätigkeit als Präsident des Hilfswerk Österreich gründete Othmar Karas 2010 das überparteiliche „Bürgerforum Europa 2020", das sich für eine stärkere Beteiligung von Bürgern an der EU-Politik einsetzt und dessen Sprecher er bis heute ist. Im Europäischen Parlament, dessen Vizepräsident er in der abgelaufenen Legislaturperiode war, ist er als einer der Architekten der Krisenbewältigung der EU über alle Parteigrenzen hinweg anerkannt. Mit seiner Arbeit konnte er als Spitzenkandidat bei der EU-Wahl 2014 27 % der Wähler überzeugen und die ÖVP auf den ersten Platz führen.

Sustainability Principles and Standards of the European Investment Bank (EIB)

Wilhelm Molterer

Abstract

The European Investment Bank's (EIBs) mission is to finance projects that further European Union priority policy objectives, as is reflected in EIB's Corporate Operational Plan. While the Plan's priorities and targets include support for projects with direct environmental and social benefits – including the protection and improvement of the natural and urban environment – all projects selected by EIB have to be acceptable in environmental and social terms.

The contribution provides insight into the engagement of the EIB with extra-financial ratings.

1 The EIB Sustainability Principles and Standards, other MFIs

The EIB's mission is to finance projects that further European Union priority policy objectives, as is reflected in EIB's Corporate Operational Plan. While the Plan's priorities and targets include support for projects with direct environmental and social benefits—including the protection and improvement of the natural and urban environment—all projects selected by EIB have to be acceptable in environmental and social terms.

W. Molterer (✉)
European Investment Bank, 98–100 boulevard Konrad Adenauer,
2950 Luxembourg, Luxembourg
E-Mail: w.molterer@eib.org

© Springer-Verlag Berlin Heidelberg 2016
H. E. Kopp (Hrsg.), *CSR und Finanzratings,* Management-Reihe Corporate Social Responsibility, DOI 10.1007/978-3-662-47461-7_4

In 2006, the European Principles for the Environment were founded on the commitment of the five signatory European-based Multilateral Financing Institutions (MFIs) to ensuring environmental protection and promoting sustainable development globally and across all sectors of their activities. In 2009, the Bank published its Environmental and Social Principles and Standard Statement to outline the standards that the Bank requires of the projects that it finances, and the responsibilities of the various parties. It provides a much greater sense of urgency about the problems of climate change, gives greater recognition to the importance of biodiversity, and, expands the section on the social dimensions of sustainable development[1]. As regards the climate change, in September 2015, following a comprehensive review, the Bank adopted its Climate Strategy, presenting a forward looking statement describing the Bank's future direction and developments in this field.

Environmental and social standards complement our due diligence alongside financial and economic criteria. No project that will have an adverse impact or lacks adequate mitigation, remedial and/or offsetting measures on the non-financial appraisal front will proceed to financing.

The EIB ensures that activities in all phases of the financial process support EU policies, financing projects that are bankable, as well as economically, environmentally and socially viable. The Bank's environmental and social criteria are based on ten standards. We adhere strictly to our standards to ensure that the financial returns of a project are never given greater importance than the environmental and social returns.

2 Regular Engagement of the EIB with Non-Financial Ratings

The EIB receives questionnaires from non-financial rating agencies throughout the year and endeavors to respond to them completely and transparently. The agencies often request detailed feedback on our sustainability strategy and performance, along with data to substantiate our answers and commentary on performance. These ratings help us better understand our performance and identify the focus for further improvement. Throughout the year we receive numerous requests and questionnaires from ratings agencies, non-financial analysts and investors on a wide range of topics e.g. governance, risk management, business ethics, social, labor and human rights, health and safety, environment, community involvement.

These evaluations have resulted in "prime" ratings, meaning the EIB demonstrates strong social and environmental performance and that the Bank is amongst the best in its benchmark of Multilateral Banks.

---

[1] http://www.eib.org/infocentre/publications/all/european-principles-for-the-environment.htm (May 2006)

The EIB Statement of Environmental and Social Principles and Standards (February 2009).

The Sourcebook on EU Environmental Law (Updated, March 2010).

The Sourcebook on EU Social Law (October 2010).

Non-financial rating agencies assessments form the basic material on which managers of sustainable funds base their decisions. While not all agencies engage with the EIB on its sustainability performance, five major non-financial rating agencies do so, namely Oekom (Germany), Sustainalytics (the Netherlands), imug (Germany) and Vigeo (France), MSCI (Canada).

In 2014, the EIB was rated as "Outperforming" by Sustainalytics, "Positive" by IMUG, "Prime" by Oekom Research and "Advanced" by VIGEO, maintaining the same levels of performance as in previous years.

Photocredit: EIB

Wilhelm Molterer was a Vice President at the European Investment Bank (EIB) between 2011–2015. Currently he serves as Managing Director of the European Fund for Strategic Investments. Before joining the EIB, he was Member of the Austrian Parliament. He has been Vice Chancellor and Finance Minister of Austria and chairman of the conservative Austrian People's Party. Before becoming Minister of Finance, Mr. Molterer, was Federal Minister of Agriculture, Forestry, Environment and Water Resource Management from 2000–2003, and Federal Minister of Agriculture and Forestry from 1994–2000. Mr. Molterer has a degree and postgraduate qualifications in economics and social sciences from the University of Linz.

Es bedarf eigentlich nur eines gesunden Hausverstands, um Dinge nachhaltig zu gestalten –
Interview mit Helmut Mödlhammer, Präsident des Österreichischen Gemeindebundes

Helmut Mödlhammer

Zusammenfassung

Kommunen sind wesentliche Wirtschaftsfaktoren. Damit tragen sie unmittelbare Verantwortung für Entscheidungen, die die Bedürfnisse der Menschen hinsichtlich ihres Lebensraums und ihrer Lebensqualität betreffen. Jede Entscheidung beginnt mit Überlegungen zum Geld. Studien zeigen, dass nachhaltige Finanzprodukte und Rendite sich nicht ausschließen.

▶ **Was sind die Rahmenbedingungen, die für die Finanzgebarung von Kommunen momentan relevant sind?**

Helmut Mödlhammer: Die Kommunen stehen derzeit unter großem Einsparungsdruck. Die öffentlichen Haushalte müssen saniert werden. Uns ist das im Vergleich zu Bund und Ländern weitgehend gelungen, immerhin erwirtschaften wir in den letzten beiden Jahren schon Überschüsse, die wir für den Abbau von Darlehen verwenden. Es ist aber immer noch so, dass wir jeden Euro dreimal umdrehen müssen, bevor wir ihn ausgeben, weil die Aufgaben jedes Jahr wachsen.

▶ **Welche Chancen würden sich für die Kommunen ergeben, wenn sie sich aktiv mit nachhaltigem Finanzmanagement auseinandersetzen würden?**

Wir betreiben das ja in vielen Bereichen jetzt schon. Wir sind verpflichtet, mittel- und langfristige Finanzplanungen zu machen. Das ist wichtig, damit man entsprechend auch budgetäre Vorsorge für langfristige Projekte treffen kann.

H. Mödlhammer (✉)
Österreichischer Gemeindebund, Löwelstrasse 6, 1010 Wien, Österreich
E-Mail: office@gemeindebund.gv.at

▶ **Was sind die Voraussetzungen, um eine Berücksichtigung von ökosozialen Gesichtspunkten in der Veranlagung oder Finanzierung von Gemeindeprojekten realistisch anzudenken?**

Ehrlicherweise haben wir keine großen Summen zur Verfügung, die wir veranlagen könnten. Inzwischen sind auch die Regeln für Veranlagungen sehr streng geworden, was gut und richtig ist. Es ist nicht unsere Aufgabe, Geld zu horten oder damit zu spekulieren. Wir nehmen Steuern ein, um Aufgaben damit zu erfüllen. Für die geringen und zeitlich begrenzten Veranlagungen bevorzugen wir natürlich ethisch geprüfte und möglichst nicht riskante Produkte.

▶ **Was würden die Gemeinden von ihren Finanzierungspartnern benötigen, um eine nachhaltige Finanzgebarung vornehmen zu können?**

Für uns ist in der Finanzierung die Planungssicherheit das Wichtigste. Eine Gemeinde, die ein Darlehen für den Kanal- und Wasserbau aufnimmt, will möglichst präzise wissen, mit welchen Belastungen sie zu rechnen hat. Auch der persönliche Kontakt mit den Instituten ist wichtig, damit man konkrete Ansprechpartner – am besten vor Ort – hat. In der Umsetzung der Projekte selbst spielt die Nachhaltigkeit eine immer größere Rolle. Wobei wir seit vielen Jahren ja im Umweltbereich, bei Kläranlagen oder Wassersystemen sehr nachhaltig und umweltfreundlich arbeiten.

▶ **„Die längste Reise beginnt mit dem ersten Schritt", sagt Laotse. Was wäre zu tun, um die Vision einer nachhaltigen – also ökonomischen, ökologischen und sozialen – Finanzgebarung in die Realität umzusetzen?**

Es bedarf eigentlich nur eines gesunden Hausverstands. Jede Gemeinde sollte für sich entscheiden: Ist das nachhaltig? Sind das Investitionen, von denen unsere Kinder auch noch profitieren, oder muss das dann saniert werden? Es bedarf oft nur des „Dran-Denkens", um Dinge nachhaltig zu gestalten.

Um den Stellenwert zu eruieren, den Nachhaltigkeit in Finanzfragen in den Gemeinden hat, ist es geplant in Kooperation mit dem Österreichischen Gemeindebund 2016 eine Umfrage zu diesem Thema unter lokalen Entscheidungsträgern durchzuführen.

Im Folgenden der dazu verwendete Fragebogen.

Fragenkatalog Kommunen

Kommunale Entscheidungen wirken sich unmittelbar auf die Bürgerinnen und Bürger aus. Sie betreffen direkt die Bedürfnisse der Menschen hinsichtlich ihres Lebensraums und ihrer Lebensqualität. Diese Nähe bringt große Verantwortung für lokale Entscheidungsträger mit sich.

Jede Entscheidung beginnt mit Überlegungen zum Geld. Dabei geht es aber nicht nur darum, wie einzelne Projekte finanziert werden, sondern auch welche zusätzlichen Wirkungen damit entfacht werden. Ein weiterer Aspekt ist die Frage nach Investitionen und Veranlagungen. Halte ich das Geld in der Region und investiere lokal oder nicht? Aber nicht nur Regionalität ist hier ein Aspekt. Auch treten ökologische, soziale und gesellschaftliche – also nachhaltige – Kriterien immer mehr ins Zentrum der Überlegungen.

Zahlreiche Studien zeigen, dass nachhaltige Finanzprodukte und Rendite sich nicht nur nicht ausschließen. Im Gegenteil. Sie tragen oftmals zusätzlich zur stärkeren Identifikation der Bürgerinnen und Bürger mit den Investitionen bei und wirken in vielfältiger Weise.

Uns interessiert daher Ihre Meinung als lokaler Entscheidungsträger!
Mehrfachnennungen möglich

1. **Wie wichtig erachten Sie gegenüber Ihrer Bevölkerung die Notwendigkeit, auch nachhaltige und regionale Überlegungen in Ihre Finanzentscheidungen einzubeziehen?**

    ☐ Sehr wichtig
    ☐ Wichtig
    ☐ Weniger wichtig
    ☐ Nicht wichtig

    Bitte um kurze Erklärung:

2. **Es gibt regionale Sparbücher, auf die Bürger ihre Ersparnisse legen können. Diese Gelder werden in weiterer Folge konkret für eine Investition in der jeweiligen Gemeinde oder Region verwendet.**
    Sehen Sie durch solche Finanzinstrumente die Möglichkeit, mehr Bürgernähe zu leben?

    ☐ Ja
    ☐ Nein

3. **Bietet Ihnen der Finanzpartner Ihrer Gemeinde die Möglichkeit, Geldgeschäfte nach nachhaltigen Kriterien abzuwickeln?**

    ☐ Ja
    ☐ Nein

    Bitte um kurze Erklärung:

4. **Welche Chancen sehen Sie für Gemeinden, wenn sie sich aktiv mit nachhaltigem Finanzmanagement auseinandersetzen und anwenden?**

- ☐ Vermögen der Bevölkerung in der Region zu halten
- ☐ Investitionen durch regionales Vermögen zu stützen
- ☐ Menschen die Möglichkeit zu geben, in der Region zu leben und zu arbeiten
- ☐ Beitrag zu einem umweltfreundlichen Lebensraum
- ☐ Menschen wieder stärker an die Region zu binden
- ☐ Gemeinden als Träger der regionalen Zukunft
- ☐ Bewusstseinsbildung in der Bevölkerung, dass jeder einen Beitrag für die Umwelt und den sozialen Zusammenhalt leisten kann

5. **Was sind Ihrer Ansicht nach die Voraussetzungen, um nachhaltige Gesichtspunkte in der Veranlagung bzw. Finanzierung von Gemeindeprojekten, real anzudenken?**

6. **Können Sie sich vorstellen, dass auch andere Formen von Bürgerbeteiligungsmodellen wie etwa Crowdfunding[1] bei Investitionen in Gemeindeprojekte zum Tragen kommen könnten?**

- ☐ Ja
- ☐ Nein

Wenn JA, welche Projekte sehen Sie als wichtig an:

- ☐ Schulausbau
- ☐ Seniorenwohnheime
- ☐ Investitionen in die lokale Feuerwehr
- ☐ Solarpanele
- ☐ Kindergärten
- ☐ Sonstige

---

[1] Viele Leute – „die Crowd" – beteiligen sich mit kleinen Beträgen an großen Ideen. Beispiel: Nicht ein Investor riskiert 150.000 €, sondern 200 sogenannte Crowdinvestoren investieren durchschnittlich ca. 750 € in eine gute Idee. Crowdfunding ist ein Instrument der Frühphasenfinanzierung und liefert Risikokapital für den Aufbau von jungen Unternehmen oder für die Finanzierung von Innovationsprojekten in KMU. Die Abwicklung erfolgt meist über Crowdfunding-Plattformen, die Verträge bereitstellen, beratend zu Seite stehen und die Durchführung mit Technologie und standardisierten Abläufen unterstützen. (Quelle: https://www.wko.at – *Crowdfunding für österreichische Unternehmen*), Zugriff: 28. April 2015

Statistische Angaben
Größe Ihrer Gemeinde nach Einwohnerzahl?

- ☐ 1.000
- ☐ 1.000-2.500
- ☐ 2.500-5.000
- ☐ 5.000-10.000
- ☐ Über 10.000 Einwohner

In welchem Bundesland liegt Ihre Gemeinde?

- ☐ Burgenland
- ☐ Kärnten
- ☐ Niederösterreich
- ☐ Oberösterreich
- ☐ Salzburg
- ☐ Steiermark
- ☐ Tirol
- ☐ Vorarlberg
- ☐ Wien

Vielen Dank für Ihre Unterstützung!

Photocredit: Gemeindebund/Matern

Helmut Mödlhammer ist Präsident des Österreichischen Gemeindebundes, der Interessensvertretung der über zweitausend österreichischen Gemeinden und Kommunen. Beruflich war Mödlhammer viele Jahre lang als Journalist und Chefredakteur der Salzburger Volkszeitung tätig. In Salzburg ist er stellvertretender Parteichef der ÖVP, seiner Heimatgemeinde Hallwang stand Mödlhammer von 1986 bis ins Frühjahr 2014 als Bürgermeister vor.

Teil II
Das gute Geld –
Qualität geprüft: Begrifflichkeiten

Wie nützlich sind Nachhaltigkeitsratings für eine nachhaltige Entwicklung von Unternehmen?

Umsetzung – Möglichkeiten – Grenzen

Claudia Döpfner

Zusammenfassung

Der Begriff „Nachhaltigkeit" ist inhaltlich nicht geschützt. Infolgedessen ist die Bandbreite dessen, was als Nachhaltigkeit bewertet wird, immens. Es zeigt sich, dass die Mehrheit der Nachhaltigkeitsrating-Agenturen und Anbieter solcher Ratings Ansätze verfolgen, die gar nicht dazu geeignet sind, im ethisch umfassenden Sinn Nachhaltigkeit in Unternehmen voranzutreiben. Denn bei den meisten Agenturen und Anbietern liegt der Fokus lediglich auf einer Auswahl solcher Nachhaltigkeitskriterien, die finanzielle Auswirkungen auf die zu bewertenden Unternehmen erwarten lassen.

Damit Nachhaltigkeitsratings dem hohen Anspruch der Förderung von nachhaltiger Entwicklung in Unternehmen gerecht werden (können), muss den Ratings ein klar definierter wertorientierter Nachhaltigkeitsbegriff zugrunde gelegt werden.

Anbieter von Nachhaltigkeitsratings fungieren als Intermediäre zwischen Investoren und Unternehmen. Sie stellen Informationsdienstleistungen über die Nachhaltigkeitsperformance von Unternehmen bereit. Sehr häufig bietet eine Bewertung durch eine darauf spezialisierte Nachhaltigkeitsrating-Agentur die Grundlage einer Anlageentscheidung für an Nachhaltigkeit orientierte Investoren. Insbesondere institutionellen Investoren, wie Managern von Investmentfonds, bieten die Nachhaltigkeitsratings die benötigten Informationen. Aber auch Privatanleger können durch solche Ratings Hilfestellung erhalten. Entsprechend wird den Nachhaltigkeitsratings ein zentraler Einfluss auf nachhaltige Anla-

---

C. Döpfner (✉)
Corporate Responsibility Interface Center (CRIC) e. V., Hanauer Landstraße 114–116, 60314 Frankfurt am Main, Deutschland
E-Mail: c.doepfner@cric-online.org

geentscheidungen und auf das Angebot nachhaltiger Finanzdienstleistungen beigemessen. Sie stellen ein wesentliches Instrument der Information für Investoren, aber nicht zuletzt auch für andere Anspruchsgruppen (Stakeholder) über die Erfüllung bestimmter sozialer, kultureller und ökologischer Anforderungen durch ein Unternehmen dar.

Nachhaltigkeitsratings haben – so zumindest die Theorie – eine wichtige Rolle bei der Entwicklung der Marktwirtschaft in eine soziokulturelle und ökologisch zukunftsfähige, in eine nachhaltige Richtung. Es stellt sich allerdings die Frage, ob die Agenturen und sonstigen Anbieter solcher Ratings diesem hohen Anspruch gerecht werden können. Wie sieht die praktische Umsetzung aus? Welche Möglichkeiten haben diese Ratings überhaupt, und wo liegen ihre Grenzen? Diesen Fragen soll im Folgenden mit einigen schlaglichtartigen Anmerkungen nachgegangen werden.

Fakt ist, dass Nachhaltigkeitsrating-Agenturen seit über 20 Jahren in regelmäßigen Abständen bei Unternehmen anfragen und die Offenlegung von Daten und Maßnahmen zu sozialen und ökologischen Fragestellungen einfordern. Dies hat zu einem Umdenkprozess bei den Unternehmen geführt. Mittlerweile ist in vielen, vor allem großen Unternehmen ausführliche, freiwillige CSR- beziehungsweise Nachhaltigkeitsberichterstattung Standard. Auf diese Weise ist in den letzten Jahren die Transparenz hinsichtlich sozialer und ökologischer Kriterien deutlich gestiegen. Darüber hinaus werden Ratingagenturen als wichtige Anspruchsgruppe in Unternehmen wahrgenommen. Eine gute Bewertung in Nachhaltigkeitsratings ist für viele Großunternehmen wichtig geworden. Denn neben positiven Effekten auf die Reputation versprechen sich viele Unternehmen Vorteile durch die Aufnahme in Nachhaltigkeitsindices oder –fonds.[1]

Die Bedeutung von Nachhaltigkeitsratings wird ebenfalls in der Ende Januar 2014 veröffentlichten Studie „Rate the Raters" unterstrichen: Über 700 Nachhaltigkeitsexperten aus den Bereichen Wirtschaft, Regierung, NGOs, Wissenschaft aus 70 Ländern wurden hierzu befragt. Diese halten Nachhaltigkeitsrating-Agenturen nach NGOs für am besten geeignet, um die Nachhaltigkeitsperformance von Unternehmen einzuschätzen. Für die Zukunft rechnen fast zwei Drittel der Befragten mit einer weiter steigenden Bedeutung von Nachhaltigkeitsratings.[2]

1 Die Dominanz des Nachhaltigkeitsverständnisses für die Aussagekraft der Ratings

Diese positiven Einschätzungen und Aussagen werden allerdings etwas getrübt, wenn man die verschiedenen Nachhaltigkeitsrating-Konzepte genauer betrachtet.

Nachhaltigkeitsratings werden mittlerweile von einer Vielzahl sehr unterschiedlicher Anbieter und Institutionen durchgeführt, mit zum Teil erheblichen Unterschieden in in-

---

[1] Vgl. auch oekom 2013

[2] Weitere Informationen unter: www.sustainability.com/library/the-2013-ratings-survey-polling-the-experts

haltlicher und methodischer Hinsicht, bei der Kriterienauswahl und Operationalisierung sowie bei der Informationsgewinnung und Bewertung.[3] Hinzu kommt, dass der Markt der Nachhaltigkeitsbewertungen ein bislang nicht öffentlich regulierter Bereich ist – und, was mit Sicherheit viel schwerer wiegt, der Begriff „Nachhaltigkeit" in keiner Weise inhaltlich geschützt ist.

Zentral für die Frage nach Umsetzung, Möglichkeiten und Grenzen von Nachhaltigkeitsratings ist demnach die Frage nach der Qualität der nachhaltigkeitsorientierten Unternehmensbewertungen. Entsprechend wurden in den letzten Jahren aus den Reihen der Anbieter verschiedene Initiativen zur freiwilligen Qualitätssicherung gestartet.[4] Diese wichtigen und positiven Entwicklungen haben jedoch nichts an der in der Praxis zu beobachtenden Situation geändert, dass verschiedene Ratinganbieter, die jeweils alle mit dem Anspruch auftreten, „Nachhaltigkeit" zu analysieren, zu ganz unterschiedlichen Einschätzungen der Nachhaltigkeitsperformance von Unternehmen gelangen. Ist der verschiedentlich geäußerte Vorwurf der Subjektivität und Beliebigkeit dieser Ratings demnach gerechtfertigt? Oder wie sind sonst diese Unterschiede erklärbar?

In einer 2012 veröffentlichten wissenschaftlichen Studie[5] wurde herausgearbeitet, dass weniger die Professionalität und Transparenz der Untersuchungs- und Bewertungsverfahren verbessert werden muss; hier sind die Unterschiede zwar nennenswert, aber nicht entscheidend. Problematischer, weil grundsätzlich, ist vielmehr die Differenz im Nachhaltigkeitsbegriff, den die Ratinganbieter zugrunde legen. Dabei enthält das Spektrum der Agenturen solche, die auf eine konsequent ethisch-ökologische Bewertung zusteuern, während andere sich an einem ökonomischen Ansatz orientieren.[6]

Für diese erstgenannten ethisch-ökologisch orientierten Konzepte sind die Nachhaltigkeitsbewertungskriterien ein Wert an sich.[7] Sie betrachten die Erhaltung des Natur- und Sozialkapitals als nachhaltig, fördern also ein zugleich „ökologisch" und „sozial" nachhaltiges Wirtschaften. Dazu müssen sowohl die naturgegebenen als auch die gesellschaftlich gestalteten Lebens- und Produktionsgrundlagen in ihrem Potenzial erhalten werden, das Naturkapital ebenso wie das Sozialkapital. Ethisch-ökologische Nachhaltigkeitsrating-Konzepte basieren auf einem Nachhaltigkeitsverständnis, bei dem von Grenzen der Substituierbarkeit zwischen Kapitalien ausgegangen wird. Insbesondere Naturkapital gilt in dieser Konzeption als nicht oder nur partiell substituierbar. Unabhängig vom Anwachsen anderer Kapitalbestände muss Naturkapital im Interesse zukünftiger Generationen

---

[3] Vgl. Schäfer et al. 2006
[4] Wie beispielsweise der ARISTA 3.0 Responsible Investment Research Standard (bis 2012: CS-RR-Quality Standard 2.1 der Association for Independent Corporate Sustainability and Responsibility Research [AICSRR]), die Grundsätze des Nachhaltigkeitsratings der Projektgruppe Ethisch-Ökologisches Rating (EÖR) und oekom research AG oder die SRI Transparenzleitlinien des European Social Investment Forum (Eurosif).
[5] Vgl. Döpfner und Schneider 2012
[6] Vgl. Döring und Ott 2001
[7] Vgl. Schäfer et al. 2004

mindestens intakt erhalten werden.[8] Die Ökonomie ist hier nur Teil eines größeren ökologischen und gesellschaftlichen Systems, das der ökonomischen Entwicklung Beschränkungen auferlegt. Jenseits dieser Beschränkungen ist ökonomisches Wachstum keine Entwicklung im Sinne der Nachhaltigkeit mehr, sogenanntes negatives Wachstum.

Dieser Ansatz widerspricht keineswegs dem Wirtschaftsprinzip, denn Natur- und Sozialkapital können nur aufrechterhalten werden, wenn die Unternehmen auf längere Sicht keine Verluste machen, sodass auch das reale Wirtschaftskapital, der Gesamtwert des privaten Produktiv- und Humankapitals, mindestens erhalten bleibt. So läuft auch ökonomisch betrachtet Nachhaltigkeit auf das Gleiche hinaus wie ökologisch und sozial betrachtet: Unter allen drei Blickwinkeln geht es um die Bewahrung der Lebens- und Produktionsgrundlagen.[9]

Ökonomisch orientierte Konzepte für Nachhaltigkeitsratings zeichnen sich dadurch aus, dass sie sich auf die ökologischen und sozialen Kriterien konzentrieren, die erwartungsgemäß direkte oder indirekte wirtschaftliche Auswirkungen auf das zu bewertende Unternehmen haben. Hinter diesem Ansatz steht ein Nachhaltigkeitsverständnis, bei dem davon ausgegangen wird, dass Naturkapital und auch Sozialkapital verbraucht werden kann, solange nur gleichzeitig in Sachkapital investiert wird. Die Substitution von Natur- und Sozialkapital ist im Prinzip uneingeschränkt zulässig. Das heißt, grundsätzlich kann – im Namen von so verstandener Nachhaltigkeit – die Vermehrung des Finanzkapitals ohne Rücksicht auf die Umwelt, die Mitarbeiter und sonstige Stakeholder verfolgt werden, denn auch wenn die eine Kapitalart, wie beispielsweise der natürliche Lebensraum, verbraucht wird, bleibt der Kapitalbestand als solches erhalten, da das Sachkapital inklusive dem Finanzkapital entsprechend wächst. Nachhaltigkeitsrating-Agenturen, die einem ökonomischen Ansatz folgen, agieren entsprechend, vor allem also mit solchen Kriterien, die dazu dienen, ökologische und soziale Chancen und Risiken beziehungsweise deren Potenziale aufzuzeigen.

Das heißt, derzeit agieren Nachhaltigkeitsrating-Agenturen mit ganz unterschiedlichen Nachhaltigkeitsverständnissen und damit auch Zielsetzungen am Markt, um Nachhaltigkeit von Unternehmen zu bewerten und vergleichbar zu machen. Es liegt auf der Hand, dass die Agenturen zu sehr unterschiedlichen Ergebnissen gelangen, sogar gelangen müssen, je nachdem, ob für sie Nachhaltigkeit ein Wert an sich ist oder ob die Nachhaltigkeitsbewertung dazu dient, eine Prognose hinsichtlich der Finanzperformance eines Unternehmens zu untermauern.

Derzeit lässt die Rede von Nachhaltigkeit dieses breite Spektrum im Nachhaltigkeitsrating zu – mit entsprechenden Schattierungen, die am Markt auch anzutreffen sind. Dennoch – dies sei in diesem Rahmen nur am Rande erwähnt – ist dieser sehr beliebige Umgang mit dem Nachhaltigkeitsbegriff ein ganz schwerwiegendes Problem für die Verfolgung von Nachhaltigkeitszielen; ein Problem, das mit den Nachhaltigkeitsratings und

---

[8] Einzelne Substitutionsprozesse werden dabei keineswegs ausgeschlossen, z. B. zwischen Natur- und Kunststoffen.
[9] Vgl. Hoffmann und Scherhorn 2012

ihren zum Teil geradezu diametralen Ansätzen und Bewertungsergebnissen eine deutliche Ausprägung erfährt.

Verschiedene Studien zeigen zweifelsfrei, dass die überwiegende Zahl der Anbieter von Nachhaltigkeitsratings ökonomisch orientierte Konzepte anwendet; wertorientierte ethisch-ökologische Ansätze bilden derzeit am Markt die Ausnahme. Diese Beobachtung wurde bereits durch Schäfer et al. (2004) aufgezeigt:

> Es wurde deutlich, dass die überwiegende Zahl der Rating-Institutionen des Nachhaltigkeits-/CSR-Spektrums ökonomisch orientierte Konzepte anwendet und mit den dadurch erstellten Rating-Leistungen die Kapitalmärkte und die dortigen Geldanleger anspricht – eine wichtige Erkenntnis, da im Umkehrschluss die übrigen (nicht am Kapitalmarkt operierenden) Stakeholderkreise in der Gestaltung von Corporate Social Responsibility beziehungsweise Corporate Citizenship zumindest über den marktmäßigen Weg nicht ihre ökologischen und sozialen Ansprüche gegenüber Unternehmen artikulieren und/oder durchsetzen können.[10]

Dass zunehmend Finanzdienstleister und auch Versicherungen selektiv Informationen bei Nachhaltigkeitsrating-Agenturen einkaufen und diese Informationen mit ihrem eigenen Know-how ergänzen, könnte zu einer weiteren Ökonomisierung von Nachhaltigkeitsratings führen. Auch die in den letzten Jahren zu beobachtenden Übernahmen von Nachhaltigkeitsratingagenturen durch große Finanzdienstleister sind in diesem Kontext nicht unkritisch zu sehen.

Zusammenfassend lässt sich feststellen, dass als ein ganz entscheidender Aspekt für die Aussagekraft und damit auch für die Möglichkeiten und Grenzen von Nachhaltigkeitsratings das jeweils zugrunde gelegte Nachhaltigkeitsverständnis angesehen werden muss. Vollkommen legal bewegen sich die Agenturen in einem sehr breiten Spektrum von dem, was jeweils als nachhaltig angesehen wird. Die zentrale Forderung nach Transparenz muss daher genau an dieser Stelle ansetzen, denn hier liegt die entscheidende Ursache für die vielfach kritisierten unterschiedlichen Ergebnisse der Rater. Eine keineswegs triviale Forderung an die Anbieter von Nachhaltigkeitsratings, denn gerade diese Information ist Interessierten bislang in vielen Fällen nicht oder nur verschlüsselt zugänglich.

Zugleich wird ebenfalls deutlich, dass die Mehrheit der Ratings gar nicht dazu geeignet ist, im ethisch umfassenden Sinn Nachhaltigkeit in Unternehmen voranzutreiben, da der Fokus bei den meisten Agenturen lediglich auf einer Auswahl von solchen Nachhaltigkeitskriterien liegt, bei denen finanzielle Auswirkungen auf die zu bewertenden Unternehmen zu erwarten sind. Wenn Nachhaltigkeitsratings den Zweck erfüllen sollen, aussagekräftige Informationen über die sogenannte Nachhaltigkeitsperformance von Unternehmen zu liefern und zu einer Verbesserung der Nachhaltigkeit in Unternehmen beizutragen, dann ist klar zu sagen, dass dies konsequenterweise nur durch solche Agenturen und Ratinganbieter geschehen kann, die einem wertorientierten, ethisch-ökologischen Nachhaltigkeitsansatz folgen. Anbieter ökonomisch orientierter Ansätze mögen durchaus auch in

---

[10] Schäfer et al. 2004, S. 122

einigen Bereichen eine nachhaltige Entwicklung fördern – quasi als Nebenprodukt-, aber nur in dem genannten engen ökonomisch fokussierten Rahmen.

2 Unabhängigkeit der Ratings als Qualitätsgarant

Ein weiterer wichtiger Aspekt für die Gewährleistung der Qualität der Nachhaltigkeitsratings ist die vollständige Unabhängigkeit der Ratinganbieter bei ihren Bewertungen: sowohl gegenüber den Ratingobjekten als auch gegenüber den Nutzern des Ratings. In den „Grundsätzen des Nachhaltigkeits-Ratings" von 2004 wurde daher formuliert:

> Die Ratingagentur darf keine Bindungen eingehen, die ihre Entscheidungsfreiheit beeinträchtigt oder beeinträchtigen könnte. Die Ratingagentur wie auch ihre Organe haben ihre persönliche und wirtschaftliche Unabhängigkeit gegenüber jedermann zu bewahren. Dies gilt insbesondere in Bezug auf die Unabhängigkeit gegenüber den zu bewertenden Unternehmen: die gleichzeitige Bewertung und Beratung von Unternehmen widerspricht dem Prinzip der Unabhängigkeit. Ferner muss eine institutionelle Trennung zwischen der Erstellung eines Nachhaltigkeits-Ratings und der Nutzung im Investmentprozess gewährleistet sein.[11]

Vor dem Hintergrund dieses Anspruchs werden Inhouse-Ratings, wie sie verschiedene Finanzdienstleister anbieten, sowie die Verknüpfung von Beratungs- und Bewertungsaufgaben bei externen Bewertungsinstitutionen generell kritisch gesehen, denn Interessenskollisionen können hier nicht ausgeschlossen werden. Dasselbe gilt für die Verquickung von Bewertungen und gleichzeitigem Anbieten von Asset Management beziehungsweise dem Betreiben von Indices.

Die Integration von Research, Analyse und Bewertungsprozessen sowie dem Management von Finanzprodukten kommt häufig vor. Dabei mag es selbstverständlich Selbstverpflichtungserklärungen geben, die eine Unabhängigkeit der Bewertung garantieren sollen. Aber die dominierende Bedeutung der Rechercheergebnisse für die Anlageentscheidung kann dadurch nicht vollständig neutralisiert werden. – Ein Aspekt, der durchaus auch hinsichtlich der Frage, inwieweit Ratings Nachhaltigkeit in Unternehmen fördern können, eine Rolle spielen mag, gerade, wenn man bedenkt, dass die meisten Anbieter ohnehin einen ökonomisch orientierten Nachhaltigkeitsrating-Ansatz verfolgen.

3 Weitere Aspekte und Bedingungen

Damit Nachhaltigkeitsratings zu einem wirkungsvollen Instrument der Förderung von Nachhaltigkeit in Unternehmen werden können, bedarf es neben der Transparenz hinsichtlich des Nachhaltigkeitsverständnisses und der Wahrung vollständiger Unabhängig-

---

[11] Bundesverband deutscher Ratinganalysten und -advisor BdRA 2010

keit der Berücksichtigung weiterer Aspekte und Bedingungen. Einige grundlegende seien an dieser Stelle noch kurz angeführt:

Zum einen müssten Finanztransaktionen und die Kriterien zur Vergabe von Krediten beim Nachhaltigkeitsrating der Finanzdienstleistungsbranche stärker berücksichtigt werden. Der an dieser Stelle existierende immense Hebel zur Förderung von Nachhaltigkeit beziehungsweise der Zementierung nicht nachhaltiger Wirtschaftsweisen durch Finanzdienstleister findet bislang im Rating nur wenig Berücksichtigung. Zum anderen müsste die Nachhaltigkeitsbewertungspraxis zunehmend auf die mittleren und kleinen Unternehmen ausgeweitet werden. Der Schwerpunkt der Ratings richtet sich an sogenannte Large Caps, große, börsennotierte, international tätige Unternehmen. Für die Pionierzeit der Ratings war dieser Schwerpunkt durchaus nachvollziehbar. Für eine Weiterentwicklung der Marktwirtschaft in Richtung Zukunftsfähigkeit müssten nun aber gerade mittelständische und kleine Unternehmen stärker in den Blick genommen werden. – Vielleicht könnten Banken, insbesondere Alternativbanken, für die Kreditvergabeprüfungen mögliche Abnehmer solcher Ratings sein – und durch eine entsprechende Nachfrage für eine stärkere Abdeckung dieses Marktsegmentes sorgen?

Ein weiterer wichtiger Aspekt in diesem Kontext ist der Einfluss nachhaltiger Kapitalanlagen auf Unternehmen. In einer im Mai 2013 veröffentlichten Studie[12] bestätigte knapp jedes dritte der 750 weltweit befragten Blue-Chip-Unternehmen, dass die Anforderungen von Nachhaltigkeitsrating-Agenturen Einfluss auf die Gesamtstrategie ihres Unternehmens nehmen. Zugleich gaben die Unternehmen mehrheitlich an, dass Best-in-Class-Ansätze aus Unternehmenssicht den größten Einfluss auf die Nachhaltigkeitsstrategie haben. Investiert wurden nach Best-in-Class-Ansätzen[13] jedoch, so die Ergebnisse der Studie, nur rund zehn Prozent des ESG-konform angelegten Vermögens. Die überwiegende Mehrheit der nachhaltig orientierten Investoren berücksichtigt Ausschlusskriterien, deren Wirkung bei der Entwicklung von Unternehmen in eine nachhaltigere Richtung von den befragten Unternehmen jedoch als niedriger eingeschätzt wird. Das heißt, auch Investoren müssten ihre Verantwortung stärker wahrnehmen und bei der Verfolgung ihrer nachhaltigen Anlagestrategien eher absolute Best-in-Class-Ansätze priorisieren und weniger auf Negativ- und Ausschlusskriterien setzen, um mit ihrem Anlageverhalten nachhaltige Entwicklungen in den Unternehmen voranzutreiben.

---

[12] Vgl. oekom 2013

[13] Beim Best-in-Class-Ansatz wird keine Branche von vorneherein vom Rating ausgeschlossen. Aber innerhalb jeder Branche wird ein Ranking der Bewertungen vorgenommen. Während beim relativen Best-in-Class-Ansatz die jeweils am besten bewerteten Unternehmen als nachhaltig angesehen werden, unabhängig von der eigentlichen Note, wird beim sogenannten absoluten Best-in-Class-Ansatz nur für die Unternehmen eine Anlageempfehlung ausgesprochen, die nicht nur Branchenbeste sind, sondern zugleich eine bestimmte Mindestnote beim Rating erreichen. Kritik am Best-in-Class-Verfahren bezieht sich fast ausschließlich auf die relativen Ansätze.

4 Abschließende Bemerkungen

Gemäß der Definition der Brundtland-Kommission und ihrer Interpretation durch die deutsche Enquete-Kommission „Schutz des Menschen und der Umwelt" besteht das Ziel der nachhaltigen Entwicklung darin, dass die genutzten Gemeinressourcen, seien sie naturgegeben oder gesellschaftlich gestaltet, nicht länger aufgezehrt, sondern in ihrem Potenzial für künftige Generationen so erhalten werden, dass diese in der Befriedigung ihrer Bedürfnisse nicht schlechter gestellt sind als die gegenwärtig Lebenden. An diesem Ziel muss auch jedes einzelne Unternehmen gemessen werden.[14] Hierzu ist mit den Nachhaltigkeitsratings ein ganz entscheidendes Instrument entstanden. Damit Nachhaltigkeitsratings diesem hohen Anspruch der Förderung von nachhaltiger Entwicklung in Unternehmen gerecht werden können, muss den Ratings ein klar definierter, wertorientierter Nachhaltigkeitsbegriff zugrunde gelegt werden.

Nachhaltigkeitsratings können nur als ethisch-ökologische, als wertorientierte Ratings verstanden einen Beitrag in Richtung mehr Nachhaltigkeit, mehr Zukunftsfähigkeit leisten. Sie führen bei den Unternehmen zu Anreizen, die ökologische und soziale Performance kontinuierlich zu steigern, und bieten die wesentlichen Informationen dafür. Gleichzeitig erhalten Investoren mit den Ratings ein Instrument, mit dessen Hilfe sie Nachhaltigkeit in ihre Anlageentscheidung integrieren können. Damit können wichtige Schritte gemacht werden, um langfristig erfolgreich nachhaltige Entwicklung in der Wirtschaft zu fördern. – Aber Nachhaltigkeitsratings allein sind kein hinreichender Ansatz, sondern es bedarf des Zusammenwirkens verschiedenster Instrumente, um nachhaltige Entwicklung tatsächlich zu realisieren. Auch die Flankierung durch Regeln und Institutionen, die Nachhaltigkeitsziele auf nationaler, internationaler und interkultureller Ebene verfolgen und sichern, bildet einen nicht unerheblichen Rahmen, um einer zukunftsfähigen, nachhaltigen Marktwirtschaft Gestalt zu geben.[15]

Literatur

Bundesverband deutscher Ratinganalysten und -advisor BdRA (Hrsg) (2010) Grundsätze des Nachhaltigkeits-Ratings. http://www.bdra-ev.de/index.php?id=70. Zugegriffen 11. 2010

Döpfner C, Schneider H-A (2012) Nachhaltigkeitsratings auf dem Prüfstand. Pilotstudie zu Charakter, Qualität und Vergleichbarkeit von Nachhaltigkeitsratings. Goethe Universität, Frankfurt a. M.

Döring R, Ott K (2001) Nachhaltigkeitskonzepte. Z Wirtsch.- Unternehmensethik 3:320 f

Hoffmann J, Scherhorn G (2012) Nachwort: Erhaltung der Gemeinressourcen als Kriterium für Nachhaltigkeit. In Döpfner C, Schneider H-A Nachhaltigkeitsratings auf dem Prüfstand.

---

[14] Vgl. Hoffmann und Scherhorn 2012, S. 112.
[15] Vgl. hierzu auch die Initiative zu Externalisierung und Wettbewerb: http://www.nehmenundgeben.de.

Pilotstudie zu Charakter, Qualität und Vergleichbarkeit von Nachhaltigkeitsratings. Goethe Universität, Frankfurt a. M., S 111–113

oekom research AG (Hrsg) (2013) Der Einfluss nachhaltiger Kapitalanlagen auf Unternehmen. Eine empirische Analyse von oekom research, München, S 22–33

Schäfer H, Häuser-Ditz A, Preller EC (2004) Transparenzstudie zur Beschreibung ausgewählter international verbreiteter Rating-Systeme zur Erfassung von Corporate Social Responsibility. Bertelsmann Stiftung. Gütersloh, S 117 f

Schäfer H, Beer J, Zenker J, Fernandes P (2006) Who is who in corporate social responsibility rating. A survey of internationally established rating systems that measure corporate social responsibility. Bertelsmann Foundation, Gütersloh

Vgl. hierzu auch die Initiative zu Externalisierung und Wettbewerb: http://www.nehmenundgeben.de. Zugegriffen 03. 2015

www.sustainability.com/library/the-2013-ratings-survey-polling-the-experts. Zugegriffen 04. 2014

Dr. Claudia Döpfner wurde 1969 geboren. Von 1989 bis 1991 machte sie eine Ausbildung zur Bankkauffrau. Danach folgte ein Magisterstudium der Katholischen Theologie, der Rechtsphilosophie und Kunstgeschichte. Dieses wurde mit der Magisterarbeit „Zur Glaubwürdigkeit ethisch-ökologischer Geld- und Kapitalanlagen. Eine theologisch-ethische Untersuchung vor dem Hintergrund der Frage nach der Glaubwürdigkeit der ökonomischen und monetären Strukturen" abgeschlossen. Von 1999 bis 2004 war sie wissenschaftliche Mitarbeiterin am Lehrstuhl für Moraltheologie/Sozialethik an der Goethe-Universität Frankfurt am Main. Für ihre Promotion 2004 beschäftigt sie sich mit dem Thema „Kunst und Kultur – voll im Geschäft? Kulturverträgliches Kunstsponsoring". Seit 2011 ist sie Assistentin der Geschäftsführung des Corporate Responsibility Interface Center (CRIC) e. V., Verein zur Förderung von Ethik und Nachhaltigkeit bei der Geldanlage.

Der Markt für nachhaltige Geldanlagen in Deutschland und Europa – Standards und Trends

Claudia Tober

Zusammenfassung

Der Beitrag behandelt den Markt nachhaltiger Geldanlagen in puncto Definition, Methodik, Entwicklung und erläutert entsprechende Instrumente in den Bereichen Transparenz, Orientierungshilfen und Standards. Darüber hinaus gibt er einen Überblick über die neusten Marktzahlen (April 2015), setzt die identifizierten Trends aus dem Marktbericht in Beziehung zur europäischen FNG-Studie (2014) und gibt einen Ausblick auf die weitere Marktentwicklung, regulatorisches Potential und zentrale Felder:
1. Definition und Methodik nachhaltiger Geldanlagen
2. Entwicklung des Marktes Nachhaltiger Geldanlagen (2005 bis 2015)
    i. in DACH (Deutschland, Österreich und Schweiz)
    ii. in Europa
3. Transparenz- und Orientierungshilfen, Qualitätsstandards
4. Trends
5. Ausblick

Nachhaltigkeit im Finanzsektor und nachhaltige Finanzprodukte sind Kernthemen des Forum Nachhaltige Geldanlagen (FNG). Zweck des FNG ist es, den sozialen, kulturellen und ökologischen Bereich der Gesellschaft durch Einwirkung auf die Wirtschaft mittels Veränderung der Anlagegewohnheiten im Sinne der Nachhaltigkeit zu stärken und zu fördern.

C. Tober (✉)
Forum Nachhaltige Geldanlage e.V., Rauchstraße 11, 10787 Berlin, Deutschland
E-Mail: tober@forum-ng.org

1 Definition und Methodik nachhaltiger Geldanlagen

Der Begriff der Nachhaltigkeit stammt aus der Forstwirtschaft. Hans Carl von Carlowitz (1645–1714) gilt als einer ihrer Begründer. Er formulierte 1713 in seinem Werk „Sylvicultura oeconomica" erstmals, dass immer nur so viel Holz geschlagen werden sollte, wie durch planmäßige Aufforstung, durch Säen und Pflanzen nachwächst. Der Begriff der Nachhaltigkeit wurde damit aus der Taufe gehoben. 1987 wurde der Begriff der nachhaltigen Entwicklung von der Brundlandt-Kommission, auch Weltkommission für Umwelt und Entwicklung genannt, formuliert und definiert: „Nachhaltig ist eine Entwicklung, die den Bedürfnissen der heutigen Generation entspricht, ohne die Möglichkeiten künftiger Generationen zu gefährden, ihre eigenen Bedürfnisse zu befriedigen und ihren Lebensstil zu wählen."

Auf Investments übertragen heißt dies, dass bei der Bewertung einer Anlage neben den klassischen ökonomischen Kriterien auch ökologische, soziale und ethische Aspekte eine bedeutungsvolle Rolle spielen.

Nachhaltige Geldanlagen ergänzen die klassischen Kriterien der Rentabilität, Liquidität und Risiko um den Aspekt der Nachhaltigkeit (Abb. 1).

Der Aspekt der Nachhaltigkeit umfasst drei Dimensionen:

1. Umwelt- und ökologische Aspekte (E),
2. soziale und gesellschaftliche Aspekte (S),
3. verantwortliche Unternehmensführung und Transparenz (G).

Dieser ESG-Ansatz (Environment, Social und Governance) hat sich in der Finanzbranche zur Abgrenzung nachhaltiger Geldanlagen als Standard entwickelt.

▶ **Definition** „Nachhaltige Geldanlagen ist die allgemeine Bezeichnung für nachhaltiges, verantwortliches, ethisches, soziales, ökologisches Investment und alle anderen Anlageprozesse, die in ihre Finanzanalyse den Einfluss von ESG (Umwelt, Soziales und Governance)-Kriterien einbeziehen. Dies beinhaltet auch eine explizite schriftlich formulierte Anlagepolitik zur Nutzung von ESG-Kriterien."

Die Umsetzung der Definition und des ESG-Ansatzes erfolgt mit verschiedenen Anlagestrategien. Die Ansätze, die auch europa- und weltweit von den Sustainable Investment Foren angewendet werden, sind in Abb. 2 aufgeführt.

Abb. 1 Ziele der Geldanlagen, Forum Nachhaltige Geldanlagen

Ausschlusskriterien	Dieser Ansatz schließt systematisch bestimmte Investments oder Investmentklassen wie Unternehmen, Branchen oder Länder vom Investment-Universum aus, wenn diese gegen spezifische Kriterien verstoßen.
Best-in-Class	Anlagestrategie, nach der – basierend auf ESG-Kriterien – die besten Unternehmen innerhalb einer Branche, Kategorie oder Klasse ausgewählt werden.
Engagement	Langfristig angelegter Dialog mit Unternehmen, um deren Verhalten bezüglich ESG-Kriterien zu verbessern.
Impact Investment	Investitionen in Unternehmen, Organisationen oder Fonds mit dem Ziel, neben finanziellen Erträgen auch Einfluss auf soziale und ökologische Belange auszuüben.
Integration	Explizite Einbeziehung von ESG-Kriterien bzw. -Risiken in die traditionelle Finanzanalyse.
Nachhaltige Themenfonds	Investitionen in Themen oder Assets, die mit der Förderung von Nachhaltigkeit zusammenhängen und einen ESG-Bezug haben.
Normbasiertes Screening	Bezeichnet Screenings von Investments nach ihrer Konformität mit bestimmten internationalen Standards und Normen, die sich auf ESG-Kriterien beziehen. Hierzu zählen z. B. der Global Compact, die OECD Richtlinien für multinationale Unternehmen und die ILO-Konventionen. Normen, die keinen expliziten ESG Bezug haben, zählen als Ausschlüsse.
Stimmrechtsausübung	Die Ausübung von Aktionärsrechten auf Hauptversammlungen, um die Unternehmenspolitik bezüglich ESG-Kriterien zu beeinflussen.

Abb. 2 Anlagestrategien im Rahmen des ESG-Ansatzes, Forum Nachhaltige Geldanlagen

2 Entwicklung des Marktes für nachhaltige Geldanlagen (2005 bis 2015)

2.1 Markt für nachhaltige Geldanlagen in Deutschland, Österreich und der Schweiz

Das Volumen der Nachhaltigen Geldanlagen in Deutschland, Österreich und der Schweiz umfasste 2014 insgesamt 197,5 Mrd. €. Im Vergleich zu 2013 entspricht dies einem Zuwachs von 47 %.[1]

Auch 2014 entfiel ein wesentlicher Anteil dieses Volumens auf die Kundeneinlagen und Eigenanlagen mit 76,6 Mrd. € (39 %), gefolgt von den Mandaten mit 70,6 Mrd. € (36 %) und Investmentfonds mit 50,3 Mrd. € (25 %).

---

[1] Der Abschnitt bezieht sich auf Forum Nachhaltige Geldanlagen e. V. (FNG) (2015) Marktbericht Nachhaltige Geldanlagen 2015 – Deutschland Österreich und die Schweiz. http://www.forum-ng.org/images/stories/Publikationen/fng_marktbericht2015_online.pdf.

Die Aufteilung auf die Länder gestaltete sich wie folgt (in Mio. Euro):

	Kundeneinlagen und Eigenanlagen	Mandate	Investmentfonds
Deutschland	74.628 €	37.175	15.511€
Österreich	512 €	3.321	5.648 €
Schweiz	1.421€	30.140	29.016 €

Das Wachstum im Marktsegment der Investmentfonds und Mandate konnte 2014 fortgesetzt werden und verzeichnete einen Anstieg von 44 %. Es lag damit deutlich oberhalb der Wachstumsrate der letzten Jahre, wie Abb. 3 zeigt.

Asset Overlays Auch 2014 wurden wieder Daten zu Ausschlusskriterien, die als Asset Overlays angewendet werden, erhoben. Bei Ausschluss-Overlays handelt es sich in der Regel um ein einzelnes Kriterium, das für das gesamte Vermögen oder Teile des Vermögens eines Asset Managers oder selbst managenden Asset Owners gilt. In selteneren Fällen ist mehr als ein Kriterium relevant. Da der generelle Ausschluss von ein oder zwei Kriterien nicht ausreicht, um in die Kategorie *Nachhaltige Geldanlagen* zu fallen, werden die Asset Overlays in diesem Bericht nicht als nachhaltige Geldanlagen angesehen, sondern vielmehr zu der breiteren Kategorie *verantwortliches Investment* oder *nachhaltige Geldanlagen im weiteren Sinne* gezählt.

In Deutschland, Österreich und der Schweiz fanden Ausschluss-Overlays bei 4,14 Billionen € Anwendung. Im Vorjahr waren es noch 2,46 Billionen €.

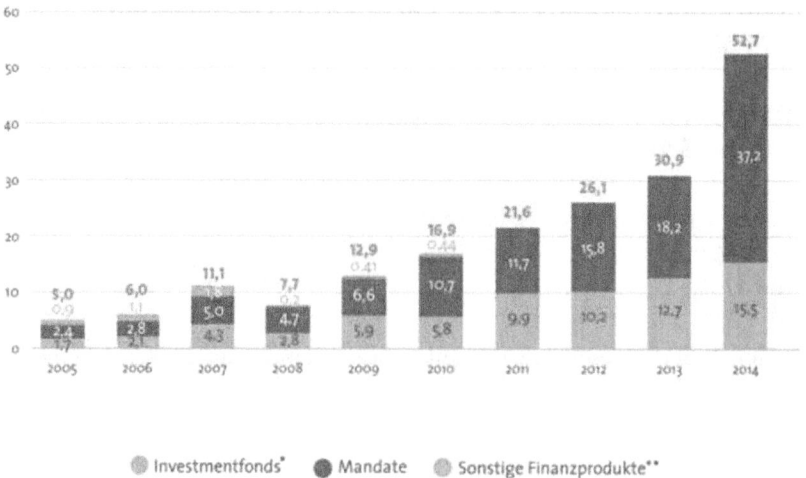

Abb. 3 Nachhaltige Investmentfonds und Mandate in Deutschland (in Milliarden Euro)

Der Markt für nachhaltige Geldanlagen in Deutschland und Europa ...

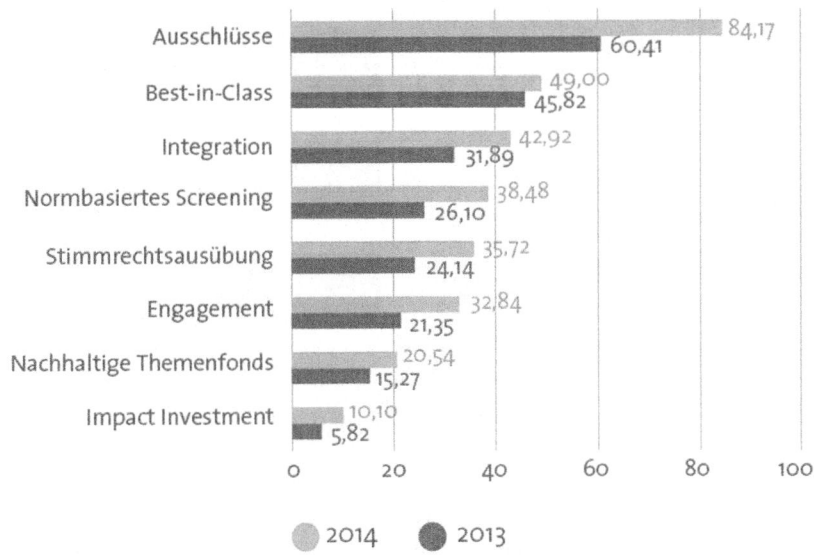

Daten: Forum Nachhaltige Geldanlagen

Abb. 4 Nachhaltige Anlagestrategien deutscher, österreichischer und schweizerischer Finanzdienstleister

Führende Kriterien für den Ausschluss waren Streumunition und Antipersonenminen mit einem Volumen von rund 4,14 Billionen €, gefolgt von ABC- bzw. Massenvernichtungswaffen bei rund 500 Mrd. €.

Addiert man diese Overlays in Höhe von 4,14 Billionen € zu den nachhaltigen Geldanlagen von 197,5 Mrd. € hinzu, so resultiert abzüglich Doppelzählungen ein Volumen von 4,17 Billionen € von *verantwortlichem Investment* oder auch *nachhaltige Geldanlagen im weiteren Sinne*.

Anlagestrategien Wie Abb. 4 zeigt, war das Kriterium „Ausschlüsse", also die Strategie, Unternehmen, Länder und Branchen aus dem Investment-Universum auszuschließen, führend, gefolgt von „Best-in-Class", „Integration" und „Normbasiertes Screening". Das größte Wachstum von 74 % war im Bereich „Impact Investment" zu verzeichnen, aber auch „Engagement" war mit einem Wachstum von 54 % eindrucksvoll gestiegen. Einzig der Best-in-Class-Ansatz konnte ein einstelliges Wachstum verzeichnen.

Bei den nachhaltigen Anlagestrategien hat sich in der Drei-Länder-Betrachtung an der Rangfolge 2014 im Vergleich zu 2013 nichts verändert. Nach wie vor belegte der Ansatz, Unternehmen, Länder oder Branchen nach bestimmten Kriterien vom Investment-Universum auszuschließen, Platz eins. Im Vergleich zu 2013 war hier ein Plus von 13 % zu verzeichnen. Einen leichten Zuwachs gab es beim Best-in-Class-Ansatz, ein etwas stärkeres Plus bei der Integration. Beim normbasierten Screening hat sich mit einem Zuwachs von 29 % einiges getan, während bei der Stimmrechtsausübung und beim Engagement lediglich

Abb. 5 Verteilung der Anlegertypen in Deutschland, Österreich und der Schweiz. Forum Nachhaltige Geldanlagen

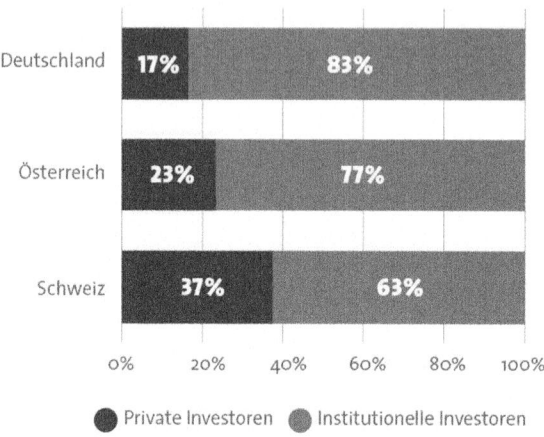

kleine Veränderungen festzustellen waren. Von niedrigem Niveau aus sind Impact Investments in der Drei-Länder-Betrachtung mit einem Plus von 56 % am stärksten gewachsen.

Investoren Die Verteilung der Anlegertypen hat sich in Deutschland und der Schweiz weiter in Richtung der institutionellen Investoren verschoben, während in Österreich die privaten Anleger mit einem Anteil von 23 % zulegen konnten (Abb. 5).

2.2 Markt für nachhaltige Geldanlagen in Europa

Der Dachverband Eurosif (Europäisches Sustainable Investment Forum) stellte im Herbst 2014 seine neuste Studie[2] vor (Daten mit Stand 31.12.2013), für die 224 Anbieter und Investoren aus 12 Ländern nach ihren nachhaltigen Assets befragt wurden. Die Umfrage fand in Belgien, Deutschland, Finnland, Frankreich, Großbritannien, Niederlande, Norwegen, Österreich, Polen Spanien, Schweden und Schweiz statt.

Auch auf europäischer Ebene ist die Anlagestrategie „Ausschlüsse" sehr verbreitet. Wie bereits in den Vorjahren dominieren Ausschlüsse mit 6,9 Billionen € und einem Anteil von 41 % den nachhaltigen Anlagemarkt in Europa. Das Volumen von Ausschlüssen ist von 2011 bis Ende 2013 um 91 % gewachsen. Ausschlüsse decken damit mehr Assets ab als jede andere nachhaltige Anlagestrategie. Dies liegt auch daran, dass viele Investoren über das gesamte Vermögen oder Teile davon Ausschlussfilter – sogenannte Asset Overlays – legen, die meist die Investition in Streumunition und Antipersonenminen, aber auch andere Geschäftsfelder betreffen.

Die Anlagestrategien und Volumina der Jahre 2011 und 2013 im Vergleich sind in Abb. 6 dargestellt.

---

[2] Eurosif (2014) European SRI Study. www.eurosif.org/publication/european-sri-study-2014/ . Zugegriffen: Mai 2015

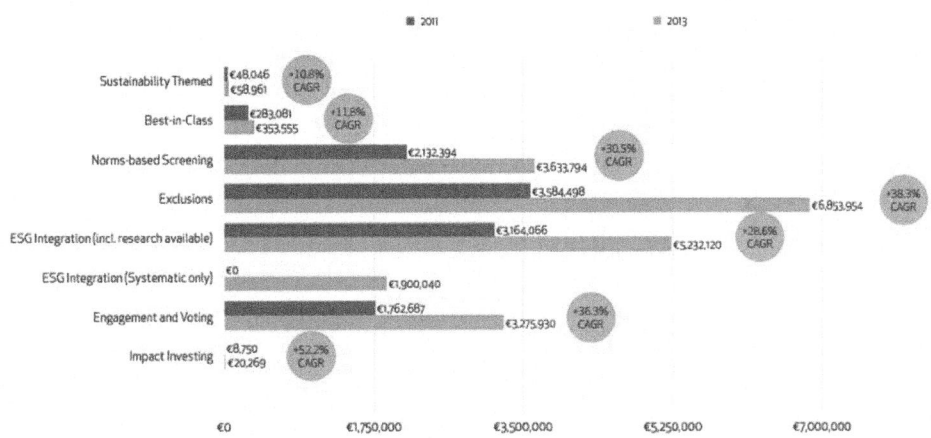

Abb. 6 Anlagestrategien auf europäischer Ebene, Eurosif

Weitere Ergebnisse der SRI-Studie 2014 mit Stand 31.12.2013 sind Folgende: Ausschlüsse von Streumunition und Antipersonenminen umfassten etwa 30 % (5,0 Billionen €) des europäischen Investmentmarkts und waren ebenso wie im DACH-Raum führend. Andere Ausschlüsse wie Rohstoffspekulation, Glücksspiel, Kernkraft, Verstöße gegen Arbeitsrechte oder kontroverse Wirtschaftspraktiken betrafen insgesamt rund 23 % (4,0 Billionen €) des Markts und wurden oft zusätzlich zu dem Ausschluss von Streumunition und Antipersonenminen angewandt.

Das größte Volumen an Ausschlüssen hatten die Schweiz und die Niederlande, gefolgt von Deutschland. Allerdings waren Ausschlüsse – inklusive Asset Overlays – auch in anderen Ländern die dominierende Strategie. In folgenden Ländern fanden sie bei über 90 % der nachhaltigen Investments Anwendung: Österreich, Belgien, Deutschland, Schweiz, Spanien und Schweden.

Das zweitgrößte Volumen innerhalb der Anlagestrategien verzeichnete „Engagement und Stimmrechtsausübung". Dieser Trend ist im deutschsprachigen Raum erst am Entstehen, allerdings mit eindrucksvollen Wachstumsraten. Engagement ist ein langfristig angelegter Dialog mit dem Ziel, das Verhalten von Unternehmen bezüglich der ESG-Kriterien zu verbessern; Stimmrechtsausübung bezeichnet die Ausübung von Aktionärsrechten auf Hauptversammlungen. Beide Strategien zusammen rangierten am nachhaltigen Anlagemarkt in Europa an vierter Stelle. Vom Volumen her lagen sie bei 3,3 Billionen €; ihre Zuwachsrate zwischen 2011 und 2013 betrug 86 %. Traditionell aktiv waren hierbei die Länder Großbritannien – hier wurden Engagement und Stimmrechtsausübung bei 87 % aller nachhaltigen Investments angewendet –, die Niederlande, Schweden und seit 2013 mit sehr starkem durchschnittlichen jährlichem Wachstum Norwegen (+ 140 %). Auch in der Schweiz (+ 83 %), Belgien (+ 39 %) und Deutschland (+ 22 %) konnten beeindruckende Wachstumszahlen verbucht werden.

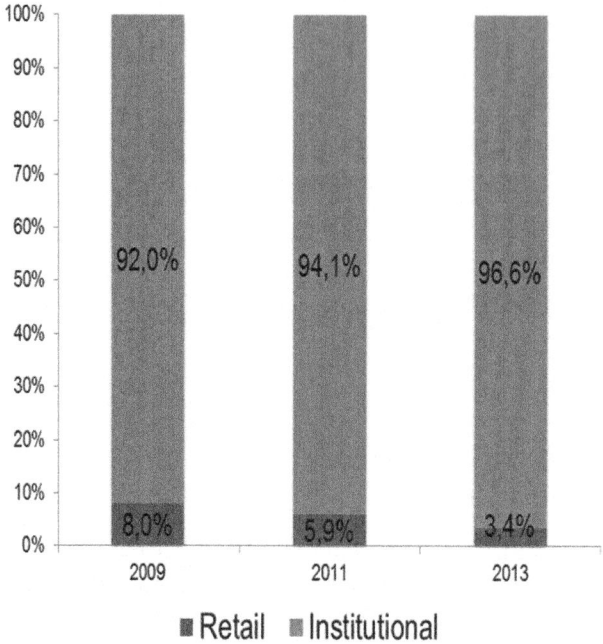

Abb. 7 Anlegertypen in Europa, Eurosif

An dritter Stelle folgte, bezogen auf das Wachstum von 2011 bis 2013, das „Impact Investing". FNG und Eurosif definieren diese Anlagestrategie als Investitionen in Unternehmen, Organisationen oder Fonds mit dem Ziel, neben finanziellen Erträgen auch Einfluss auf soziale und ökologische Belange auszuüben.

Wie auch der FNG-Marktbericht 2015 gezeigt hat, ist Impact Investment die am schnellsten wachsende Anlagestrategie in Europa, zwar auf geringem Volumenniveau, aber mit den größten Wachstumsraten. Eurosif errechnete 2014 erstmals eine durchschnittliche jährliche Wachstumszahl von 132 %, wodurch das Volumen auf geschätzte 20 Mrd. € angewachsen ist. Zusammen repräsentierten die Niederlande und die Schweiz rund zwei Drittel der europäischen Assets, gefolgt von Italien, dem Vereinigten Königreich und Deutschland. Mikrofinanzierung umfasste über die Hälfte (55 %) der europäischen Impact Investment Assets.

Anlegertypen in Europa Europaweit dominierten im Jahr 2013 institutionelle Anleger den nachhaltigen Geldanlagemarkt mit einem durchschnittlichen Anteil von 97 % (Abb. 7). Dieser hat sich im Vergleich zu den Vorjahren weiter erhöht, was das verstärkte Engagement institutioneller Investoren deutlich widerspiegelt. Wie bereits dargestellt, war der Anteil der Privatanleger in den Ländern Deutschland, Österreich und der Schweiz im europäischen Vergleich mit 17, 23 und 37 % signifikant hoch.

3 Transparenz- und Orientierungshilfen sowie Qualitätsstandards

Wie eingangs erläutert, gibt es eine Vielzahl an Möglichkeiten bei der Umsetzung nachhaltiger Geldanlagen. Zum besseren Verständnis und zur Vergleichbarkeit haben das FNG und auch der Dachverband Eurosif eine Reihe von Instrumenten entwickelt.

3.1 Transparenzkodex

Seit 2004 existiert der europaweite Transparenzkodex für nachhaltige Publikumsfonds von Eurosif, seit 2008 gibt es das Transparenzlogo für die Antwortgeber. Der Kodex verfolgt die Grundsätze Qualitätssicherung durch Transparenz, Erhaltung des vielfältigen Spektrums nachhaltiger Geldanlagen, keine Vorgabe ethischer Standards und keine Vorgaben zum Portfolio. Der Transparenzkodex enthält detaillierte Informationen zu:

1. Fondsgesellschaft und Nachhaltigkeitsfonds,
2. ESG-Evaluierung von Unternehmen (und Staaten),
3. Fondsmanagementprozess und
4. Kontrollen und ESG-Berichterstattung.

Damit ist der Kodex als europaweite Best Practice für Transparenz zum Thema nachhaltige Geldanlagen fest im Markt implementiert.

3.2 FNG-Nachhaltigkeitsprofile

Seit 2012 dient das FNG-Nachhaltigkeitsprofil als standardisierte und kurze Orientierungshilfe bei der Auswahl nachhaltiger Publikumsfonds. Basis ist eine Datenbank mit standardisierten Kriterien, die dann zusammengefasst eine komprimierte Darstellung auf zwei Seiten der jeweils verwendeten Nachhaltigkeitsstrategie ergibt.

Ziel des FNG-Nachhaltigkeitsprofils ist es, die Nachhaltigkeitsstrategie der einzelnen Fonds in Bezug auf die drei Kernbereiche Umwelt, Soziales und gute Unternehmensführung – kurz ESG (Environment Social Governance) – übersichtlich und verständlich darzustellen.

Zu diesen drei Kernbereichen enthalten die FNG-Nachhaltigkeitsprofile detaillierte Angaben zum Inhalt und zu den verwendeten Anlagestrategien, über die der jeweilige Kernbereich oder das jeweilige Thema adressiert wird. Beispielsweise kann über das Ausschlusskriterium „Rüstung" die Förderung von Frieden unterstützt werden, oder über den Best-in-Class-Ansatz können soziale und ökologische Standards einer bestimmten Branche verbessert werden. Daneben enthalten die FNG-Matrix und das FNG-Nachhaltigkeitsprofil Informationen zu Transparenzkriterien und allgemeine Eckdaten zum Fonds.

3.3 Qualitätssiegel: FNG-Siegel für Nachhaltige Publikumsfonds

auditiert durch Novethic

Mindeststandards und Siegel verstärken den Bereich des nachhaltigen Investments. Der Wachstumstrend nachhaltiger Geldanlagen spiegelt sich auch in einer immer stärker ausdifferenzierteren Produktpalette wider – eine Entwicklung, die dem Anleger direkt zugutekommt. Denn die Angebotsvielfalt ermöglicht es ihm, die für ihn und seine individuellen Wertvorstellungen passende Anlagemöglichkeit auch tatsächlich zu finden. Die an sich vorteilhafte Vielfalt nachhaltiger Geldanlagen stellt für manche Anleger jedoch in puncto Aufwand, Informationsbeschaffung und Auswahl ein Hemmnis dar. Hier können Mindeststandards, wie in anderen Bereichen üblich, Abhilfe schaffen. Ein Siegel hilft Informationskosten zu senken und erleichtert damit dem Anleger die Entscheidung für ein nachhaltiges Anlageprodukt.

In einzelnen Ländern Europas gibt es bereits solch ein Qualitätssiegel, beispielsweise in Frankreich, Luxemburg und Österreich. Um für den gesamten deutschsprachigen Raum auch einen solchen Standard anbieten zu können, hat das FNG drei Jahre an einem Konzept für ein Qualitätssiegel für nachhaltige Publikumsfonds gearbeitet, das nun fertig ist. Das breit in Stakeholder-Veranstaltungen diskutierte FNG-Konzept sieht Folgendes vor: Grundvoraussetzungen sind der europäische Transparenzstandard, der Transparenz-Kodex für nachhaltige Publikumsfonds von Eurosif sowie das FNG-Nachhaltigkeitsprofil. Dazu kommen Mindestkriterien. Diese umfassen neben Kernkraft, Rüstung/Waffen auch die vier Bereiche des Global Compact der Vereinten Nationen: Menschenrechte, Arbeitsnormen, Umweltschutz und Korruptionsbekämpfung.

Hierauf aufbauend kommen noch drei Elemente hinzu, mit denen die Fonds zusätzlich Punkte sammeln können. Zum einen fließt die Nachhaltigkeitswirkung eines Fonds in die Bewertung mit ein. Je größer die potenzielle Nachhaltigkeitswirkung eines Fonds, desto höher ist auch die Stufe, die er im Modell erreichen kann – also bis zu drei Sternen. Zum anderen fließen Produktstandards in das Stufenmodell mit ein, ebenso wie Maßnahmen der Fondsanbieter, die zu deren institutioneller Glaubwürdigkeit als nachhaltiger Akteur beitragen.

Zu den zentralen Elementen des Organisationsmodells zählt neben dem Auditor auch das Sekretariat, das die organisatorische Arbeit und die offizielle Siegelvergabe übernimmt. Hinzu kommt ein Komitee als unabhängiges Beobachtergremium, das sich aus Vertretern von NGOs und wissenschaftlichen Institutionen zusammensetzt.

Gemeinsam mit dem strategischen Partner und Auditor Novethic, einem französischen Nachhaltigkeits-ThinkTank, wurde das Konzept weiter operationalisiert. Die Bewerbungsphase wurde bereits im September 2015 abgeschlossen. Die erstmalige Vergabe des FNG-Siegels fand am 8. Dezember 2015 in Berlin statt.

4 Ausblick und Trends

Das kontinuierliche Wachstum von nachhaltigen Anlagestrategien in Deutschland, Österreich, der Schweiz und Europa signalisiert einen Wandel hin zu mehr Verantwortung und zur Berücksichtigung von ökologischen, sozialen und Governance-bezogenen Belangen. Die Teilnehmer des FNG-Marktberichts 2015 sind sich länderübergreifend einig, dass institutionelle Investoren in den kommenden drei Jahren die treibende Kraft hinter einem weiteren Wachstum des nachhaltigen Anlagemarktes sein werden. In Deutschland und Österreich werden Änderungen der gesetzlichen Rahmenbedingungen als zweitwichtigster Faktor für ein weiteres Marktwachstum betrachtet, während in der Schweiz die Nachfrage privater Investoren an zweiter Stelle gesehen wird.

Die Diskussion um nachhaltige Geldanlagen entwickelt sich weiter hin zu den Aspekten Risikomanagement, Wirkungsmessung und Reputation sowie als Bestandteil des Mainstream-Marktes. Zudem sehen wir eine weitere Ausdifferenzierung der verantwortlichen Geldanlagen, die damit stärker im Mainstream Fuß fassen, sowie der klassischen nachhaltigen Geldanlagen, die auf den drei Säulen des ESG-Ansatzes beruht.

Klar ist vielen Akteuren, dass der Finanzmarkt ein wichtiger Hebel sein kann, um eine nachhaltige Wirtschaft weiterzuentwickeln.

Hierbei verfolgt man verschiedene inhaltlich-methodische wie auch politische Trends und Maßnahmen:

Ein zentraler Trend ist der **Impact (Wirkungsmessung)** nachhaltiger Geldanlagen. Die Messbarkeit der Wirkung nachhaltiger Geldanlagen auf die Bereiche Umwelt und Soziales rückt in den Debatten um nachhaltige Geldanlagen zunehmend in den Vordergrund. Verschiedene Studien haben sich in der jüngsten Vergangenheit mit dieser Problematik beschäftigt, allerdings ist die methodische Diskussion über die nachweislichen Wirkungen nachhaltiger Geldanlagen längst nicht abschließend geführt. Als Teil der International Social Impact Investment Taskforce, initiiert von den G8-Staaten, existiert in Deutschland ein National Advisory Board für die Einordnung und Weiterentwicklung von Social

Impact Investment. Auch in diesem Rahmen wird die Messung von Impact – bezogen auf soziale Aspekte – diskutiert.

Ein weiterer zentraler Trend ist **die breite Anwendung von Asset Overlays**, die über Ausschlüsse, aber auch andere Anlagestrategien wie Engagement und Integration bereits in den Mainstream-Markt eingehen.

Zudem gibt es Bereiche der **politischen Rahmensetzung bzw. Regulierung**, die den Hebel für mehr Nachhaltigkeit im Finanzsektor in Bewegung setzen können. Ansätze zur Förderung nachhaltiger Geldanlagen bestehen zum Beispiel darin, das Bewusstsein und die Transparenz bei privaten wie auch institutionellen Anlegern zu steigern, die Transparenz von Unternehmen in Bezug auf Nachhaltigkeit zu erhöhen, entsprechende Maßnahmen im Bildungssektor zu ergreifen sowie auch öffentlichen Akteuren entsprechende Handlungsmöglichkeiten aufzuzeigen.

Die Marktentwicklung wie auch die neu identifizierten Trends werden den nachhaltigen Investmentmarkt weiter stärken und so verstärkt in die Breite tragen und in der inhaltlichen Tiefe weiterentwickeln.

Über das Forum Nachhaltige Geldanlagen (FNG) Das Forum Nachhaltige Geldanlagen (FNG), der Fachverband für Nachhaltige Geldanlagen in Deutschland, Österreich, Liechtenstein und der Schweiz, repräsentiert mehr als 190 Mitglieder, die sich für mehr Nachhaltigkeit in der Finanzwirtschaft einsetzen. Dazu zählen Banken, Kapitalanlagegesellschaften, Ratingagenturen, Finanzberater, wissenschaftliche Einrichtungen und Privatmitglieder.

Seit 2001 fördert das FNG den Dialog und den Informationsaustausch zwischen Wirtschaft, Wissenschaft und Politik und setzt sich seit 2001 für verbesserte rechtliche und politische Rahmenbedingungen für nachhaltige Investments ein. Das FNG verleiht das Transparenzlogo für nachhaltige Publikumsfonds, gibt die FNG-Nachhaltigkeitsprofile heraus und ist Gründungsmitglied des europäischen Dachverbandes Eurosif. Das FNG hat das FNG-Siegel für nachhaltige Publikumsfonds entwickelt und die Tochtergesellschaft GNGmbH vergibt dieses.

Das FNG ist der zentrale Ansprechpartner für alle Fragen rund um das Thema Nachhaltige Geldanlagen in Deutschland, Österreich, Liechtenstein und der Schweiz.

Zu den Aufgaben des FNG zählen:

Aktuelle Information Das FNG informiert über aktuelle Marktentwicklungen, Neuigkeiten aus der nachhaltigen Finanzbranche, relevante Publikationen und Veranstaltungen und erstellt den jährlichen Markbericht über Nachhaltige Geldanlagen in Deutschland, Österreich und der Schweiz.

Gestaltung der politischen und rechtlichen Rahmenbedingungen Das FNG vertritt die Interessen seiner Mitglieder auf nationaler und europäischer Ebene und informiert über zentrale politische Diskussionen.

Kontinuierliche Presse- und Öffentlichkeitsarbeit Das FNG betreibt fortlaufend Pressearbeit und präsentiert seine Mitglieder auf den wichtigen Messen. Es erstellt Informationsmaterialien, informiert die Fachpresse, organisiert Veranstaltungen und vermittelt Experten aus dem Mitgliederkreis.

Attraktive Kooperationen Das Forum Nachhaltige Geldanlagen arbeitet mit zahlreichen Kooperations- und Medienpartnern zusammen und bietet seinen Mitgliedern vielfältige Kontakte und häufig spezielle Konditionen.

Qualitätssicherung Nachhaltiger Geldanlagen Das FNG arbeitet stetig an einer Weiterentwicklung der Qualitätsstandards nachhaltiger Geldanlageprodukte. Zusammen mit Eurosif vergibt das FNG seit 2008 das Transparenzlogo für nachhaltige Publikumsfonds. Seit 2012 bietet das FNG mit dem FNG-Nachhaltigkeitsprofil Anlegern und Beratern einen zusätzlichen Service an. Seit 2015 wird ein Qualitätssiegel für nachhaltige Publikumsfonds, das „FNG-Siegel", vergeben.

Literatur

Eurosif (2014) European SRI Study. www.eurosif.org/publication/european-sri-study-2014/. Zugegriffen: Mai 2015

Forum Nachhaltige Geldanlagen e. V. (FNG) (2015) Marktbericht Nachhaltige Geldanlagen 2015 – Deutschland Österreich und die Schweiz. http://www.forum-ng.org/images/stories/Publikationen/fng_marktbericht2015_online.pdf. Zugegriffen: Mai 2015

Photocredit: FNG

Claudia Tober ist seit März 2009 Geschäftsführerin des Forums Nachhaltige Geldanlagen e. V. für Deutschland, Österreich und die Schweiz (FNG). Seit 2011 ist sie außerdem Vizepräsidentin des Europäischen Dachverbandes Eurosif – European Sustainable Investment Forum. Ab 2002 war sie Referentin bei verschiedenen Bundestagsabgeordneten im Bereich Finanzen, zuletzt für den finanzpolitischen Sprecher von B90/Die Grünen, Dr. Gerhard Schick. Hier war sie insbesondere für Nachhaltiges Investment und Verbraucherschutz verantwortlich. Nach ihrem Studium hat die Diplom-Volkswirtin mehrere Jahre für den Forschungs- und Anwendungsverbund Verkehrssystemtechnik Berlin gearbeitet.

Investment Reporting im Wandel

Oliver Oehri

Zusammenfassung

ESG-Ratings messen Nachhaltigkeit und entwickeln sich zu einem festen Bestandteil der Risikosteuerung. Das ESG Investment Reporting hilft institutionellen Anlegern, sich bei ihrer Investmentauswahl und -kontrolle zurechtzufinden.

Dem möglichen Einfluss von Umwelt-, Sozial- und Governance (ESG)-Faktoren auf das Risiko- und Ertragsprofil von Unternehmen und damit auf das Investmentportfolio wird zunehmend Beachtung geschenkt. Neben dem Argument, dass „Verantwortung für Mensch und Umwelt" zu übernehmen sei, überwiegen immer mehr wirtschaftliche Faktoren. So erlaubt das Miteinbeziehen von ESG-Faktoren dem Anleger, bisher nicht einschätzbare Risiken aufzudecken, zu meiden oder mit adäquater Entschädigung bewusst einzugehen. Experten erwarten in den nächsten zehn Jahren, dass Finanz- und Nachhaltigkeitsanalysen verschmelzen und sich die Berücksichtigung von ESG-Kriterien als Standard etabliert.

Lassen Sie uns einen Blick in die Welt der institutionellen Anleger werfen. Welche internationalen Marktbewegungen zeichnen sich ab, und mit welchen neuen Anforderungen wird die Vermögensberichterstattung und -überwachung konfrontiert?

ESG-Ratings messen Nachhaltigkeit und entwickeln sich zu einem festen Bestandteil der Risikosteuerung. Das ESG Investment Reporting hilft institutionellen Anlegern, sich bei ihrer Investmentauswahl und -kontrolle zurechtzufinden.

O. Oehri (✉)
CSSP Center for Social and Sustainable Products AG,
Herrengasse 11, 9490 Vaduz, Liechtenstein
E-Mail: o.oehri@cssp-ag.com

Abb. 1 The big picture. (Quelle: eigene Darstellung, yourSRI.com Image Video)

Dem möglichen Einfluss von Umwelt-, Sozial- und Governance (ESG)-Faktoren auf das Risiko- und Ertragsprofil von Unternehmen und damit auf das Investmentportfolio wird zunehmend Beachtung geschenkt. Neben dem Argument, dass „Verantwortung für Mensch und Umwelt" zu übernehmen sei, überwiegen immer mehr wirtschaftliche Faktoren. So erlaubt das Miteinbeziehen von ESG-Faktoren dem Anleger, bisher nicht einschätzbare Risiken aufzudecken, zu meiden oder mit adäquater Entschädigung bewusst einzugehen. Experten erwarten in den nächsten zehn Jahren, dass Finanz- und Nachhaltigkeitsanalysen verschmelzen und sich die Berücksichtigung von ESG-Kriterien als Standard etabliert (Abb. 1).

Lassen Sie uns einen Blick in die Welt der institutionellen Anleger werfen. Welche internationalen Marktbewegungen zeichnen sich ab, und mit welchen neuen Anforderungen wird die Vermögensberichterstattung und -überwachung konfrontiert?

1 Internationaler Exkurs – Pensionskassen

Laut einer internationalen Umfrage seitens PricewaterhouseCoopers (PwC) berücksichtigen 80 % der institutionellen Investoren Nachhaltigkeit bereits als Faktor für Investmententscheidungen.[1] Treibende Kraft hinter diesen Überlegungen sei dabei zum einen die Risikoreduktion und zum anderen der Wunsch zur Vermeidung von Unternehmen mit unethischem Verhalten. Einen massiven Einfluss auf bestehende Mandatsverträge zeigt eine Studie seitens KPMG auf. So müssen Finanzintermediäre vermehrt einen Verlust an Investment-Mandaten hinnehmen, da sie nicht über ein geeignetes ESG-Investment-Pro-

---

[1] Vgl. PwC (2014)

duktangebot, respektive über kein geeignetes ESG Investment Reporting verfügen. Die Studie postuliert im Weiteren, dass institutionelle Anleger häufiger aktiv eine Erweiterung der Investment-Risikobetrachtung einfordern werden.[2]

Diese Entwicklung ist bereits rund um das Thema Klimawandel vermehrt spürbar. So ist eines heute bereits gewiss: Der Klimawandel wird weltweit sehr unterschiedliche Folgen haben. Manche Regionen werden heißer, manche trockener, andere feuchter. Insgesamt lässt sich sagen, dass Wetterextreme wie starke Regenfälle oder längere Trockenperioden zunehmen werden. Die Wassertemperatur der Ozeane steigt, wodurch Stürme leichter entstehen. Durch das Schmelzen von Gletschern hebt sich der Meeresspiegel, Überflutungen vermehren sich. So prognostiziert die WWF-Studie „Arktische Rückkopplungen: Auswirkungen auf das globale Klima", dass ein Viertel der Weltbevölkerung in Zukunft von Überflutungen betroffen sein könnte. Bei jeder Klimakonferenz ist vom „2-Grad-Ziel" die Rede. Laut Experten dürfen weltweit zwischen 2010 und 2050 insgesamt nur noch 750 Mrd. t CO_2 emittiert werden, um das 2-Grad-Ziel einzuhalten. Wenn die Emissionen – gerade in den Industriestaaten – nicht schnell sinken, wird dieses „Budget" aber schon in 25 Jahren ausgeschöpft sein. Experten gehen davon aus, dass die Trendwende bei den Treibhausgasen innerhalb der nächsten zehn bis zwanzig Jahre erfolgen muss. Dies wird Internalisierungskosten hinsichtlich CO_2-Prämien nach sich ziehen und spätestens dann einen wesentlichen Einfluss auf das Rendite-Risiko-Profil der Investmentportfolios entfalten.[3]

Der Übergang zu einem grünen Kapitalismus wird von transnationalen Konzernen ebenso gefordert wie von den Regierungen führender Staaten. Dennoch scheitern die internationalen Klimakonferenzen, und die CO_2-Emissionen steigen weiter an. Eine Klimakatastrophe, die das Leben von Millionen von Menschen bedroht, wird immer wahrscheinlicher.

Hilfe naht nun gerade vom internationalen Kapitalmarkt. Am 24. September 2014 wurde der Montreal Carbon Pledge lanciert. Unterzeichner dieser Initiative messen und berichten nun proaktiv ihren Investitions-Klimafußabdruck. Damit wird der globalen Decarbonisierungsstrategie eine bedeutende Rolle im Kapitalmarkt beigemessen. Mittlerweile haben zahlreiche Pensionskassen mit mehreren hundert Milliarden Kundenvermögen unterzeichnet und damit die Offenlegung ihrer Investments hinsichtlich des Carbon-Gehalts (CO_2 Investment Reporting) bestätigt.

2 Internationaler Exkurs – Stiftungen und Family Offices

Stiftungen sind dank ihrer gemeinnützigen Arbeit eine tragende Säule unserer Gesellschaft. Allein in Deutschland, Liechtenstein und in der Schweiz sind über 30.000 gemeinnützige Stiftungen mit ganz unterschiedlichen Förderschwerpunkten aktiv. Viele Stiftun-

---

[2] Vgl. KPMG (2015)
[3] Vgl. WWF (2009)

gen stehen heute aber vor der großen Herausforderung, attraktive Renditen zu erwirtschaften. Vor diesem Hintergrund diskutieren Experten häufig über das Verhältnis zwischen Stiftungsvermögen und den effektiv für den Stiftungszweck eingesetzten Mitteln. Tatsächlich werden derzeit oft weniger als fünf Prozent des gesamten Stiftungsvermögens für gemeinnützige Zwecke eingesetzt, während 95 % in den Kapitalmarkt investiert sind.

Immer häufiger stellt sich die Frage, ob und wie diese „ineffiziente" Vermögensaufteilung verbessert und damit die Wirkung der Stiftungsarbeit erhöht werden könnte. Die Herkunft der Kapitalerträge und die damit einhergehende Wirkung des investierten Stiftungskapitals erlangen zusehends an Aufmerksamkeit. Damit gerät die strikte Trennung zwischen Anlage- und Förderpolitik in die Kritik. Die angestrebte Wirkung der Stiftungsarbeit wird immer mehr als ein Faktor identifiziert, der auf beiden Aspekten basiert – Mittelverwendung sowie -beschaffung. Die Einhaltung der Widerspruchsfreiheit zwischen der Anlagepolitik und dem Stiftungszweck wird damit zur Mindestanforderung, und das Reporting des Nachhaltigkeitsgehalts des veranlagten Stiftungsvermögens mutiert zunehmend zum integrierten Bestandteil der Vermögensüberwachung.[4] Beschleunigt wird dieser Prozess durch die bestehenden Arbeitsgruppen innerhalb der jeweiligen deutschsprachigen Stiftungsverbände – so integriert der Schweizer Stiftungsverband mittlerweile das ESG Investing im neu überarbeiteten SwissCodex/Verhaltenskodex.[5]

Aber auch Family Offices widmen sich zunehmend der erweiterten Risikobetrachtung ihrer Investmententscheidungen. Hierbei werden Wissens- und Netzwerkplattformen wie zum Beispiel FOA – die Family Office Academy – zu entscheidenden Informationstreibern. Die FOA ermöglicht Family Offices und Stiftungen einen einfachen Zugang zu Wissen. So sind Aus- und Weiterbildungen nun bequem online von zu Hause aus möglich. Lernvideos können zu Themen der Vermögensverwaltung, Legal, Governance oder auch Philanthropie zeit- wie auch ortsunabhängig gewählt werden. Themen wie ESG Investing, Mission Investing oder Impact Investing zählen mittlerweile zu den gefragten Lernvideos.

3 Rendite und Risiko – von Mythen und Märchen

Die ESG-Integration und deren Wirkung auf das Rendite-Risiko-Profil lassen sich gut anhand des Eisberg-Beispiels erläutern. Eindrücklich kann ein Eisberg so charakterisiert werden, dass ein Teil aus dem Wasser hervorragt und damit für alle sichtbar ist, ein weitaus größerer Teil aber unter dem Wasserspiegel verborgen bleibt. Es ist nun für alle einleuchtend, dass man umso eher die Gefahren und Möglichkeiten in sein Handeln einbeziehen kann, je mehr man den ganzen Eisberg erfassen kann. Nun stellen wir uns vor, dass dieser Eisberg ein Investment darstellt – ein Wertpapier, einen Investmentfonds oder ein Anlagemandat (Abb. 2). Auch hier ist es wahrscheinlich ratsam, das große Bild zu sehen, sprich, den ganzen Eisberg wahrzunehmen – und genau hier setzt das Anlagekonzept von

---

[4] Vgl. Oehri/Dreher/Jochum (2013)

[5] Vgl. Sprecher/Egger/von Schnurbein (2015), S. 92–122

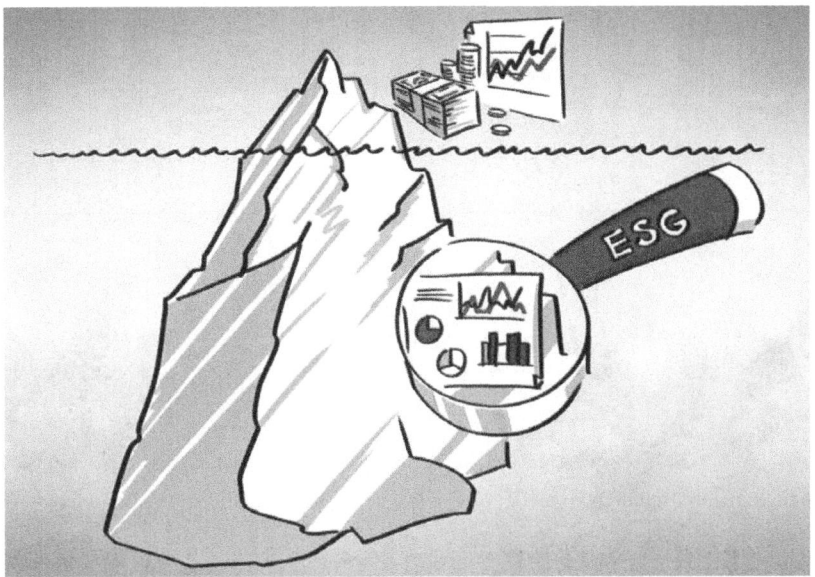

Abb. 2 Eisberg Metapher. (Quelle: eigene Darstellung, yourSRI.com Image Video)

ESG-Integration ein. Es bezieht neben den geläufigen Fundamentaldaten zusätzlich auch Daten aus den Bereichen Umwelt, Soziales und Governance ein – die bereits erwähnten ESG-Kriterien.

Dadurch können Chancen und Gefahren der Unternehmen, in die investiert werden soll, frühzeitig einbezogen werden – ein erweitertes Risikomanagement etabliert sich. Zahlreiche empirische Studien bekräftigen, dass Anleger mit diesem Anlagekonzept gerade bei negativen Markteinflüssen besser aufgestellt sein können.

Aber auch kritische Haltungen werden laut – so werden Bedenken hinsichtlich einer geringeren Renditeerwartung geäußert. Zahlreiche Publikationen und Lehrwerke widerlegen dies und können damit viele Mythen und Märchen aufklären, die meist auf Halbweisheiten und Missverständnissen basieren. Des Weiteren wird gerne das Argument von erhöhten Kosten, Kapazitätsaufwand oder ungenügender Datenabdeckung/-qualität angeführt.[6]

4 Orientierungshilfen – von Gütesiegeln, Rankings und Ratings

Lassen Sie uns kurz die Begriffe einordnen: Als Gütesiegel oder Gütezeichen werden Produktkennzeichnungen verstanden, die eine Aussage über die Qualität eines Produktes machen sollen. Inwieweit nun ein Gütesiegel tatsächlich eine besondere Produktqualität

---

[6] Vgl. Steinbeis-Hochschule Berlin (2013)

Abb. 3 Investment-Dschungel. (Quelle: eigene Darstellung, yourSRI.com Image Video)

repräsentiert, ergibt sich meist aus den zugrunde liegenden Bestimmungen und Regeln. Unter einem Ranking wird eine Reihenfolge mehrerer vergleichbarer Objekte verstanden, deren Sortierung eine Bewertung festlegt. So ist das Kreditrating ein bekanntes Beispiel im Finanzwesen, welches eine Aussage über die Bonitätseinschätzung eines Schuldners erlaubt.[7]

Das Angebot an Anlagefonds ist sowohl für Anleger als auch Anlageberater nahezu undurchschaubar geworden. Damit steht man unweigerlich vor einem zunehmend komplexer werdenden Entscheidungsproblem, wenn es darum geht, die „richtigen Investments" auszuwählen (Abb. 3). Investmentlabels oder -ratings sind ein beliebtes, in der Praxis vorherrschendes Instrumentarium mit dem Anspruch, eine objektive Vergleichbarkeit der Fonds zu gewährleisten. Mittlerweile existieren in Europa verschiedene ESG Investment Labels – so gibt es in Österreich seit einigen Jahren das Österreichische Umweltzeichen für Nachhaltige Finanzprodukte. Doch inwiefern bieten Labels einen Mehrwert für Investoren und Anbieter nachhaltiger Anlagen? Die verschiedenen Labels sind inhaltlich sehr heterogen. Ein allgemeingültiges Leitlabel besteht bis dato noch nicht, denn es ist schwierig, allgemein anerkannte Kriterien für Umwelttechnologiefonds, Öko-Effizienzfonds, Ethik- oder Nachhaltigkeitsfonds zu schaffen. Labels vermögen daher nur eine grobe Orientierungshilfe für Kunden darzustellen, wirkliche Vergleichbarkeit erzeugen sie nicht. So sagt ein Label nichts über das Maß der Nachhaltigkeit eines Anlagefonds respektive Investmentmandates im Besonderen aus.

Darüber hinaus beinhalten die gängigen ESG Investment Labels lediglich eine statische Betrachtung – sprich, es findet meist nur einmal im Jahr eine Überprüfung statt. „Anlagefonds sind aber keine Waschmaschinen" – wenn Sie heute ein Gütesiegel oder ein Rating von einer Waschmaschine für Ihren Kaufprozess heranziehen, und dieses Wasch-

---

[7] Vgl. Achleitner & Everling (2003)

maschinen-Rating ist bereits ein Jahr alt, so hat in aller Regel dieser Bewertungszeitpunkt keinen wesentlichen Einfluss auf die Gütequalität der Waschmaschine und damit auf Ihren Kaufprozess. Das gleiche Szenario übertagen wir nun in die Anlagefondsbewertung – eine unterjährige Bewertung in Form eines Anlagefondslabels steht Ihnen zur Verfügung. Dieses Anlagefondslabel würde Ihnen nun nur unter zwei Annahmen sinnvoll erscheinen: Die Portfoliostruktur des Fonds hat sich in der ganzen Zeit nicht verändert, und keiner der sich im Fondsportfolio befindenden Emittenten hat eine Ratingveränderung erfahren. Dies ist in der Regel ein Ausnahmefall, sodass eine Entscheidung oder Überwachung auf Basis eines solches Fondslabel mit Vorsicht zu genießen wäre.

Ein ESG Investment Rating respektive ESG Investment Reporting könnte hier Abhilfe schaffen. Der Anspruch wäre demnach ein dynamisches Fondsrating, bei dem eine Ratingveränderung des jeweiligen Anlagefonds immer bei einer Portfoliostrukturveränderung sowie bei einer Ratingveränderung der im sich Portfolio befindenden Emittenten eintritt. Dynamische Investmentratings sind anspruchsvoller, da hier die technischen Erfordernisse für einen automatisierten Zugang einerseits zu den Investmentholdings des zu beurteilenden Investmentmandates oder Anlagefonds und andererseits zu den jeweiligen ESG-Emittenten-Ratings vorhanden sein müssen.

yourSRI.com hat mit den Studien der „Top 100 Aktienfonds Ratings" für Deutschland, Österreich und die Schweiz diesen Ansatz gewählt. Die Plattform hat den nachhaltigen, aber auch den konventionellen Aktienfonds jeweils ein ESG Rating zwischen AAA und CCC erteilt. Für das Rating der einzelnen Fonds wählte yourSRI die ESG-Unternehmensrating-Methode von MSCI ESG Research und identifizierte damit mögliche finanzielle Chancen und Risiken für Unternehmen, die auf Umwelt-, Sozial- und Governance-Faktoren zurückzuführen sind. Erstmalig werden dabei Nachhaltigkeitsfonds wie auch konventionelle Anlagefonds hinsichtlich ihrer ESG-Portfolioqualität analysiert und verglichen. Damit wird das erweiterte Risikomanagement auf alle Anlagefonds/Investmentmandate übertragbar. ESG Investment Reportings können damit seitens der Finanzintermediäre auf Nachhaltigkeitsfonds, aber auch auf konventionelle Fonds angeboten werden.[8]

5 Investment Reporting und Überwachung per Knopfdruck

Viele Vorbehalte hinsichtlich Datenqualität, Datenumfang, Zeit und Kosten können im Zeitalter der Digitalisierung gelöst werden. So bietet yourSRI.com eine kosteneffiziente und kapazitätsfreundliche Lösung, sich zurechtzufinden. yourSRI.com ist eine Online-Plattform, die finanzielle und nicht-finanzielle Informationen sowie eine breite Palette an Such-, Vergleichs-, Bewertungs- und Screening-Funktionen umfasst. Dies ermöglicht einen tiefgehenden Vergleich und die Überwachung von Investments – sowohl aus finanzieller Perspektive wie auch aus Sicht der Nachhaltigkeit.

---

[8] Vgl. yourSRI.com (2015)

Abb. 4 Shop in Shop Systeme. (Quelle: eigene Darstellung, yourSRI.com Image Video)

So bietet yourSRI.com eine globale Abdeckung für rund zehntausend ESG-Unternehmensbewertungen und Anlageprodukte (Abb. 4). Die Online-Datenbank ermöglicht dabei innerhalb von Sekunden die Antwort auf eine Vielzahl von Fragen:

- Standortbestimmung – Wo steht heute das eigene Anlageportfolio oder der ausgewählte Anlagefonds unter dem Aspekt der ESG-Bewertung?
- ESG Investment Reporting – Wie hat sich das eigene Anlageportfolio oder der ausgewählte Anlagefonds in den letzten Monaten unter dem Aspekt der ESG-Bewertung verändert?
- ESG Investment Controlling – Vergleichsanalysen und gezielte Handlungsmaßnahmen.

6 Fazit

Das Bedürfnis nach mehr gesellschaftlicher Verantwortung, nach mehr Transparenz, aber auch die Weiterentwicklung des heutigen Vermögensrisikomanagements ist deutlich spürbar. Institutionelle Anleger wie Pensionskassen, Family Offices oder gemeinnützige Stiftungen werden verstärkt eine entsprechende Überprüfung ihres konventionellen Vermögens mittels ESG Investment Reporting aufnehmen. Ein erweitertes Risikomanagement etabliert sich – die 360-Grad-Vermögensüberwachung wird möglich. In Zukunft wird der

Einsatz von ESG Investing und ESG Controlling immer weniger eine Frage des Anlageangebots oder der Kosten sein, sondern vermehrt eine Frage des Verankerungsgrades in der Anlagepolitik. Adäquate ESG-Investment-Reporting- und Controlling-Dienstleistungen sind am Markt bereits verfügbar.

Literatur

Achleitner AK, Everling O (2003) Fondsrating – Qualitätsmessung auf dem Prüfstand – Verfahren, Kriterien und Nutzen. Gabler, Wiesbaden
KPMG (2015) European Responsible Investing Fund Survey. www.kpmg.lu
Oehri O, Dreher C, Jochum C (2013) Formen der modernen Philanthropie: Neue Perspektiven für Stiftungen. www.myimpact.li
PwC (2014) Sustainability goes mainstream: insights into investor views. www.pwc.com
Schäfer, Henry (2014) Institutionelle Anleger und nachhaltige Kapitalanlagen – Best Practices deutscher Banken, Stiftungen und Altersvorsorgeeinrichtungen. Springer Gabler, Wiesbaden.
von Schnurbein G, Timmer K (2015) Die Förderstiftung – Strategie – Führung – Management. Foundation Governance Bd 7, 2. Aufl. Helbing Lichtenhahn Verlag, Basel.
Sprecher T, Egger P, Schnurbein von G (2015) Swiss Foundation Code 2015. Helbling Lichtenhahn Verlag
Steinbeis-Hochschule Berlin (2013) Nachhaltige Investments aus dem Blick der Wissenschaft: Leistungsversprechen und Realität – Research Center for Financial Services. www.steinbeis-research.de
WWF (2009) Arktische Rückkopplungen: Auswirkungen auf das globale Klima. www.wwf.de
yourSRI (2015) TOP 100 ESG Aktienfonds Rating. www.yourSRI.com

Im Internet

FOA – Family Office Academy [Online Videothek abrufbar unter www.familyoffice-academy.li]
MIA – myImpact Academy [Online Videothek abrufbar unter www.myimpact-academy.com]
Montreal Pledge [Initiative für die Messung des Carbon Investment Footprints – abrufbar unter www.montrealpledge.org]
yourSRI.com [u. a. Investment Reporting & Controlling Datenbank, abrufbar unter www.yourSRI.com]

Oliver Oehri lic. oec. HSG ist Gründungspartner der CSSP AG. Die CSSP AG unterstützt ihre Kunden insbesondere bei der Überprüfung und Überwachung ihrer Anlagevermögen im Hinblick auf ESG- und Impact-Themen. Außerdem begleitet sie institutionelle Anleger in ihrer Aus- und Weiterbildung.

Teil III
Kontrolle schafft Vertrauen – Gütesiegel für Privatkund/innen

Nachhaltige Geldanlagen in Österreich: Rahmenbedingungen – Motivation – Entwicklung

Roswitha M. Reisinger

Zusammenfassung

Der Artikel beschreibt die Entwicklung nachhaltiger Geldanlagen in Österreich; er bietet einen Überblick über das aktuelle Angebot und die wichtigsten Gütesiegel und gibt Einblick in die Motivation institutioneller und privater AnlegerInnen.

Nachhaltige Geldanlagen ergänzen die klassischen Anlagekriterien der Rentabilität, Liquidität und Sicherheit um ökologische, soziale und ethische Bewertungspunkte.

In Österreich wird das Angebot von breit angelegten Fonds dominiert, die nach dem „Best-in-Class"-Prinzip unter Berücksichtigung von Ausschlusskriterien zusammengestellt werden. Das bedeutet, dass besonders umstrittene Bereiche wie Atomkraft, Waffen, Kinderarbeit oder Korruption von der Veranlagung ausgeschlossen werden. Von den verbleibenden Unternehmen werden die besten ins Portfolio genommen, darunter auch erdöl- beziehungsweise erdgaserzeugende Unternehmen.

Der Blowout der Explorationsplattform Deepwater Horizon von BP 2010 hat dazu geführt, dass die Ratingagenturen Daten sorgfältiger erheben. Bis dahin war BP Stammgast in vielen Nachhaltigkeitsfonds gewesen. BP ist aber inzwischen – vor allem durch seine Reaktion auf den Vorfall – in den nachhaltigen Fonds nicht mehr gelistet. An der prinzipiellen Gewichtung von Öl und Gas oder anderen konventionellen Branchen hat dieser Vorfall nichts geändert, weil zwei wichtige Interessen der FondsmanagerInnen gefährdet wären: das Erzielen einer vernünftigen Rendite und Risikobalance; das Anlageuniversum wäre zu sehr eingeschränkt, das Engagement für eine nachhaltige Entwicklung, die nur über den Investorendialog möglich ist, gefährdet.

R. M. Reisinger (✉)
Lebensart Verlag, Wiener Straße 35, 3100 St. Pölten, Österreich
E-Mail: roswitha.reisinger@lebensart.at

Staatsanleihen werden ebenfalls nach bestimmten Kriterien beurteilt, wie das Beispiel der BAWAG zeigt: Staaten müssen unter anderem das Kyoto-Protokoll unterzeichnet haben, ihre Rüstungsausgaben müssen also weniger als vier Prozent des BIP betragen, sie dürfen keine Atomwaffen besitzen, keine Todesstrafe verhängen und keine Kinderarbeit erlauben.

Neben den breit angelegten Fonds gibt es auch die Themenfonds, die bestimmte Entwicklungen unterstützen, wie etwa die beiden WWF-Fonds der Erste Asset Management. Sie investieren in Unternehmen mit klima- beziehungsweise umweltrelevanten Produkten.

1 Wozu Gütesiegel?

Ein oder zwei Ausschlusskriterien reichen nicht aus, um als nachhaltige Geldanlage eingestuft zu werden, es braucht ein Bündel von Kriterien. Richard Lernbass, Finance & Ethics Research, meint:

> Der Ansatz von nachhaltigen Investments kann nicht mit dem Unterschied zwischen Bio- und konventionellen Lebensmitteln verglichen werden. Nachhaltige Anlageprodukte können unterschiedlich zusammengesetzt sein. Als Kunde sollte ich mich zuerst entscheiden, welche Bereiche ich *nicht* unterstützen will. Ausgehend davon kann ich Anlageprodukte auswählen, vergleichen und das Richtige für mich aussuchen.

Gütesiegel bieten dazu einerseits eine einfache und rasche Orientierung, andererseits auch die notwendige Sicherheit, weil die Produkte durch unabhängige Stellen überprüft werden. Ein Überblick zu den wichtigsten Gütesiegeln und den dahinterliegenden Kriterien findet sich im Abschn. „Gütesiegel im Überblick".

2 Nachhaltiges Wachstum

Nachhaltige Geldanlagen haben in den letzten Jahren in Österreich stark zugenommen. Das Volumen der nachhaltigen Fonds und Mandate belief sich zum Ende des Jahres 2014 auf 8,97 Mrd. €, das entspricht einem Zuwachs von 36 % im Vergleich zu 2013. Der Marktanteil betrug Ende 2014 5,7 % (Abb. 1). Österreich nimmt damit im Vergleich zu Deutschland und der Schweiz weiterhin eine Vorreiterrolle ein. Wolfgang Pinner, stellvertretender Vorstandsvorsitzender des FNG in Österreich, dazu: „Dies ist ein klares Zeichen dafür, dass Nachhaltige Geldanlagen deutlich mehr sind als ein bloßer Trend".

2005	2006	2007	2008	2009	2010	2011	2012	2013	2014
1,20	1,40	1,17	0,78	2,07	2,43	4,28	5,12	6,61	8,97

Abb. 1 Entwicklung nachhaltiger Investmentfonds und Mandate in Österreich (Mrd. €). (Quelle: FNG)

Stark unterstützt wurde das Wachstum durch die im Zuge der Bankenkrise erlassenen gesetzlichen Regelungen. Die Hersteller der Finanzprodukte müssen seither transparent agieren und die Zusammensetzung ihrer Produkte aufschlüsseln. Das wird durch die Finanzmarktaufsicht (FMA) streng überprüft. Die Aufschlüsselung der Produkte ist nicht öffentlich, aber für Ratingagenturen zugänglich, die für die KundInnen die Einhaltung der gewünschten Kriterien garantieren („vertrauliches Dreieck").

Treiber der Entwicklung sind in Österreich die institutionellen Anleger, allen voran Vorsorgekassen und betriebliche Pensionsfonds (77 %) sowie kirchliche Institutionen und Wohlfahrtsorganisationen (13 %). 2014 haben erstmals private Anleger überdurchschnittlich zum Wachstum beigetragen, möglicherweise unterstützt durch neu aufgelegte Nachhaltigkeitsfonds. Ihr Anteil am nachhaltigen Anlagemarkt ist von 14 % (2013) auf 23 % (2014) angestiegen.

Eine Sonderform Nachhaltiger Anlagen stellt das Angebot von Oikocredit dar. Das Geld der AnlegerInnen wird in Mikrokredite in Lateinamerika, Afrika, Asien und Osteuropa investiert. 2009 hatte Oikocredit Austria 1659 Mitglieder und investierte 15.182.000 €, 2014 waren es 4748 Mitglieder und 72.128.000 €.

3 Wer verändern will, kann verändern – und ist erfolgreich

Die Betriebsräte Österreichs stehen für den Schutz der ArbeitnehmerInnen. Die Einhaltung arbeitsrechtlicher Bestimmungen oder der Ausschluss von Spekulationen sind eine Folge ihrer Arbeit. Konsequenterweise forderten sie die Berücksichtigung dieser Kriterien und eine transparente Veranlagung auch bei der Gründung der Vorsorgekassen 2002 ein und legten so die Basis für den Erfolg Nachhaltiger Geldanlagen. Peter Deutsch, Vorstand der BONUS Vorsorgekasse AG und der BONUS Pensionskassen AG: „Wir haben diesen Auftrag gleich zu Beginn 2003 angenommen. Heute sind nachhaltige Veranlagungen bereits Standard und 90 % der investierten Gelder ÖGUT-zertifiziert."

Studien über die Performance nachhaltiger Investments bringen kein eindeutiges Ergebnis. Gerold Permoser sagt: „Ein Nachhaltiges Investment ist weder ein Nach- noch ein Vorteil. Wie erfolgreich eine Anlage ist, hängt – wie im konventionellen Bereich – vom Management ab. Tendenziell sind nachhaltige Anlagen in wirtschaftlich schwierigeren Zeiten erfolgreicher als konventionelle und umgekehrt." In den letzten – wirtschaftlich schwierigen – Jahren sind die nachhaltigen Investments weniger stark zurückgegangen als konventionelle. Das hat die nachhaltig orientierten Investoren bestärkt und neue InteressentInnen angezogen.

Neben einem langfristig konstanten Ertrag wollen alle Investoren und FondmanagerInnen mit ihrem Engagement zu einer faireren Welt beitragen. „Unsere Freunde suchen wir uns nach dem Charakter aus. Ähnliches sollte auch für Nachhaltige Geldanlagen gelten", so Deutsch.

Privatpersonen investieren vor allem in nachhaltige Themenfonds, zum Beispiel in erneuerbare Energien oder Umweltschutz, weil sie zukunftsfähige Entwicklungen unterstützen wollen. FondsmanagerInnen können sich darüber hinaus im Investorendialog engagieren und damit die Unternehmen beeinflussen. Der Erfolg ist messbar – Fonds reagieren auf konkrete Kritik. Sie setzen sich mit nachhaltigen Themen intensiver auseinander, entwickeln andere Blickwinkel, und das bringt Bewegung in die Märkte: *Siemens* ist beispielsweise aus der Herstellung von Atomkraftwerken ausgestiegen, *Daimler* hat einen speziellen Bereich seiner Rüstungsindustrie verkauft. In Österreich nimmt die Anwendung bestimmter Ausschlusskriterien zu: Zwei Finanzakteure schließen heute die Spekulation mit Nahrungsmitteln aus.

Diese Entwicklung ist weltweit spürbar, besonders ausgeprägt ist sie jedoch in Kontinentaleuropa. Richard Lernbass: „Hier sind Einfluss und Auswirkungen der Investoren auf Unternehmen stärker, weil das Wirtschafts- und Gesellschaftsmodell der sozialen Marktwirtschaft für die stärkere Berücksichtigung von Sozial- und Umweltaspekten sorgt."

4 PrivatkundInnen gewinnen

Die Nachfrage nach nachhaltigen Investments durch PrivatkundInnen ist steigend, sie wird jedoch immer noch durch strukturelle Faktoren behindert:

- ÖsterreicherInnen sind sicherheitsorientiert: Für 83 % spielt Sicherheit bei der Veranlagung ihres Geldes die größte Rolle (Studie von IMAS International im Auftrag von Erste Bank und Sparkassen 2013). 60 Mrd. € liegen auf Sparbüchern oder (minimal verzinsten) Konten.
- Überraschend ist daher das überschaubare Angebot von *nachhaltigen* Sparbüchern. Interessierte SparerInnen können ihr Geld bei drei Banken – den regionalen Volksbanken Krems-Zwettl, Niederösterreich Süd und Graz-Bruck, dem Bankhaus Schelhammer & Schattera und der Bank für Kärnten und Steiermark (BKS) – anlegen. Dass nachhaltige Sparbücher erfolgreich sein können, zeigt das im März 2013 gestartete Produkt der Volksbank, das WERTsparbuch. 2013 konnten Einlagen von 27,5 Mio. € verzeichnet werden, mit steigender Tendenz für Anzahl und Volumen bereits im Jahr 2014. Die Kredite aus dem Sparbuch fließen ausschließlich in nachhaltige Finanzierungsfelder wie energiesparende Gebäude, soziales Wohnen, Bildung und Umweltschutz. Details können im eigens erstellten Transparenzbericht nachgelesen werden.
- Geldanlagen haben den Ruf, kompliziert und unflexibel zu sein. 49 % der ÖsterreicherInnen schätzen ihr eigenes Wissen als mangelhaft bis sehr mangelhaft ein, 31 % als befriedigend (Studie von IMAS International im Auftrag von Erste Bank und Sparkassen 2013).
- Die Informationsqualität zu nachhaltigen Anlageformen in den Filialen vor Ort ist nach wie vor bescheiden. Die KundenberaterInnen müssen eine Vielzahl von Produkten im

Kopf haben, die Beratung für nachhaltige Geldanlagen ist komplex und zeitaufwändig. Hier ist noch viel Bewusstseinsbildung notwendig.
- Deutlich verbessert hat sich der Zugang zu Informationen. Bis vor drei Jahren war es für PrivatkundInnen unmöglich, die Zusammensetzung von Anlagen zu erfahren. Das hat sich durch die neuen Transparenzrichtlinien radikal geändert. Viele Informationen sind online jederzeit verfügbar, wie etwa über die kostenlose Fondssuchmaschine *www.software-systems.at*. Nicht erspart bleibt dem KundInnen, zu entscheiden, in welchen Bereich nicht investiert werden soll, welches Risiko man eingehen möchte und welche Performance man sich erwartet.

5 Gütesiegel im Überblick

Die wichtigsten Siegel für den österreichischen Markt sind das Österreichische Umweltzeichen und das europäische Transparenzsiegel Eurosif. Vereinzelt weisen einige Produkte auch das französische Label Novethic auf, um am französischen Markt agieren zu können, im Juli 2015 wurde das Siegel des Forum Nachhaltige Geldanlagen, das „FNG-Siegel", auf den Markt gebracht.

5.1 Das Österreichische Umweltzeichen für „Nachhaltige Finanzprodukte" (Richtlinie UZ 49)

Das Österreichische Umweltzeichen (Abb. 2) wird vom Ministerium für ein Lebenswertes Österreich (Wien) verliehen. Umweltzeichen-Fonds schließen Atomkraft, Rüstungsgüter, Gentechnik und Investitionen in Unternehmen oder Einrichtungen, die systematisch Menschen- oder Arbeitsrechte sowie zentrale politische, soziale oder Umweltstandards verletzen, aus. Die Auswahlkriterien werden von fondsinternen Einrichtungen oder externen Organisationen überprüft. Informationen werden nach den Transparenzleitlinien des

Abb. 2 Österreichisches Umweltzeichen für „Nachhaltige Finanzprodukte"

Abb. 3 Europäisches Transparenzlogo für nachhaltige Publikumsfonds (EUROSIF)

European Sustainable and Responsible Investment Forum dargestellt (siehe www.umweltzeichen.at).

5.2 Europäisches Transparenzlogo für nachhaltige Publikumsfonds (EUROSIF)

Das „Europäische Transparenzlogo für nachhaltige Publikumsfonds" (Abb. 3) wird vom europäischen Dachverband für nachhaltige Publikumsfonds (EUROSIF, Brüssel) verliehen. Die Träger dieses Zeichens sind verpflichtet, hinreichende, zielgerichtete und zeitnahe Informationen zur Verfügung zu stellen, die ihre Stakeholder, insbesondere KonsumentInnen, befähigen, Nachhaltigkeit und Verantwortlichkeit eines Investments einzuschätzen (siehe www.eurosif.org).

5.3 Novethic SRI Label

Das Novethic SRI Label (SRI steht für Socially Responsible Investment) (Abb. 4) wird vom Novethic SRI Research Centre (Paris) an Fonds vergeben, die nachhaltige und verantwortungsvolle Kriterien anwenden. Es basiert auf vier Kriterien: Nachhaltigkeitsscreening von zumindest 90 % des Portfolios (nach ESG – Environmental, Social, Corporate Governance), wobei dieses Screening einen wesentlichen und nachweislichen Einfluss auf Anlageentscheidungen haben muss; transparenter Auswahlprozess; regelmäßige Berichterstattung; Offenlegung aller Unternehmen im Portfolio (www.novethic.com).

Abb. 4 Novethic SRI Label

Abb. 5 FNG-Siegel

auditiert durch Novethic

5.4 FNG-Siegel

Das FNG-Siegel (Abb. 5) wird vom Forum Nachhaltige Geldanlagen (Berlin) an nachhaltige Publikumsfonds vergeben. Es baut auf dem Transparenz Kodex von Eurosif und dem FNG-Nachhaltigkeitsprofil auf. Dazu kommen Mindestkriterien als Einstiegsschwelle: Ausschluss von Waffen, Kernenergie, Global Compact (Ausschluss bei Verstößen gegen Menschen- und Arbeitsrechte, umweltschädlichem Verhalten, Korruption und Bestechung). Analysiert werden sowohl ökologische als auch soziale Kriterien und gute Unternehmensführung, insbesondere auch die nachhaltige Wirkung eines Produktes.

6 Weitere Informationen

- **PRI – Principles for Responsible Investment:** Grundsätze für verantwortungsbewusstes Investment. Dadurch sollen soziale und umweltrelevante Fragen im Investmentprozess stärker berücksichtigt werden. Initiiert und getragen von der UNO (www.unpri.org).
- **Das Forum Nachhaltige Geldanlagen** (FNG) ist der Fachverband für nachhaltige Geldanlagen in Deutschland, Österreich und der Schweiz. Das Forum will die Bekanntheit nachhaltiger Geldanlagen steigern, die Entwicklung, Transparenz und Qualität nachhaltiger Finanzprodukte fördern sowie die politischen, rechtlichen und wirtschaftlichen Rahmenbedingungen mitgestalten (www.forum-ng.org).
- Das **Corporate Responsibility Interface Center (CRIC)** e. V. ist eine Investorengemeinschaft zur Förderung des ethischen Investments im deutschsprachigen Raum. Zu den Schwerpunkten zählen der konstruktive Dialog mit Unternehmen, Politik und Finanzmarktakteuren, Information, Bewusstseinsbildung und die wissenschaftliche Beschäftigung mit Geld und Ethik (www.cric-online.org).
- **Finance & Ethics Research – software-systems.at Finanzdatenservice GmbH:** Die Ratingagentur mit Sitz in Kärnten hat sich auf die Bewertung von Unternehmen, Ländern und Fonds nach nachhaltigen Kriterien spezialisiert. Die Informationen sind für KonsumentInnen online kostenfrei zugänglich (www.software-systems.at).

Literatur

Erste Group (2013) IMAS Studie. https://www.erstegroup.com/de/Presse/Presseaussendungen/Archiv/2013/4/16/imas-studie-wertpapier-wissen. Zugegriffen: 13. Juli 2015

Forum Nachhaltige Geldanlagen (2015) Markbericht Nachhaltige Geldanlagen 2015, Deutschland, Österreich, Schweiz. FNG – Forum nachhaltige Geldanlagen e. V., Berlin

Photocredit: Herfert

Roswitha M. Reisinger MBA geschäftsführende Gesellschafterin Lebensart Verlag, startete ihren Berufsweg 1988 mit dem Aufbau der Umweltberatungsstelle St. Pölten. Anfang 1997 wechselte sie zur GfP – Gesellschaft für Personalentwicklung, Wien. 2003 übernahm sie die Geschäftsführung des Biobauernverbands BIO AUSTRIA. Gemeinsam mit ihrem Mann, Christian Brandstätter, gründete sie 2005 den Lebensart Verlag, der sich auf die Information über nachhaltige Entwicklungen spezialisiert hat. Die beiden Print-Flaggschiffe sind das Konsumentenmagazin LEBENSART und das Wirtschaftsmagazin BUSINESSART. Der Verlag und seine Produkte wurden bereits mehrfach ausgezeichnet, unter anderem mit der UN-Auszeichnung für nachhaltige Bildung für LEBENSART (2010) und BUSINESSART (2013), als nachhaltigstes Kleinunternehmen Österreichs mit dem TRIGOS 2013 und für den besten Nachhaltigkeitsbericht für Neueinreicher mit dem ASRA 2013.

Das Österreichische Umweltzeichen für Nachhaltige Finanzprodukte

Christian Kornherr

Zusammenfassung

Am österreichischen Markt sind eine Vielzahl nachhaltiger Finanzprodukte, überwiegend Fonds, erhältlich. Nachdem es keine einheitliche Definition nachhaltiger Finanzprodukte gibt, stützen sich sämtliche Statistiken auf die Produktinformation der Fondsgesellschaften. Wird im Fondsprospekt oder im Factsheet angegeben, dass ein Fonds in seiner Anlagepolitik nachhaltige, ethische, soziale oder ökologische Kriterien berücksichtigt, gilt er für diese Statistiken als nachhaltig.

Finanzprodukte erfordern schon an sich ein hohes Maß an Information, um Anleger über Chancen und Risiken zu informieren. Kommt der Aspekt „Nachhaltigkeit" hinzu, überfordert das Wissen und Informationsmöglichkeiten vieler Anleger. Es ist eine komplexe Aufgabe, Unternehmen zu identifizieren, die tatsächlich einen positiven Beitrag zur ökologischen und sozialen Entwicklung unserer Gesellschaft leisten – oder zumindest jene auszuschließen, die genau das Gegenteil bewirken. Naheliegend, dass nicht alle Anbieter diese anspruchsvolle Aufgabe erfüllen. Wie so oft bleibt für den interessierten Konsumenten die Frage: Ist das drin, was draufsteht?

Um dieses Informationsbedürfnis in einem wachsenden Markt zu stillen, wurde bereits 2004 im Rahmen des **Österreichischen Umweltzeichens** die Richtlinie für „Grüne Fonds" – inzwischen erweitert auf „Nachhaltige Finanzprodukte" – geschaffen. Sie gibt privaten und institutionellen Anlegern, die sozial und ökologisch verantwortungsvoll investieren wollen, eine unabhängige Entscheidungshilfe.

C. Kornherr (✉)
Verein für Konsumenteninformation, Linke Wienzeile 18, 1060 Wien, Österreich
E-Mail: ckornherr@vki.at

Am österreichischen Markt sind eine Vielzahl nachhaltiger Finanzprodukte, überwiegend Fonds, erhältlich. Das Sustainable Business Institute (SBI) gibt in seiner Übersicht zur „Marktentwicklung nachhaltiges Investment 3. Quartal 2014" an, dass insgesamt 397 nachhaltige Publikumsfonds in Deutschland, Österreich und der Schweiz zum Vertrieb zugelassen sind[1]. Ein großer Teil davon wird in Österreich vertrieben.

Nachdem es keine einheitliche Definition nachhaltiger Finanzprodukte gibt, stützen sich sämtliche Statistiken auf die Produktinformation der Fondsgesellschaften. Wird im Fondsprospekt oder im Factsheet angegeben, dass ein Fonds in seiner Anlagepolitik nachhaltige, ethische, soziale oder ökologische Kriterien berücksichtigt, gilt er für diese Statistiken als nachhaltig.

Finanzprodukte erfordern schon an sich ein hohes Maß an Information, um Anleger über Chancen und Risken zu informieren. Kommt der Aspekt „Nachhaltigkeit" hinzu, überfordert das Wissen und Informationsmöglichkeiten vieler Anleger. Es ist eine komplexe Aufgabe, Unternehmen zu identifizieren, die tatsächlich einen positiven Beitrag zur ökologischen und sozialen Entwicklung unserer Gesellschaft leisten – oder zumindest jene auszuschließen, die genau das Gegenteil bewirken. Naheliegend, dass nicht alle Anbieter diese anspruchsvolle Aufgabe erfüllen. Wie so oft bleibt für den interessierten Konsumenten die Frage: Ist das drin, was draufsteht?

Um dieses Informationsbedürfnis in einem wachsenden Markt zu stillen, wurde bereits 2004 im Rahmen des Österreichischen Umweltzeichens die Richtlinie für „Grüne Fonds" – inzwischen erweitert auf „Nachhaltige Finanzprodukte" – geschaffen. Sie gibt privaten und institutionellen Anlegern, die sozial und ökologisch verantwortungsvoll investieren wollen, eine unabhängige Entscheidungshilfe.

Das Österreichische Umweltzeichen ist das offizielle staatliche Gütesiegel für umweltverträgliche Produkte. Seit 1990 orientieren sich umweltbewusste Konsumenten in rund 60 Produkt- und Dienstleistungsgruppen an dieser glaubwürdigen Information. Träger ist das Bundesministerium für Land- und Forstwirtschaft, Umwelt und Wasserwirtschaft (BMLFUW). Der Verein für Konsumenteninformation (VKI) verantwortet die inhaltliche und administrative Durchführung. Umweltzeichen-Richtlinien werden auf Vorschlag des Beirats Umweltzeichen erarbeitet, die inhaltliche Diskussion findet in so genannten Fachausschüssen statt. Die Prüfung der Anträge erfolgt durch unabhängige externe Prüfstellen.

Ein Multi-Stakeholder-Prozess gewährleistet anspruchsvolle, aber dennoch praxistaugliche Umweltzeichen-Kriterien, die auf einem breiten Konsens basieren. Zu Beginn des Prozesses für nachhaltige Finanzprodukte stand ein klassischer Produkttest, wie sie der VKI in seiner Zeitschrift KONSUMENT veröffentlicht. Entsprechend der Nomenklatur Anfang dieses Jahrtausends wurden „Ökofonds" und „Ethikfonds" untersucht. Es zeigte sich ein durchaus heterogenes Bild, wie die Fondsanbieter ihre Aufgabe interpretierten, „ökologische" oder „ethische" Unternehmen für ihr Anlageuniversum auszuwählen.

So wurden detaillierte Ausführungen zu jenen drei Säulen entwickelt, die ein glaubwürdiges nachhaltiges Finanzprodukt ausmachen – anspruchsvolle Auswahlkriterien, ein

---

[1] http://www.nachhaltiges-investment.org/News/Marktberichte-%28Archiv%29/Marktentwicklung-nachhaltiges-Investment-3-Qua-%282%29.aspx, Zugriff am 13.01.2015.

qualitativ hochwertiger Auswahlprozess und Transparenz. Mit dieser Kriterienstruktur wurde die Umweltzeichen-Richtlinie UZ 49, „Grüne Fonds", am 01.01.2004 erstmals veröffentlich. Sie bildet auch noch nach zwei Überarbeitungen das Grundgerüst der Anforderungen an einen Umweltzeichen-Fonds.[2]

Das Österreichische Umweltzeichen definiert jene Finanzprodukte als nachhaltig, die ihre Anlagepolitik neben wirtschaftlichen Gesichtspunkten nach nachhaltigen beziehungsweise ethisch-sozialen und ökologischen Kriterien ausrichten. Unterschieden wird zwischen klassischen Nachhaltigkeitsfonds/-zertifikaten und Themenfonds/-zertifikaten. Erstere arbeiten nach dem Best-in-Class-Prinzip sowie mit Ausschluss und Positivkriterien. Themenfonds, wie zum Bespiel Klimafonds, investieren in Titel mit überdurchschnittlicher Umweltverträglichkeit sowie in Unternehmen, die Produkte zur Behebung oder Vermeidung von Umweltschäden herstellen oder vertreiben. Die Auswahl erfolgt in der Regel nach Branchen, die diesen Prinzipien entsprechen, ergänzt durch Ausschluss und Negativkriterien.

Entscheidend ist, dass aus der Anlagepolitik klar hervorgeht, dass nachhaltige Unternehmen selektiert werden. Ein konventioneller Fonds, der zufällig nachhaltige Titel im Portfolio hat, kann das Österreichische Umweltzeichen nicht erhalten. Auch dann nicht, wenn eine Portfolioanalyse eines Dritten ergeben würde, dass ausschließlich in Unternehmen investiert wird, die ökologisch und sozial höchst verantwortungsvoll agieren. Das mag auf den ersten Blick unlogisch erscheinen, erfüllt dieses Produkt doch die Erwartungen des nachhaltigen Anlegers.

Die Umweltzeichen-Richtlinie betrachtet aber nicht nur die Anlegerperspektive, sie soll auch einen nachhaltigen Finanzmarkt fördern, weil dieser einen entscheidenden Hebel für nachhaltiges Wirtschaften darstellt. Dazu muss der Finanzmarkt aber aktiv an Unternehmen herantreten und diesbezügliche Leistungen einfordern. Konventionelle Fonds tun das nicht, ihr Portfolio setzt sich aus Nachhaltigkeitssicht zufällig zusammen.

In Österreich wenden nahezu 100% der Nachhaltigkeitsfonds und Mandate Ausschlusskriterien an[3]. Nur zu verständlich, dass dieses Thema von den beteiligten Interessengruppen des Umweltzeichens intensiv diskutiert wurde und wird. Ausschlusskriterien verkörpern Werthaltungen – jene der Gesellschaft, jene der Finanzmarktakteure und jene der Investoren. Über manche, wie etwa Atomkraft und Rüstung, herrscht in Österreich, wie auch im deutschsprachigen Raum, weitgehend Konsens. Andere hingegen finden nur teilweise Zustimmung.

Es ist nicht primäre Aufgabe eines Gütezeichens, Wertvorstellungen in Anforderungen an Produkte zu formulieren. Trotzdem werten Gütezeichen Kriterien immer, weil damit bestimmte Wertvorstellungen und Zielsetzungen gefördert werden sollen. Im Falle eines Umweltzeichens sind das primär umweltpolitische Ziele. Somit dürfen nachhaltige Finanzprodukte mit dem Österreichischen Umweltzeichen nicht in Unternehmen folgender Geschäftsfelder investieren:

---

[2] Die Umweltzeichen Richtlinie UZ 49 „Nachhaltige Finanzprodukte" wurde zwischenzeitlich wiederum überarbeitet und mit 01.01.2016 neu veröffentlicht. Das Anforderungsniveau für Umweltzeichen Fonds ist dadurch nochmals höher, darüber hinaus wurden erstmals Kriterien für Immobilienfonds definiert.

[3] Vgl. Dittrich et al. 2014.

- Atomkraft (Produktion),
- Rüstung (Produktion und Handel),
- Gentechnik.

Der Ausschluss von Atomkraft und Rüstung trifft, wie erwähnt, im deutschsprachigen Raum auf breiten Konsens, während Gentechnik wohl ein österreichisches Spezifikum darstellt. Ausgeschlossen von einem Investment werden Anbau, Vermarktung und Verarbeitung gentechnisch manipulierter Organismen und Produkte sowie bestimmte Anwendungen im medizinischen Bereich, wie Gentherapie an Keimbahnzellen und Klonierungsverfahren im Humanbereich.

Es ist ein wichtiges Ziel der österreichischen Umweltpolitik, die österreichische Landwirtschaft weitgehend gentechnikfrei zu halten. Dies wird auch von der Bevölkerung breit unterstützt, was sich unter anderem durch das zweiterfolgreichste Volksbegehren Österreichs mit 1,2 Mio. Unterschriften ausdrückt. Auch wenn dieses Volksbegehren schon im Jahr 1997 stattfand, so ist die freiwillige Stimmabgabe von mehr als einem Fünftel der Wahlbevölkerung ein deutliches Statement, das bis ins Jahr der Kriterienentwicklung (2003) und darüber hinaus wirkt.

Des Weiteren schließen nachhaltige Finanzprodukte mit dem Umweltzeichen Unternehmen aus, die systematisch Menschen- und Arbeitsrechte verletzen. Die operative Umsetzung dieser Anforderung lässt sich sowohl im Research und Rating eines Fonds als auch in dessen Zertifizierung nicht zu 100 % abgrenzen. Es wird daher gefordert, dass Unternehmen, die in Risikobranchen, -aktivitäten und -gebieten tätig sind, sich in ihrer Unternehmenspolitik zu den Mindeststandards der International Labour Organisation (ILO) bezüglich Kinderarbeit, Zwangsarbeit und Diskriminierung bekennen müssen. Das Unternehmensscreening muss überdies so gestaltet sein, dass unabhängige Informationen und Datenquellen nach systematischen Menschen- und Arbeitsrechtsverletzungen analysiert werden und daraus Konsequenzen für das Anlageuniversum gezogen werden.

Umweltzeichen-Kriterien müssen zertifizierbar sein. Absolute Anforderungen im Sinne von „darf nicht enthalten sein" müssen mit einer Messgröße operativ umzusetzen sein. Die Ausschluss- und Bewertungskriterien des Umweltzeichens beziehen sich daher auf einen Anteil von mindestens 95 % des Unternehmensumsatzes, gelten aber auch für konsolidierte Unternehmensbeteiligungen. Diese Toleranzgrenze von fünf Prozent ist relativ hoch und wird ein Diskussionspunkt der nächsten Überarbeitung der Umweltzeichen-Kriterien sein.

Diese Ausschlusskriterien gelten sinngemäß auch für Anleihen von Staaten und staatsnahen Emittenten. Deren Anwendung wird teilweise durch Ratifizierung internationaler Abkommen und Verträge oder durch Rankings in relevanten Indices, wie etwa dem Human Development Index, operationalisierbar.

Die Positivkriterien eines Umweltzeichen-Produktes müssen das Feld der Nachhaltigkeit möglichst umfassend abdecken. Unternehmen sind demnach mindestens zu folgenden Themenbereichen zu analysieren:

- Corporate Governance, Unternehmenspolitik und Management;
- Umwelt und Klima (Prozesse und Produkte):
  - Biodiversität, Arten-, Tier- und Landschaftsschutz,
  - Klimaschutz,
  - Luft- und Wasserverschmutzung, Abfall (Einbringen gefährlicher Stoffe),
  - Materialeffizienz; Umgang mit endlichen Rohstoffen;
- Anspruchsgruppe:
  - Mitarbeiter,
  - Zulieferer und Kunden,
  - Investoren,
  - Gesellschaft/Öffentlichkeit.

Für die Zertifizierung wird bewertet, in welchem Ausmaß Anlagepolitik, Auswahlkriterien, Erhebungs-, Bewertungs- und Auswahlprozess des nachhaltigen Finanzproduktes diese Themenbereiche berücksichtigen. Der Umweltzeichen-Prüfstelle steht dafür ein Bewertungsleitfaden zur Verfügung. Hier ein Beispiel für den Themenbereich „Klimaschutz":

- Klimaschutz:
  - Beurteilung der Unternehmen nach Geschäftsfeld;
    Forschung, Entwicklung, Gewinnung, Nutzung auf den Gebieten
  - erneuerbare Energiequellen:
    Solarzellen/Solarenergie, Photovoltaik, Brennstoffzellen, Wasserkraft, Windräder/Windenergie/Windpark, Nutzung der Wärme von Erde und Ozeanen/geothermische Energie/Geothermie (Erdwärme), Biomasse, Rohstoffrückgewinnung, Agrartreibstoffe;
- Beurteilung der Unternehmen nach Produktionsverfahren:
  - Energieeffizienz,
  - Mehrfachnutzung,
  - Energieeinsparung,
  - Erhöhung des Wirkungsgrades
    in den Bereichen Wärmeversorgung, Strom, Speichersysteme, Antriebs- und Transportsysteme, Technologien;
- kontroverse Produkte, Geschäftsfelder und Aktivitäten:
  - Rohstoffe (Erdöl etc.),
  - Energie,
  - Autoindustrie,
  - Flugzeugindustrie,
  - Förderung und Nutzung fossiler Energieträger,
  - Herstellung/Verwendung ozonabbauender Substanzen (HFCKW, CKW etc.).

Themenfonds müssen bei der Analyse jedenfalls Corporate Governance und alle Anspruchsgruppen abdecken und selbstverständlich jenen Bereich eingehend analysieren, der das Thema des Fonds ist. Bei einem Themenfonds, der in erneuerbare Energien investiert, wird der bewertete Themenbereich „Klimaschutz" entsprechend übergewichtet. Jeder Themenbereich muss mindestens „ausreichend erfüllt" sein und erhält eine Punktebewertung, die in die Gesamtbewertung des Produktes einfließt.

Für Anleihen von Staaten und staatsnahen Emittenten gelten ebenfalls diese Themenbereiche. Als Bewertungsleitfaden für die Zertifizierung werden die Indikatoren der Nachhaltigkeitsstrategie Österreichs und der EU sowie jene des Human Development Index herangezogen.

Die Unternehmensanalyse für nachhaltige Finanzprodukte übernehmen heute fast ausschließlich spezialisierte Nachhaltigkeitsresearch- und -ratingagenturen. Die zweite Säule der Umweltzeichen-Kriterienstruktur „Umsetzung der Auswahlkriterien" beurteilt, wie gut diese Aufgabe von diesen Dienstleistern erfüllt wird, aber auch, wie strikt die Vorgaben des Fonds für die Zusammensetzung des Anlageuniversums sind.

Die Umweltzeichen-Zertifizierung bewertet diesen Prozess anhand von 13 Indikatoren. Beispielsweise ist zu prüfen, ob und wie Research und Rating einzelne Branchen insgesamt bewerten und welche Konsequenzen dies für die Bewertung der Unternehmen hat. Dementsprechend muss die Bewertung eines Autoherstellers die Umweltauswirkungen des Produktes stärker gewichten, während Analyse und Rating eines Unternehmens der Textilbranche Produktionsprozess, Subunternehmen und Lieferanten stärker gewichten sollte.

Ein anderer Indikator vergleicht die Benchmarks für die Titelauswahl des nachhaltigen Anlageuniversums. Gibt der Fonds vor, dass 70 % aller Unternehmen, die vom Research- und Ratingprovider analysiert werden, in das Anlageuniversum aufgenommen werden dürfen, wird dies bei der Umweltzeichen-Prüfung schlecht bewertet. Werden hingegen etwa nur jene Unternehmen berücksichtigt, die mindestens über dem Durchschnitt der Branche liegen, führt das schon zu einem besseren Umweltzeichen-Punktescore. Werden nur die Top-10 % einer kritischen Branche ins Anlageuniversum aufgenommen und darüber hinaus nur die besten 30 % des gesamten Analysespektrums, führt das zu einer überdurchschnittlichen Umweltzeichen-Bewertung dieses Indikators. Der Punkte-Score der Indikatoren ist Teil der Gesamtbewertung des Finanzproduktes.

Die Erhebungs-, Bewertungs- und Auswahlprozesse müssen außerdem gut dokumentiert, organisiert und qualitätsorientiert sein. Das Umweltzeichen referenziert hierbei auf den ARISTA Qualitätsstandard für Research-Agenturen.

Die Summe der gewichteten Punkte für Auswahlkriterien und deren Umsetzung muss mindestens 60 % der für die jeweilige Produktkategorie maximal erzielbaren Punktesumme betragen. Ein glaubwürdiger Engagement-Ansatz und/oder ein entsprechendes Abstimmungsverhalten wird mit einem Bonus von fünf Prozentpunkten honoriert.

Die letzte Säule der Umweltzeichen-Kriterien ist die Transparenz. Anleger wollen ein klares Bild über das ökologisch-soziale Konzept des Fonds ihres Vertrauens. Informationen zu einem Umweltzeichen-Finanzprodukt müssen daher umfangreich, transparent und öffentlich zugänglich dargestellt werden und den Anforderungen der EUROSIF-Transparenzleitlinien entsprechen.

Die Zertifizierung eines nachhaltigen Finanzproduktes erfordert eine hohe Qualifikation. Umweltzeichen-Prüfstellen werden vom VKI für den sogenannten Umweltzeichen-Prüferpool akkreditiert, wenn deren Qualifikation entsprechend nachgewiesen wird. Die Umweltzeichen-Prüfung beginnt mit einem Antrag an den VKI und der Beauftragung einer Umweltzeichen-Prüfstelle. Letztere richtet in Folge eine Liste der erforderlichen Dokumente und Fragen an den Antragsteller und verfasst das Prüfgutachten. Das Gutachten wird vom VKI abschließend auf formale Richtigkeit geprüft, und es folgt – ein positives Resultat vorausgesetzt – die Freigabe an das Umweltministerium, den Vertragspartner des Umweltzeichen-Lizenznehmers. Der Umweltzeichen-Vertrag gilt vier Jahre. In diesem Zeitraum ist jährlich ein Portfolio-Screening erforderlich. Änderungen am Prozess müssen gemeldet und geprüft werden.

Rund die Hälfte aller österreichischen Nachhaltigkeits-, Ethik- und Umweltfonds sowie eine Reihe ausländischer Fonds sind bereits Träger des Umweltzeichens. Insgesamt beläuft sich ihre Zahl mit Dezember 2014 auf 43 Fonds von 15 Kapitalanlagegesellschaften sowie auf ein nachhaltiges Finanzprodukt in Form einer standardisierten Vermögensverwaltung. Deren Anlagevolumen beträgt etwa 4,5 Mrd. € (Abb. 1).

Neben dem Österreichischen Umweltzeichen wurde im gleichen Zeitraum das Nachhaltigkeitszertifikat für betriebliche Vorsorgekassen und Pensionskassen entwickelt, das von der Österreichischen Gesellschaft für Umwelt und Technik (ÖGUT) verliehen wird.

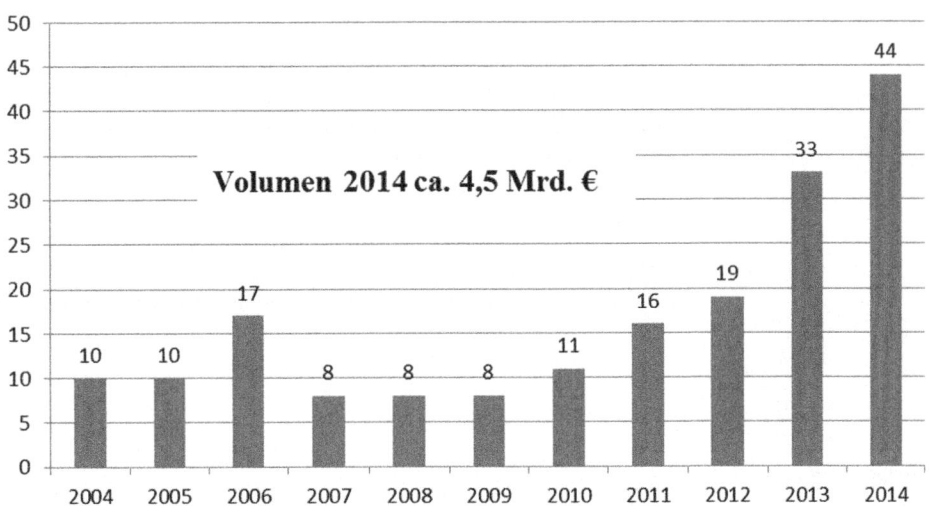

Abb. 1 Entwicklung Umweltzeichen Finanzprodukte 2004–2014. (Quelle: Verein für Konsumenteninformation)

Mittlerweile sind bereits acht von zehn Vorsorgekassen von der ÖGUT nach nachhaltigen Kriterien positiv geprüft und zertifiziert.

Im internationalen Vergleich gilt Österreich daher als Vorreiter bei Nachhaltigkeitszertifizierungen im Finanzbereich. Die Zusammenarbeit mit Pensions- und Vorsorgekassen im Rahmen der ÖGUT-Zertifizierung und dem Österreichischen Umweltzeichen auf Produktebene stimuliert die Nachfrage durch institutionelle Investoren und wirkt sehr positiv auf den nachhaltigen Finanzmarkt Österreichs. Dies zeigt sich nicht nur in der seit 2011 sprunghaft angestiegenen Zahl von Umweltzeichen-Finanzprodukten, sondern auch am rasch wachsenden Marktvolumen. Ende des Jahres 2013 waren in Österreich 7,1 Mrd. € nachhaltig veranlagt und damit 27 % mehr als 2012. Relativ betrachtet liegt Österreich mit einem nachhaltigen Anteil von 4,5 % am Gesamtmarkt vor Deutschland und der Schweiz.

In nächster Zukunft wird sich die ÖGUT-Zertifizierung aufseiten der institutionellen Investoren vermehrt den Pensionskassen und Versicherungen widmen, um so die konzentrierte Nachfrage nach nachhaltigen Finanzprodukten weiter zu verstärken. Parallel dazu wird voraussichtlich auch für Privatanleger das Umweltzeichen-Portfolio um weitere nachhaltige Finanzprodukte wie etwa Sparbücher erweitert werden. Mit diesem Zusammenspiel soll der nachhaltige Finanzmarkt weiter gestärkt werden und ein Motor für die nachhaltige Entwicklung der österreichischen Wirtschaft sein.

Literatur

Dittrich S, Kunzlmann J, Tober C, Vögele G (2014) Markbericht Nachhaltige Geldanlagen 2014, Deutschland, Österreich, Schweiz. FNG – Forum nachhaltige Geldanlagen e. V., Berlin. http://www.forum-ng.org/images/stories/Publikationen/FNG_Marktbericht2014_Web.pdf. Zugegriffen: 1. März 2015

DI Christian Kornherr leitet das Umweltzeichen-Team im Verein für Konsumenteninformation (VKI). Der VKI betreut das Österreichische Umweltzeichen im Auftrag des Umweltministeriums. Seit 1994 entwickelt Christian Kornherr Richtlinien zur Vergabe des Österreichischen Umweltzeichens für verschiedenste Produkte und Dienstleistungen, unter anderem für nachhaltiges Investment. Er ist Mitglied verschiedener Initiativen zum Thema SRI wie der ÖGUT-Plattform „ethisch-ökologische Veranlagung" oder der Prüfungskommission für die Nachhaltigkeitszertifizierung von Vorsorgekassen.

Photocredit: VKI

Teil IV
Das Prinzip der Verantwortung – Staatenratings im Fokus

Das Rating der Nachhaltigkeit von Staaten – Analyse und Bewertung existierender Ratingmethoden

Henry Schäfer und Florian Sauter

Zusammenfassung

Der Beitrag beschäftigt sich mit der Analyse und Bewertung von Ratings, welche die Nachhaltigkeitsperformance von Staaten nach Environmental-, Social- und Governance (ESG)-Kriterien messen. Es wird das Ergebnis eines Ratings der Rater vorgestellt, dessen Ziel war, das auf Staaten bezogene ESG-Rating von Ratinganbietern vergleichbar zu machen und zu bewerten. Hierzu wurden die für die Ratingqualität maßgeblichen Kernbereiche herausgearbeitet, und anschließend daraus sechs bewertbare Faktoren abgeleitet. Das Untersuchungssample besteht aus neun unterschiedlichen Ratinganbietern und deren Ratingmethoden. Diese werden auf den abgeleiteten Bewertungsfaktoren aufbauend analysiert und hinsichtlich Ratingphilosophie und -methodik, Art der genutzten Quellen, Transparenz der Wertschöpfungskette, Maßnahmen zur Qualitätssicherung, Flexibilität und Unabhängigkeit der Ratingunternehmen verglichen. Überwiegend zeigt sich ein positives Bild im Rating der untersuchten Ratingmethoden, welches durch eine Vielzahl guter Bewertungen zum Ausdruck kommt. Vor allem die Bereiche Quellenauswahl, Flexibilität und Unabhängigkeit zeigen überwiegend sehr gute Bewertungen. Dennoch besteht bei zahlreichen Anbietern von ESG-Staatenratings weiterhin Verbesserungspotenzial – wenn auch auf teilweise schon hohem Niveau.

H. Schäfer (✉) · F. Sauter
Betriebswirtschaftliches Institut, Abteilung III (Finanzwirtschaft), Universität Stuttgart, Keplerstraße 17, 70174 Stuttgart, Deutschland
E-Mail: h.schaefer@bwi.uni-stuttgart.de

F. Sauter
E-Mail: flori.sauter@gmail.com

1 Einleitung

Die hauptsächliche Tätigkeit von Ratingagenturen ist die Einstufung der Bonität von Kreditnehmern und Kreditkontrakten (Credit Rating) und besteht aus den Funktionen Signalling, Screening, Monitoring sowie Enforcement. Credit Ratings werden in der Regel für den Abbau von Ex-ante-Informationsasymmetrien eingesetzt, um damit Qualitätsunsicherheiten zu reduzieren.[1] Sie setzen idealerweise Anreize für ein Signalling von marktrelevanten Informationen durch die besser informierte Marktpartei, das heißt, die Kreditnehmer. Wie Schäfer (2009) ausführt, bestehen zwischen Credit Ratings und Ratings, die ökologische, soziale und Governance-Leistungen von Unternehmen und Staaten erheben (im Folgenden als ESG-Ratings bezeichnet) zentrale Unterschiede. Gleichwohl gibt es auch Gemeinsamkeiten, welche insbesondere für die Frage der Transparenz und Qualität von Ratings eine Rolle spielen und auf die in dem hier eingesetzten Scoringmodell zur Beurteilung von ESG-Staatenratings aufgesetzt wird.

Bisher liegen nur wenige Studien vor, die einen Vergleich oder gar eine Bewertung von ESG-Ratings durchgeführt haben. Sie beziehen sich vor allem auf ESG-Ratings für Unternehmen.[2] Es gibt bislang keinen Vergleich der Anbieter von ESG-Staatenratings und deren Methoden.

Der hier vorgelegte Beitrag baut auf einer Arbeit aus dem Jahr 2013 auf.[3] Sie hatte zum Ziel, das auf Staaten bezogene ESG-Rating von Ratinganbietern vergleichbar zu machen. Nachfolgend werden in einem ersten Teil die für die analytische Bewertung der ESG-Ratingmethoden relevanten Bewertungsfaktoren für die ausgewählten ESG-Ratings hergeleitet. Im zweiten Teil wird ein Scoringmodell vorgestellt, anhand dessen im nächsten Schritt

---

[1] Vgl. Cantor und Packer 1994.

[2] Ein Corporate Environmental Research wurde von der britischen Environment Agency durchgeführt (vgl. Sally et al. 2004). Die Studie „Who is who in Corporate Social Responsibility Rating" lieferte einen Überblick der ESG-Ratinganbieter sowie eine Analyse der von ihnen verwendeten Nachhaltigkeitskriterien und -methoden (vgl. Schäfer et al. 2006). Im Forschungsprojekt ARGUS wurde von den Lehrstühlen für Finanzwirtschaft und Wirtschaftsinformatik I der Universität Stuttgart eine Kompetenzplattform zur Verbesserung der Transparenz von ESG-Ratings entwickelt, welche Daten über Prozesse, Bewertungsmethoden und Dienstleistungen von ESG-Ratings wiedergibt (vgl. Schäfer und Kemper 2010). Die Global Initiative for Sustainability Ratings (GISR) betreibt seit einiger Zeit eine dem ARGUS sehr verwandte Hub-Konstruktion zum Auffinden geeigneter ESG-Ratings, die sich allerdings auf Unternehmen beschränkt (vgl. GISR 2015a). Die britische Beratungs- und Forschungseinrichtung SustainAbility startete 2010 ihre Untersuchungsreihe „Rate the Raters". SustainAbility kam zu dem Ergebnis, dass Anbieter von ESG-Ratings gegenüber ihren Kunden transparenter sowie imstande sein sollten, einen besseren Ausblick auf die zukünftigen Nachhaltigkeitstrends, die ihre Kunden beschäftigen, zu vermitteln (vgl. Sadowski et al. 2011b). Die GISR veröffentlichte 2013 eigene Grundsätze für ein ESG-Rating, das in Teilen auch im nachfolgenden Bewertungsmodell eingeflossen ist (vgl. GISR 2015b). Die Studie „ESG-Ratings auf dem Prüfstand" aus dem Umfeld von CRIC e. V. kam zum Ergebnis, dass die ESG-Ratinganbieter unterschiedliche Ziele verfolgen sowie divergente Bewertungsmethoden anwenden. Das erschwert ihren Vergleich und ihre Bewertung grundsätzlich (vgl. Döpfner und Schneider 2012).

[3] Vgl. Sauter 2013.

Ratinganbieter von ESG-Staatenratings bewertet werden. Der Beitrag schließt mit der Diskussion der Ergebnisse des Scoringmodells und mit Vorschlägen für weitere Forschungen.

2 Bewertung von ESG-Ratings für Staaten – konzeptionelle Vorüberlegungen

Die ratingrelevanten Faktoren des hier verwendeten Scoringmodells zur Qualität eines ESG-Ratings sind bislang noch wenig inhaltlich durchdrungen. Figge (2000) diskutierte mehrere Faktoren anhand einer speziellen Analyse aus einer praktischen Sicht. Sadowski et al. (2010a) kündigten eine Bewertung von ESG-Ratinganbietern an, scheiterten aber daran, ein theoretisch fundiertes Bewertungsmodell zu formulieren. Da die aktuelle Forschung keine praktischen Hinweise zur Bewertung von ESG-Ratings liefert, werden nachfolgend Effizienzempfehlungen, wie sie für Credit Ratings auf Regulierungsebene diskutiert wurden auf eine geeignete Übertragung hin untersucht.

2.1 Grundsätzliche Bewertungsfragen

In Folge der Subprime-Krise wurde die zentrale Rolle der Agenturen des Credit Ratings und deren teilweise Versagen als Ursache intensiv diskutiert.[4] Die Diskussionen in Regulierungsbehörden wie der Europäischen Kommission und in selbstregulierenden Organisationen wie der IOSCO[5] lieferten wichtige Anhaltspunkte, welche auch für die Qualität von ESG-Ratinganbietern und deren Geschäftsmodell von Bedeutung sind und somit als Kriterien für eine Beurteilung der einzelnen Ratinganbieter respektive deren Methoden einen relativen Vergleich ihrer Leistungsstärke (sogenannte Performance) ermöglichen.[6]

Die beiden fokussierten Problemfelder sind das Issuer-Pay-Modell und die oligopolistische Marktstruktur von Credit Ratings.[7] Diese Bereiche bieten bislang für ESG-Ratings keinen Anlass zu Regulierungen: ESG-Ratings werden in der Regel von Investoren bezahlt (Investor-Pay-Modell), und es besteht eine ausgeglichene Anbieterstruktur, die allerdings in den vergangenen Jahren durch „Fusionen und Aufkäufe" zunehmende Anzeichen für ein zukünftige (leichte) Oligopolisierung aufweist. Bislang spielen ESG-Ratings außerdem kaum eine Rolle bei den Finanzierungskosten, sodass es bislang auch noch nicht zu den bei Credit Ratings so problematischen Rating-Shoppings kam.

Als Finanzintermediäre sind Ratinganbieter darauf angewiesen, als zuverlässig und vertrauenswürdig zu gelten.[8] In der jüngsten Arbeit der Anbieter von Credit Ratings wurden zahlreiche Mängel identifiziert, was zu Regulierungen führte, welche zu mehr Effizienz und weniger Versagen der Ratingagenturen führen sollen:

---

[4] Vgl. Financial Crisis Inquiry Commission 2011, S. XXV.
[5] Vgl. IOSCO 2008, S. 2 ff.
[6] Vgl. auch Schäfer 2011.
[7] Vgl. The Council of the European Union 2012.
[8] Vgl. White 2010, S. 218.

- Wie Merton und Bodie (1992) und andere nachgewiesen haben, ist die Transparenz der Ratingmethode und des Ratingergebnisses eine der wichtigsten Voraussetzungen für die Effizienz des Ratings und der Ratingagenturen. Transparenz ist eng mit der Qualitätssicherung und den dafür erforderlichen Einrichtungen in Ratingagenturen verkoppelt. Höhere Offenlegungsstandards werden zur besseren Vergleichbarkeit der vorgelegten Ratingeinstufungen als sinnvoll erachtet, um Wettbewerb, Innovation und gegenseitige Kontrolle zu ermöglichen.[9]
- Die Ratingmodelle sollten auf soliden Annahmen beruhen, um Bewertungsschwankungen zu vermeiden. Hierzu bedarf es angemessener Qualitäts- und Integritätsstandards.[10]
- Reputation ist ein weiteres zentrales Element für die Effizienz von Ratings.[11] Transparenz bezieht sich auf das Finanzreporting von Ratingagenturen über deren Geschäfts- und Finanzergebnis, während sich dazu korrespondierend die Reputation auf die internen Qualitätsrichtlinien, Ausschüsse und andere verwandte Maßnahmen bezieht. Zentral ist dabei die Wirkung, die die Reputation auf Außenstehende als Qualitätsindikator erzeugt.[12] Die Verlässlichkeit von Ratings wirkt dann wie ein Kapitalstock, der sich aus zukünftigen Ratingverkaufserlösen entwickeln kann.[13]
- Ein weiterer wichtiger Diskussionspunkt bezüglich der Effizienz von Ratingagenturen ist deren Geschäftsmodell. Als private Einrichtungen streben Ratinganbieter in der Regel Gewinnmaximierung oder ein vergleichbares ökonomisches Unternehmensziel an.[14] In den Diskussionen über die Reform der Credit-Rating-Agenturen wurde wiederholt argumentiert, dass privatwirtschaftliche Ziele relevante Gründe für viele Unzulänglichkeiten im täglichen Bewertungsgeschäft sind und vor allem zu verzögerten, vorläufigen oder vermiedenen Herabstufungen geführt haben dürften. Da die Abhängigkeit der Ratingagenturen von den Einflüssen dominierender Aktionäre als zentrale Problemlage gesehen wird, stellt mithin Unabhängigkeit ein weiteres wichtiges Kriterium für die Qualität eines Ratings dar.[15]

Auf die Diskussion über die Regulierung von Credit Ratings zurückblickend und ergänzend, lassen sich wesentliche Erkenntnisse über die Faktoren ableiten, die zur Bewertung der Qualität eines ESG-Ratings und der jeweiligen Anbieter der zugehörigen Informationen erforderlich sind. Dabei handelt es sich um:

- Ratingphilosophie und -methodik,
- Art der verwendeten Quellen,
- Transparenz der Wertschöpfungskette,
- Maßnahmen zur Qualitätssicherung,

---

[9] Vgl. Merton und Bodie 1992, S. 93.
[10] Vgl. o. V. 2009, S. 119.
[11] Vgl. Stover 1996.
[12] Vgl. Theurl und Schaetzle 2011, S. 7 ff.
[13] Vgl. Partnoy 1999.
[14] Vgl. Cathcart et al. 2010.
[15] Vgl. o. V. 2009, S. 119.

- Unabhängigkeit der Ratinganbieter,
- Flexibilität.

Dieses Faktorenset umfasst Schlüsselkriterien, welche im Folgenden weiter erläutert werden und anhand derer die zu untersuchenden Ratinganbieter untereinander verglichen werden, um Unterschiede und Gemeinsamkeiten aufzeigen sowie eine Beurteilung abgeben zu können.

2.2 Auswahl der untersuchten Ratinganbieter

Die Grundlage der nachfolgenden Auswertung bilden neun weitgehend in Europa ansässige ESG-Ratinganbieter. Der Fokus der Analyse und des Vergleichs liegt auf der Bewertung von Ratinganbietern und deren Methoden in Bezug auf die Ermittlung der Nachhaltigkeitsleistungen von Staaten. Solche Ratings werden vor allem von Investoren benötigt, die im Rahmen ihrer nachhaltigen Kapitalanlagen in dafür geeignete Staatsanleihen investieren möchten. Verstärkt sind solche Investoren, die wie betriebliche Altersvorsorgeeinrichtungen und Stiftungen traditionell in festverzinsliche Anleihen anlegen, im Zuge der Staatsschuldenkrisen etlicher südeuropäischer Länder und der Eurokrise dazu übergegangen, in Pfandbriefe zu investieren. ESG-Ratings für Pfandbriefe sind hierzu am Markt derzeit nur vereinzelt verfügbar (imug und Bank J. Safra Sarasin), weshalb sie im Folgenden ausgeklammert werden müssen.

Vor allem für institutionelle Investoren spielen festverzinsliche Anlagen und damit hauptsächlich Staatsanleihen eine herausragende Rolle. In Bezug auf die ESG-Ratings stellen sich für solche Investoren Fragen unter anderem nach der Qualität, der Verlässlichkeit und der Glaubwürdigkeit der Ratings und ihrer Anbieter. Ferner ist die Passgenauigkeit der Ratings für die speziellen Anlageanforderungen des jeweiligen Investors von Bedeutung. Aus diesen Gründen besteht in Kreisen institutioneller Investoren immer wieder der Wunsch nach Vergleichbarkeit der am Markt angebotenen ESG-Ratings für Staaten. Von diesem Ansinnen wird die nachfolgende Beurteilung von Ratinganbietern und deren Methoden stimuliert. Zu diesem Zweck wurde ein Sample gebildet, das den Großteil der am europäischen Markt operierenden Anbieter von ESG-Ratings von Staaten abdeckt. Es handelt sich um folgende neun Ratinganbieter:

- AXA Investment Managers S.A., Courbevoie (IRT),
- Bank J. Safra Sarasin AG, Basel (IRT),
- ECPI International S.A., Luxemburg (WI),
- imug Beratungsgesellschaft mbH, Hannover/Ethical Investment Research Services (EIRIS) Ltd., London (RA),
- Morgan Stanley Capital International (MSCI), New York (WI),
- oekom research AG, München (RA),
- RepRisk AG, Zürich (RA),

- Sustainalytics GmbH, Frankfurt am Main (RA),
- Vigeo, Paris/Ethibel, Brüssel (RA).

Aufbauend auf einer grundsätzlichen Einteilung zur Verortung solcher Ratinganbieter wird Schäfer et al. (2004) gefolgt, die Ratinganbieter in die drei Gruppierungen Ratingagenturen (RA), Inhouse Research Teams (IRT) und Anbieter von Wertpapierindizes (WI) einteilen. Demzufolge stammt die überwiegende Mehrheit der Mitglieder im Untersuchungssample aus dem Kreis der Ratingagenturen.

3 Diskussion der Eignungsfähigkeit der Bewertungskriterien

Im Abschnitt „Grundsätzliche Bewertungsfragen" wurden die Faktoren genannt, die dem Bewertungsverfahren der ESG-Ratings zugrunde gelegt wurden. Diese Kriterien werden nachfolgend in einer Erstanalyse der Ratinganbieter aus dem Untersuchungssample diskutiert und auf ihre Eignungsfähigkeit sowie auf ihre relative Bedeutung für die spätere Ratingbewertung hin untersucht.

3.1 Ratingphilosophie und -methodik

Im Gegensatz zum Credit Rating, bei dem sich Wissenschaft und Praxis weitgehend einig sind, von welchen wirtschaftlichen Faktoren das zu untersuchende Ausfallrisiko abhängt, herrscht kein vergleichbarer Konsens bei ESG-Ratings etwa über die Auswirkung bestimmter ökologischer und sozialer Faktoren auf die Nachhaltigkeitsleistung von Staaten (aber auch Unternehmen). Dies liegt unter anderem an der Offenheit des begrifflichen Verständnisses von Ökologie, Sozialem und Governance im Kontext von Staaten und wie diese Begriffe zu materialisieren sind. Im Vordergrund steht bei den meisten Ratinganbietern eine spezielle Vorstellung von dem, was sie individuell unter dem Konzept der nachhaltigen Entwicklung auf Staatenebene verstehen. Es gibt damit im Gegensatz zum Begriff des Ausfallrisikos in Credit Ratings keine einheitliche, alle Ratinganbieter gleichermaßen erfassende begriffliche und inhaltliche Vorstellung von Nachhaltigkeit. Dies ist schon deshalb kaum möglich, und Ähnlichkeiten der Nachhaltigkeitsvorstellungen dürften eher Zufall sein, weil das Konzept der nachhaltigen Entwicklung in hohem Maße ein auf Gerechtigkeitsvorstellungen beruhendes Konzept ist.[16] Diese unterscheiden sich in der Regel zwischen Individuen und Institutionen. Daher haben die Ratinganbieter auch unterschiedliche Grundpositionen, wie sie Nachhaltigkeit verstehen und folglich in ihren Ratingmethoden durch Indikatorenbildungen und Gewichtungen materialisieren.

Die dem Staatenrating zugrunde gelegte Nachhaltigkeitsvorstellung der meisten hier untersuchten Ratinganbieter orientiert sich im weitesten Sinne an der durch die Brundt-

---

[16] Vgl. hierzu die Diskussion auf der Ebene der ESG-Ratings zu Unternehmen, Schäfer et al. 2004.

land-Kommission vertretenen Definition von Nachhaltigkeit. Bei drei Ratinganbietern des Samples liegt dagegen kein explizites Nachhaltigkeitsverständnis vor.

Die im Abschnitt „Auswahl der untersuchten Ratinganbieter" aufgeführten und untersuchten ESG-Ratinganbieter weisen denn auch ein unterschiedliches Nachhaltigkeitsverständnis auf. Die Bank J. Safra Sarasin etwa versteht Nachhaltigkeit von Staaten als Anforderung an ein effizientes Wirtschaften und an den allgemeinen Umgang mit den vorhandenen, nicht erneuerbaren ökologischen und sozialen Ressourcen. MSCI betont (ähnlich wie RepRisk) den Umgang eines Staates mit Risikofaktoren aus den Bereichen Umwelt, Soziales und Governance, denen er ausgesetzt ist. Ein Land ist dann nachhaltig, wenn es diese Risiken langfristig und effizient managen kann.

Eine weitere Gruppe von Ratinganbietern stellt den nachhaltigen und verantwortungsvollen Umgang von Staaten mit der Umwelt, den Menschen und ihren Rechten ins Zentrum ihres Verständnisses: Nachhaltig sind demnach Staaten, wenn sie Verantwortung gegenüber der Umwelt übernehmen, für soziale Gerechtigkeit sorgen und entsprechende Menschenrechte der Bevölkerung achten und durchsetzen (imug), die natürliche Umwelt bewahren und die Entwicklung der Menschen und ihrer Rechte achten und schützen (oekom), das Umwelt- und Sozialkapital des Landes effektiv und nicht erschöpfend nutzen und die hierfür notwendigen Voraussetzungen im Bereich Governance gegeben sind (Sustainalytics).

Eine weitere Gruppe von Ratinganbietern (AXA, ECPI, Vigeo/Ethibel) bestimmt kein vorheriges Grundverständnis zur Staatsnachhaltigkeit, sondern orientiert sich hauptsächlich an externen internationalen Normen und Nachhaltigkeitsstandards, wie sie von supranationalen Organisationen (etwa Weltbank, Vereinte Nationen) und Nichtregierungsorganisationen (zum Beispiel International Labour Organisation, Transparency International) verfügbar sind.

In Bezug auf die verwendeten Ratingmethoden waren vier Anbieter rein normativen Ansätzen zuzurechnen, während zwei Anbieter gemischt-normative Ansätze unter Berücksichtigung ökonomischer Kriterien anwenden. Zwei der untersuchten Ratings sind den sozial-ökologischen Ansätzen zuzuordnen, und ein Ansatz zum Staatenrating basierte ausschließlich auf ökonomischen Kriterien.

Normative Bewertungsmethoden basieren im Kern auf sozialen, ökologischen und Governance-Normen, werden jedoch um weitere ESG-Faktoren, je nach Ratingsystem, aus unterschiedlichen Quellen individuell angereichert. Ökonomisch orientierte Bewertungsansätze, wie sie RepRisk, oekom und AXA[17] (als Risikobewertungsansatz) zugrunde legen, beziehen ökonomische Indikatoren zur Ergänzung der Nachhaltigkeitsmessung ein, um Informationen über die momentane und kurzfristige Performance eines Landes zu erhalten. Im Gegensatz zu normativen Ansätzen steht hier die ökonomische Komponente wie das Erkennen und Vermeiden von finanziellen Verlusten (für Investoren von Staatsanleihen) aus Reputationsrisiken oder aus ESG-Risiken generell im Vordergrund. Anwendung finden diese Risikobewertungsansätze hauptsächlich bei der Beurteilung von

---

[17] oekom und Axa bieten neben normativen auch ökonomische Bewertungsmethoden an.

Staaten aus der Kategorie der Schwellenländer. Zwischen normativem und ökonomisch orientiertem Rating stehen Verfahren wie das ESG-Staatenrating der Bank J. Safra Sarasin und MSCI, in denen Sozial- und Umweltthemen sowie vereinzelte normative und mehrere ökonomische Komponenten miteinander verknüpft werden.

Es ist erkennbar, dass eine geringe Vergleichbarkeit von Ratingansätzen schon auf der Ebene des jeweiligen zugrunde liegenden Nachhaltigkeitsverständnisses vorliegt.

Das individuelle Nachhaltigkeitsverständnis wird in einem Top-Down-Ansatz anschließend von den Ratinganbietern in ihren Systemen durch Indikatoren für ein ESG-Staatenrating spezifiziert. Die Nachhaltigkeitskriteriengruppen bestehen zumeist aus Umwelt, Soziales und Governance und werden bis auf wenige Ausnahmen gleich gewichtet. Die Anzahl eingesetzter Indikatoren besteht bei den Ratinganbietern innerhalb des Samples mindestens aus 25 (AXA) und kommt bei den meisten Anbietern nicht über einen Wert von 50 hinaus. Auffallend ist die hohe Kriterienanzahl, die den Ratings von Vigeo/Ethibel (130) und oekom (150) zugrunde liegt. Eventuelle Subindikatoren sind bei diesen Ergebnissen nicht mit eingerechnet. Die Definition von alle Ratings übergreifenden Kernindikatoren zur Nachhaltigkeitsmessung würde diese Problematik entschärfen, jedoch wiederum die Differenzierungspotenziale der Anbieter auf dem Markt schmälern.[18]

3.2 Quellenauswahl

Die Auswahl der genutzten Informationsquellen, deren Qualität und Verfügbarkeit bilden die Grundlage für jedes Rating und entscheiden maßgeblich über dessen Qualität. Daher sind Ratinganbieter auf zuverlässige externe Informationen und auf das für deren Auswertung notwendige Wissen angewiesen. Nur in den wenigsten Fällen werden die für das Rating erforderlichen Daten vom Ratinganbieter beim Ratingobjekt „Staat" direkt erhoben (zum Beispiel durch Fragebögen, Interviews und Vor-Ort-Besuche relevanter staatlicher Stellen). Eine zentrale Rolle für die Datengewinnung und -auswertung im ESG-Staatenrating spielen Kooperationen der Ratinganbieter mit Nichtregierungsorganisationen (NGOs) und supranationalen Organisationen (SNOs) sowie mit staatlichen Stellen. Zusätzlich werden Veröffentlichungen von Forschungseinrichtungen oder Unternehmen wie Rückversicherern genutzt.

Die Einbindung solcher Informationslieferanten und der Bezug ihrer Daten hat zum einen finanzielle Gründe: Die Lieferanten übernehmen die Datenerhebungsarbeit, welche Ratinganbietern ansonsten hohe Kosten auferlegen würden.[19] Zum anderen sind diese Stellen aus unterschiedlichen Gründen oft vor Ort aktiv, etwa mit aktivistischen Operationen in kontroversen Angelegenheiten staatlicher Stellen und Regierungen. Die von NGOs und SNOs bereitgestellten ESG-Daten sind oft öffentliche Güter oder Clubgüter und damit für die Allgemeinheit oder die Mitglieder einer Community kostenlos. Das macht

---

[18] Vgl. Sadowski et al. 2010a, S. 6.
[19] Vgl. Döpfner und Schneider 2012, S. 10.

die Verwendung solcher Daten und die Kooperation mit diesen Datenlieferanten auch für Ratingagenturen attraktiv. Aktualität, Zugänglichkeit, Zuverlässigkeit und die reputierliche Arbeit von NGOs und SNOs sind damit zentrale Voraussetzungen für die Qualität der Ratingmethoden und von deren Ergebnissen.

NGOs heben sich aus mehreren Gründen von den anderen Informationslieferanten für Ratinganbieter ab. Ein Grund dafür ist ihre faktische Kraft, innerhalb der letzten Jahrzehnte international anerkannte Werte, Normen und Richtlinien geprägt und definiert zu haben.[20] Damit treten NGOs (auch aus eigenem Interesse) als Informationsdienstleister[21] und Intermediäre auf dem Finanzmarkt auffallend in den Vordergrund. Einige von ihnen operieren gleichzeitig als Aktivisten oder haben dort ihre Wurzeln (wie im Übrigen auch einige der Ratingagenturen, etwa Ethibel). Das Ziel von NGOs besteht allgemein darin, ethische, soziale und ökologische Interessen diverser Anspruchsgruppen zu formulieren, zu artikulieren, in das gesellschaftliche Bewusstsein zu rücken und Regierungen wie auch Unternehmen mit kontroversen Themen zu konfrontieren.[22] In dieser Hinsicht ähneln sich NGOs und ESG-Ratinganbieter.

Indem NGOs, stellvertretend für Stakeholder, kontroverse Themen besetzen und sie gegenüber Verursachern von Missständen aktivieren, genießen sie teilweise hohes Ansehen und Vertrauen in der Öffentlichkeit.[23] Andererseits entziehen sich die meisten NGOs einer Transparenz, die sie selbst von Staaten oder Unternehmen im Hinblick auf deren Nachhaltigkeitsleistung einfordern (auch in dieser Hinsicht ähneln sie einigen ESG-Ratinganbietern). Auch sind die wirtschaftlichen und die Eigentumsverhältnisse von NGOs Außenstehenden meist nicht transparent. Dies kann zu einem befremdenden Missverhältnis führen zwischen dem Anspruch von NGOs, legitime Interessenvertretungen von Stakeholdern zu sein, aber keine Rechenschaft ablegen zu wollen, inwiefern die Legitimität berechtigt und gesichert ist.[24] Aus diesem Grund sollte die Überprüfung von NGOs als Informationsquellen für einen Ratinganbieter ein zentraler Bestandteil seines Qualitätsmanagements an der Stelle „Lieferung von Inputdaten" am Beginn der gesamten Wertschöpfungskette eines ESG-Ratings sein. Dabei ist zu bedenken, dass die wenigsten NGOs wirklich unabhängig sind, eigene Zielsetzungen wie Budget- oder Machtmaximierung haben und damit nicht zwingend den von ihnen meist behaupteten Legitimitätsanspruch als Vertreter von Stakeholdern oder der Öffentlichkeit allgemein und unabhängig erfüllen.[25]

---

[20] Vgl. Schäfer 2012, S. 25 und vgl. Novethic 2010, S. 11.
[21] Vgl. Lindenmayer 2008, S. 168.
[22] Vgl. Lindenmayer 2008, S. 41.
[23] Häufig wird dies auch mit der „License to Operate" oder „License to Co-operate" auf den Punkt gebracht. NGOs treten in diesem Sinne als Akteure zwischen Markt und Staat auf und sanktionieren privatwirtschaftliches wie auch staatliches Verhalten in für die nachhaltige Entwicklung relevanten Feldern (vgl. Graafland 2002, S. 297).
[24] Vgl. Klein et al. 2005.
[25] Vgl. Curbach 2009, S. 39.

3.3 Transparenz der Wertschöpfungskette

Um die Besonderheiten der Ratinganbieter interpretieren zu können, ist ein Verständnis der Wertschöpfungsstruktur von ESG-Ratings erforderlich. Diese Struktur besteht grundsätzlich aus:

1. Datenerhebung (Primär- und Sekundärresearch),
2. Datenaufbereitung zu Informationen,
3. Interpretation der Informationen zu einem Rating/Ranking,
4. Bereitstellung der Informationen, beispielsweise auf einer Plattform,
5. Asset Management auf Basis von Nachhaltigkeitspräferenzen.

Die ersten drei Stufen des Wertschöpfungsprozesses sind bei einem umfangreichen Ratinguniversum wie im Abschnitt „Quellenauswahl" ausgeführt mit teilweise sehr hohem Arbeitsaufwand verbunden. Insbesondere Inhouse Research Teams von Banken kaufen daher in der Regel ESG-Ratings als Vorleistungen ein. Dabei nutzen sie Datenbanken diverser Anbieter und erweitern diese oft um eigene Research-Komponenten.

Ratingagenturen wie EIRIS, Sustainalytics oder oekom research bieten dagegen komplette Research- und Ratingdienstleistungen wie Ratingreports, Branchenreports oder Portfolioanalysen an. Die vorgelagerten Arbeitsschritte der einzelnen Wertschöpfungsstufen führen sie selbst durch. Die Strukturierung und das Management von Kapitalanlagen gehören jedoch in der Regel nicht zum Produktportfolio dieser Ratingagenturen.[26] Indexanbieter wie MSCI und ECPI bieten dagegen keine eigenständigen Ratings oder Research-Dienstleistungen zum käuflichen Erwerb an, sondern integrieren ihre Ratingleistungen in vorgefertigte Indexprodukte.

Abbildung 1 gibt einen Überblick über die einzelnen Wertschöpfungsstufen eines ESG-Staatenratings und gibt beispielhaft einige Einordnungen der untersuchten Ratinganbieter. Extern eingekaufte Vorleistungen oder nachgelagerte Indizes, die auf Basis des Ratings strukturiert werden, sind in der Abbildung in Form gestrichelter Rechtecke dargestellt. Von den Ratinganbietern angebotene Produkte sind dunkel und mit durchgezogenen Linien gekennzeichnet.

Die Aufgabe zur Schaffung von Transparenz auf dem Finanzmarkt stellt an die Ratingagenturen und deren Methoden zusätzlich besondere Anforderungen hinsichtlich Transparenz der Wertschöpfungskette der ESG-Staatenbewertungen. Nicht nur die bewerteten Staaten müssen in Bezug auf die zu beurteilenden ESG-Felder transparent sein. Im Umkehrschluss gilt auch, dass Ratingagenturen und -prozesse derselben Forderung nach höchstmöglicher Transparenz in Bezug auf ihre Ratingmethodologie, -kriterien sowie -quellen unterliegen. Dies bedeutet, dass Dritte in die Lage versetzt werden sollten, den Prozess der Bewertung und das Bewertungsergebnis nachvollziehen zu können.[27]

---

[26] Richtigerweise müsste daher auch anstatt von „Assets under Management" der Ratingagenturen von „Assets under Advisory" oder von „Assets under Management", die auf Basis der Ratings angelegt sind, gesprochen werden.

[27] Vgl. GISR 2015b, S. 9.

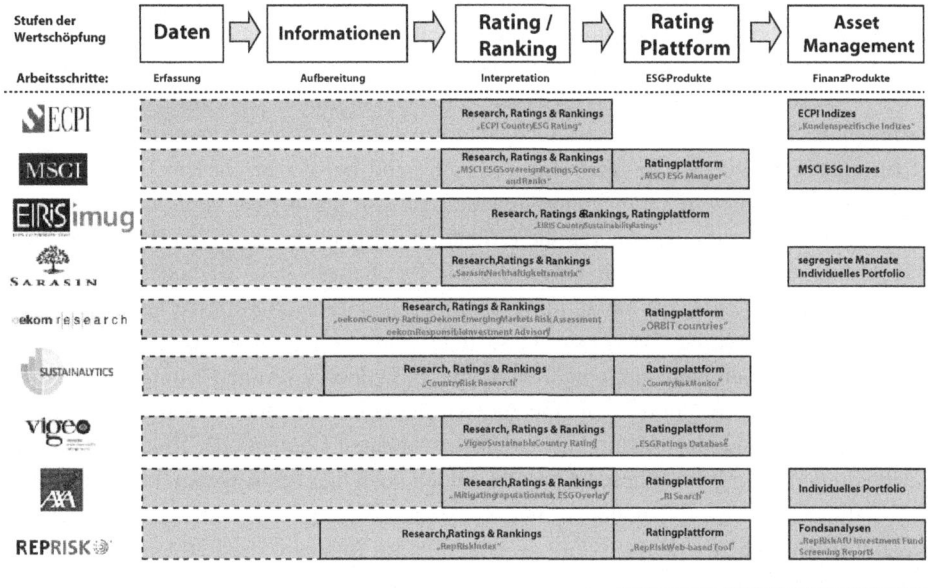

Abb. 1 Wertschöpfungsstufen von Anbietern von ESG-Staatenratings. (Quelle: Barthruff 2014, S. 50)

Transparenz sollte sich somit auf mehrere Dimensionen erstrecken: die Grundlage und Logik der genutzten Ratingmethode und -philosophie sowie die Informationsgewinnung und -verarbeitung. Dies gilt es so transparent wie möglich zu gestalten, da damit die Basis für die Glaubwürdigkeit eines ESG-Ratings geschaffen wird.[28] Ausreichende Transparenz wird vor allem durch die Veröffentlichung der genutzten Kriterien, deren Gewichtungen und Einordnungen in das Bewertungsschema hergestellt.[29]

Nutzern von Ratings wird durch ausreichende Transparenz des Ratings die Vergleichbarkeit vor allem auf qualitativer Ebene erleichtert. Dies ist insofern von Bedeutung, als dem Großteil der am Markt agierenden Anbieter jeweils unterschiedliche Ratingphilosophien zugrunde liegen und ein Vergleich dieser ohne Transparenz vonseiten der Anbieter kaum möglich ist.[30]

Aus Sicht der Bewerteten ist Transparenz von großer Bedeutung, um die Vergleichbarkeit zwischen bewerteten Staaten untereinander sicherzustellen und durch den Relativvergleich im Ranking einen Wettbewerb um Nachhaltigkeit zwischen Staaten in Gang zu setzen oder ihn aufrechtzuerhalten (sogenannter Best-in-Class- oder Best-of-Class-Ansatz).

Wie die Auswertung der analysierten Ratinganbieter ergab, stellen durchweg alle Anbieter Außenstehenden die Dokumentation der von ihnen genutzten Informationsquellen

---

[28] Vgl. GISR 2015b, S. 10
[29] Vgl. Sadowski et al. 2011a, S. 15.
[30] Vgl. Schäfer 2009.

und die Instrumente der Informationsgewinnung und -verarbeitung zur Verfügung. Ferner erläutern Methodenpapiere die Ratingmethode und -philosophie. Im Bereich des Bewertungsvorgangs zeigen zudem durchweg alle Anbieter ein großes Bestreben, das Zustandekommen der Bewertung für ihre Kunden so transparent wie möglich zu gestalten.

Im Gegensatz zur Studie „Rate the Raters"[31] sind bei den in diesem Beitrag untersuchten Ratinganbietern kaum Transparenzdefizite wie das Fehlen von Quellenangaben aufgefallen. Webseiten informieren die Öffentlichkeit über das jeweilige Rating in einer Bandbreite von sehr ausführlich – wie im Falle von Sarasin (alle Methodenpapiere sind öffentlich zugänglich) – bis hin zu unterschiedlich inhaltlich abgestuften textlichen Umschreibungen des Ratings (häufigster Fall). Interessierten wird meistens angeboten, weitergehende Informationen durch direkten Kontakt mit dem jeweiligen Ratinganbieter einzuholen. Allerdings waren bei den untersuchten Anbietern im Untersuchungszeitraum für Außenstehende keine Informationen zu den verwendeten Quellen oder Rohdaten für das Nachhaltigkeitsrating erhältlich. Es besteht jedoch auch hier das Angebot, in Kontakt mit dem Ratinganbieter zu treten, um Art und Zustandekommen der Quelldaten zu erfahren.

Es war deutlich zu erkennen, dass es ebenfalls im Interesse der Ratinganbieter liegt, Transparenz nach außen zu signalisieren und Anstrengungen zu unternehmen, dies über Standards und Institutionen zu manifestieren. Eine aus der Sicht Außenstehender wünschenswerte vollständige Transparenz war jedoch trotz erkennbarer Bemühungen einiger Ratinganbieter nicht feststellbar. Für diese Zurückhaltung mögen vor allem folgende Gründe für Ratinganbieter ausschlaggebend sein: Furcht vor Verlust des Alleinstellungsmerkmals im Wettbewerb mit anderen Ratinganbietern und mögliche Offenbarung von qualitativen Mängeln in der Nachhaltigkeitsbewertung. Zudem wäre denkbar, dass durch vollständige Transparenz die eigene Ratingmethode durch einen Konkurrenten qualitativ verbessert adaptiert werden könnte.[32]

Anbietern von ESG-Ratings ist durchaus die zentrale Bedeutung der Transparenz auch für die Sicherung und Weiterentwicklung ihres eigenen Geschäftsmodells bewusst. Dieser Umstand dürfte erklären, weshalb sich Ratinganbieter zusammengeschlossen und gemeinsame (Qualitäts-) Standards wie den ARISTA 3.0 und die Transparency Matrix ausgearbeitet haben. Dazu bedienen sich die Anbieter bei Fachverbänden wie etwa nationalen Foren für nachhaltige Geldanlagen und deren europäischem Dachverband Eurosif. So besteht ein Kernpunkt des unter dem Dach der AI CSRR entwickelten CSRR-QS Standards und jetzigen ARISTA 3.0 in der (Selbst-)Verpflichtung zur Transparenz der eigenen Ratingprozesse und -methoden sowie der Kriterienauswahl.[33]

---

[31] Vgl. Sadowski et al. 2010a, S. 3.
[32] Vgl. Döpfner und Schneider 2012, S. 72.
[33] Vgl. ARISTA 3.0, 2014, S. 10 ff.

3.4 Qualitätssicherung

Die Qualitätssicherung umfasst alle Maßnahmen, welche ein Ratinganbieter trifft, um die Objektivität des Bewertungsergebnisses sicherzustellen. Dies umfasst ein systematisches Vorgehen zum Auffinden von Fehlern im Informationsverarbeitungsprozess und die regelmäßige Überprüfung der Kriterien- und Quellenauswahl. Bei Betrachtung der Staatenratings ist erkennbar, dass die Qualitätssicherung hauptsächlich auf das Vermeiden von Fehlern innerhalb der Informationsverarbeitung und der Ratingerstellung ausgerichtet ist. Am häufigsten wurde dazu das Vier-Augen-Prinzip genannt. Meist erfolgt eine Kontrolle der Erstanalyse auf Sachbearbeiterebene durch einen (Senior-)Analysten oder die Überprüfung des Ergebnisses auf Richtigkeit und Plausibilität durch ein Gremium innerhalb des Ratinganbieters. Ein weiteres Instrument der Qualitätssicherung ist die durchgehende Dokumentation aller Quellen und sonstiger Aktivitäten innerhalb eines Ratingprozesses. Die Dokumentation dient nicht nur der Transparenz gegenüber Außenstehenden, sondern auch der internen Transparenz und Nachvollziehbarkeit, ohne die eine qualitative Überprüfung nicht effizient möglich wäre.

Ein weiteres Werkzeug stellt das Qualitätsmanagementtestat nach ISO 9001 durch einen externen Zertifizierer dar, wobei ECPI der einzige Ratinganbieter ist, der dies einsetzt. Ein Grund für die Nicht-Zertifizierung kann darin bestehen, dass ISO 9001 nur ein Grundgerüst für Anforderungen an ein Qualitätsmanagement darstellt und dadurch als zu oberflächlich angesehen wird. Allerdings soll bedacht werden, dass das Qualitätsmanagement sich unter anderem mit der Verbesserung der Prozessinfrastruktur beschäftigt und als Signal nach außen positiv wirkt.[34]

Wie bereits erläutert, liegt der Fokus der Qualitätssicherung auf dem eigentlichen Ratingprozess. Der Input, welcher in die Informationsverarbeitung einfließt und durch Quellen bereitgestellt wird, wird in den bisher genannten Methoden nicht genügend berücksichtigt. Das „Vertrauen" in die Richtigkeit der einfließenden Informationen, hier vor allem in die Quellinformationen aus dem Kreis der NGOs, stellt einen wesentlichen Kritikpunkt dar. Ratinganbieter sind hier gehalten, die für die Ratings genutzten Quellen und deren Inputdaten regelmäßig qualitativ zu analysieren. Zwei Vorgehensweisen mit partieller Überschneidung sind hier bei den untersuchten Ratinganbietern erkennbar:

- Existenz von internen Vorschriften, welche die Qualitätssicherung der Inputdaten sicherstellen sollen. So analysieren und überprüfen im Fall von ECPI mindestens zwei interne Analysten die Integrität und Qualität der genutzten Quellen. Der interne, selbstverpflichtende Ansatz kann substanziell zum gleichen Ergebnis führen wie bei einer externen Zertifizierung, hat aber nicht die gleiche Signalwirkung nach außen.
- Eine Außenwirkung wird durch die Unterzeichnung des oben genannten Qualitätsstandards CSRR-QS 2.1 erzielt.[35] Dieser Standard greift die Überprüfung der Integrität der

---

[34] Vgl. GISR 2015b, S. 11.
[35] Vgl. Sadowski et al. 2011a, S. 23, 32.

Quellen als Anforderung an die Ratinganbieter auf. Unterzeichner aus dem Untersuchungspanel sind u.a. imug/EIRIS, oekom, Vigeo/Ethibel und Sustainalytics.

3.5 Unabhängigkeit

Neben der Qualitätssicherung und der sorgfältigen Auswahl der Kriterien und Quellen besteht eine weitere Grundvoraussetzung für die Glaubwürdigkeit eines ESG-Staatenratings in der Unabhängigkeit von äußeren Einflüssen durch Stakeholder.[36] Wie im Abschnitt „Grundsätzliche Bewertungsfragen" angemerkt, sind vor allem die klassischen Credit Ratings starken Einflüssen ihrer Anteilseigner ausgesetzt; die Unabhängigkeit von Credit Ratings wurde aus diesem Grund von Marktteilnehmern und Aufsichtsbehörden wiederholt als kritisch eingestuft. Ein Rating büßt auch dann seine Integrität ein, wenn Außenstehende durch eigene Interessenvertretung das Ergebnis aktiv über direkte Kontakte oder über andere Kanäle beeinflussen können. Die Anbieter von ESG-Ratings sind erkennbar bemüht, dieses Problem nicht entstehen zu lassen. Zu diesem Zweck werden folgende Regeln praktiziert:

- Trennung von ESG-Rating (generell) und operativem Geschäft in der Anwendung dieser Ratings („Chinese Walls"),
- keine gleichzeitige Bewertung und Beratung in den für das Rating relevanten Feldern.

Die Trennung von Rating und anderen Zweigen des operativen Geschäfts (vor allem der Beratung) soll sicherstellen, dass es zu keinem Interessenkonflikt zwischen der Analyse des Ratingobjekts und seiner ausführenden Einheiten gegenüber der Beurteilung desselben kommt. Besondere Sorgfalt und die Einrichtung von „Chinese Walls" sind vor allem in Banken mit Inhouse-Research-Abteilungen, wie sie bei AXA und Sarasin im Staatenrating bestehen, erforderlich. Zusätzlich zur geforderten Trennung gilt, alle Tätigkeiten und Maßnahmen zur Sicherung der Unabhängigkeit rund um das Rating offenzulegen, um jederzeit Rechenschaft über die Wahrung der Integrität des Ratings ablegen zu können.

Die gleichzeitige Bewertung und Beratung von Ratingobjekten stellt in sich einen Widerspruch in Bezug auf die Unabhängigkeit und Glaubwürdigkeit von Ratinganbietern dar. Diese Anforderung bewerkstelligen Ratinganbieter nach eigenem Bekunden, indem sie grundsätzlich nicht diejenigen beraten, welche bewertet werden (oekom, Sustainalytics), oder indem sie ganz auf ein Asset Management (MSCI, oekom) beziehungsweise auf eine Beratung (Sarasin, ECPI, MSCI, oekom) verzichten. Ferner nutzen imug, Sarasin und oekom einen Verhaltenskodex, um Mitarbeiter im Bereich „Unabhängigkeit" für diese Problematik zu sensibilisieren, indem sie ihnen einen verpflichtenden Leitfaden an die Hand geben. Ob diese Bekundungen allerdings im täglichen Geschäft faktisch eingehalten werden, wird von den Ratinganbietern nicht belegt.

---

[36] GISR 2015b, S. 9.

Im Gegensatz zu Vorwürfen gegenüber Credit Ratings im Zuge der Aufarbeitung der Euro-Krise, sich zeitweise gegenüber Staaten nicht unabhängig genug gezeigt zu haben[37], kann für ESG-Ratings von Staatsanleihen davon ausgegangen werden, dass die Unabhängigkeit der Anbieter gegenüber den Staaten derzeit gegeben ist. Dies wird nicht zuletzt dadurch begünstigt, dass die betrachteten Anbieter überwiegend ihren Sitz in Zentraleuropa haben und das Thema Nachhaltigkeit auch auf europäischer Ebene in der EU-Kommission und in vielen EU-Mitgliedstaaten eine zentrale Rolle einnimmt.

3.6 Flexibilität

Das Verständnis von Nachhaltigkeit variiert zwischen den Nutzern von ESG-Staatenratings teilweise erheblich. Dies führt dazu, dass Ratinganbieter ihren Ratings eine gewisse Verwendungsflexibilität geben müssen. Dafür gibt es am Markt folgende Vorgehensweisen:

- Kunden wird ermöglicht, einzelne Kriterien ihren individuellen Ansprüchen, Nachhaltigkeitsvorstellungen und -präferenzen anzupassen.
- Kunden können mittels eines „Negative Screening" aus einer Auswahl an vom Ratinganbieter vorgeschlagenen Ausschlusskriterien wählen, die dann zusätzlich in das Staatenrating eingehen.
- Ferner können eigene Ausschlusskriterien der Kunden selbst eingebracht beziehungsweise „Negative Screenings" anhand dieser durchgeführt werden.

Der Großteil der hier untersuchten Ratinganbieter macht von diesen Möglichkeiten Gebrauch. ECPI beispielsweise wendet neben Ethibel anbieterseitig ausgesuchte Ausschlusskriterien an und schließt somit bestimmte Staaten von vornherein aus. Im Gegensatz zu Ethibel lässt ECPI eine Auswahl individueller Ausschlusskriterien zu, unabhängig von der Standardvariante. Vigeo wendet als einziger Ratinganbieter keine Ausschlusskriterien an.

Neben der individuellen Kriteriensetzung besteht bei allen untersuchten Anbietern die Möglichkeit der individuellen Anpassung der Kriteriengewichtung. Besonders bei den ökonomisch ausgerichteten ESG-Ratings, die mit Risikobewertungsansätzen arbeiten, spielt dies eine Rolle: Sie bilden die Flexibilität über die Kategorisierung der erfassten Meldungen ab, nach denen der Kunde einen Staat hinsichtlich der Nachhaltigkeit untersuchen lassen kann.

Flexibilität im ESG-Rating gegenüber Kundenwünschen stellt somit einen wichtigen Bestandteil dar, um individuellen Wert- und Nachhaltigkeitsvorstellungen entsprechen zu können. Dabei werden Ratinganbieter darauf achten, dass sie Kunden über die Leistbar-

---

[37] Vgl. Otte 2012; sogenannter „Home Bias Effect" von Staatenratings (vgl. Fuchs und Gehring 2013).

keit ihres ESG-Ratings aufklären, auch um die Konsistenz der Ratingmethode nicht zu verletzen.[38]

4 Bewertung der Methoden zur Ermittlung der Nachhaltigkeitsleistung von Staaten

Aufbauend auf den im Kapitel „Die Rolle von nachhaltigen Ratingagenturen im europäischen Kontext" vorgestellten und begründeten Bewertungskriterien für ESG-Ratings respektive deren Anbieter werden im nächsten Schritt die neun im Untersuchungssample befindlichen Ratinganbieter mittels eines Scoringsystems bewertet und zu einem Ranking verdichtet.

4.1 Beschreibung des Scoringmodells für die ESG-Staatenratings

Für die Analyse der Ausprägungen der jeweiligen Analysekriterien und zur Beurteilung der Staatenratings wurde ein nutzerunabhängiges, gewichtetes Scoringmodell, basierend auf der Nutzwertanalyse, verwendet.[39] Zu diesem Zweck wird der gesamte Ratingprozess eines Anbieters (A_j) anhand von Kriterien in Teilbereiche unterteilt, separat auf die Erfüllung festgelegter Merkmale hin untersucht und daraufhin bewertet. Jeder Teilbereich geht gewichtet in die Gesamtbewertung ein. Der Vorteil dieses Verfahrens ist die Transparenz und Nachvollziehbarkeit der Bewertung. Die Gewichtung der einzelnen Kriterien kann angepasst werden, um daraus eine nutzerabhängige Bewertung unter Berücksichtigung der Nutzerpräferenzen zu erstellen. Ferner können quantitative sowie qualitative Daten genutzt werden, da das Ergebnis der Bewertung dimensionslos ist.

Für die Berechnung der Gesamtbewertung gelten folgende Konventionen:

- zur Wahl stehende Anbieteralternativen (A_j),
- Kriterien (Teilbereiche) K_i,
- Teilgewichtung der Kriterien g_{ij},
- Erfüllung der Kriterienmerkmale k_{ij},
- Transformation von k_{ij} in den dimensionslosen Erfüllungsgrad e_{ij},
- Berechnung der Teilbewertung der Kriterien b_{ij},
- Aggregation der Teilbewertungen zur Gesamtbewertung B_{j*}.

Die Prämissen für das Bewertungsschema sind:

- Es handelt sich um eindeutig definierte Kriterien und Merkmale.
- Jedes Kriterium kann durch eine eindimensionale Präferenzkurve beschrieben werden.

---

[38] Vgl. Sadowski et al. 2011b, S. 8.
[39] Vgl. etwa Bechmann 1978, S. 20–45.

- Die finale Gesamtbewertung ist dimensionslos.
- Die Teilbewertungen sind kardinal skaliert, was zu einer kardinal skalierten Gesamtwertung führt.

Daraus ergeben sich für die Berechnung der Gesamtbewertung eines Ratinganbieters (A_j) folgende Grundbeziehungen:

- Für die Gesamtgewichtung G_j gilt: $0 \leq g_{ij} \leq 1$ mit $\sum_{i=1}^{n} g_{ij} = 1$,
- für die Berechnung der Teilbewertung: $b_{ij} = g_{ij} \cdot e_{ij}$
- und für die Berechnung der Gesamtbewertung: $\sum_{i=1}^{n} b_{ij} = B_j$.

Für die Bewertung ergibt sich folgende **Bewertungsmatrix** (für den beispielhaften Fall von zwei Ratinganbietern) (Tab. 1).

4.2 Kriterien und Gewichtung

Das erste untersuchte Kriterium stellt die **Ratingmethode** an sich dar, da anhand dieser die Quelldaten über die Nachhaltigkeitsleistung von Staaten durch die Ratinganbieter zu einer Bewertung transformiert werden. Ferner bildet die Ratingmethode den Wunsch des Kunden ab, in nachhaltige Geldanlagen zu investieren, und steht somit in direkter Verbindung dazu, diesen Wunsch über die Ratingeinstufung von investierbaren Emittenten wie Staaten so kongruent wie möglich abzubilden. Durch die erläuterte Unterschiedlichkeit der einzelnen Ratingmethoden kann der Ansatz an sich schwer bewertet werden, da das subjektive Verständnis von Werten und Normen zu unterschiedlich ist. Der Fokus muss folglich auf wertfreien Merkmalen liegen.

Zu diesem Zweck wird betrachtet, ob das Rating ökologische, soziale, Governance- und eventuell ökonomische Indikatoren enthält. Die Zahl der genutzten Indikatoren wird nicht als Bewertungskriterium genutzt. Dies liegt zum einen daran, dass keine Einigkeit darüber besteht, wie viele Indikatoren genutzt werden müssen, um die Nachhaltigkeit von

Tab. 1 Grundstruktur des Scoringmodells für das ESG-Staatenrating

Kriterium	Gewichtung	Anbieter A_1		Anbieter A_2	
		Erfüllungsgrad	Teilbewertung	Erfüllungsgrad	Teilbewertung
K_1	g_{11}	e_{11}	$b_{11} = g_{11} \cdot e_{11}$	e_{12}	$b_{12} = g_{12} \cdot e_{12}$
K_2	g_{21}	e_{21}	$b_{21} = g_{21} \cdot e_{21}$	e_{22}	$b_{22} = g_{22} \cdot e_{22}$
K_i	g_{ij}	e_{ij}	$b_{ij} = g_{ij} \cdot e_{ij}$	e_{ij}	$b_{ij} = g_{ij} \cdot e_{ij}$
Gesamtbewertung			$\sum_{i-1}^{n} b_{i1} = B_1$		$\sum_{i-1}^{n} b_{i2} = B_2$

Staaten adäquat messen zu können. Zum anderen ist dies dem Umstand geschuldet, dass zahlreiche Indizes zur Bewertung genutzt werden, welche sich wiederum aus einer Vielzahl an Subindikatoren zusammensetzen. Somit lässt sich die absolute Zahl der einfließenden Indikatoren kaum erfassen.

Ein weiteres Kriterium stellt die **Quellenauswahl** dar. Der Fokus liegt hier auf der Qualität und der Quantität der Quellen, aus denen die Daten zur Beurteilung der ESG-Leistung von Staaten gewonnen werden. Die Qualität der Quellen muss sicherstellen, dass die Datenbasis so konsistent und korrekt wie möglich ist. Dies erfüllen öffentlich zugängliche, überprüfbare und vor allem international anerkannte Quellen. Die Quantität, als Grundlage für eine breite Datenbasis, mindert die Abhängigkeit, welche durch die Nutzung von nur wenigen Quellen(arten) entstehen kann.

Das weitere Analysekriterium in Bezug auf die Beurteilung der Staatenratings ist die **Transparenz**. Wie im Abschnitt „Transparenz der Wertschöpfungskette" diskutiert, beeinflusst sie nicht nur die Entscheidung, welcher Ratinganbieter für den Kunden die optimale Abbildung seiner individuellen Werte und Normen ermöglicht, sondern zusätzlich, wie nachvollziehbar der Ratingprozess und das Ratingergebnis für Dritte sind. Da alle Ratinganbieter durchweg eine Dokumentation aller genutzten Quellen durchführen, kann dies kein Merkmal zur Differenzierung sein. Wie im Abschnitt „Transparenz der Wertschöpfungskette" erläutert, sind durchweg alle Anbieter erkennbar bestrebt, Außenstehenden Informationen zur Transparenz des Ratingprozesses zur Verfügung zu stellen. Betrachtet werden daher im Scoringmodell der Umfang und die Art der Webseiteninhalte von Ratinganbietern, insbesondere hinsichtlich der Informationsgewinnung und -verarbeitung im Ratingprozess und der Kriterienauswahl.

Transparenz fördernde Mitgliedschaften und Standards werden nicht überprüft (lediglich erwähnt). Dies liegt darin begründet, dass sich beispielsweise die Transparenzsteigerung durch eine Eurosif-Mitgliedschaft direkt positiv auf die auf der Webseite veröffentlichten Informationen auswirkt. Zu beachten ist aber, dass es auch bei einer solchen Mitgliedschaft Abstufungen im Umfang der Informationsbereitstellung gibt. Auch ist der Umkehrschluss, dass ein umfangreicher Informationsgehalt einer Webseite eine solche Mitgliedschaft voraussetzt, widerlegbar. Daher sind Art und Umfang der Webseiteninhalte zum Ratingprozess alleiniges Merkmal.

Der nächste Analysefaktor bezieht sich auf **Qualitätssicherungsmaßnahmen**. Sie haben sicherzustellen, dass der Prozess der Informationsgewinnung und -verarbeitung fehlerfrei abläuft. Untersucht wird, welche Verfahren zur Qualitätssicherung der Anbieter im Einzelfall anwendet. Dabei stehen interne Maßnahmen wie das Vier-Augen-Prinzip oder Gremien sowie selbst auferlegte Standards mit Signalwirkung nach außen im Fokus der Betrachtung.

Die **Unabhängigkeit** des Ratingprozesses bildet die Grundlage für eine objektive Bewertung und ist daher ein weiteres Beurteilungskriterium. Unabhängigkeit von Stakeholdern wird durch interne Verhaltensvorschriften, Trennung der Geschäftsbereiche oder die Nichtberatung von (bewerteten) Unternehmen sichergestellt.

Als letztes wird der Analysefaktor **Flexibilität** hinzugenommen. Er dient der Erfassung einer kongruenten Abbildung der individuellen ESG-Vorstellungen von Kunden im Rating. Dies wird durch veränderbare Gewichtung der Kriterien, vom Ratinganbieter zur Auswahl gestellte Ausschlusskriterien und durch individuelle, von Kunden bestimmbare Ausschlusskriterien erreicht. Das von vielen Anbietern angebotene (individuelle) „Negative Screening" dient als Grundlage für den Ausschluss und kann somit den Ausschlusskriterien gleichgesetzt werden. Anbieterseitig fest vorgegebene Ausschlusskriterien gelten als nicht flexibel.

Die **Gewichtungsmatrix** der einzelnen Kriterien stellt sich daraufhin wie folgt dar (Tab. 2).

Die Gewichtung der einzelnen Kriterien K_i basiert auf der Überlegung, welches Kriterium den größten Einfluss auf das Rating hat. Die Ratingmethode wird dabei am höchsten gewichtet, gefolgt von der Auswahl der Quellen. Somit stellen Informationsverarbeitungsprozess sowie Informationsinputs mit einer Gewichtung von 0,50 den Großteil der Gesamtbewertung dar. Die Qualitätssicherung geht mit $g_{ij}=0,15$ in die Bewertung ein, da diese primär die Richtigkeit eines Ratings sicherstellen soll. Transparenz bildet die Grundlage für Nachvollziehbarkeit und auch primär für die Wahl der Ratingagentur. Beide Kriterien, Flexibilität und Transparenz, gehen mit jeweils $g_{ij}=0,15$ in die Gesamtbewertung ein. Das Kriterium „Unabhängigkeit" ist die Basis für die Unverfälschtheit des Ratingergebnisses durch Einflüsse interner und externer Stakeholder. Die Gewichtung dieses Kriteriums geht mit $g_{ij}=0,05$ in die Bewertung mit ein. Die relativ geringe Gewichtung ist dem im Abschnitt 3.5 („Unabhängigkeit") erläuterten Umstand der Ratingagenturen und deren Abhängigkeit von Staaten als Lieferanten von Ratingdaten geschuldet. Mit dieser Gewichtungsverteilung wird auch den Ergebnissen der Investorenbefragung im Rahmen der „Rate the Raters"-Studie Rechnung getragen, der zufolge Objektivität und Quellenauswahl neben Transparenz als wichtigste Forderung den Ratinganbietern gegenüber anzusehen sind.[40]

4.3 Bewertungsskala und -merkmale

Zur Bewertung der einzelnen Kriterien K_i anhand der im Abschnitt „Kriterien und Gewichtung" festgelegten Merkmale wird ein Scoringmodell genutzt, welches den Erfüllungsgrad e_{ij} der Merkmale der Kriterien K_i kardinal skaliert angibt. Die dafür verwendete Skala ist fünfstufig. Sind keine (ausreichenden) Angaben vorhanden, wird die Wertung

Tab. 2 Gewichtungsmatrix der Bewertungskriterien

K_i	Ratingmethode	Quellenauswahl	Transparenz	Qualitätssicherung	Unabhängigkeit	Flexibilität
g_i	0,3	0,2	0,15	0,15	0,05	0,15

---

[40] Vgl. Sadowski et al. 2010b, S. 14.

Tab. 3 Bewertungsskala (Erfüllungsgrade)

Wertung e_{ij}	Qualitative Aussage	Endwert
4,25–5,00	Erfüllt	A
3,50–4,24	Weitestgehend erfüllt	B
2,75–3,49	Zufriedenstellend erfüllt	D
2,00–2,74	Kaum erfüllt	E
1,00–2,00	Nicht erfüllt	F
0	Keine (ausreichenden) Angaben	Nicht bewertbar

auf null gesetzt und ein „nicht bewertbar" vergeben. Tabelle 3 erläutert die Bewertungsskala anhand der Kardinalskala und der dahinterstehenden qualitativen Aussage.

4.4 Bewertungsergebnisse

Aufbauend auf den methodischen und konzeptionellen Vorüberlegungen der Vorabschnitte erfolgte die anschließende Auswertung der von den neun Ratinganbietern des Samples extern verfügbaren Informationen über ihr Staatenrating. Tabelle 4 gibt eine Übersicht über das Ergebnis der (Teil-)Bewertungen der einzelnen Ratingmethoden der Nachhaltigkeitsleistung von Staaten.

Die Bank J. Safra Sarasin schneidet anhand des Scoringmodells mit einem Gesamtscore von 4,55 und der Endwertung A am besten ab. Auf dem zweiten Platz befindet sich oekom. Mit dem Score von 4,35 befindet sich dieser Anbieter ebenfalls in der Kategorie A. Das gute Abschneiden von oekom liegt vor allem an der Einbeziehung ökonomischer Aspekte zur Ergänzung der sozialen, ökologischen und Governance-Kriterien im Staatenrating sowie an den hohen Wertungen in den Bereichen Transparenz, Flexibilität und Unabhängigkeit. In beiden Fällen senkt lediglich eine fehlende externe Zertifizierung der Ratingmethode die Wertung im Bereich Qualitätssicherung um 0,3 Punkte.

Die Schlusslichter des Scorings (Gruppe C) sind Vigeo/Ethibel (3,45) und AXA (3,25). Bei AXA sind insbesondere die geringen Punktzahlen in den Kategorien Qualitätssicherung und Flexibilität zu monieren, einen sehr hohen Punktwert kann der Anbieter dagegen in der Transparenz erzielen. Bei Vigeo/Ethibel fallen geringe Punkte in den Bereichen Unabhängigkeit und Flexibilität auf, sehr gut ist dagegen die Qualitätssicherung zu beurteilen. Insgesamt wird deutlich, dass das Scoring ein starkes Mittelfeld im Bereich der Note B ergeben hat. Daher ist die Schlussfolgerung möglich, dass die Mehrheit der hier betrachteten Ratinganbieter eine durchweg gute Performance aufweist.

Bei Betrachtung der einzelnen Kriterien fällt auf, dass vor allem in den Bereichen Flexibilität und Unabhängigkeit die Wertungen bis auf zwei Ausnahmen durchgehend sehr gut ausfallen. Es ist daher anzunehmen, dass Ratinganbieter neben der Auswahl der Quellen und der eigentlichen Ratingmethode diese beiden Kriterien als weitere zentrale Qualitätsfaktoren ansehen und entsprechend viel Wert auf deren Erfüllung legen: Flexibilität

Tab. 4 Gesamt- und Einzelbewertungen im Überblick

	Ratingmethode	Quellenauswahl	Transparenz	Qualitätssicherung	Unabhängigkeit	Flexibilität	Gesamtwertung	Endwertung
Sarasin	5	5	5	3	5	4	4,55	A
oekom	5	4	4	3	5	5	4,35	A
imug/EIRIS	4	4	4	4	4	5	4,15	B
ECPI	4	4	2	5	5	5	4,05	B
MSCI	5	4	2	3	5	5	4,05	B
Sustainalytics	4	4	3	4	5	5	4,05	B
RepRisk	4	5	3	2	5	5	3,95	B
Vigeo/Ethibel	4	4	3	5	2	2	3,45	C
AXA IM	4	3	5	0	1	4	3,25	C

aus Gründen der kundenindividuellen Wert- und Normvorstellungen und Unabhängigkeit als Qualitätsmerkmal für ein grundlegend unbeeinflusstes Rating.

Im Bereich der Ratingmethode erfüllen alle Anbieter die Bewertungsmerkmale und implementieren Indikatoren aus den Bereichen Umwelt, Soziales und Governance. Die Implementierung von ökonomischen Indikatoren stellt für ein ESG-Staatenrating eine sinnvolle, aber keine zwingende Ergänzung dar. Dies liegt zum einen an dem Umstand, ob der Investor ausschließlich anhand von Nachhaltigkeitsindikatoren investieren möchte, was keiner ökonomischen Indikatoren bedürfte. Häufig wird überdies das ESG-Staatenrating im Rahmen des Asset Managements ergänzend zu einer traditionellen finanziellen Bewertung (zum Beispiel hinsichtlich des Ausfallrisikos oder der Schuldentilgungsfähigkeit) eingesetzt und bedarf daher nicht zwingend zusätzlicher ökonomischer Indikatoren im Nachhaltigkeitsrating. Es ist aber anzunehmen, dass es auch Investoren gibt, welche sich zwar primär an ökologischen, sozialen und Governance-Kriterien in ihrer Anlagestrategie und -politik orientieren, zum Zweck einer abgerundeten Einschätzung aber auch ökonomische Indikatoren als Ergänzung wünschen.

Bei der Analyse des Zusammenhangs von Transparenz und Gesamtbewertung wird deutlich, dass bis auf AXA alle Übrigen mit den höchsten Wertungen die ersten drei Ränge des Bewertungsschemas belegen. Um dies weiter zu fundieren, führt ein Entfernen der Transparenzwertung, bei gleichzeitiger (gleichmäßiger) Aufwertung der restlichen Kriterien, zu keiner Veränderung der ersten beiden Plätze. Aufgrund dieser Simulationsanalyse rückt das Feld der Anbieter lediglich weiter auf. Allein imug/EIRIS würde in diesem Falle einen Platz verlieren, während MSCI und ECPI auf Platz zwei (gleichauf mit oekom research) und Sustainalytics auf Platz drei aufrücken würden. Zum gleichen Ergebnis kamen

Sadowski et al. in Phase drei ihrer „Rate the Raters"-Studie. Ratinganbieter mit hoher Transparenz schnitten tendenziell besser ab.[41]

5 Fazit

Die Ergebnisse des Scoringmodells zeigen, dass Anbieter von ESG-Staatenratings mit unterschiedlichen Methoden arbeiten. Solche Staatenratings dienen in erster Linie dazu, Investoren eine qualifizierte Anlageentscheidung eines an Nachhaltigkeitskriterien orientierten Asset Managements zu ermöglichen. Auch wenn alle der hier zugrunde gelegten Ratingansätze auf international anerkannten Werten und Normen basieren, so sind die Ratingphilosophien und die Zusammenstellung der Indikatoren doch anbieterindividuell verschieden, was eine schnelle Vergleichbarkeit schwierig macht. Nachhaltigkeit kann, wie die Anzahl der unterschiedlichen Ratingphilosophien und -methoden zeigt, auf unterschiedliche Art und Weise verstanden und entsprechend abweichend zwischen den Ratinganbietern erfasst werden.

Im Gegensatz zu den im Bereich von ESG-Ratings von Unternehmen dominierenden ökonomisch orientierten Konzepten[42] überwiegen im Bereich des Staatenratings die normativ orientierten Ansätze. Anbieter wie AXA und oekom bieten neben den normativ orientierten Bewertungen auch ökonomisch orientierte Ansätze an, etwa für Emerging Markets. Oder es werden, wie im Falle von Sarasin und MSCI, Ratingmethoden praktiziert, die zwischen normativen und ökonomischen Ansätzen anzusiedeln sind. Letztendlich muss der Investor für sich entscheiden, welcher Anbieter anhand welcher Methodik die eigenen Wertvorstellungen am besten abbilden kann. Ethisch orientierte Investoren werden normativ orientierte Ansätze sicherlich den ökonomisch orientierten den Vorzug geben. Dies setzt aber auch voraus, dass ein Investor über genügend Informationen verfügt, um sich fundiert mit den heterogenen Methoden und Ansätzen auseinandersetzen zu können. Hier besteht noch Verbesserungsbedarf, ausreichend Transparenz zu schaffen. Die Inhalte der unternehmenseigenen Webseiten sollten den Ratingansatz aktiver und transparenter als bisher widergeben. Ausführliche Methodenpapiere zu Kriterienauswahl, Gewichtung und Informationsverarbeitung sind wichtige Kernaspekte einer umfassenden Transparenzschaffung. Dies kann als Zeichen selbstbewussten Auftretens und Vertrauens in die eigene Ratingmethodik interpretiert werden. Besonders vor dem Hintergrund des spürbar lebhafter gewordenen Marktes für ESG-Ratings wirkt Transparenz gegenüber der Öffentlichkeit äußerst positiv.

Die hier gewonnenen Ergebnisse zeigen, dass sich die untersuchten Anbieter von ESG-Staatenratings in ihren individuellen Zugängen und Praktiken teilweise ähneln, andererseits aber auch deutlich voneinander abweichen. Das starke Mittelfeld auf der dreistufigen Skala zeugt von einer Dominanz von am Markt effizient operierenden Anbietern. Nur

---

[41] Vgl. Sadowski et al. 2011a, S. 3.
[42] Vgl. Schäfer et al. 2004, S. 122.

wenige erzielten eine Platzierung in der Spitzengruppe. Daher besteht bei zahlreichen der hier zugrunde gelegten Anbietern von ESG-Staatenratings noch Verbesserungspotenzial – wenn auch auf teilweise schon hohem Niveau.

Literatur

Barthruff C (2014) Nachhaltigkeitsinduzierte Kreditrisiken. Empirische Untersuchung der Wirkungszusammenhänge zwischen Nachhaltigkeits- und Kreditrisiken unter besonderer Berücksichtigung des Klimawandels. Wiesbaden. zugl. Dissertation, Univ. Stuttgart, 2014

Bechmann A (1978) Nutzwertanalyse, Bewertungstheorie und Planung. Haupt, Bern

Cantor R, Packer F (1994) The credit rating industry. Federal Reserve Bank of New York. Q Rev 19(2):1–26

Cathcart L, El-Jahel L, Evans L (2010) The credit rating crisis and the informational content of corporate credit ratings, Working Paper, http://ssrn.com/abstract=1729231. Zugegriffen: 25. Sept. 2015

Curbach J (2009) Die Corporate-Social-Responsibility-Bewegung. Wiesbaden. zugl. Dissertation, Univ. Bamberg, 2008

Döpfner C, Schneider H-A (2012) Nachhaltigkeitsratings auf dem Prüfstand – Pilotstudie zu Charakter, Qualität und Vergleichbarkeit von Nachhaltigkeitsratings, auf den Seiten des CRIC e. V. http://www.cric-online.org/images/individual_upload/publikationen/nachhaltigkeitsstudie2012.pdf. Zugegriffen: 29. Mai 2014

Döpfner C, Schneider H-A (o. J.) Nachhaltigkeitsratings auf dem Prüfstand. Pilotstudie zu Charakter, Qualität und Vergleichbarkeit von Nachhaltigkeitsratings, Forschungsbericht der Universität Frankfurt am Main. O. O., o. J.

Europäische Nachhaltigkeitsstrategie, Auf den Seiten der Europäischen Kommission. http://ec.europa.eu/environment/eussd/. Zugegriffen: 29. Mai 2014

Figge F (2000) Öko-Rating: ökologieorientierte Bewertung von Unternehmen. Springer, Berlin

Financial Crisis Inquiry Commission (2011) The financial crisis inquiry report: final report of the national commission on the causes of the financial and economic crisis in the United States. Executive Agency Publications. http://www.gpo.gov/fdsys/pkg/GPO-FCIC/pdf/GPO-FCIC.pdf. Zugegriffen: 21. Mai 2014

Fuchs A, Gehring K (2013) The home bias in sovereign ratings. Discussions paper series, No. 552, University of Heidelberg

GISR (2015a) Hub, auf der Website der GISR. http://ratesustainability.org/core/hub/. Zugegriffen: 21. Januar 2016.

GISR (2015b) Sustainability Ratings Standard, Component 1: Principles, December 2013. https://www.db.com/cr/en/docs/gisr-component1-principles-16dec13.pdf

Graafland J (2002) Profits and principles – four perspectives. J Bus Ethics 35(4):293–305

IOSCO (2008) Code of conduct fundamentals for credit rating agencies. http://www.iosco.org/library/pubdocs/pdf/IOSCOPD271.pdf. Zugegriffen: 27. Mai 2015

Klein A, Walk H, Brunnengräber A (2005) Mobile Herausforderer und alternative Eliten – NGOs als Hoffnungsträger einer demokratischen Globalisierung? In: Brunnengräber A, Klein A, Walk H (Hrsg) NGOs im Prozess der Globalisierung: Mächtige Zwerge – umstrittene Riesen. VS Verlag für Sozialwissenschaften, Wiesbaden

Lindenmayer P (2008) Nichtregierungsorganisationen als spezialisierte Kapitalmarktakteure – Ein finanzintermediationstheoretischer Erklärungsansatz. Wiesbaden. zugl. Dissertation, Univ. Stuttgart, 2007

Merton RC, Bodie Z (1992) On the management of financial guarantees. J Financ Manage Assoc 21(4):87–109

Novethic (2010) SRI: How to rate and select governments. Working Paper May 2010, Novethic SRI Research Centre, Paris, auf den Seiten der Novethic. http://www.novethic.com/novethic/v3_uk/upload/Governments_Rating_2010.pdf. Zugegriffen: 29. Mai 2015

o. V. (2009) Ratingagenturen: Entwicklungen und politische Grundsatzfragen. EZB Monatsbericht, Mai 2009, S 115–126

o. V. (2014) ARISTA3.0 Standard, Auf den Seiten der Association for Responsible Investment Services, S 10. http://www.aristastandard.org/content_files/file/QS%202012/ARISTA30final09102012final.pdf. Zugegriffen: 14. April 2015

Otte M (2012) Rating-Agenturen. http://www.bpb.de/politik/wirtschaft/finanzmaerkte/133275/rating-agenturen?p=all. Zugegriffen: 29. Mai 2015

Partnoy F (1999) The Siskel and Ebert of financial markets: two thumbs down for credit rating agencies. Wash Univ Law Q 77:619–712

Sadowski M, Whitaker K, Buckingham F (2010a) Rate the raters phase one – look back and current state, White Paper. http://www.sustainability.com/library/rate-the-raters-phase-one#.UTkYeFegyRA. Zugegriffen: 29. Mai 2015

Sadowski M, Whitaker K, Buckingham F (2010b) Rate the raters phase two – taking inventory of the rating universe, White Paper. http://www.sustainability.com/library/rate-the-raters-phase-two#.UTynBlegyRB. Zugegriffen: 29. Mai 2015

Sadowski M, Whitaker K, Ayars A (2011a) Rate the raters phase three – uncovering best practice, White Paper. http://www.sustainability.com/library/rate-the-raters-phase-three#.UTyk0FegyRB. Zugegriffen: 29. Mai 2015

Sadowski M, Whitaker K, Lee M, Ayars A (2011b) Rate the raters phase four – the necessary future of ratings, White Paper. http://www.sustainability.com/library/rate-the-raters-phase-four#.UTy6PFegyRB. Zugegriffen: 29. Mai 2015

Sally V et al (2004) Corporate environmental research. A review of environmental rating, ranking and indices. Forschungsbericht der Environment Agency, Bristol BS32 4UD, December 2004

Sauter F (2013) Ratingmethode von Staatsanleihen und Pfandbriefen nach ESG-Kriterien. Bachelorarbeit, Fakultät Wirtschafts- und Sozialwissenschaften, Betriebswirtschaftliches Institut, Universität Stuttgart

Schäfer H (2009) Selbstbindung von Unternehmen in der Corporate Social Responsibility (CSR) – ein neo-institutionenökonomischer Erklärungsansatz mittels Intermediären des Ratings. In: Schaal G (Hrsg) Techniken rationaler Selbstbindung. LIT Verlag, Berlin, S 165–194

Schäfer H (2011) Transparenz von Unternehmensverantwortung mittels Ratings und Regulierungen sowie die Rolle des globalen Finanzsystems. In: Ulshöfer G, Feuchte B (Hrsg) Finanzmarktakteure und Corporate Social Responsibility. Ordnungspolitik-Transparenz – Anlagestrategien. VS Verlag für Sozialwissenschaften, Heidelberg, S 177–192

Schäfer H (2012) Sustainable finance – A conceptual outline. Working paper series No. 03/2012, Institute of Business Administration: Chair of Corporate Finance, University of Stuttgart

Schäfer H, Kemper H-G (2010) Entwicklung einer webbasierten Informationsplattform zur Abbildung von Systemen, Prozessen und Ergebnissen des Ratings von Corporate Sustainability/Corporate Social Responsibility, Abschlussbericht der Lehrstühle für Finanzwirtschaft und Wirtschaftsinformatik I der Universität Stuttgart

Schäfer H, Hauser-Ditz A, Preller EC (2004) Transparenzstudie zur Beschreibung ausgewählter international verbreiteter Rating-Systeme zur Erfassung von Corporate Social Responsibility. Forschungsbericht der Universität Stuttgart und der Bertelsmann Stiftung, Stuttgart und Gütersloh

Schäfer H, Beer J, Zenker J, Fernandes P (2006) Who is who in corporate social responsibility rating. Forschungsbericht der Bertelsmann Stiftung, Gütersloh

Stover RD (1996) Third-Party certification in new issues of corporate tax-exempt bonds: standby letter of credit and bond rating interaction. J Financ Manage Assoc 25(1):62–70

The Council of the European Union (2012) Regulation (EU) No 12/2012, of the European Parliament and of the Council of Amending Regulation (EC) No 1060/2009 on credit rating agencies, Interinstitutional File: 2011/0361 (COD). http://www.bdi.eu/download_content/CRA3_Agreement.pdf. Zugegriffen: 27. Mai 2015

Theurl T, Schaetzle D (2011) Ratingagenturen in der Kritik: Eine Analyse der Reformforderungen und -vorschläge, Arbeitspapiere des Instituts für Genossenschaftswesen der Westfälischen Wilhelms-Universität Münster, No. 111. http://www.wiwi.uni-muenster.de/06/aktuelles/material/ap116_schaetzle.pdf. Zugegriffen: 27. Mai 2015

White L (2010) Markets: the credit rating agencies. J Econ Perspect 24(2):211–226

Prof. Dr. Henry Schäfer ist Ordinarius an der Universität Stuttgart und dort Inhaber des Lehrstuhls „Allgemeine Betriebswirtschaftslehre und Finanzwirtschaft" und Leiter der Abteilung III des Betriebswirtschaftlichen Instituts der Universität Stuttgart. Vor seiner Hochschultätigkeit war er in leitenden Funktionen als Senior Financial Consultant in einer internationalen Beratungsgesellschaft für Unternehmensfusionen und in deutschen Großbanken tätig. Seine Forschungsschwerpunkte liegen im Bereich der Bewertung von Investitionsobjekten und -programmen, vor allem unter Berücksichtigung von nicht-finanziellen Parametern. Weitere Forschungsschwerpunkte sind die ökonomische Analyse von Netzwerken, Projektfinanzierung, Immobilien und die Analyse sowie das Management von Commodities. Eine besondere Bedeutung hat der Forschungsbereich „Sustainability & Finance." Seit 2007 ist er geschäftsführender Gesellschafter der von ihm gegründeten EccoWorks GmbH, einer Beratungsgesellschaft, tätig auf den Gebieten nachhaltige Geldanlagen und wert(e)orientierte Unternehmensführung.

Florian Sauter hat einen Bachelor in technisch orientierter Betriebswirtschaftslehre der Universität Stuttgart. Derzeit studiert er im Masterstudiengang technisch orientierte Betriebswirtschaftslehre an der Universität Stuttgart mit den Schwerpunkten Finance, vor allem Nachhaltigkeitsfinanzmanagement, Controlling sowie Produktionstechnik. Am Lehrstuhl „Allgemeine Betriebswirtschaftslehre und Finanzwirtschaft" an der Universität Stuttgart ist er neben seinem Studium wissenschaftlich tätig. Vor seiner akademischen Laufbahn arbeitete er als ausgebildeter Versicherungskaufmann (Finanzassistent) bei einem der weltweit größten Versicherungsunternehmen als Kundenberater im Bereich Genossenschafts-/Sammelverträge sowie im Bereich der betrieblichen Altersvorsorge (Unterstützungskasse).

Sustainability Ratings auf Länderebene

Marcia Hoffmann und Richard Lernbass

Zusammenfassung

Die finanzielle Globalisierung der vergangenen Jahrzehnte eröffnete die Möglichkeit zu internationalen Portfoliodiversifikationen. Ein Vergleich von Länderrisiken setzt unter anderem die Nutzung von Länderratings voraus. Die seit der Jahrtausendwende rasch wachsende Nachfrage nach nachhaltigen/ethischen/„grünen" Investitionen/Impact Investments führt zu wachsender Nachfrage nach *Sustainability Ratings auf Länderebene*. Am Beispiel des FER 3D Länder-Screenings von software-systems.at wird gezeigt, wie institutionelle und private Investoren sowie Berater Sustainability Ratings zum frühzeitigen Erkennen von wirtschaftlichen, sozialen, ökologischen und ethischen Chancen und Risiken der Portfolioinvestition in einem Land und zur Integration ihrer persönlichen Wertvorstellungen in die Anlageentscheidung nutzen können.

1 Weshalb Sustainability Ratings heute wichtiger sind als je zuvor

Die finanzielle Globalisierung, also die Integration von Staaten in die internationalen Finanzmärkte, verstärkte sich seit den 1970er und insbesondere in den 1980er Jahren. Die Aufhebung der Kapitalverkehrskontrollen, die Deregulierung der inländischen Finanzmärkte, technische Fortschritte, welche eine noch schnellere Kommunikation und die

---

M. Hoffmann (✉) · R. Lernbass
software-systems.at Finanzdatenservice GmbH, 9103 Diex, Österreich
E-Mail: hoffmann@software-systems.at

R. Lernbass
E-Mail: lernbass@software-systems.at

Nutzung der aktuellsten Informationen ermöglichten, sowie die Entwicklung neuer Finanzprodukte führten zu einer beschleunigten finanziellen Globalisierung.[1] In den 1990er Jahren kam es zur stärksten Welle der Handelsliberalisierung, als 47 Staaten zu offenen Volkswirtschaften wurden. Der Anteil des Handels am Bruttoinlandsprodukt der jeweiligen Staaten stieg in den letzten drei Jahrzehnten erheblich.[2] Ausländische Direktinvestitionen in Emerging Markets nehmen seit den 1990er Jahren stark zu.[3]

In den letzten beiden Jahrzehnten stieg auch die Bedeutung internationaler Portfolioinvestitionen, weil Portfolioinvestitionen in ausländische Aktien, Staats- und Unternehmensanleihen „great diversification opportunities"[4] darstellen. Das Entstehen eines globalen Wertpapiermarktes schuf neue Anlageoptionen und bot Investoren die Chance, höhere Profite zu generieren. Die Bedeutung des Finanzsektors für die Volkswirtschaft nahm immer weiter zu. Dies erhöhte jedoch auch die Anfälligkeit für internationale Finanz- und vor allem auch Bankenkrisen.[5]

Aus der modernen Portfoliotheorie folgt unter anderem, dass Anleger noch stärker im Ausland investieren würden, um ihre hohe Risikoexposition gegenüber dem Inlandsmarkt zu reduzieren, wenn sie nicht mit ihrem Heimatmarkt vertrauter wären und mit Informationsdefiziten und -nachteilen auf den internationalen Märkten zu kämpfen hätten. Coeurdacier und Guibaud (2011) konnten in einer empirischen Studie bestätigen, dass Anleger bei internationalen Portfolioinvestitionen bevorzugt in Länder investieren, welche bessere Diversifikationsmöglichkeiten bieten, das heißt, eine geringe Korrelation mit dem Heimatmarkt aufweisen.[6]

Institutionelle Investoren und Privatanleger können durch eine Diversifizierung ihrer Portfolioinvestitionen in Nachbarländern beziehungsweise durch eine weltweite Diversifikation beträchtliche Vorteile erlangen. Driessen und Laeven (2007) konnten zeigen, dass dieser Zusammenhang sowohl für hochentwickelte Industrieländer als auch für Entwicklungsländer gilt. Anleger aus kleinen Staaten und/oder Entwicklungsländern profitieren mehr von einer internationalen Diversifizierung ihrer Portfolioinvestitionen als Investoren aus großen Volkswirtschaften (wie den USA). Je höher das Länderrisiko des heimischen Marktes, desto größer ist der Nutzen einer internationalen Diversifikation.[7] Eine internationale Diversifizierung des Portfolios verringert die Risiken stärker als eine breite Diversifikation im Inland.[8] Während der internationalen Wirtschafts- und Finanzkrise konnten Investoren stark von einer aktiven Umschichtung ihres Portfolios in ausländische Aktienmärkte mit geringer Korrelation zum Heimatmarkt profitieren. Die internationale Diversi-

---

[1] Vgl. Beck et al. 2013, S. 1.
[2] Vgl. Lim und Kim 2012, S. 2228.
[3] Vgl. Kalemli-Ozcan und Villegas-Sanchez 2013, S. 323.
[4] Coeurdacier und Guibaud 2011, S. 289.
[5] Vgl. Calomiris und Neal 2013, S. 3.
[6] Vgl. Coeurdacier und Guibaud 2011, S. 290 und 301.
[7] Vgl. Driessen und Laeven 2007, S. 1695 und 1710.
[8] Vgl. Meric und Meric 1989, S. 639.

fizierung war vor allem für risikoaverse Investoren wichtig, welche während der Krise einen höheren Bedarf an Hedging als risikofreudige Investoren hatten.[9]

Trotz der offensichtlichen Vorteile einer internationalen Diversifizierung überbewerten viele Investoren unter anderem wegen ungenügender Informationen über ausländische Alternativen den Heimatmarkt in ihrem Portfolio. Selbst wenn Investoren zu internationaler Diversifizierung bereit sind, beschränken sie sich häufig auf wenige Länder mit großen und bekannten Börsen sowie einer hochentwickelten Volkswirtschaft, statt auch in weniger bekannten ausländischen Märkten zu investieren.[10]

Ausländische Portfolioinvestitionen werden für immer mehr Länder sehr wichtig, da inländische Finanzquellen begrenzt sind. Bessere Corporate Governance kann zumindest teilweise die Qualität des institutionellen Anlegerschutzes für internationale Anleger signalisieren und damit das jeweilige Land für die internationale Diversifizierung attraktiver machen.[11] Starke Aktionärsrechte fördern internationale Portfolioinvestitionen in Aktien des jeweiligen Landes, während ein guter Gläubigerschutz internationale Portfolioinvestitionen in Staats- und Unternehmensanleihen des jeweiligen Landes anzieht.[12] Investoren können nur dann von dem maximalen potenziellen Nutzen einer internationalen Diversifizierung ihrer Portfolioinvestitionen profitieren, wenn uneingeschränkte Kapitalmobilität gewährleistet ist. Transformations- und Entwicklungsländer beschränken jedoch bei Kapitalknappheit oft die Kapitalmobilität.[13]

Da Investoren immer mehr Wert auf eine internationale Diversifizierung ihrer Anlagen legen, generiert die Globalisierung einen wachsenden Bedarf an wirtschaftsspezifischen Informationen und damit auch an Länderratings. Internationale Anleger verfolgen die Entwicklung von Länderratings mit großer Aufmerksamkeit, um die Länderallokation ihrer Portfolios laufend zu optimieren. Die Herauf- oder Herabstufung eines Länderratings oder auch nur die Änderung des Ausblicks für ein Länderrating stellen einen wichtigen Auslöser für Kauf- oder Verkaufsaufträge dar.[14] Investoren erhoffen sich höhere Renditen und geringere Risiken, wenn sie Länderratings bei ihren Anlageentscheidungen berücksichtigen. Herabstufungen eines Länderratings können die Volatilität der Aktien- und Anleihenmärkte der Nachbarstaaten deutlich erhöhen, während Heraufstufungen den umgekehrten Effekt haben.[15] Länderratings bestimmen über die Konditionen des Zugangs zu internationalen Finanzmärkten[16] und beeinflussen damit langfristig auch realwirtschaftliche Entwicklungen, weil ausländische Direktinvestitionen beziehungsweise das Ausbleiben

---

[9] Vgl. Vermeulen 2013, S. 122.
[10] Vgl. Diyarbakirlioglu 2011, S. 319 und 327.
[11] Vgl. Giofré 2013, S. 506.
[12] Vgl. Giofré 2013, S. 522.
[13] Vgl. Menil 2005, S. 124.
[14] Vgl. Hill et al. 2010, S. 1327; Bissoondoyal-Bheenick 2005, S. 251–252; Brooks et al. 2004, S. 234–235.
[15] Vgl. Afonso et al. 2014, S. 31.
[16] Vgl. Chen et al. 2013, S. 4820.

solcher Investitionen in physische Anlagen und technische Infrastruktur eine wichtige Rolle bei der Beeinflussung des langfristigen Wirtschaftswachstums des jeweiligen Landes spielen.[17] Die erfolgreiche Integration von Emerging Markets in die globale Finanzwirtschaft kann dauerhafte Wohlfahrtsgewinne von 9 bis 14 % (für Emerging Markets mit großer Kapitalknappheit) ermöglichen.[18]

Aus Sicht vieler Marktteilnehmer stellen Ratings einen wichtigen unabhängigen und objektiven Maßstab für Kreditqualität dar. Die Nachfrage nach Ratings wird durch komplexe Kreditrisikomodelle, aber auch durch die Gesetzgebung, die Finanz- und Bankenregulierung und die Finanzmarktaufsicht gefördert.[19] Die globalen Finanzmärkte sind praktisch von Unternehmens- und Länderratings abhängig.[20] Banken und Pensionsfonds müssen regulatorische Anforderungen an die Sicherheit der von ihnen gehaltenen Wertpapiere erfüllen[21] und ihr Eigenkapital gegebenenfalls in Abhängigkeit von den Ratings ihrer Wertpapiere aufstocken. Risikoaverse Anleger hoffen, mithilfe von Ratings „risikofreie Aktiva" zu finden. Die Nachfrage nach Länderratings steigt deshalb weiter.[22]

Doch Regulierung umfasst immer häufiger auch Umwelt- und Sozialstandards und beschränkt sich nicht mehr auf rein finanzielle Aspekte. Regulierungen auf nationaler und supra-/internationaler Ebene greifen immer stärker ineinander.[23] In einigen Staaten werden institutionelle Investoren verpflichtet, erstmals offenzulegen, welche Investmentkriterien sie in Bezug auf Nachhaltigkeit, Ethik und Ökologie anwenden.[24] Institutionelle Investoren erkennen zunehmend, dass es abgesehen von gesetzlichen Verpflichtungen auch in ihrem eigenen Interesse liegt, Umwelt- und Sozialfragen bei Anlageentscheidungen zu berücksichtigen. Zumindest langfristig würde ein Ignorieren von Umwelt- und Sozialproblemen zu einem finanziellen Risiko für ihre Investitionen[25], aber auch zu einem Reputationsrisiko führen, während die Berücksichtigung von Nachhaltigkeitskriterien einen Wettbewerbsvorteil verschaffen kann.[26] Stakeholder fordern immer häufiger, dass Manager bei ihren Entscheidungen nicht nur betriebswirtschaftliche, sondern auch Nachhaltigkeitskriterien berücksichtigen.[27]

Die Berücksichtigung nichtfinanzieller Kriterien bei Investitionsentscheidungen hat bereits eine lange Tradition. Ethische und ökologische Anlagekriterien haben einerseits ihre Wurzeln in den religiös motivierten Investitionsentscheidungen der Quäker im England

---

[17] Vgl. Chen et al. 2013, S. 4831.
[18] Vgl. Hoxha et al. 2013, S. 97.
[19] Vgl. Duan und van Laere 2012, S. 3239.
[20] Vgl. Bruner und Abdelal 2005, S. 197–198; Hanusch und Vaaler 2013, S. 251.
[21] Vgl. Becker und Milbourn 2011, S. 493.
[22] Vgl. Duan und van Laere 2012, S. 3240.
[23] Vgl. Clark und Hebb 2004, S. 146.
[24] Vgl. Koellner et al. 2005, S. 55; Vitols 2011, S. 35.
[25] Vgl. Sharma 2006, S. A478.
[26] Vgl. Golini et al. 2014, S. 456.
[27] Vgl. Menichini und Rosati 2013, S. 551.

des 17. Jahrhunderts[28]; andererseits im Prinzip der Nachhaltigkeit der spätmittelalterlichen Forstwirtschaft, welches sich als Folge der Holzknappheit im Mittelalter entwickelte.[29] In den 1960er Jahren trugen die Abrüstungsbewegung, die Bürgerrechtsbewegung sowie die Vietnamkriegsgegner, in den 1970er und 1980er Jahren die Opponenten der Apartheid zu einer Bewusstseinsbildung breiter Bevölkerungskreise für nichtfinanzielle Investitionskriterien bei.[30] Das Konzept der Nachhaltigkeit wurde mit der Veröffentlichung des Brundtland-Berichts der Weltkommission für Umwelt und Entwicklung 1987 sehr bekannt. Der Brundtland-Bericht definiert Nachhaltigkeit als Entwicklung, welche die Bedürfnisse der Gegenwart erfüllt, ohne die Fähigkeit zukünftiger Generationen zu beeinträchtigen, ihre eigenen Bedürfnisse zu befriedigen.[31] Schrettle betrachtet Nachhaltigkeit als Fähigkeit, die Bedürfnisse der direkten und indirekten Stakeholder eines Unternehmens zu befriedigen, ohne die Fähigkeit aufs Spiel zu setzen, die Bedürfnisse zukünftiger Stakeholder zu befriedigen.[32]

Nachhaltige Entwicklung hat sich heute als modernes Paradigma etabliert.[33] Nachhaltigkeit kann durch drei Hauptkriterien messbar gemacht werden: Umweltintegrität, wirtschaftlicher Wohlstand und soziale Gerechtigkeit.[34] Obwohl das Konzept der Nachhaltigkeit nicht neu ist, bleibt es noch immer schwer fassbar und vage. Das komplexe und dynamische Wechselspiel zwischen Ökonomie, Umwelt und Gesellschaft kann nur mit einem umfangreichen und gut durchdachten System von Indikatoren möglichst vollständig erfasst werden.[35]

Bei Nachhaltigkeitsanalysen sollte immer bedacht werden, dass kurz- und langfristige Bedürfnisse aus den Bereichen Wirtschaft, Soziales und Umwelt ins Gleichgewicht gebracht werden müssen. In nachhaltiger Sichtweise muss der Diskontsatz für nachhaltigkeitsrelevante Entscheidungen niedrig bleiben, der Zukunftswert soll annähernd so hoch wie der Gegenwartswert sein, damit die Bedürfnisse zukünftiger Generationen ausreichend berücksichtigt werden können.[36]

Seit der Jahrtausendwende führte das immer größere Interesse an ethischen Investitionen zu einem starken Anwachsen des Angebots an nachhaltigen Finanzprodukten, welche die unterschiedlichsten Kombinationen sozialer, ethischer und ökologischer Anlagekriterien aufweisen.[37] Das steigende Angebot an nachhaltigkeitsorientierten Produkten und

---

[28] Vgl. Fowler und Hope 2007, S. 243; Schueth 2003, S. 115; Sparkes 2008, S. 139.
[29] Vgl. Jahnke und Nutzinger 2003, S. 276.
[30] Vgl. Bakshi 2007, S. 525; Camejo 2003, S. 23; Isenring 2003, S. 13; Kurtz 2008, S. 251; Vitols 2011, S. 34; Waring und Lewer 2004, S. 100.
[31] Vgl. Komanduri und Kurtz 2008, S. 2019.
[32] Vgl. Schrettle et al. 2014, S. 73.
[33] Vgl. Ediger et al. 2007, S. 2969.
[34] Vgl. Bansal 2005, S. 198; Bilbao-Terol et al. 2012, S. 110; Labuschagne et al. 2005, S. 374.
[35] Vgl. Pulselli et al. 2012, S. 766.
[36] Vgl. Slawinski und Bansai 2009, S. 5.
[37] Vgl. Ballestero et al. 2012, S. 487; Brodbeck 2006, S. 50; Kempf und Osthoff 2007, S. 908; Pinner 2008, S. 69; Schlegelmilch 1997, S. 48; Schröder 2003, S. 2.

Dienstleistungen kann als eine der wichtigsten Finanzmarktentwicklungen der letzten Jahre betrachtet werden.[38] Nachhaltige Investitionen (oft auch als ethische/„grüne"/verantwortungsbewusste Investitionen bezeichnet) sind nicht länger ein Nischenprodukt für Insider, sondern eine sehr wichtige Anlagestrategie für die Allgemeinheit.[39] Immer mehr Anleger wollen in Übereinstimmung mit ihren persönlichen Idealen investieren.[40]

Anleger stehen bei nachhaltigen Investmentprodukten vor der Wahl: Die jeweiligen Kriterien der Finanzproduktanbieter für eine Einstufung als nachhaltiges, ethisches, „grünes", sozial und/oder ökologisch verantwortliches oder ähnliches Finanzprodukt differieren stark. Es gibt standardisierte Verfahren, die finanzielle Performance zu messen, doch die Bewertung der ethischen, sozialen beziehungsweise ökologischen Performance ist noch immer relativ unterentwickelt. Ein einfacher Vergleich ist oft nicht möglich, da Anleger und Finanzberater wegen der unterschiedlichen Nachhaltigkeitskonzeptionen die sprichwörtlichen Äpfel und Birnen miteinander vergleichen müssten. Aufgrund dieser Probleme wächst die Nachfrage nach einfach zu nutzenden Entscheidungshilfen wie Nachhaltigkeitsratings, welche für den nötigen Marktüberblick sorgen und eine gute Ergänzung zu den bestehenden Finanzkriterien darstellen. Nachhaltigkeitsratings helfen, neben der wirtschaftlichen Performance auch die ökologische und soziale Performance eines Assets wie einer Staatsanleihe oder einer Aktie in die Anlageentscheidung und den Portfoliomanagementprozess zu integrieren.[41] Anleger benötigen maßgeschneiderte Instrumente, um ihre Investitionsentscheidungen zu unterstützen, da sie die Informationsschwemme nachhaltiger Anlageoptionen ansonsten nicht mehr verarbeiten können.[42] Wenn Investoren soziale und ökologische Informationen berücksichtigen wollen, stehen sie vor dem Problem, dass die verwendeten Instrumente die qualitativen sozialen und ökologischen Informationen angemessen quantifizieren müssen, um einen Index beziehungsweise ein Ranking zu erhalten, welches alle ethischen, sozialen und ökologischen Aspekte einer potenziellen Investition und deren Attraktivität für die Anleger widerspiegelt.[43]

2 Welche Arten von Sustainability Ratings gibt es?

Heute stehen zahlreiche rein ökologisch oder sozial ausgerichtete Ratings, Screenings und Indizes zur Verfügung, die für die Arbeit in der Politikfeldberatung, für Umwelt- und Sozialaktivisten oder NGOs wichtig sind und hier gute Dienste leisten können. Investoren, welche lediglich Länderratings suchen, die regulatorischen Anforderungen genügen, können neben den bekannten Länderratings von Moody's, Fitch oder Standard & Poor's

---

[38] Vgl. Bilbao-Terol et al. 2012, S. 110.
[39] Vgl. Ortas et al. 2012, S. 581.
[40] Vgl. Sprinkle und Maines 2010, S. 448.
[41] Vgl. Koellner et al. 2005, S. 55–56; Ness et al. 2007, S. 498.
[42] Vgl. Ballestero et al. 2012, S. 488.
[43] Vgl. Bilbao-Terol et al. 2012, S. 111.

auf eine wachsende Zahl von Länderratings kleiner regulatorischer Ratingagenturen zugreifen.

Einer der langjährigen Anbieter im Bereich Sustainability Ratings ist die oekom research AG, welche mit ihren oekom Country Ratings die Nachhaltigkeitsleistung von 55 Staaten anhand von rund 100 Umwelt- und Sozialkriterien bewertet.[44] Die oekom research AG geht davon aus, dass die „klassischen Finanzratings die Fähigkeit der Staaten, ihren Verpflichtungen aus der Emission von Staatsanleihen nachzukommen, nur unzureichend widerspiegeln".[45] Die Country Ratings werden von der oekom research AG *nicht* als Ersatz für regulatorische Länderratings angeboten, sondern sollen als wichtige Zusatzinformationen genutzt werden, um die Anlageentscheidungen besser fundieren zu können.[46] Die oekom research AG verfolgt mit der Konzentration auf ausschließlich Umwelt- und Sozialkriterien die konträre Strategie zu den Ratingagenturen, welche für regulatorische Länderratings ausschließlich ökonomische und gegebenenfalls politische Faktoren analysieren.

Der WWF Österreich hat mit dem „Praxismodell nachhaltiger Finanzmarkt" ein Bewertungsmodell entwickelt, das im Gegensatz zu gängigen Länderratings und Sustainability Ratings die drei Säulen Wirtschaft, Umwelt und Soziales gleich gewichtet. Das Praxismodell nachhaltiger Finanzmarkt nutzt 100 Indikatoren zur Ermittlung der Nachhaltigkeitsleistung[47], richtet sich aber ausschließlich an Investmentgesellschaften, Banken und Versicherungen, während das Interesse von Beratern, Analysten und engagierten Privatanlegern an der Nutzung des Praxismodells nicht berücksichtigt wird.[48] Der WWF Österreich bietet keine in das Praxismodell nachhaltiger Finanzmarkt integrierten Länderanalysen an.

3 FER 3D Länder-Screening

Viele Nachhaltigkeitsratings konzentrieren sich im Gegensatz zu den herkömmlichen ökonomisch ausgerichteten Länderratings fast ausschließlich auf ökologische und/oder soziale Kriterien, während die finanzielle Performance vernachlässigt wird.[49] Doch die meisten Anleger benötigen auch ökonomisch relevante Informationen, weil sie sicherstellen wollen, dass nach dem Kauf eines nachhaltigen Finanzprodukts auch die finanzielle Performance ihren Erwartungen genügt.[50] Mori und Christodoulou (2012) heben

---

[44] Vgl. oekom research AG (Hrsg) (o. J.), oekom country rating; oekom research AG (Hrsg) (o. J.), Universum.
[45] oekom research AG (Hrsg), 2012, S. 1.
[46] Vgl. ibid.
[47] Vgl. WWF Österreich (Hrsg), 2011, S. 6.
[48] Vgl. ibid., S. 9.
[49] Vgl. Koellner et al. 2005, S. 57.
[50] Vgl. Nilsson et al. 2011, S. 12–13.

daher hervor, dass bei Nachhaltigkeitsbewertungen sinnvollerweise von einem Drei-Säulen-Modell auszugehen sei, welches gleichzeitig ökonomische, soziale und ökologische Dimensionen berücksichtigen müsse.[51] Ein Verzicht auf Hintergrundanalysen führt zum Ausblenden wichtiger sozialer, ökologischer beziehungsweise ökonomischer Aspekte, die von einem rein indikatorbasierten Ansatz nicht erfasst werden können. Doch integrierte Ansätze, welche Indikatoren und Hintergrundanalysen kombinieren, werden nur selten genutzt.[52] Das FER 3D Länder-Screening von software-systems.at füllt diese Lücke.

Das FER 3D Länder-Screening berücksichtigt die Interdependenz zwischen Ökonomie, Politik, Gesellschaft, Ökologie und Ethik. Dadurch kommen die Situation eines Landes und Herausforderungen für die Zukunft in einer umfassenden Perspektive in den Blick (daher auch die Bezeichnung „3D"). Die Gleichgewichtung von Ökonomie, Ökologie und Sozialem vermeidet die Verzerrung der Ergebnisse durch unterschwellige Werturteile. Das klassische Nachhaltigkeitskonzept baut zudem auch definitionsgemäß auf einer Gleichgewichtung von Wirtschaft, Gesellschaft und Umwelt auf („drei Säulen").[53]

Durch die gleichgewichtete Berücksichtigung von Wirtschaft, Umwelt und Sozialem können ungenutzte Chancen und verborgene Potenziale ebenso wie Risiken und Grenzen der bisherigen Wachstumsstrategie eines Landes frühzeitig erkannt werden. Das FER 3D Länder-Screening zeigt beispielsweise, dass China eine unausgewogene Wachstumsstrategie verfolgt, welche sehr einseitig auf wirtschaftliche Entwicklung zu Lasten von Umwelt und Sozialem setzt. Norwegen hingegen – eines der am besten bewerteten Länder im FER 3D Länder-Screening – hat ausgewogene Werte in allen drei Teilbereichen. Die USA schneiden im Bereich Umwelt schlecht ab. Bei Ägypten zeigt sich, dass die anhaltenden schweren sozialen Konflikte die Wirtschaft sehr stark belasten. Sind die Unterschiede zwischen den drei Teilbereichen des FER 3D Länder-Screenings sehr groß beziehungsweise steigen diese im Zeitablauf, erkennen die Anleger das wachsende Konfliktpotential beziehungsweise akute Probleme.

Entsprechend dem Prinzip der Parsimonität baut das FER 3D Länder-Screening auf der Auswertung der 31 aussagekräftigsten Einzelindikatoren, Indizes und aggregierter Indikatoren aus allen drei Teilbereichen auf. Dies geschieht auch im Interesse einer höchstmöglichen Datenqualität, da bei zu vielen Indikatoren die Validität und Reliabilität der Daten nur schwer geprüft werden könnten, bei einer zu großen Ähnlichkeit der verwendeten Indikatoren wäre der Erkenntnisgewinn zu gering, und es bestünde die Gefahr einer einseitigen Gewichtung.

Zu den Quellen zählen neben internationalen und supranationalen Organisationen statistische Behörden, Bundes- und Landesministerien, führende Universitäten und Forschungsinstitute, eigene Berechnungen und Informationen einiger ausgewählter NGOs, um die bestmögliche Datenqualität und die weltweite Vergleichbarkeit der Daten dank der Erhebung nach internationalen Standards zu garantieren.

---

[51] Vgl. Mori und Christodoulou 2012, S. 95.
[52] Vgl. Ness et al. 2007, S. 505.
[53] Vgl. Krajnc und Glavič 2005, S. 204.

Dieser quantitative Teil des FER 3D Länder-Screenings wird durch umfangreiche qualitative Länderanalysen komplementiert.[54] Dadurch ergeben sich Synergieeffekte, da viele Indikatoren inhaltlich bedingt Spätindikatoren sind und wegen der eingesetzten Berechnungsmethodik erst mit einiger Zeitverzögerung zur Verfügung stehen können. Die qualitativen Analysen dienen als „*Frühwarnradarsystem*" für Anleger[55], da es oft noch Monate dauern kann, bis sich aktuellste Entwicklungen in den amtlichen Statistiken niederschlagen beziehungsweise internationale Organisationen die neuesten Daten freigeben. Doch Anleger können dank der Factsheets, Hintergrund- und Länderanalysen schon viel früher erkennen, ob die Entwicklung in einem Land in die gewünschte Richtung geht oder Anlass zur Sorge gibt, oder ob gar ein Grund zur Umschichtung des Depots besteht.

In der Folge der schweren Wirtschafts- und Finanzkrise 2008/2009 und als Auswirkung des Andauerns der Krise der Eurozone war ein stärkerer Anstieg der Spreads von Staatsanleihenrenditen zu beobachten, als allein durch Inflation, reales Wirtschaftswachstum und fiskalische Entwicklungen gerechtfertigt gewesen wäre. Die Investoren achten seitdem wesentlich stärker auf makroökonomische und fiskalische Fundamentaldaten als zuvor.[56] Verschlechtert sich die wirtschaftliche Lage eines Staates rapide, so sind die Gründe dafür häufig an der Verschärfung von sozialen Konflikten und Umweltproblemen zu suchen. Dieses Krisenpotenzial kann durch ein umfassendes Nachhaltigkeitsrating früh erkannt werden.

Der Nutzen von Nachhaltigkeitsratings liegt in der Identifikation von Ländern und Anleihen und Fonds mit positiver Nachhaltigkeitsperformance, der Nachvollziehbarkeit der Entwicklung der Nachhaltigkeit eines Portfolios, der Rechtfertigung von Entscheidungen zwischen Anlagealternativen bei finanziell identischer Performance sowie der Stimulierung einer öffentlichen Debatte über soziale, ethische und ökologische Stärken und Schwächen eines Landes.[57] Nachhaltige Investitionen ermöglichen einerseits das Erkennen und die Berücksichtigung nichtfinanzieller Risiken, andererseits aber auch das Einhegen sozial und ökologisch unerwünschter Auswirkungen der Globalisierung und einer neoliberalen Marktwirtschaft.[58]

Norwegen hat als bislang einziger Staat weltweit ethische und ökologische Anlagerichtlinien für den norwegischen Staatsfonds umgesetzt, um treuhänderisch die Verantwortung für eine nachhaltige Investitionspolitik für zukünftige Generationen zu übernehmen. Die Bevölkerung unterstützt das nachhaltige Investitionsmandat für den norwegischen Staatsfonds weitgehend.[59]

---

[54] Vgl. software-systems.at (Hrsg.) (o.J.), FER 3D Länder-Screening. Top Ten Länder und alphabetische Ergebnisliste.
[55] Vgl. Bissoondoyal-Bheenick 2005, S. 279.
[56] Vgl. Afonso et al. 2012, S. 606–607.
[57] Vgl. Koellner et al. 2005, S. 68.
[58] Vgl. Bakshi 2007, S. 524.
[59] Vgl. Reiche 2010, S. 3573–3575.

4 Finanzierung und materielle Relevanz

Ratingagenturen genießen eine Sonderstellung im Finanzsektor, da Regierungen die institutionellen Marktteilnehmer verpflichten, ihre Anlageentscheidungen auf regulatorische Ratings zu gründen. Institutionelle Investoren sind damit auf die Ratingagenturen angewiesen. Die Ratingagenturen besitzen daher eine „unglaubliche Macht".[60] Die Aura der Macht wird noch durch den Verzicht auf transparente und detaillierte Erläuterungen der Ratingmethodik verstärkt. Ratingagenturen legen weder die *konkreten* Daten noch die *spezifische* Methodik offen, die zu einem Rating für ein bestimmtes Land beziehungsweise Unternehmen geführt haben, selbst wenn sie mehr Informationen über ihre *allgemeine* Methodik veröffentlichen als im Branchendurchschnitt üblich.[61] Zudem ist zu erwägen, ob Ratingagenturen über einen echten Informationsvorsprung dank des Zugriffs auf Informationen verfügen, welche den Marktteilnehmern nicht zugänglich sind.[62]

Das Geschäftsmodell der Ratingagenturen, bei dem die Emittenten für die Ratings bezahlen, führt unvermeidlich zu Interessenkonflikten, da die Ratinganalysten den Spagat bewältigen sollen, einerseits die Erwartungen der zahlenden Kunden an gefällige Ratings, andererseits die Erwartungen der Investoren an informative und objektive Ratings zu erfüllen.[63] Bei der Einführung des aktuellen Geschäftsmodells, bei welchem der Emittent für das Rating bezahlt, zu Anfang der 1970er Jahre, verteidigten die Ratingagenturen ihre Entscheidung mit dem Argument, es drohe kein Interessenkonflikt, weil der Geschäftsanteil der einzelnen Emittenten so klein sei (weniger als ein Prozent der Umsätze), dass die Ratingagenturen den Verlust eines einzelnen unzufriedenen Emittenten leicht verkraften könnten.[64] Da die Ratingagenturen jedoch die Emittenten zufriedenstellen wollen, um Nachfolgeaufträge zu gewinnen, kommt es durchaus zu einem Interessenkonflikt.[65] Die Ratinggebühren für Stammkunden sind verhandelbar. Zudem bieten die Ratingagenturen auch noch Beratung vor der Erteilung eines Ratingauftrages an. Der Interessenkonflikt für Ratingagenturen wird noch durch das sogenannte Emittenten-Shopping verschärft. Emittenten, welche mit einem Rating unzufrieden sind, lehnen eine Veröffentlichung und Bezahlung ab und bitten die Ratingagentur um ein neues Rating oder wenden sich an eine andere Ratingagentur.[66] Emittenten gewinnen demnach Verhandlungsmacht gegenüber Ratingagenturen, sobald sie für Ratings bezahlen müssen.[67]

---

[60] Vgl. Krebs 2009, S. 134, eigene Übersetzung.
[61] Vgl. Chelli und Gendron 2013, S. 196.
[62] Vgl. Carneiro 2009, S. 107.
[63] Vgl. Becker und Milbourn 2011, S. 494 und 513; Duan und van Laere 2012, S. 3240; Krebs 2009, S. 140–141.
[64] Vgl. Mullard 2012, S. 80.
[65] Vgl. ibid., S. 91.
[66] Vgl. Bolton et al. 2012, S. 86.
[67] Vgl. Jiang et al. 2012, S. 620.

Fundierte Sustainability Ratings für Länder sind äußerst arbeitsaufwendig, von der Entwicklung und Validierung eines Modells über Research und Analyse der umfangreichen Länderinformationen bis hin zum Verfassen der Hintergrundanalysen und der fortlaufenden Aktualisierung durch hochqualifizierte Nachhaltigkeitsexperten. Zur Vermeidung von Interessenkonflikten wird das FER 3D Länder-Screening in Form eines Abonnementsmodells den jeweiligen Kunden zur Verfügung gestellt.

5 Mögliche Kritikpunkte

Sustainability Ratings sind ein recht neuer Forschungszweig, dessen Entwicklung noch rasch voranschreitet. Unerwartete Fortschritte von Wissenschaft und Forschung können deshalb eine Weiterentwicklung oder Revision der eingesetzten Modelle erforderlich machen.

Im Interesse der bestmöglichen Qualität und fortlaufenden Aktualisierung ist es wichtiger, nur eine begrenzte Zahl von Staaten intensiv zu recherchieren und zu analysieren, anstatt Sustainability Ratings für sämtliche UN-Staaten durchzuführen. Dadurch sind jedoch Lücken in der geografischen Abdeckung unvermeidbar. Anleger, welche Informationen zu selten nachgefragten Staaten benötigen, werden deshalb bei Sustainability Ratings nicht fündig, sondern müssen selbst aufwendig recherchieren und analysieren, ob ein nicht im Researchuniversum enthaltener Staat ihren persönlichen Nachhaltigkeitsansprüchen genügt oder nicht.

Literatur

Afonso A, Furceri D, Gomes P (2012) Sovereign credit ratings and financial markets linkages: application to European data. J Int Money Financ 31:606–638

Afonso A, Gomes P, Taamouti A (2014) Sovereign credit ratings, market volatility, and financial gains. Comput Stat Data Anal 76:20–33

Bakshi R (2007) Transforming markets in the 21st century: socially responsible investing as a tool. Futures 39:523–533

Ballestero E, Bravo M, Pérez-Gladish B, Arenas-Parra M, Plà-Santamaria D (2012) Socially responsible investment: a multicriteria approach to portfolio selection combining ethical and financial objectives. Eur J Oper Res 216:487–494

Bansal P (2005) Evolving sustainability: a longitudinal study of corporate sustainable development. Strateg Manage J 26:197–218

Beck T, Claessens S, Schmukler S (2013) Financial globalization and crises: overview. In: Caprio G, Beck T, Claessens S, Schmukler S (Hrsg) The evidence and impact of financial globalization, Bd 3. Boston MASS., Elsevier, S 1–12

Becker B, Milbourn T (2011) How did increased competition affect credit ratings? J Financ Econ 101:493–514

Bilbao-Terol A, Arenas-Parra M, Cañal-Fernández V (2012) Selection of socially responsible portfolios using goal programming and fuzzy technology. Inf Sci 189:110–125

Bissoondoyal-Bheenick E (2005) An analysis of the determinants of sovereign ratings. Glob Financ J 15:251–280

Bolton P, Freixas X, Shapiro J (2012) The credit ratings game. J Financ 67:85–111

Brodbeck KH (2006) Gewinn und Moral. Beiträge zur Ethik der Finanzmärkte. Schriftenreihe der Finance & Ethics Academy Bd 1. Aachen, Shaker

Brooks R, Faff R, Hillier D, Hillier J (2004) The national market impact of sovereign rating changes. J Bank Financ 28:233–250

Bruner CM, Abdelal R (2005) To judge Leviathan: sovereign credit ratings, national law, and the world economy. J Public Policy 25:191–217

Calomiris CW, Neal L (2013) History of financial globalization, overview. In: Caprio G, Arner DW, Beck T, Calomiris CW, Neal L, Veron N (Hrsg) Handbook of key global financial markets, institutions and infrastructure, Bd 1. Boston MASS., Elsevier, S 3–14

Camejo P (2003) SRI mutual funds. In: Camejo P, Aiyer G, Case S, Hale JF, Hawley JT (Hrsg) The SRI advantage. Why socially responsible investing has outperformed financially. Gabriola Island BC, New Society Publishers, S 23–25

Carneiro PE (2009) Ten years' analysis of sovereign risk: noise-rater risk, panels, and errors. J Risk Financ 10(2):107–130

Chelli M, Gendron Y (2013) Sustainability ratings and the disciplinary power of the ideology of numbers. J Bus Eth 112:187–203

Chen S-S, Chen H-Y, Chang C-C, Yang S-L (2013) How do sovereign credit rating changes affect private investment? J Bank Financ 37:4820–4833

Clark G, Hebb T (2004) Pension fund corporate engagement – the fifth stage of capitalism. Relat Industrielles 59:142–171

Coeurdacier N, Guibaud S (2011) International portfolio diversification is better than you think. J Int Money Financ 30:289–308

Diyarbakirlioglu E (2011) Domestic and foreign country bias in international equity portfolios. J Multinatl Financ Manage 21:301–329

Driessen J, Laeven L (2007) International portfolio diversification benefits: cross-country evidence from a local perspective. J Bank Financ 31:1693–1712

Drut B (2010) Sovereign bonds and socially responsible investment. J Bus Eth 92:131–145

Duan J-C, van Laere E (2012) A public good approach to credit ratings – from concept to reality. J Bank Financ 36:3239–3247

Ediger VS, Hosgör E, Sürmeli N, Tathdil H (2007) Fossil fuel sustainability index: an application of resource management. Energy Policy 35:2969–2977

Ferreira MA, Antonio FM (2011) The determinants of domestic and foreign bond bias. J Multinatl Financ Manage 21:279–300

Fowler SJ, Hope C (2007) A critical review of sustainable business indices and their impact. J Bus Eth 76:243–252

Giofré M (2013) Investor protection rights and foreign investment. J Comp Econ 41:506–526

Gjolberg M (2009) Measuring the immeasurable? Constructing an index of CSR practices and CSR performance in 20 countries. Scand J manage 25:10–22

Golini R, Longoni A, Cagliano R (2014) Developing sustainability in global manufacturing networks: the role of site competence on sustainability performance. Int J Prod Econ 147(Part B):448–459

Hanusch M, Vaaler PM (2013) Credit rating agencies and elections in emerging democracies: guardians of fiscal discipline? Econ Lett 119:251–254

Hill P, Brooks R, Faff R (2010) Variations in sovereign credit quality assessments across rating agencies. J Bank Financ 34:1327–1343

Hoxha I, Kalemli-Ozcan S, Vollrath D (2013) How big are the gains from international financial integration? J Dev Econ 103:90–98

Isenring T (2003) Sustainable Funds. Entwicklung und Perspektiven nach sozial-ethischen und ökologischen Grundsätzen gemanagter Anlagefonds, Bd 266. Publikation der Swiss Banking School, 15. Lehrgang 2001–2002. Bern, Haupt Verlag

Jahnke M, Nutzinger HG (2003) Sustainability: a theoretical idea or a practical recipe? Poiesis Prax. Int J Technol Assess Eth Sci 1:275–294

Jiang J, Stanford MH, Yuan X (2012) Does it matter who pays for bond ratings? Historical evidence. J Financ Econ 105:607–621

Kalemli-Ozcan S, Villegas-Sanchez C (2013) Role of multinational corporations in financial globalization. In: Caprio G, Beck T, Claessens S, Schmukler S (Hrsg) The evidence and impact of financial globalization, Bd 3. Boston MASS., Elsevier, S 321–331

Kempf A, Osthoff P (2007) The effect of socially responsible investing on portfolio performance. Eur Financ Manage 13:908–922

Koellner T, Weber O, Fenchel M, Scholz R (2005) Principles for sustainability rating of investment funds. Bus Strategy Environ 14:54–70

Komanduri A, Kurtz LR (2008) Sustainable development. In: Kurtz LR (Hrsg) Encyclopedia of violence, peace, & conflict, 2nd ed., Vol.3. Amsterdam, Elsevier, S 2019–2027

Krajnc D, Glavič P (2005) A model for integrated assessment of sustainable development. Resour Conserv Recycl 43:189–208

Krebs JD (2009) The rating agencies: where have we been and where do we go from there? J Bus Entrep Law 3:134–164

Kurtz L (2008) Socially responsible investment and shareholder activism. In: Crane A (Hrsg) The Oxford handbook of corporate social responsibility. Oxford u.a., Oxford University Press, S 249–280

Labuschagne C, Brent AC, van Erck RPG (2005) Assessing the sustainability performances of industries. J Clean Prod 13:373–385

Li Ren-de, Li Chang-shuai (2012) A study for security analysis' conflict of interest based on SEM model. Ad App Eco Fin 1:24–28

Lim K-P, Kim JH (2012) Trade openness and the informational efficiency of emerging stock markets. Econ Model 28:2228–2238

Menichini T, Rosati F (2013) A managerial tool for environmental sustainability. APCBEE Procedia 5:551–556

de Menil G (2005) Why should the portfolios of mandatory, private pension funds be captive? (The foreign investment question). J Bank Financ 29:123–141

Meric I, Meric G (1989) Potential gains from international portfolio diversification and intertemporal stability and seasonality in international stock market relationships. J Bank Financ 13:627–640

Mori K, Christodoulou A (2012) Review of sustainability indices and indicators: towards a new city sustainability index (CSI). Environ Impact Assess Rev 32:94–106

Mullard M (2012) The credit rating agencies and their contribution to the financial crisis. Polit Q 83:77–95

Ness B, Urbel-Piirsalu E, Anderberg S, Olsson L (2007) Categorising tools for sustainability assessment. Ecol Econ 60:498–508

Nilsson J, Jansson J, Isberg S, Nordvall A-C (2011) Determinants of customer satisfaction with socially responsible investments. Do ethical and environmental factors impact customer satisfaction with SRI profiled mutual funds? Sustainable Investment and Corporate Governance Working Papers, Umeå, 2011

OEKOM Research AG (Hrsg) (o. J.) OEKOM Country Rating, Online. http://www.oekom-research.com/index.php?content=country-rating. Zugegriffen: 7. März 2014

OEKOM Research AG (Hrsg) (o. J.) Universum, Online. http://www.oekom-research.com/index.php?content=country-universe. Zugegriffen: 7. März 2014

OEKOM Research AG (Hrsg) (31 Januar 2012) Pressemitteilung: Nachhaltigkeitsrating zeigt die wirkliche Bonität der Staaten, München

Ortas E, Moneva JM, Salvador M (2012) Does socially responsible investment equity indexes in emerging markets pay off? Evidence from Brazil. Emerg Mark Rev 13:581–597

Pinner W (2008) Nachhaltig investieren und gewinnen. Profitieren vom ökologischen Megatrend, Wien, Linde Verlag

Pulselli FM, Bravi M, Tiezzi E (2012) Application and use of the ISEW for assessing the sustainability of a regional system: a case study in Italy. Journal of Economic Behavior & Organization 81:766–778

Reiche D (2010) Sovereign wealth funds as a new instrument of climate protection policy? A case study of Norway as a pioneer of ethical guidelines for investment policy. Energy 35:3569–3577

Schlegelmilch BB (1997) The relative importance of ethical and environmental screening. Int J Bank Mark 15(2):48–53

Schrettle S, Hinz A, Scherrer-Rathje M, Friedli T (2014) Turning sustainability into action: explaining firms' sustainability efforts and their impact on firm performance. Int J Prod Econ 147 (Part A):73–84

Schröder M, (2003) Socially responsible investments in Germany, Switzerland and the United States. An analysis of investment funds and indices, ZEW, discussion paper 03–10, Mannheim

Schueth SJ (2003) Socially responsible investment in the United States. In: Camejo P, Aiyer G, Case S, Hale JF, Hawley JT (Hrsg) The SRI advantage. Why socially responsible investing has outperformed financially. Gabriola Island BC, New Society Publishers, S 115–122

Sharma DC (2006) A risky environment for investment. Environ Health Perspect 114:A478–A481

Slawinski N, Bansai P (2009) Short on time: the role of time in business sustainability. Acad Manage Proc August 2009 (Meeting Abstract Supplement), Bd 1:1–6.

software-systems.at (o. J.), FER 3D Länder-Screening. Überblick. http://www.software-systems.at/produkte/fer-3d/fer-3d-laender-screening/. Zugegriffen: 19. Feb. 2014

software-systems.at (o. J.), FER 3D Länder-Screening. Top Ten Länder und alphabetische Ergebnisliste. http://www.software-systems.at/laender-screening/index. Zugegriffen: 19. Feb. 2014

Sparkes R (2008) Socially responsible investment. In: Fabozzi FJ (Hrsg) Handbook of finance. Investment management and financial management, Bd 2. Hoboken, Wiley Interscience, S 137–146

Sprinkle GB, Maines LA (2010) The benefits and costs of corporate social responsibility. Bus Horiz 53:445–453

Vermeulen R (2013) International diversification during the financial crisis: a blessing for equity investors? J Int Money Financ 35:104–123

Vitols S (2011) European pension funds and socially responsible investment. Transf: Eur Rev Labour Res 17:29–41

Waring P, Lewer J (2004) The impact of socially responsible investment on human resource management. J Bus Eth 52:99–108. (Special Issue on Ethical Investment and Corporate Social Responsibility)

WWF Österreich (Hrsg) (2011) Praxismodell nachhaltiger Finanzmarkt. Indikatoren für die Bewertung von Investments. Wien

Photocredit: Marcia Hoffmann

Dr. Marcia Hoffmann ist Länder-, Banken- und Nachhaltigkeitsspezialistin bei der software-systems.at Finanzdatenservice GmbH und spielte eine wichtige Rolle bei der Konzeption und Entwicklung des FER 3D Länder-Screenings und der Banken-Bonitätsbewertung. Sie ist bei software-systems.at für Länder- und Bankenresearch verantwortlich, erstellt Länder- und Bankenanalysen mit besonderem Schwerpunkt auf Umwelt- und Sozialaspekten und bietet in ihren Buchbeiträgen Hintergrundinformationen zu Länder- und Nachhaltigkeitsratings sowie zum Angebot und zur Research- und Analysesystematik von software-systems.at. Darüber hinaus verfasst sie Newsletterbeiträge zu den aktuellen Entwicklungen im Bereich Impact Investments sowie zu wichtigen sozialen und ökologischen Ereignissen und langfristigen Entwicklungen.

Richard Lernbass ist geschäftsführender Gesellschafter der software-systems.at Finanzdatenservice GmbH, eines führenden Finanzdatendienstleisters im deutschsprachigen Raum. 2004 gründete Richard Lernbass die eigenständige Finance & Ethics Academy, um neue ethische, soziale und politische Prozesse und Trends in ihren Auswirkungen zu hinterfragen und transparent zu machen. software-systems.at betreibt die Finance & Ethics Academy in enger Zusammenarbeit mit führenden Universitäten. Seit 2004 ist das Unternehmen Unterzeichner des Global Compact der Vereinten Nationen und lebt die zehn Prinzipien des Global Compact in täglicher Geschäftstätigkeit. 2015 brachte Richard Lernbass mit dem Global Finance Service ein innovatives Finanzdatendienstleistungspaket auf den Markt, welches Finanzdaten, Banken-, Länder-, Unternehmensanalysen und Fondsratings für Impact Investoren aus einer Hand bietet.

Sustainability Rating As Internal Challenge for the Financial Sector

Bastiaan C. J. Zoeteman

Abstract

Sustainability rating is rapidly maturing to a level where even the complex concept of sustainable development—including the ecological, sociocultural, and economic pillars and their components, as well as governance aspects such as attitudes—can be objectively described and quantitatively analyzed. This opens the door to reliable benchmarking of financial and other corporations, government authorities at national and municipal level, and the policies and projects they initiate and operate. New key factors, such as city size and typology, that harm or foster the sustainable development of society are becoming visible. The green bonds and their impacts are good examples of the perspectives of the sustainable finance challenge.

Sustainability monitoring practices, new codes of conduct, even a banker's oath, will be helpful in many cases to raise awareness in the sector, but are not enough to overcome the temptations in all circumstances to act in accordance with survival-driven attitudes. Financial sustainability will ultimately depend on the intrinsic motivation of bankers and financial specialists in their different roles in front-office, risk and compliance, and back office functions. How management can foster this culture is the real challenge of a sustainable finance sector which goes beyond adequate sustainability rating.

B. C. J. Zoeteman (✉)
Tilburg Sustainability Center, Tilburg University, Tilburg, The Netherlands
E-Mail: zoeteman@uvt.nl

1 Summary

Rating sustainability of entities or organizations has been explored for 40 years and gained momentum since 2000. A large number of initiatives are underway. A summary is given in this chapter for nations, cities, and corporations. The sustainability movement reached the financial sector relatively late. A key factor, the sustainability attitude of top management and staff, requires a transition which is for the financial sector even bigger than in other sectors that are more used to be exposed to public opinion. Examples of outcomes of quantitative and integral sustainability monitoring of the author are given for cities in the Netherlands and the European Union (EU) and for several business sectors, including the banking sector.

2 Introduction

In 2008, before the start of the financial and economic crises in the USA and Europe, sustainability rating had already taken-off in business sectors with a high exposure to the public and the media. One may therefore say that the financial sector only recently started to be more open to its own sustainability rating as a result of a continuing pressure from society to prove that the financial sector is socially more accountable than before.

In many respects, it is amazing that the financial sector with its crucial role for the well-being of society, and particularly for the perspectives of the middle class and the poor, could stay out of the spotlights of critical public media until 2008. As a matter of fact, the concept of sustainable development only finally reached the financial sector after being launched in 1987 by the UN Brundtland Commission on Environment and Development and being endorsed by the Earth Summit hosted by Rio de Janeiro in 1992. Rio has triggered national actions around Agenda 21 and activities of, for example, the World Business Council for Sustainable Development in Geneva that was founded on the eve of the Rio Summit. For the financial sector, the first step was the launch of the Dow Jones Sustainability Indexes (DJSI) in 1999, evaluating the sustainability performance of the largest 2500 companies listed on the Dow Jones Global Total Stock Market Index. The DJSI is based on the analysis of corporate economic, environmental, and social performance using a best-in-class approach for each of the 58 business sectors including financials. But on the working floor, the global wave of the sustainable development movement started to reach the financial sector only after it had been underway for two decades.

Why did it take so long? And will sustainability principles really be internalized by the financial sector? The debate on such questions has intensified since 2008 and is certainly not over. Has the crisis been deep enough to touch the root causes of the lack of social responsibility in the financial sector? Do we really understand the social functions of money and the financial sector to be able to install an adequate policy framework which is more than just a few regulations but reflects the goals of a sustainable society? Can a structural change of the system as a whole be forced or will change be realized by a gradual development of an alternative, more sustainable financial system, parallel to the existing one?

It took long before sustainability started to become an issue in the financial sector because in many countries, particularly in Europe, civilians were mostly not sufficiently aware of their financial interests, the functioning of the present financial system, the impacts of policy arrangements made by their governments, and their own responsibilities. They believed that government had to take care of their health insurance, social security, and pension rights. And in case any other obvious problems arose, their elected parliamentarians should correct them. But crucial financial arrangements, such as those of the Basel Committee on Banking Supervision Accords and in particular the new arrangements used in investment banking, were hardly debated in national parliaments because very few members of parliament were understanding the issues at stake and voters showed no interest in them at all. So, citizens and national parliaments also have to be blamed to a certain extent for the lack of sensitization of the financial sector for sustainability and social responsibility issues. The sector and the governmental specialists controlling the sector could for a long time act without much democratic control, which even continued during the crisis years when major decisions were covertly taken and defended afterwards when these decisions were irreversible.

Another reason for the late arrival of sustainability awareness is the character of our financial "system" which, although it is a kind of global "ecosystem", is not managed as such. Present practice is based on the implicit doctrine that each individual acting entity in the financial universe should be financially healthy and this will ultimately guarantee that the system as a whole is healthy as well. Just like the euro was introduced among a group of EU countries without critically assessing if their economies were meeting minimum conditions for being part of the euro community, financial globalization has been promoted worldwide without building a global financial system to ascertain its continuity and sustainability. For the management of climate change an, imperfect but globally designed, UN convention with protocols has been developed and implemented step-by-step, but for the management of our global financial system it is still lacking. The global financial system is not managed as an entity and it will be very hard to arrive at such a state of organization because the global political and financial powers would have to share part of their sovereignty and potential to make a short-term profit. Even the financial and economic crises of 2008 were not deep and ubiquitous enough to overcome the desire for national and corporate autonomy.

Will a sustainable finance sector remain utopian when it is exposed to enormous temptations to use the potential of power and smartness of a happy few to enrich themselves? As unlikely as it may seem, there are several reasons to remain optimistic about the long-term perspectives of a more sustainable financial sector. A transition to a more sustainable financial sector can materialize through other mechanisms. Examples are:

1. Recognition by CEOs that profit-making and shareholder value are important but not sufficient indicators for doing a good job (Schmidheiny 1992; Zoeteman 2013); also needed is improving ones attitude and actions towards a more inclusive level to keep a social license to operate; such attitudes can be externally or market driven, but also become internally and personally driven by leading CEOs of multinational corpora-

tions that will ultimately also impact the financial sector (Graafland and Smid 2012; Zoeteman 2012a).
2. Consumer organizations will follow more closely than in the past sustainability performance of the financial sector, name and shame failures and eventually will buy shares or shift financial service providers to make their voices heard (e.g. Walker and Thompson 2008).
3. Investors, including pension funds and insurance companies, will become more critical on sustainability performance profiles of the financial sector and require more explicit monitoring to prove the realization of promises; since it was shown that sustainable businesses are at least as profitable as less sustainable ones, there is little reason not to invest in sustainable enterprises (e.g. Smid 2014).
4. Large investments in the transition towards, for example, a sustainable energy system are more often using green or socially responsible investment bonds, a trend which is rapidly spreading (e.g. Wheelan 2014).

Such developments will increase the pressure on the financial sector to take sustainable development seriously and not only apply related criteria to their customers but also, and primarily, to their own organization, behavior, and attitude. May it be unlikely that the whole financial sector will strive for sustainability including segments such as investment banking, parts of the financial sector will embrace sustainability as a way to protect and differentiate itself from the rest.

This chapter will briefly discuss ways to quantify sustainability performance and attitude, and illustrate the outcomes of several studies of business sectors and cities using quantitative assessment tools.

3 Ways to Quantify Sustainability Assessment

Actors in the financial sector are generally paid to make a quick and clear profit. Sustainable development aims at long-term and balanced growth of economic, environmental, and social value. At the trading floor, other sentiments are dominant than at the table of the sustainability director of a pension fund. The temptation to just go for a possibility for short-term profit is large in the financial sector, particularly when the risk of losing money is ultimately for other parties, such as the shareholder and in the end the taxpayer. To position sustainability at a somewhat equal level as profit-making requires at least that it is made quantifiable.

Two approaches to quantify sustainability of organizations will be presented as illustrations. One aims at measuring the 3P (people, profit, and planet) pillars or "capitals" of sustainable development and the other is a method to address the sustainability attitude of (key actors of) organizations. The latter is part of the fourth or governance pillar of sustainable development, which includes management attitudes and ambitions, tools, and results, but will not be extensively discussed here.

This chapter discusses the value of integrated assessment methods for nations, cities, and corporations, as well as the design and experiences with a sustainability attitude concept.

4 Measuring the Sustainability Status of Nations

Measuring progress in achieving sustainable development is complex. Most of the conceptualization of sustainable development assessment started in the area of assessment of development indexes of nations, from which corporate assessment methods were later derived.

One of the major flaws of such indexes is the arbitrary way of integrating economic, social, and ecological data and the difficulty to compare scores objectively among, for example, countries, cities, or business sectors. The following part is a condensation of a more elaborate description of the issue given in Zoeteman (2001, 2012b). Several possible approaches to measuring sustainable development will be briefly described.

4.1 The Early Start of Sustainability Monitoring

Informal networks played an important role in designing ways to collect and aggregate sustainability data. Some of the approaches discussed emerged as generally accepted because they were promoted by, for example, the Organization for Economic Cooperation and Development (OECD) or the United Nations (UN). Scientists active in, for example, development economics were the first to recognize that classical economic development indicators such as the gross domestic product (GDP) were not adequate to cover the broader aspects of social development. An important informal network where economists met—and still meet—is The Balaton Group, which was founded in 1982 by Donella and Dennis Meadows (Balaton Group 2011). An expert of the first hour was German environmental scientist Hartmut Bossel (1977, 1999), who already in 1977 published a systems analysis view on sustainable development. He was the first to pose the question of how to tell if a community is on a sustainable development path and what would be the appropriate indicators. A systems approach was, according to Bossel, required to structure the search for indicators. He discerned basic interests that determine the vitality or sustainability of a system. Preferably, those indicators are to be chosen that represent the weakest features of a system. Another expert who contributed greatly to global developments in measuring sustainable development is Chilean economist Manfred Max-Neef et al. (1989, 1991). Convinced that classical development theory and practice, which assumes that human beings are driven by limitless craving for material possessions, leading only to more poverty, debt, and environmental degradation, he argued that what human beings need, and what motivates them, are different. To show the need to make different choices, he developed a taxonomy of human needs and a process by which communities can identify their "wealths" and "poverties" according to how these needs are satisfied. The model formed the basis of an explanation of many of the problems arising from a dependence on mechanistic economics, and contributed to understandings that are necessary for a paradigm shift that incorporates systemic principles. It inspired other economists to incorporate this approach into the development of concrete indicators that go beyond GDP and obtain a similar wide recognition as a tool to assess the success of governmental policies. The most important outcome of Max-Neef's work was the establishment of the Human Development Index (HDI). The HDI of nations, developed since 1990 by the UN Development Programme in the framework of their annual Human Development Reports, reflected many elements of sustainable development. The start of the HDI goes back to the Pakistani economist Mahbub ul Haq (1995), who sought, like Max-Neef, to shift the focus of development economics from national income accounting to people-centered policies. However, the HDI does not cover ecological aspects and many of the other aspects proposed by Max-Neef.

In addition to the HDI, an Environmental Sustainability Index (ESI) of countries was first published in 1999 by Yale University's Center for Environmental Law and Policy, in collaboration with Columbia University's Center for International Science Information Network and the World Economic Forum. Since 2006, the ESI was substituted by the Environmental Performance Index (EPI; Yale 2008).

In the wake of the Rio Earth Summit of 1992, a call for indicators of sustainable development went out, which may have contributed to the proliferation of sustainable development indicators that followed. However, availability of data often limits the possibility to apply ideal sets of sustainable development indicators. Some, among many others, of the relatively successful or interesting approaches to a comprehensive sustainable development index will be briefly discussed below.

4.2 Ecological Footprint, Green Accounting, ISEW, GPI

Any attempt to derive a sustainable development index has to deal with the problem of aggregating a wide range of indicators. Aggregation methods include the calculation of weighted or non-weighted averages, summation in accounts and balances, and mathematical reduction of correlated indicators by factor analysis. In green accounting, aggregation is carried out in one common physical unit. In the case of the ecological footprint, an additive measure is used where area equivalents of natural resource use and absorption of pollutants is the common measuring rod (Wackernagel and Rees 1996). Green accounting focuses on the carrying capacity of a country or city, which is a defining criterion of ecological sustainability. This way of accounting does not, however, incorporate economic indicators. More often, a common monetary unit is proposed–such as the Index of Sustainable Economic Welfare (ISEW), which provides an alternative to national accounts and GDP and which is based on final consumption (Nordhaus and Tobin 1972; Daly and Cobb 1989). The index values and adds positive or subtracts negative welfare effects that are not included in GDP. The ISEW was later renamed the General Progress Indicator (GPI). Daly and Cobb showed that GDP and GPI differ in time resulting in a decline of GPI while GDP increases (Friends of the Earth 2011). This confirms Max-Neef's threshold hypothesis of declining human quality of life at a certain level of economic growth.

4.3 Well-being Index

Another approach was subsequently developed by Canadian Robert Prescott-Allen (2001) and authorized by, for example, the International Union for Conservation of Nature (IUCN). Prescott-Allen defined sustainability as a combination of (a) a high level of human well-being and (b) a high level of ecosystem well-being that supports it. Any measure of well-being, therefore, must reflect this interdependence. Prescott-Allen argued that human well-being is both more than the strength of a market economy, as measured by GDP, or a society's distance from deprivation, which is reflected by the HDI. In *The Wellbeing of Nations*, Prescott-Allen maps 180 countries according to different combinations of high or low scores on both axes, showing their overall Well-being Index (WI).

4.4 The Stiglitz-Sen-Fitoussi Report

In 2008, French President Nicholas Sarkozy took the initiative to force a breakthrough in the debate on adequate statistical information to measure progress in sustainable development. He created a Commission on the Measurement of Economic Performance and Social Progress, which was tasked with identifying the limits of GDP as an indicator of economic performance and social progress, taking into consideration what additional information might be required. Economics Nobel Prize laureate Joseph Stiglitz became its president. In 2009, the Commission published its report (Stiglitz et al. 2009). It noted that "one of the reasons why the financial crises took many by surprise is that our measurement system failed us and/or market participants and government officials were not focusing on the right set of statistical indicators". Statistical analysis was not alerting society that present growth was achieved at the expense of future growth. The result was that those attempting to guide the economy and societies "are like pilots trying to steer a course without a reliable compass". The Commission came up with 12 recommendations covering better measures of economic performance, a larger emphasis on well-being instead of production alone including the multidimensionality and subjective dimensions of well-being, and the use of physical indicators for environmental pressures.

A general difficulty in all monitoring systems, such as the improvements proposed by this Commission, is that a global framework with a future goal cannot be easily developed for different reasons. Firstly, goals cannot be fixed once and for all, but have to be agreed upon stepwise during the development process. Secondly, goals are difficult to set among stakeholders with very different backgrounds, attitudes, and interests. The result often is a bottom-up approach and not a comprehensive global approach that is based on an agreed desirable outcome and a related sustainable development process.

5 A Shift from National to Local Sustainability Monitoring

International treaties on environmental and sustainable development have forced nations to monitor the implementation of these agreements. National organizations for monitoring and statistics, in Europe for instance EUROSTAT, ESPON, the European Environment Agency, ISPRA, etc., as well as international institutions such as the UN Commission on Sustainable Development, the UN Climate Change Convention, etc., have been active in this field for years. The International Institute for Sustainable Development (IISD 2011) in Canada maintains an online directory of sustainable development indicators initiatives. The UN Commission on Sustainable Development (CSD 2011) produced several versions of an indicator set and accompanying methodologies for use at the national level to measure sustainable development. The first set in 1996 included 134 indicators arranged by the chapters of Agenda 21, which were reduced in 2006–2007 to 50 core indicators. These activities have resulted in elaborate overviews of the environmental, economic, and social performance of states and their international institutions.

Yet, the actual implementation of sustainability goals is carried out by means of concrete projects at the local level of a city or municipality by businesses, local governments, and citizens, financed by banks and other private equity parties. For this reason, present attention is shifting from national governments to local authorities and the business community.

5.1 Current Efforts to Monitor City Sustainability

Cities and municipalities are often not yet obliged to collect data according to a standardized methodology that allows international comparison and benchmarking. At the same time implementation of government policies is recently more and more decentralized to the municipal level and it becomes widely recognized that cities play a crucial role in the implementation of many international and national policy initiatives. Moreover, sustainability of cities is one of the 17 new goals of the post-2015 UN agenda: "Make cities and human settlements inclusive, safe, resilient and sustainable" (UN 2015). Cities themselves also take sustainability initiatives such as demonstrated by the World Mayors Council on Climate Change (WMCCC 2014) and International Council for Local Environmental Initiatives (ICLEI), Local Governments for Sustainability (ICLEI 2015). As a result of these developments, the need for well-organized urban sustainability monitoring is rapidly growing.

5.2 The European RFSC and Green Capital Award Approaches

Several, mostly voluntary, initiatives for more or less integrated sustainability monitoring of European cities are underway. A good example of integrative sustainability monitoring is the Reference Framework for European Sustainable Cities (RFSC 2015), an online toolkit to help cities promote and enhance their work on integrated sustainable urban development, which was initiated since the Leipzig Charter of May 2007 by among others the EU member states and the European Commission (EC). Another example, although more focused on environmental sustainability, is the process leading to the annual selection of a European Green Capital Award for cities, which was launched in 2008 by EC DG Environment after an initiative of 15 European cities in Tallinn, Estonia in 2006 (EC DG ENV 2015). The annually awarded city is committed to ambitious goals and shows consistent records of achieving high environmental standards and therefore can act as a role model to inspire other cities. Since 2015, smaller cities with 50,000–100,000 inhabitants can also apply for a "Green Leaf Award".

5.3 EU Urban Audit

A longer pursued socio-economic monitoring instrument at the European urban level is the Urban Audit, carried out by EUROSTAT for EC DG Regional and Urban Policy with the help of, among others, the national statistics organizations. The first pilot of the Urban Audit started in 1999. (EUROSTAT 2015) The Urban Audit assesses socio-economic urban conditions across cities in the EU and for this purpose collects data every 2–3 years to help "improve the attractiveness of regions and cities as one of the priorities targeted by the renewed Lisbon Strategy and the EU's strategic guidelines for cohesion policy for 2007–2013". The first round of data collection took place in 2003/2004, followed by similar rounds every 2–3 years. The outcome is published in EUROSTAT's regional yearbooks. Together with the websites of cities themselves, the Urban Audit data are at present main sources of publicly available data on sustainability of EU cities.

5.4 Covenant of Mayors, ISO, and Global City Indicators Facility

In addition, the website of the Covenant of Mayors on climate change provides systematic data on greenhouse gas emissions for thousands of cities in the world and their commitments to reduce such emissions. In the future, the International Standardization Organization (ISO) will also play an important role in standardizing city monitoring (ISO 37120). A Global City Indicators Program has also been initiated by the World Bank encompassing monitoring, reporting, verifying, and amending indicators for city services and quality of life. It is a dynamic web-based resource that allows since 2007 participating cities across the world to standardize the collection of their indicators and analyze and share the results and best practices on service delivery and quality of life. This program is run by the Global City Indicators Facility based at the University of Toronto, which manages the development of indicators and assists cities in joining the program (GCIF 2015).

5.5 European Green Cities Index, Global Cities Sustainability Index, Telos Integrative Sustainability Study of EU Cities

An example of private environmental sustainability reporting was published in 2009 by Economist Intelligence Unit, sponsored by Siemens (Watson et al. 2009). This European Green City Index for 30 leading European cities is based on assessing 30 environmental indicators and offers a tool to enhance the understanding and decision-making abilities of those interested in environmental performance. Arcadis (2015) published a sustainability index for 50 global cities using 20 indicators. Integrative sustainability studies on large number of cities have been carried out by Telos, Tilburg University. All 403 municipalities in the Netherlands were assessed in 2014 using some 90 indicators, showing a major impact of municipality size on sustainability scores as illustrated in Fig. 1 (Zoeteman et al. 2014). The economic capital improves with municipality size but environmental and social capitals were reduced, which dominated the overall outcome.

As the Netherlands has rather small cities, a preliminary similar study was carried out among 58 EU cities that applied for the EU Green Capital Award using 87 indicators.

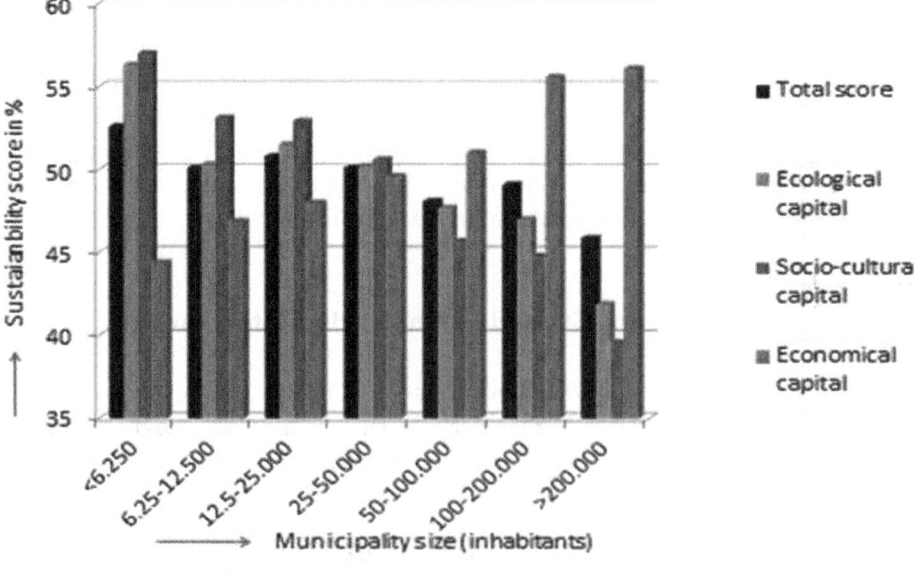

Fig. 1 Sustainability scores for various municipality sizes (Zoeteman et al 2014)

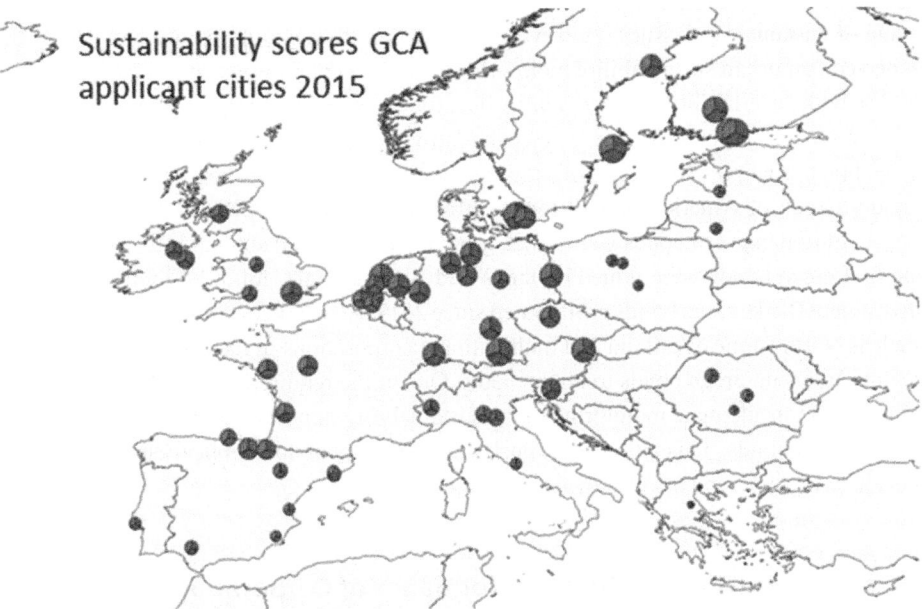

Fig. 2 Sustainability scores of 58 Green Capital Award applicant cities (*larger circles* indicate higher total sustainability scores) (Zoeteman et al 2015)

Figure 2 shows a northwest-southeast gradient in overall sustainability scores of these cities (Zoeteman et al. 2015).

5.6 German Climate Cities Benchmark, European Energy Award, TRACE

Many other monitoring initiatives exist, mostly limited to a certain theme such as climate change or to a geographical area. An example is the German Climate Cities Benchmark (Climate Alliance 2015), which collects and displays data on 17 indicators for 1700 cities, regions, and organizations in Europe, which have to become paying member of the initiative. Another example is the European Energy Award organization in which 1200 cities in Germany, France, Italy, Switzerland, Austria, and Luxembourg participate. Cities can obtain a "European Energy Award®Gold" certificate from a certifying authority (European Energy Award 2015). The World Bank has also developed a tool (TRACE) to rapidly assess the energy status of a city (ESMAP 2015). This energy benchmarking is based on 28 key performance indicators collected from 64 cities.

5.7 Future Impact of Green Bond Market

This short and certainly not exhaustive survey may illustrate that at present it is still difficult to obtain reliable and comparable data on cities and municipalities over the broad range of sustainability issues. However, the situation is changing rapidly and it may be expected that urban sustainability monitoring will be much improved by 2020.

The wider availability of sustainability data for cities will also impact the way cities and urban projects are being financed. Since the introduction of the green bond and its related green bond principles (ICMA 2014), it is anticipated that the green bond market will grow rapidly (Bank of America Merrill Lynch 2014; McCrone 2014). In 2013 an amount of US$11 billion in green bonds was issued, growing to a fourfold amount in 2014. Although the first green bonds were issued by the World Bank in 2008, followed by the European Investment Bank, green bonds proliferated since 2013. Also cities such as Paris and regions such as North Rhine-Westfalia and multinational corporations in the energy and transport sectors are using green bonds to obtain loans. One of the requirements of the green bonds principles is an adequate monitoring of the sustainability impacts of the investments based on the green bonds. This will further push the development and application of quantified sustainability assessments of projects and cities.

6 Measuring Sustainability Performance of Corporations

6.1 Sustainability Monitoring as Part of CSR

Measuring the sustainability of corporations is at least as relevant as of nations and cities. Moreover, corporations are more used to quantifying their challenges and implement their business goals in terms of, for example, profit, turnover, growth, emissions of pollutants, and so forth. Sustainability monitoring has become part of what is called corporate social responsibility (CSR), a form of corporate self-regulation towards the goals of sustainable development which is integrated into the business model. CSR policies of businesses not only include monitoring but should also ensure active compliance with the spirit of the law, ethical standards, and international norms (Kerr et al. 2009; Sun 2010). The goal of CSR is to embrace responsibility for the actions of the corporation and encourage a positive impact through its activities on the environment, consumers, employees, and other stakeholders in society (Freeman 1984).

By the end of the twentieth century, several approaches had been developed to compare sustainability performance of corporations; the outcomes were listed in yearly reports or through yearly updated indexes. These created a stimulus for corporations to keep performing in a way that would allow them a high position on such lists in order to obtain benefits from consumers and governments. At the same time, however, the danger of window dressing emerged in order to gain a high position without really performing as sustainably as these lists suggest (McKibben 2006). A few examples of such listings will be discussed.

6.2 Corporate Sustainability Indexes

The example of Dow Jones Sustainability Index has already been mentioned several times. The index, updated annually, has recently become a co-production of Dow Jones Indexes and Sustainable Asset Management (SAM), an investment boutique focused exclusively on sustainability investing and analyzing annually more than 1000 companies (Dow Jones Indexes 2010). This Index reflects a business approach that creates long-term shareholder value by embracing opportunities and managing risks deriving from economic, environmental, and social developments. Sustainability is used for investors as a proxy indicator for innovative and future-oriented management of companies. A best-in-class approach is followed that shows which companies perform best on the total of sustainability indicators for environmental, social, and economic performance in their respective industrial sector.

Although the Dow Jones list is one of the most well-known, many other lists are also circulating. The winners depend on who the judges are, their assessment criteria, and the intended audience for their selections (Willard 2011). Examples of such rating agencies are Norwegian CICERO and Sustainalytics. The respectability of the index or data provider determines to a great extent the willingness of corporations to cooperate in providing the large amounts of data required.

Since the use of such indicators cannot show the dominant moral dimension that is behind the actions of the corporations concerned, the search for an integrative approach leading to a representative concept of the whole of sustainability has continued. An example of such an approach is the sustainability attitude assessment, an important governance aspect of corporations.

7 Measuring Sustainability Attitudes

Although Bossel and Max-Neef emphasized the need to develop integral indicators moving beyond GDP, and Prescott-Allen proposed a way to integrate the three pillars of sustainability, the combination of such fundamentally different aspects never obtained the general approval of the scientific community. An objective unit to measure the overall sustainability of a geographical area or organization has not yet been designed.

7.1 Searching for One Sustainability Figure at a Higher Level of Meaning

Calculating the average of the three sustainability capital scores has remained controversial and is often avoided by presenting the three scores in some kind of combination without adding them to one figure. Such an outcome says in itself more about the situation than the "best-in-class method", but it also lacks an absolute reference framework. The basis for all scores is the sustainability long-term goal for each of the aspects considered and this goal is not fixed in time. The goal can also be a self-chosen sustainability target by an authority—in which case the outcome for different authorities cannot be compared. Only in case the goals consist of fixed values for the individual indicators differences can be benchmarked. But this does not take into account the often very different challenges that authorities have to face due to the differences in, for example, city typology. The same applies to corporations active in different economic sectors.

A way to overcome such difficulties is to look beyond indicators based on stocks, flows, and perceptions and address a higher level of concern: the attitude that governs the actions of stakeholders. They can be uniformly applied to any actor or organization, as attitudes are, in principle, universally dominant factors steering (potential) behavior.

7.2 Sustainability Attitude Definition

A sustainability attitude index has been developed and used at Tilburg University (Zoeteman 2001, 2012b; Zoeteman et al. 2005) to measure the attitudes of organizations on the basis of five mindsets and their corresponding types of activities. Sustainability attitudes of actors are the revealed mindsets or mental codes that potentially steer all physical behavior of individuals or organizations. Attitudes represent sets of normative presumptions and other motives that actors or groups of actors use—consciously or unconsciously—in making choices. They are the manifested willpower to apply normative principles while satisfying needs. Beck and Cowan (1996) called such mindsets value systems, which, as organizing principles, pervade decision structures and cultural expressions. Wilber and others have introduced similar approaches (Wilber 1997; Zimmerman 2005; Wahl and Baxter 2008).

Attitude-conform behavior is realized when attitudes are strong enough, practical opportunities for the realization of the intended behavior are available, and resistance to the behavior, such as old habits or being challenged by others exerting strong ego-centered behavior, is overcome. For these reasons, attitude-conform behavior may not be realized in all circumstances.

7.3 Types of Indicators Used for Sustainability Attitude Assessment

The attitude index represents implicit values, which can be deduced from social or legal behavior, demonstrated by, for example, the implementation of international agreements by governments or voluntary membership of organizations with ethical codes of conduct by citizens or corporations. Indicators that reflect moral behavior and long-term orientation are better suited to reveal the attitude of actors. Examples are the willingness to invest in innovative technologies, to communicate openly on internal issues, or to engage with

Table 1 Levels of sustainability and societal attitude

Sustainability attitude level	Attitude examples of societal actors		
	Businesses	Governments	NGOs
1. Very unsustainable/ *Manifesting*	Exhaustion of resources	Ad hoc use of power	Getting organized
2. Unsustainable/ *Polarizing*	Reluctantly complying with laws	Top-down law-making	Polarizing actions
3. Nearly sustainable/*Negotiating*	Anticipation of new laws	Voluntary agreements	Joining licensing processes
4. Sustainable/ *Internalizing*	Anticipation of global consumer needs	Broad consensus policies	Supporting sustainable enterprises
5. Super sustainable/ *Serving collective higher goal*	Voluntary projects serving societal goals	Facilitation of private initiatives	Co-organizing sustainable business initiatives

opposing actors. Careful selection of a broad set of indicators minimizes the risk of adopting carefully orchestrated public images as corporate sustainability attitudes.

Information on the environmental, social, and economic sustainability of actors can best be obtained by behavioral tests or inquiries. When this is not feasible, other sources (such as publicly available data, including annual reports and websites) can be used as an approximation.

7.4 Five Sustainability-Attitude Levels

In the sustainability-attitude research at Tilburg University, studies have been carried out using five distinct attitude levels, which are based on a staged approach of increasing moral complexity (Zoeteman 2001, 2012b). The number has been limited to five stages, although a larger number is conceivable. A brief characterization of these five sustainability levels appears in Table 1. This table characterizes the five sustainability attitudes for three main societal actors. The five levels of sustainability range from very unsustainable to super sustainable.

Not only recognizing these five levels is helpful in assessing what can be achieved in a collective setting with different actors. Even more important is obtaining knowledge and experience with regard to participating actors to move upward to a higher attitude level or preventing a particular group from dropping one or two levels.

Figure 3 shows the sustainability scores of companies in different sectors, including oil and gas, airlines, banks, and coffee traders, using the methodology given in Table 1.

In a later study of Pechtold and Zoeteman (2009), similar trends were found for multinational corporations listed on the Dutch AEX stock exchange, as shown in Fig. 4. This figure shows that some sectors can leapfrog forward in a certain year (such as the Dutch food sector from 2003 to 2004), while the chemicals and oil and gas sectors did not im-

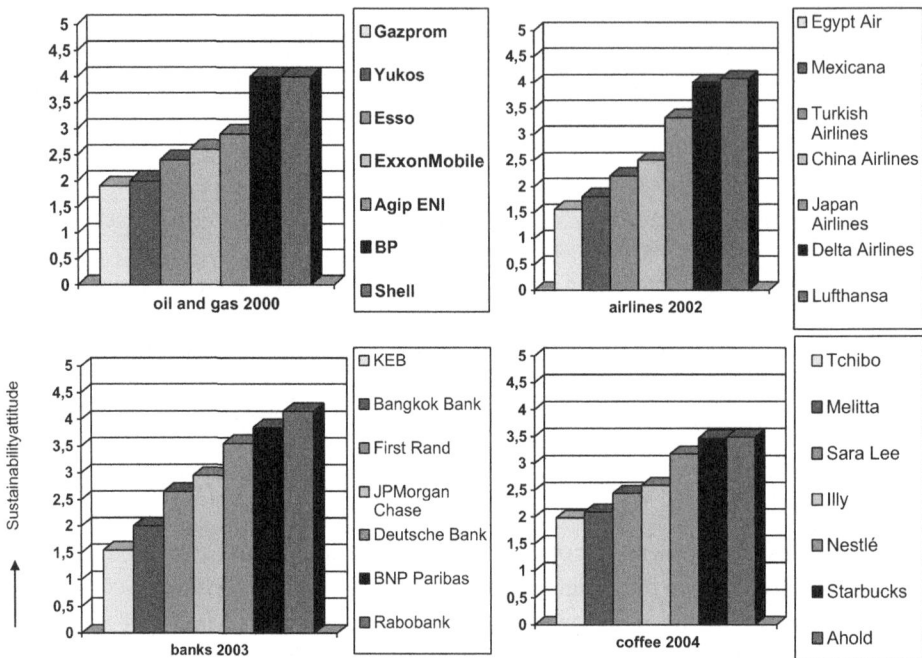

Fig. 3 Examples of the range of sustainability attitudes within the sectors of oil and gas (Harkink 2002), airlines (Reisen 2005), banks (Hoytink 2006), and coffee traders (Walraven 2006; Zoeteman 2012a)

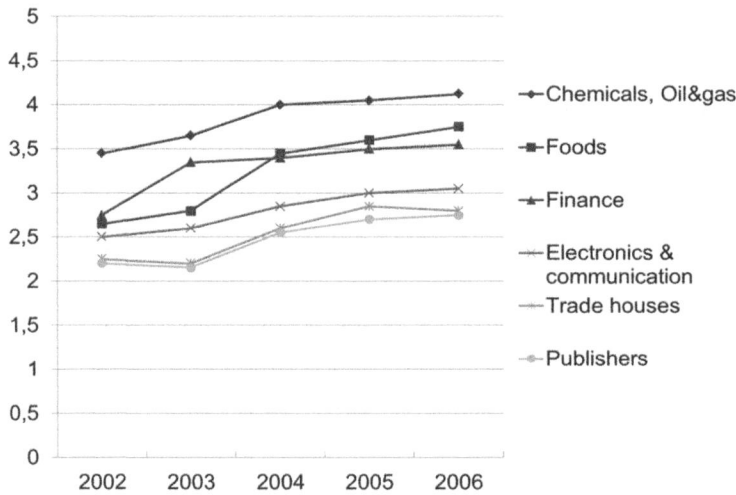

Fig. 4 Trends in sustainability attitudes of Dutch AEX-listed corporation sectors over the years 2002–2006

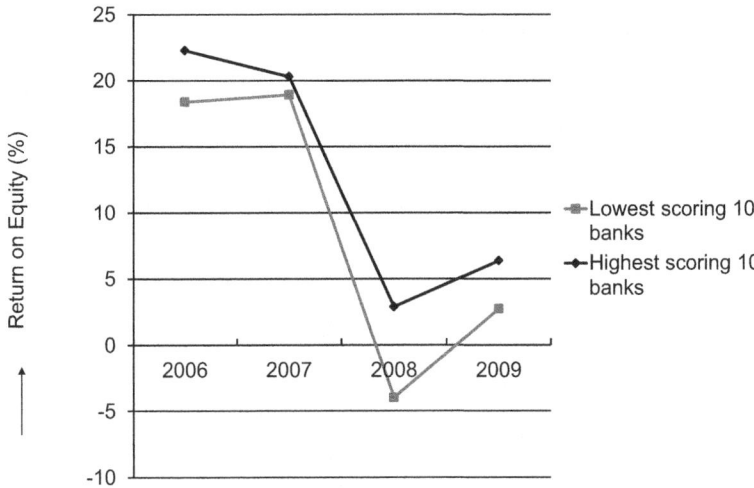

Fig. 5 Return on equity of ten highest- and ten lowest-scoring banks on sustainability attitude in the EU during the period 2006–2009 according to a study of 41 banks in 11 EU countries. (Wagenaar 2011)

prove much further after 2004. Also the financial sector seemed to be stabilized at values around 3.6 since 2003.

As Fig. 5 indicates, a sustainability attitude study of 41 banks in 11 EU countries by Wagenaar (2011) showed that the group of ten highest-scoring European banks had a greater resilience 'in overcoming the financial crisis of 2008 than the lower scoring group'.

These studies suggest that sustainability attitude is positively correlated with environmental performance and economic resilience–although economic profitability has only been found in some of the larger studies and does not always seem to be clear in the smaller studies (Smid 2014).

8 Concluding Remarks

Sustainability rating is rapidly maturing to a level where even the complex concept of sustainable development, including the three capitals and their components, as well as governance aspects such as attitudes, can be objectively described and quantitatively analyzed. This opens the door to reliable benchmarking of financial and other corporations, government authorities, and the policies and projects they initiate and operate. New key factors that harm or foster the sustainable development of society will become visible. The green bonds and their impacts are good examples of the perspectives of the sustainable finance challenge.

Not all representatives of the financial sectors may be concerned with improving sustainability performance of the financial capital they handle and the way they operate themselves. But it may be expected that market factors will gradually change and increase pressures on the financial sector to operate more socially and responsibly. The public eye, enhanced by the social media, has found the financial sector and its potential to do good or to destroy. The transformation of the financial sector since 2008 is not finalized, but only initiated. Other business sectors have been leading in this transformation to a more sustainable attitude and performance, such as front-running companies in the food and chemicals sectors.

The financial sector is of the highest importance for the well-being of society. The impacts of failures are even greater than those in the nuclear power sector. At the same time it is an abstract and poorly understood sector, in which its employees are open to the greatest temptations to use the opportunities, enormously enhanced by computer programs, statistics, and internet, for egoistic purposes. Citizens, less protected by governmental safety nets than in the past, will learn to investigate and understand the way the financial sector operates and the unsustainable risks that may be involved in daily transactions. The financial sector and civil society may, as a result of this growing divide, be on a collision course. Preventing a further loss of credibility and trust in the financial sector can be promoted by implementing the growing potential of sustainability monitoring practices as illustrated in this chapter.

Sustainability monitoring practices, new codes of conduct, even a banker's oath, will be helpful in many cases to raise awareness in the sector, but are not enough to overcome the temptations in all circumstances to act in accordance with survival-driven attitudes. Financial sustainability will ultimately depend on the intrinsic motivation of bankers and financial specialists in their respective roles in front-office, risk and compliance, and back office functions. How management can foster this culture is the real challenge of a sustainable finance sector which goes beyond adequate sustainability rating.

References

Arcadis (2015) Arcadis Sustainable Cities Index 2015. http://www.sustainablecitiesindex.com/. Accessed 23 March 2015

Balaton Group (2011) The Balaton Group, A global network for collaboration on systems and sustainability—founded in 1982. http://www.balatongroup.org/. Accessed 14 March 2011

Bank of America Merrill Lynch (2014) Fixing the future: green bonds primer, Thematic Investing, September 8

Bartelmus P (2002) Unveiling wealth—on money, quality of life and sustainability. Kluwer, Dordrecht, Boston & London

Bartelmus P (2008) Measuring sustainable economic growth and development, The Encyclopedia of Earth. http://www.eoearth.org/article/Measuring_sustainable_economic_growth_and_development. Accessed 16 April 2011

Beck D, Cowan C (1996) Spiral dynamics: mastering values, leadership, and change. Blackwell, Malden

Bossel H (1977) Orientors of nonroutine behaviour. In: Bossel H (ed) Concepts and tools of computer-assisted policy analysis. Birkhäuser, Basel, pp 227–265

Bossel H (1999) Indicators for sustainable development: theory, method, applications, A report to the Balaton Group, Winnipeg, Canada: International Institute for Sustainable Development

Byrne D, Baron RA (1997) Social psychology, 8th ed. Allyn & Bacon, Boston

Climate Alliance (2015) http://www.klimabuendnis.org/our_members0.0.html. Accessed 23 March 2015

CSD (2011) CSD Indicators of Sustainable Development—3rd ed. http://www.un.org/esa/sustdev/natlinfo/indicators/factsheet.pdf. Accessed 16 April 2011

Daly H, Cobb J (1989) For the common good. Beacon Press, Boston

Dow Jones Indexes (2010) Review of corporate sustainability assessments completed. http://press.djindexes.com/index.php/review-of-corporate-sustainability-assessments-completed/. Accessed 3 May 2011

EC DG ENV (2015) http://ec.europa.eu/environment/europeangreencapital/about-the-award/. Accessed 4 Jan 2015

ESMAP (2015) Tool for Rapid Assessment of City Energy (TRACE): helping cities use energy efficiently. http://esmap.org/TRACE. Accessed 23 March 2015

European Energy Award (2015) http://www.european-energy-award.org/home/. Accessed 23 March 2015

EUROSTAT (2015) Eurostat regional yearbook 2014. http://ec.europa.eu/eurostat/documents/3217494/5786129/KS-HA-14-001-00-EN.PDF/61bb5fe8-ebd1-473a-9c9d-fdb1993284a6?version=1.0. Accessed 27 Dec 2014

Freeman RE (1984) Strategic management: a stakeholder approach. Pitman, Boston

Friends of the Earth (2011) International examples, International indicators. http://www.foe.co.uk/community/tools/isew/international.html. Accessed 16 April 2011

GCIF (2015) ISO 37120 Sustainable Development of Communities: indicators for city services and quality of life. http://www.cityindicators.org/. Accessed 3 Jan 2015

Graafland J, Smid H (2012) Drivers of corporate social responsibility. In: Zoeteman K (ed) Sustainable Development Drivers, the Role of Leadership in Government, business and NGO performance. Edward Elgar, Cheltenham and Northampton, pp 156–183

Haq M (1995) Reflections on human development. Oxford University Press, New York

Harkink E (2002) Sustainable development and the oil and gas industry, Master Thesis, Tilburg: Tilburg University

Hoijtink A (2005) The sustainability attitude of commercial banks, Master Thesis, Tilburg University, September

ICLEI (2015) Local Governments for sustainability. http://www.iclei.org/. Accessed 4 Jan 2015

ICMA (International Capital Market Association) (2014) Green Bond Principles

IISD (2011) Measurement and assessment, navigating the sustainability transition. http://www.iisd.org/measure/. Accessed 16 April 2011

Kerr M, Janda R, Pitts C (2009) Corporate social responsibility: a legal analysis. LexisNexis, Toronto

Lawn PA (2003) A theoretical foundation to support the Index of Sustainable Economic Welfare (ISEW), Genuine Progress Indicator (GPI), and other related indexes. Ecol Econ 44:105–118

Max-Neef M (1995) Economic growth and quality of life. Ecological Economics 15:115–118

Max-Neef M, Elizalde A, Hopenhayn M (1989) Human scale development. Dag Hammarskjöld Foundation, Uppsala

Max-Neef M, Elizalde A, Hopenhayn M (1991) Human scale development, conception, application and further reflections. The Apex Press, New York and London

McCrone A (2014) Green bonds—where's the beef? Bloomberg New Energy Finance, 29 September

McKibben B (2006) Hope vs hype, is corporate do-goodery for real? Mother Jones, November/December Issue. see also http://motherjones.com/politics/2006/10/hype-vs-hope

Nordhaus W, Tobin J (1972) Is growth obsolete? Columbia University Press, New York

Pechtold FJL, Zoeteman BCJ (2009) Duurzaamheid prestaties van AEX genoteerde bedrijven in de periode 2002–2006, (Sustainability performance of AEX listed companies in the period 2002–2006), Milieu Dossier 2:21–25

Prescott-Allen R (2001) The wellbeing of nations, a country-by-country index of quality of life and the environment. Island Press, Washington DC

Reisen OQ (2005) Globalisation & Sustainability of the Airline Industry, Master Thesis, Tilburg University, 2 June

RFSC (2015) Reference framework for sustainable cities, a toolkit for the integrative approach. http://www.rfsustainablecities.eu/. Accessed 17 March 2015

Schmidheiny S (1992) Changing course: a global business perspective on development and environment, (with the Business Council for Sustainable Development). MIT Press, Cambridge

Smid H (2014) Rhetoric and realities of corporate social responsibility, Dissertation, https://pure.uvt.nl/portal/files/4169787/Manuscript_Smid_final_15092014.pdf. Accessed 17 March 2015

Stiglitz J, Sen A, Fitoussi J-P (2009) Report by the Commission on the Measurement of Economic Performance and Social Progress. www.stieglitz-sen-fitoussi.fr. Accessed 6 Nov 2010

Sun W (2010) How to govern corporations so they serve the public good: a theory of corporate governance emergence. Edwin Mellen, New York

Telos (2011) Publications. http://www.telos.nl/Publicaties/default.aspx. Accessed 17 April 2011

UN (2015) Sustainable development knowledge platform. https://sustainabledevelopment.un.org/sdgsproposal. Accessed 20 March 2015

UNCED (1987) Our common future. Oxford University Press, Oxford. http://www.un-documents.net/ocf-ov.htm. Accessed 15 Oct 2010

UNDP (2010) The real wealth of nations: pathways to human development, development report 2010. http://hdr.undp.org/en/reports/global/hdr2010/chapters/en/. Accessed 12 March 2011

United Nations (2001) Indicators of sustainable development: guidelines and methodologies. United Nations, New York

Wackernagel M, Rees W (1996) Our ecological footprint. New Society Publishers, Gabriola Island BC

Wagenaar WWN (2011) Sustainability performance during an economic crisis: an analysis on the sustainability attitude of financial institutions in Europe, Master Thesis, Tilburg University, April 11

Wahl DC, Baxter S (2008) The designer's role in facilitating sustainable solutions. MIT PRESS Journals 24(2):72–83

Walker JW St G, Thompson AS (2008) Critical mass: the emergence of global civil society. Wilfrid Laurier University Press, Waterloo

Walraven W (2006) Corporations and plantations: a sustainable combination? An empirical study about corporations from the Food, Beverage & Tobacco sector, Master Thesis, Tilburg University, August 24

Watson J, Shields K, Langer H (2009) European green city index, assessing the environmental impact of Europe's major cities. Siemens, Munich

Wheelan H (2014) Green bonds: the future of sustainability financing, Insight, 2, October, www.responsible-investor.com

Wilber K (1997) An integral theory of consciousness. J Conscious Stud 4(1):71–92

Willard B (2011) 5 lists of the most sustainable companies. http://sustainabilityadvantage.com/2011/04/05/5-lists-of-the-most-sustainable-companies/. Accessed 3 May 2011

WMCCC (2014) Local leaders tackle climate change. http://www.worldmayorscouncil.org/home.html. Accessed 28 Dec 2014

Yale (2008) Environmental Performance Index 2008. http://epi.yale.edu:2008/Methodology. Accessed 12 March 2011

Zimmerman M (2005) Integral ecology: a perspectival, developmental, and coordinating approach to environmental problems. World Futures J Gen Evol 61(1–2):50–62

Zoeteman B, van Reisen O, Kaashoek B (2005) Do Global Critical Events Impact Organizational Magazine Sustainability Attitudes? The Case of the Airline Industry. Aerlines Mag (e-zine edition) 35:1–7

Zoeteman BCJ (2013) What is behind the leadership shift in sustainable development from politicians to CEOs? Environmental Development 8:113–130

Zoeteman BCJ, Slabbekoorn JL, Smeets RJ, Wentink CHM, Dagevos JFLMM, Mommaas JT (2014) National monitor of sustainability performance of Dutch municipalities 2014, In search of local sustainability issues based on 90 indicators for all 403 municipalities of the Netherlands, Report Nr 14.094, (in Dutch). Telos, Tilburg. March 26. www.telos.nl

Zoeteman K (2001) Sustainability of nation states. Int J Sustain Dev World Ecol 8(2):93–109

Zoeteman K (2012a) Understanding differences in business sectors. In: Zoeteman K (ed) Sustainable Development Drivers, the Role of Leadership in government, business and NGO performance. Edward Elgar, Cheltenham and Northampton, pp 184–198

Zoeteman K (2012b) Can sustainable development be measured? In: Zoeteman K (ed) Sustainable development drivers, the role of leadership in government, business and NGO performance. Edward Elgar, Cheltenham and Northampton, pp 74–97

Zoeteman K, van der Zande M, Smeets R (2015) Integrated Sustainability Monitoring of 58 EU cities, Report Nr 15.123, Telos, Tilburg, March, www.telos.nl

Prof. Dr. Bastiaan C. J. Zoeteman is a university professor for sustainable development in international perspective at Tilburg University, the Netherlands, since 2000. Former positions were: chair of the Board of the European Environment Agency (2000–2003), member of the China Council on International Cooperation on Environment and Development (1992–2002), and deputy director general for Environment at the Netherlands Ministry for Housing, Environment and Spatial Planning (1990–2012).

He is author of many articles and books, coauthor of the *Handbook on Environmental Policy and Globalisation*, 2nd ed. (2012) and *Sustainable Development Drivers: The Role of Leadership in Government, Business, and NGO Performance* (2012).

Teil V
Unternehmensratings gestern – heute – morgen Herausforderungen und Chancen

Fünf Fragen an Robert Haßler – CEO der oekom research AG

Robert Haßler

Zusammenfassung

In einem Interview mit der Herausgeberin reflektiert Robert Haßler, Mitbegründer und Vorstandsvorsitzender der Nachhaltigkeitsratingagentur oekom research AG, über die Anfänge und die Entwicklung des Nachhaltigkeitsratings in Europa. Aus Sicht des europäischen Pioniers der ersten Stunde geht der Experte auf die Entwicklungsschritte im nationalen und internationalen Kontext ein, ebenso wie auf die Herausforderung, mit einem ökologisch-sozialen Ratingansatz von einem Nischenbereich in den „Mainstream" der Finanzbranche verankert zu werden – mit allen Anforderungen und Verbesserungsnotwendigkeiten, die sich daraus ergeben. Auf Basis dieser Erkenntnisse wagt Haßler einen Ausblick auf die Chancen und Möglichkeiten dieser Branche.

▶ **Von den Anfängen in Europa bis heute: Wo waren die Schwierigkeiten bei der Entwicklung des Nachhaltigkeitsratings, wo sind sie heute?**

Zur Beantwortung dieser Frage lohnt zunächst ein kurzer Blick auf die verschiedenen Komponenten des Ratingprozesses, wobei ich mich dabei und im Folgenden auf die Bewertung von Unternehmen beziehen werde. Das Rating von Ländern, das wir ja auch für mittlerweile 57 Staaten durchführen, folgt noch einmal anderen Regeln.

R. Haßler (✉)
oekom research AG, Goethestraße 28, 80336 München, Deutschland
E-Mail: info@oekom-research.com

Grundidee des Nachhaltigkeitsratings von Unternehmen ist es, diese in Hinblick auf zwei Aspekte zu analysieren: die Qualität des Nachhaltigkeitsmanagements in all seinen Facetten und die Einhaltung von sozialen, ökologischen und ethischen Standards bei den sogenannten Ausschlusskriterien. Ersteres geschieht in der Regel im Rahmen eines Best-in-Class-Ansatzes. Dabei werden die Unternehmen auf Basis einer Vielzahl von Kriterien – bei oekom research rund hundert – bewertet, die sich auf alle Bereiche der unternehmerischen Verantwortung beziehen. Zu unterscheiden sind der relative und der absolute Best-in-Class-Ansatz. Beim relativen Ansatz wird jeweils ein bestimmter Prozentsatz der Unternehmen einer Branche als Best-in-Class definiert, zum Beispiel die besten 20 oder 30 %. Nachteil ist hierbei, dass die letzten Unternehmen, die so in die Spitzengruppe hineinrutschen, nicht unbedingt hohen Nachhaltigkeitsstandards genügen müssen. Aus diesem Grund nutzen wir den absoluten Best-in-Class-Ansatz. Hier definiert man – idealerweise branchenspezifische – Mindeststandards, denen die Unternehmen genügen müssen, um Best-in-Class-Status zu erhalten.

Die Bewertung der Unternehmen basiert maßgeblich auf zwei Säulen: Zum einen werden unternehmensfremde Informationsquellen genutzt, zum Beispiel Analysen und Studien von Gewerkschaften, Menschenrechts- und Umweltschutzorganisationen. Diese Informationen dienen einerseits einem Plausibilitätscheck der von den Unternehmen zur Verfügung gestellten Daten. Andererseits ergänzen sie die Datenlage in Bereichen, über die die Unternehmen selbst kaum informieren, etwa über Verstöße gegen Arbeits- und Menschenrechte. Auch diese unabhängigen Quellen müssen strengen Qualitätsanforderungen genügen, etwa im Hinblick auf die Glaubwürdigkeit der Quellen oder die Dokumentation von Vorwürfen gegen Unternehmen.

Zum anderen nutzen die Analysten Informationen, die die Unternehmen selbst zur Verfügung stellen. Hier spielen Umwelt- und Nachhaltigkeitsberichte in gedruckter Form, zunehmend aber auch in einer internetbasierten Variante eine zentrale Rolle. Zudem stellen die Unternehmen interne Dokumente wie Umwelt-, Antikorruptions- oder Antidiskriminierungsleitlinien zur Verfügung, die in die Ratings einfließen. Insgesamt gilt: Je intensiver die Beteiligung der Unternehmen am Ratingprozess, desto besser ist die Qualität der Ratings.

Der konstruktiv-kritische Dialog mit den Unternehmen ist daher ein wesentliches Qualitätsmerkmal von umfassenden Nachhaltigkeitsratings. Da bei oekom research und auch bei den meisten anderen Nachhaltigkeitsratingagenturen nicht die Unternehmen, sondern die Investoren Auftraggeber der Ratings sind, besteht trotz des engen Austausches nicht die Gefahr einer unzulässigen Beeinflussung der Ratingergebnisse durch die Unternehmen. Dieses Vorgehen unterscheidet unser Geschäftsmodell maßgeblich von dem der konventionellen Ratingagenturen, bei denen der Emittent, also das Unternehmen, für das Rating bezahlt.

Die Schwierigkeiten bei der Etablierung eines Nachhaltigkeitsratings, nach denen Sie gefragt haben, gab es an ganz verschiedenen Stellen des geschilderten Prozesses. Um direkt mit dem letzten genannten Aspekt anzufangen: Ein Geschäftsmodell, bei dem die

Nutzer und nicht die Emittenten für die Leistung bezahlen, setzt voraus, dass es zahlende Nutzer gibt. Hier muss man sich vor Augen führen, dass im Jahr 1998 im deutschsprachigen Raum nur zwölf Nachhaltigkeitsfonds – klassische Kunden für unsere Dienstleistungen – zum Vertrieb zugelassen waren, die gerade einmal ein Volumen von zusammen 300 Mio. € verwalteten. Heute sind es rund 400 Fonds mit einem Volumen von 47 Mrd. €, wobei ein signifikanter Aufschwung erst im Jahr 2005 eingesetzt hat. Ähnliches gilt für die nachhaltige Vermögensanlage von privaten und insbesondere institutionellen Investoren insgesamt. Wir sind ein wenig stolz darauf, in den wirtschaftlich nicht einfachen frühen Jahren nicht der Versuchung erlegen zu sein, wie Moodys und Co. die Emittenten für die Bewertung zahlen zu lassen, sondern konsequent auf Unabhängigkeit gesetzt zu haben.

Eine anderes Problemfeld war die Verfügbarkeit von Informationen zum Unternehmensverhalten, und dies sowohl im Hinblick auf unternehmenseigene wie auch unternehmensunabhängige Quellen. Nach Zahlen der Wirtschaftsprüfung KPMG hat im Jahr 1993 keines der 250 größten Unternehmen weltweit einen Umwelt- oder Nachhaltigkeitsbericht veröffentlicht oder auf anderen Wegen über ihr Nachhaltigkeitsmanagement berichtet – wahrscheinlich hätte es auch noch nicht viel zu berichten gegeben. Heute veröffentlichen 95 % dieser Unternehmen entsprechende Informationen. Gleichzeitig ist auch durch Initiativen wie die Global Reporting Initiative die Qualität der Berichterstattung gestiegen, was unsere Arbeit deutlich erleichtert. Dies gilt analog für die unternehmensunabhängigen Informationen. Eine lebhafte Zivilgesellschaft mit zahlreichen NGOs und „Watchdog"-Organisationen und die Verbreitung von Internet und sozialen Medien haben dazu geführt, dass unabhängige Informationen zu Unternehmen international, umfassend und zeitnah zur Verfügung stehen.

Einen letzten Punkt zum Thema Schwierigkeiten: Die allermeisten Unternehmen konnten mit den Anfragen einer Nachhaltigkeitsratingagentur wenig anfangen. Der Ansatz, von unabhängiger Seite unaufgefordert daraufhin analysiert zu werden, ob man sich sozial und ökologisch verantwortlich verhält, war ihnen fremd bis unheimlich. Gleichzeitig konnten Nachhaltigkeitsratingagenturen die Motivation der Unternehmen zur Teilnahme am Rating nicht durch den Verweis auf das auf Basis der Ratings verwaltete Vermögen steigern. Heute nutzen mehr als 100 institutionelle Investoren und Vermögensberater die Ratings von oekom research für die Verwaltung von mehr als 600 Mrd. €. Der Hinweis, dass sie für diese Anleger nicht interessant sind, wenn sie sich nicht am Rating beteiligen und dadurch gegebenenfalls im Rating schlecht abschneiden, hat die Bereitschaft zur aktiven Mitarbeit in den Unternehmen deutlich erhöht.

Gleichzeitig, das hat eine Studie gezeigt, die wir im Jahr 2013 anlässlich unseres 20. Geburtstages durchgeführt haben, sind den Unternehmen Nutzen und Vorteile des Nachhaltigkeitsratings heute sehr bewusst. So haben im Rahmen der oekom Impact-Studie (oekom research 2013) 96 % der befragten Unternehmen angegeben, dass sie die Nachhaltigkeitsratings als Trendradar zur frühzeitigen Identifikation neuer Nachhaltigkeitsthemen nutzen, 84,3 % für die Stärken-Schwächen-Analyse und knapp zwei Drittel für die Erfolgskontrolle für Maßnahmen im Nachhaltigkeitsmanagement. Bei 61,3 % der Unternehmen waren dabei die Anforderungen von Nachhaltigkeitsratingagenturen ein ausschlaggebender Faktor dafür, sich überhaupt mit dem Thema Nachhaltigkeit zu beschäftigen.

Im Verhältnis zwischen Nachhaltigkeitsratingagenturen und Unternehmen liegen – um zum zweiten Teil der Frage zu kommen – gleichzeitig auch noch Verbesserungsmöglichkeiten. So halten knapp ein Drittel der Unternehmen den Bewertungsprozess für transparent, immerhin 44,4 % haben aber nur eine vage Vorstellung davon, wie das Rating über ihr Unternehmen zustande kommt. Auch das ein Ergebnis der Impact-Studie. Daran müssen die Nachhaltigkeitsratingagenturen weiter arbeiten.

Wichtig ist auch die methodische und inhaltliche Weiterentwicklung des Ratings. Man muss sich vorstellen, dass wir bei einem Universum von mehr als 3.700 Unternehmen aus über 50 Staaten und mehr als 50 Branchen mit einer beinahe unüberschaubaren Vielzahl von sozialen, ökologischen, rechtlichen, technischen und anderen Aspekten zu tun haben. Hier gilt es, Methodik und Kriterien laufend weiterzuentwickeln, um die relevanten Entwicklungen zu erfassen. Gleichzeitig sieht sich unsere Branche immer wieder mit der gerade von Unternehmen vorgetragenen Forderung konfrontiert, sich auf einen einheitlichen Satz von Nachhaltigkeitskriterien zu einigen und hier nicht verschiedene Ansätze zu verfolgen. Wir halten den Wettbewerb der Nachhaltigkeitskonzepte bei den Nachhaltigkeitsratingagenturen für sinnvoll und für den nachhaltigen Kapitalmarkt hilfreich. Investoren und Asset Manager haben so die Möglichkeit, das Konzept auszuwählen, das ihren Vorstellungen von Nachhaltigkeit am besten entspricht.

Ein letzter Aspekt im Hinblick auf die aktuellen Herausforderungen sind die steigenden Anforderungen der nachhaltigen Investoren an die Nachhaltigkeitsratings. Dies betrifft insbesondere die Anzahl der Unternehmen, die mit entsprechenden Bewertungen abgedeckt werden. Gleichzeitig gewinnt die Interpretation der Ratingergebnisse hinsichtlich der Chancen und Risiken, die sich daraus für die Anleger ergeben, an Bedeutung – ein Aspekt, der häufig unter der Überschrift „Materialität" diskutiert wird.

▶ **Was hat die Entwicklung der Nachhaltigkeitsratings beschleunigt, was verlangsamt?**

Die Entwicklung der Nachhaltigkeitsratings ist auf der einen Seite untrennbar mit der Entwicklung des nachhaltigen Kapitalmarktes und damit der Nachfrage nach entsprechenden Bewertungen und auf der anderen Seite mit der Entwicklung des Nachhaltigkeitsmanagements in den Unternehmen verbunden. Auf einige der unternehmensseitig relevanten Faktoren wie die Bekanntheit von Nachhaltigkeitsratings und die Verfügbarkeit der Informationen habe ich bereits hingewiesen. Betreffend die Nachfrage lohnt sich ein Blick auf die Motive privater und institutioneller Investoren, bei der Kapitalanlage soziale und ökologische Kriterien zu berücksichtigen und dazu Nachhaltigkeitsratings zu nutzen.

Hier kann man grundsätzlich zwei Gruppen von Investoren unterscheiden: Zunächst die der „Werteorientierten". Ihnen ist es wichtig, auch bei der Kapitalanlage die Werte zu berücksichtigen, für die sie als Person oder für die ihre Organisation steht. Hierzu zählen beispielsweise Kirchen und Stiftungen. Diese Investoren bilden die Wurzeln des nachhaltigen Investments und waren für das Wachstum des Marktes in den frühen Jahren verantwortlich.

Erst in den vergangenen zehn Jahren haben die rendite- und risikoorientierten nachhaltigen Investoren im Vergleich zu den „Werteorientierten" an Bedeutung gewonnen. Sie sind davon überzeugt, dass sie durch die zusätzlichen Kriterien zu den ESG-Leistungen – hier steht „E" für Environment, „S" für Social und „G" für Governance – besser in der Lage sind, die Chancen und Risiken eines Emittenten umfassend zu verstehen. In diesem Zusammenhang lassen sich zwei Ebenen unterscheiden: Zum einen gehen diese Investoren davon aus, dass die Qualität des Nachhaltigkeitsmanagements ein Indikator dafür ist, wie gut das Unternehmen insgesamt geführt wird. Wer also seinen Energie- und Rohstoffverbrauch im Griff hat, fair mit seinen Mitarbeitern, Lieferanten und Kunden umgeht sowie auf die ökologische und soziale Qualität seiner Produkte achtet, dem traut man auch zu, das gesamte Unternehmen gut zu führen. Das Nachhaltigkeitsmanagement wird damit zum Indikator für die Qualität des Gesamtmanagements.

Zum anderen erlaubt das Rating der Nachhaltigkeitsleistung die Identifikation von Managementdefiziten in wichtigen Schlüsselbereichen. Wenn beispielsweise wie bei Tepco, dem Betreiber der Atomkraftwerke von Fukushima, oder BP im Rahmen eines Nachhaltigkeitsratings eklatante Defizite im Bereich der „Anlagensicherheit" identifiziert werden, sind dies gleichzeitig auch große Risiken für den finanziellen Erfolg und den Aktienkurs. Die entsprechenden Schlüsselbereiche müssen dabei jeweils vor dem konkreten Branchenhintergrund definiert werden. So haben beispielsweise Unternehmen aus rohstoff- und energieintensiven Branchen, die ihren Energie- und Ressourcenverbrauch nicht auf Effizienz trimmen, gegenüber ihren Wettbewerbern Kostennachteile und sind abhängiger von der Entwicklung der Rohstoffpreise. Unternehmen aus konsumnahen Branchen, deren Produkte nicht den steigenden Anforderungen der Konsumenten an die soziale und ökologische Qualität genügen, produzieren am Markt vorbei.

Dieser „Business Case" des Umwelt- und Nachhaltigkeitsmanagements war lange Zeit umstritten. Inzwischen setzt sich aber die Erkenntnis durch, dass die Berücksichtigung von sozialen und ökologischen Kriterien in der Unternehmensführung auch ökonomisch rational ist. Analoges gilt für die Frage nach dem Einfluss der Nutzung von Nachhaltigkeitsratings auf die Performance der Kapitalanlage. Es ist schwieriger, eine vorgefasste Meinung zu zerstören als ein Atom, wusste schon Albert Einstein, und dies galt und gilt leider auch für das Vorurteil, dass man auf Rendite verzichten muss, wenn man bei der Kapitalanlage soziale und ökologische Kriterien berücksichtigt. Das häufig zitierte Hauptargument für diese Annahme ist, dass jede Einschränkung des Anlageuniversums, beispielsweise durch die Nutzung von Ausschlusskriterien, wegen der geringeren Diversifikationsmöglichkeiten zu einer Einschränkung von Renditechancen und einem höheren Risiko führen muss.

Nachhaltige Investoren sind dagegen, wie erwähnt, davon überzeugt, dass gerade die zusätzlichen Kriterien zu sozialen und umweltbezogenen Leistungen dabei helfen, das komplexe Geflecht von Chancen und Risiken eines Wertpapiers umfassender zu verstehen. Zahlreiche empirische Studien unterstützen diese Einschätzung. So hat die Deutsche Bank im Rahmen einer Metastudie aus dem Sommer 2012 über 100 entsprechende Studien zum nachhaltigen Investment analysiert (Fulton et al. 2012). Ihr Ergebnis: 89 % dieser Studien zeigen, dass Unternehmen, deren Nachhaltigkeitsmanagement positiv bewertet wird, auch ökonomisch besser aufgestellt sind. Sie haben geringere Kapitalkosten und stellen für Investoren ein niedrigeres Risiko dar. Fazit der Autoren: Jeder Investor, für den der Shareholder Value wichtig ist, sollte eine Analyse der Nachhaltigkeitsleistungen der Unternehmen in die Investmentstrategie integrieren.

Eine umfangreiche Metastudie hat die Steinbeis-Hochschule im Frühjahr 2013 veröffentlicht (Kleine et al. 2013). Insgesamt 195 Performancestudien wurden hier im Hinblick auf ihre Aussage zum Einfluss der Nutzung von Nachhaltigkeitskriterien auf das Anlageergebnis analysiert. 61 der Studien sahen einen eindeutig positiven Zusammenhang, weitere 62 einen neutralen und nur 14 einen negativen Einfluss. Bei 58 Studien waren die Ergebnisse je nach Assetklasse und Betrachtungszeitraum unterschiedlich. Insgesamt kommen aber beinahe zwei Drittel der Studien zum Ergebnis, dass es bei nachhaltigen Kapitalanlagen keinen systematischen Renditenachteil gibt. Rund jede dritte Studie bescheinigt den nachhaltigen Kapitalanlagen sogar einen Vorteil beim Anlageergebnis.

Je stärker sich die Erkenntnis durchsetzt, dass nachhaltige Kapitalanlagen keinen systematischen Nachteil bei Rendite und Risiko haben, sondern sogar die Chance auf eine Outperformance bieten, desto mehr Investoren werden sich für die Berücksichtigung entsprechender Kriterien entscheiden und dabei, so jedenfalls unsere Erwartung, Nachhaltigkeitsratings zurate ziehen.

▶ **Wie hat sich die Branche in den vergangenen Jahren insgesamt entwickelt, wie geht es weiter?**

Die vergangenen Jahre waren nach unserer Einschätzung vor allem durch zwei Entwicklungen geprägt: durch eine gewisse Konzentration bei den etablierten Nachhaltigkeitsratingagenturen und das Auftreten neuer Akteure. In unserer bereits angesprochenen Impact-Studie berichten 66,3 % der Unternehmen von bis zu zehn Anfragen von Nachhaltigkeitsratingagenturen pro Jahr, weitere 22,5 % von bis zu 20 entsprechenden Anfragen. Dies spiegelt sehr gut die Situation am Markt für Nachhaltigkeitsratings wider.

Nach unserer Schätzung gibt es derzeit weltweit gut ein Dutzend Agenturen, die sich auf die nachhaltigkeitsbezogene Bewertung von Unternehmen und Staaten spezialisiert haben. Viele der Akteure der ersten oder zweiten Stunde, beispielsweise KLD und Innovest in den USA oder Ethibel und Avanzi in Europa, sind inzwischen vom Markt verschwunden. Erstere wurden durch MSCI übernommen, letztere durch die französische Agentur Vigeo. Andere Agenturen haben sich in Netzwerken zusammengeschlossen, beispielsweise im EIRIS Global Network, dem auch die deutsche Unternehmensberatung imug angehört, oder haben durch Fusion ein neues Unternehmen gebildet. So ist beispielsweise Sustainalytics im Jahr 2008 aus einem Zusammenschluss von Dutch Sustainability Research, Scoris und Analistas Internacionales en Sostenibilidad (AIS) hervorgegangen[1]. Auch oekom research setzt auf eine Kooperation mit dem schwedischen Engagement-Spezialisten GES, um die gemeinsame Marktposition zu stärken. Hier sehen wir also eine intensive Konzentrationsbewegung, sodass die Zahl unabhängiger Nachhaltigkeitsratingagenturen in den vergangenen Jahren zurückgegangen ist.

Neben der Wachstumsstrategie durch Übernahmen und Fusionen setzen andere Agenturen auf Spezialisierung, beispielsweise unser Partner GES, der sich von einer Full-Service-Ratingagentur zu einem Spezialisten für das Corporate Engagement entwickelt und diese Position Anfang 2015 durch die Kooperation mit dem britischen Spezialisten Governance for Owners ausgebaut hat. Ein anderes Beispiel ist Trucost, ein Anbieter, der sich auf die Bereitstellung von Umweltdaten spezialisiert hat. Gleichzeitig sind, wie angesprochen, in den vergangenen Jahren neue Akteure aufgetaucht. Hierzu zählen insbesondere die klassischen Anbieter von Finanzmarktinformationen wie Bloomberg, Thomson Reuters und MSCI, die die Zeichen der Zeit erkannt haben und nun auch entsprechende Daten anbieten. Daneben sind im asiatischen Raum einige Anbieter entstanden, die entsprechende Daten zum unternehmerischen Nachhaltigkeitsmanagement anbieten.

Wachstum und Spezialisierung sind die beiden Strategien, die nach unserer Ansicht auch in den kommenden Jahren den Markt prägen werden. Hintergrund sind die steigenden Anforderungen der Nutzer der Nachhaltigkeitsratings. Diese beziehen sich in hohem Maße auf die Anzahl der durch Nachhaltigkeitsratings abgedeckten Unternehmen. Die Abdeckung internationaler Indizes wie MSCI World, MSCI Emerging Markets oder Stoxx 600 stellt heute am Markt den Standard dar. Schon dies ist für die Nachhaltigkeitsratingagenturen eine gewisse Herausforderung, bewegen sie sich doch in einem Spannungsfeld zwischen der Größe des Universums, der Qualität der Nachhaltigkeitsratings und den erforderlichen, insbesondere personellen Ressourcen beziehungsweise den damit verbundenen Kosten. Um letztere niedrig zu halten, haben einige Agenturen Teile des Researchs in Länder mit niedrigeren Lohnkosten verlagert oder kaufen Daten von anderen Anbietern aus solchen Ländern ein.

Wir gehen davon aus, dass die Anforderungen der institutionellen Investoren und Vermögensverwalter an die Abdeckung sukzessive weiter steigen werden. Dies hat auch damit zu tun, dass Nachhaltigkeitsratings zunehmend den Weg in den Mainstream finden und im Rahmen der Integration-Strategie bei der konventionellen Finanzanalyse berücksichtigt werden. Damit verschiebt sich ein Stück weit auch der Auftrag der Nachhaltigkeitsratingagenturen: Ging es bislang in erster Linie darum, die „guten" im Sinne von am nachhaltigsten wirtschaftenden Unternehmen zu identifizieren, die aus Sicht nachhaltiger Anleger zum Investment geeignet sind, müssen zukünftig entsprechende Daten für alle

---

[1] Aktuellstes Beispiel für einen Unternehmenszusammenschluss betrifft Vigeo und Eiris im Oktober 2015.

Unternehmen vorliegen, die auf dem Radar der konventionellen Anleger beziehungsweise Analysten sind.

▶ **Ist diese Form des Ratings im „Mainstream" der Finanzbranche angekommen? Wenn nicht, was braucht es dazu?**

Zunächst kann und muss man meines Erachtens feststellen, dass das nachhaltige Investment und damit auch die Nachhaltigkeitsratings inzwischen die vielzitierte Nische verlassen haben. Insbesondere bei den institutionellen Investoren ist diese Form der Kapitalanlage heute schon weit verbreitet. So haben bei einer Umfrage der Union Investment im Jahr 2015 beispielsweise 79 % der Stiftungen und Kirchen, 55 % der Versicherungen und 45 % der Kreditinstitute gesagt, dass sie bei Anlageentscheidungen bereits Nachhaltigkeitskriterien berücksichtigen (Union Investment 2015). Von einer Nische kann angesichts dieser Zahlen sicherlich keine Rede mehr sein.

Etwas anders stellt sich die Situation bei der Frage nach dem Mainstream dar – wobei man hier natürlich etwas ketzerisch fragen kann, wer sich eigentlich wem annähern muss. Immerhin haben die zitierten Studien zum Zusammenhang zwischen Nutzung von Nachhaltigkeitskriterien und Anlageerfolg ja gezeigt, dass es hier eine positive Korrelation gibt. Insofern müssen sich gerade die Vermögensverwalter die Frage gefallen lassen, ob sie nicht gegen ihre treuhänderische Verantwortung gegenüber ihren Kunden verstoßen, wenn sie entsprechende Kriterien nicht berücksichtigen.

Ansätze zur Integration von ESG-Kriterien in die konventionelle Finanzanalyse gibt es einige, sie werden wie erwähnt am Markt unter der Überschrift „Integration" diskutiert. Das FNG definiert Integration als „explizite Einbeziehung von ESG-Kriterien bzw. -Risiken in die traditionelle Finanzanalyse" (FNG 2014). Mit einem beeinflussten Kapital von insgesamt knapp 43 Mrd. € war der Integration-Ansatz nach Angaben des FNG für das Jahr 2014 nach der Nutzung von Ausschlusskriterien und dem Best-in-Class-Ansatz die drittwichtigste nachhaltige Anlagestrategie im deutschsprachigen Raum. In Europa war der Ansatz im Jahr 2013 nach Berechnungen des europäischen Branchenverbandes Eurosif (2014) mit einem beeinflussten Kapital von mehr als 5,2 Billionen € nach der Anwendung von Ausschlusskriterien sogar die zweitwichtigste Anlagestrategie.

Auch wenn konkretere Zahlen fehlen, gehen wir davon aus, dass sich die Ansätze der hier aktiven Investoren und Vermögensverwalter deutlich unterscheiden. Während beim einen Akteur vielleicht nur einzelne Daten zur Klimastrategie berücksichtigt werden, können es bei einem anderen umfassende Kriterienkataloge zur ESG-Performance der Unternehmen sein. Zusätzlich ist bei der Interpretation dieser Zahlen zu berücksichtigen, dass bei der Dimension G, also Governance, auch eher konventionelle Aspekte wie die Struktur des Aufsichtsrates oder die Zusammensetzung von Ausschüssen berücksichtigt werden.

Ein wichtiger diskutierter Aspekt in diesem Zusammenhang ist die Nutzung von sogenannten Key Performance Indicators, also ESG-Kriterien, die für die einzelnen Branchen als besonders wichtig angesehen werden. Dabei spielt der Materiality-Ansatz eine wichtige Rolle. Er ist darauf gerichtet, diejenigen ESG-Kriterien zu identifizieren und zu nutzen, die für den wirtschaftlichen Erfolg des Unternehmens besondere Bedeutung haben. Wie schwierig dies im konkreten Fall sein kann, zeigt das Beispiel der DVFA. Der Berufsverband der Investment Professionals in Deutschland hat bereits vor einigen Jahren unter der Überschrift KPI ein Projekt lanciert, das zum Ziel hatte, entsprechende branchenspezifische Nachhaltigkeitsstandards für die Finanzanalyse zu entwickeln. Herausgekommen ist in der im September 2010 veröffentlichten Version 3.0 ein Leitfaden mit 174 Seiten und einer Vielzahl von Kriterien (DVFA und EFFAS 2010).

Wir halten die Konzentration auf ausgewählte Kriterien für einen wichtigen Ansatz und haben selbst für alle von uns abgedeckten Branchen jeweils vier bis fünf Themen identifiziert, die aus unserer Sicht für die zukünftige Entwicklung der Branche besondere Bedeutung haben, aus finanzieller, aber auch aus nachhaltigkeitsbezogener Sicht. Gleichzeitig müssen unsere Ratings den Informationsinteressen unserer Kunden genügen, sodass wir sicherlich auch zukünftig mit umfassenden Kriterienkatalogen arbeiten werden.

Auch wenn schon einige Schritte in den Mainstream gemacht sind, bleibt noch Einiges zu tun, um Nachhaltigkeitsratings zu einem selbstverständlichen Bestandteil von Unternehmensbewertungen zu machen. Einen wichtigen Aspekt, das Aufräumen mit dem Performance-Vorurteil, habe ich bereits genannt. Ein anderer Aspekt ist die technische Anschlussfähigkeit der Nachhaltigkeitsratings in die entsprechenden Datensysteme, die für die konventionelle Finanzanalyse genutzt werden.

Eine letzte Barriere ist hier eher kultureller Natur. Die Ausbildung und berufliche „Sozialisierung" von Nachhaltigkeitsanalysten und Mainstream-Analysten ist doch sehr unterschiedlich, bei Nachhaltigkeitsanalysten schwingt sehr häufig ein persönliches Engagement für soziale und ökologische Themen mit. Hier gilt es, Berührungsängste abzubauen und eine Brückensprache zu finden, damit sich die beiden Welten verständigen können.

▶ **Wie schätzen Sie die internationale Entwicklung bei den Nachhaltigkeitsratings ein?**

Hier muss man zunächst feststellen, dass der Markt für Nachhaltigkeitsratings grundsätzlich ein internationaler Markt ist. Erstens decken die Agenturen in der Regel Unternehmen aus verschiedenen Teilen der Welt ab, und zweitens haben die allermeisten Agenturen Kunden auch außerhalb des Heimatmarktes, auch wenn es aus sprachlichen und auch kulturellen Gründen eine gewisse Präferenz für heimische Agenturen gibt.

Viele der Entwicklungen habe ich bereits angesprochen, die wichtigsten möchte ich hier noch einmal hervorheben. Auf der Angebotsseite werden nach unserer Einschätzung die beiden Strategien Wachstum und Spezialisierung den Markt in den kommenden Jahren prägen. Hier gehen wir davon aus, dass ein Teil der Agenturen das Wachstum nicht aus eigener Kraft meistern werden kann oder will und es daher zu weiteren Kooperationen und Zusammenschlüssen kommen kann. Agenturen, die sich hier nicht klar positionieren, also einem „Stuck in the middle"-Ansatz folgen, werden es schwer haben. Im Hinblick auf die Spezialisierung sind verschiedene Varianten möglich, etwa die Fokussierung auf bestimmte Themenbereiche, Anlagestrategien wie etwa Engagement, oder auch Regionen, zum Beispiel Emerging Markets.

Inhaltlich wird es darum gehen, die Kriterien laufend an die sich immer schneller ändernden technischen, rechtlichen und weiteren relevanten Rahmenbedingungen anzupassen. Hier gilt es, eine Balance zwischen der Kontinuität der Kriterien und damit der Bewertung und deren Aktualität zu halten. Wir gehen davon aus, dass sich die Datenverfügbarkeit zum Nachhaltigkeitsmanagement der Unternehmen weiter verbessern wird, sodass die Dokumentation der Daten und Fakten in den Hintergrund und deren Interpretation in den Vordergrund rücken wird.

Auf der Nachfrageseite, also bei den Nutzern von Nachhaltigkeitsratings, gehen wir insgesamt von einer weiter steigenden Nachfrage aus. Die manifesten Vorteile des nachhaltigen Investments werden dazu führen, dass sich immer mehr institutionelle Investoren und ihre Berater, die Banken und Vermögensverwaltungen, mit dem Thema beschäftigen und entsprechende Kriterien berücksichtigen werden. Gerade die Vermögensverwalter argumentieren heute ja, wie bereits angesprochen, oft noch damit, dass es ihnen ihre treuhänderische Verantwortung verbietet, ESG-Kriterien bei der Kapitalanlage zu nutzen, da sie verpflichtet sind, solche Kriterien auszuschließen, die sich negativ auf Rendite und Risiko der von ihnen treuhänderisch verwalteten Gelder auswirken. Wenn die deutliche Mehrheit der entsprechenden empirischen Studien aber belegt, dass die Berücksichtigung von ESG-Kriterien das Rendite-Risiko-Verhältnis verbessert und höhere Erträge generieren kann, dann verstößt ja gerade derjenige gegen seine treuhänderische Verpflichtung, der solche Kriterien unbeachtet lässt. Es wird spannend sein zu beobachten, wann sich diese Erkenntnis bei den Vermögensverwaltern beziehungsweise deren Kunden durchsetzen und zu einem grundsätzlichen Einstellungswandel bei den noch skeptischen Akteuren führen wird.

Literatur

DVFA, EFFAS (2010) KPIs for ESG. A guideline for the integration of ESG into financial analysis and corporate valuation. Version 3.0. DVFA, Frankfurt a. M.

Eurosif (2014) European SRI study. European Forum for Sustainable Investment, Brüssel

FNG (2014) Marktbericht Nachhaltige Geldanlagen 2014. Forum Nachhaltige Geldanlage e. V., Berlin

Fulton M, Kahn BM, Sharples C (2012) Sustainable investing: establishing long-term value and performance. http://ssrn.com/abstract=2222740. Zugegriffen: Juli 2015

Kleine J, Krautbauer M, Weller T (2013) Nachhaltige Investments aus dem Blick der Wissenschaft: Leistungsversprechen und Realität. Research Center for Financial Services, Steinbeis-Hochschule, Berlin

oekom research AG (2013) Der Einfluss nachhaltiger Kapitalanlagen auf Unternehmen. oekom research, München

Union Investment (2015) Nachhaltiges Vermögensmanagement institutioneller Anleger. Ergebnisbericht zur Nachhaltigkeitsstudie 2015 von Union Investment, Frankfurt a. M.

Fünf Fragen an Robert Haßler – CEO der oekom research AG

Robert Haßler Jahrgang 1965, arbeitet seit 1993 im Bereich Nachhaltigkeitsrating. Er ist Vorstandsvorsitzender und Mitgründer der Nachhaltigkeitsratingagentur oekom research AG. Robert Haßler absolvierte nach seiner Berufsausbildung zum Steuerfachgehilfen ein Studium der Betriebswirtschaftslehre an der Ludwig-Maximilians-Universität in München. Im Herbst 1992 stieg er als Leiter des Unternehmensbereichs Umwelt-Research in die neu gegründete ökom GmbH ein. Ein Jahr später startete er nach dem Gewinn einer internationalen Ausschreibung die Ratingaktivitäten der oekom. Er war von 1997 bis 1999 Geschäftsführer der ökom GmbH. 1999 wurde die Rating-Agentur aus der ökom GmbH in die neu gegründete oekom research AG ausgegliedert. Robert Haßler ist Mitgründer mehrerer Vereine, z. B. des Corporate Responsibility Interface Center (CRIC e. V.) und des Forum Nachhaltige Geldanlagen e. V., des Dachverbandes für nachhaltige Kapitalanlagen im deutschsprachigen Raum, dessen Vorstandsmitglied er seit 2001 ist.

Man muss den Finanzanalysten ökologisch relevante Aspekte inzwischen nicht mehr erklären – Reinhard Friesenbichler im Gespräch über Nachhaltigkeitsratings im Wandel der Zeit

Reinhard Friesenbichler

Zusammenfassung

Reinhard Friesenbichler, österreichischer Pionier im Bereich Nachhaltigkeitsresearch sowie Nachhaltiges Investment und Management, reflektiert über seine persönlichen Anfänge, die sich weitestgehend mit den SRI-Entwicklungen in Europa decken.

Nachhaltige Investments und Nachhaltigkeitsresearch sind inzwischen auch in andere Bereiche hineingewachsen, auch in konventionelle Marktsegmente und durchaus auch in Branchen wie Bergbau und Ölkonzerne. Mit einem Wort: Das Feld des Nachhaltigkeitsratings hat sich geöffnet. Es geht mittlerweile nicht nur um Aktien, sondern auch um Unternehmens- und Staatsanleihen, die schließlich die wichtigste Assetklasse darstellen. Aber auch andere Emittentenkreise wie Immobilien und Rohstoffinvestments sowie Derivate-Investments sollte man sich heute verstärkt ansehen. Darüber hinaus sehen wir eine thematische Expansion, horizontal wie vertikal. Nicht nur große, börsennotierte Unternehmen sind Gegenstand von Nachhaltigkeitsassessments. Researchinstrumente werden zunehmend auch in KMU (Klein- und Mittelbetrieben) zum Einsatz gebracht. Gleichzeitig finden einfache Instrumente der Nachhaltigkeitsprüfung Eingang in die Bonitätsprüfung von Banken.

Eine generelle Vereinheitlichung und Standardisierung des Nachhaltigkeitsresearch sieht Friesenbichler sehr kritisch. Er verweist auf die Komplexität der Messung von Nachhaltigkeit und Ethik und spricht sich für das gemeinsame Ziel unterschiedlicher Ansätze aus, dem Qualitäts- und Transparenzanspruch gerecht zu werden.

R. Friesenbichler (✉)
rfu, Loquaiplatz 13/10, 1060 Wien, Austria
E-Mail: friesenbichler@rfu.at

Abschließend geht Friesenbichler auf die Entwicklung und die Bedeutung des österreichischen Nachhaltigkeitsindex VÖNIX der Wiener Börse ein, den er selbst maßgeblich entwickelt hat und nach wie vor betreut.

▶ **Nachhaltigkeitsratings haben in Europa bereits eine Geschichte – ebenso wie die Widerstände und Vorurteile, auf die sie getroffen sind und immer noch treffen. Von den Anfängen bis jetzt: Wo waren damals die Schwierigkeiten, wo liegen sie heute?**

Die Anfänge, und auch meine persönlichen Anfänge, decken sich weitestgehend mit den SRI- Entwicklungen [Socially Responsible Investment] in Europa. Als Pioniere wären hier das Bankhaus Sarasin in der Schweiz, oekom research in Deutschland sowie einige maßgebliche Unternehmen in den USA zu nennen. Diese Zeiten sind gekennzeichnet von der Interpretation von SRI mit Fokussierung auf die ökologische Dimension. Und es gibt das Vorurteil, dass nachhaltige Investments weniger Rendite erwirtschaften.

Nachhaltige Investments und Nachhaltigkeitsresearch sind zwischenzeitlich auch in andere Branchen gewachsen, auch in konventionelle Marktsegmente, durchaus auch in Branchen wie Bergbau und Ölkonzerne. Mit einem Wort: Das Feld des Nachhaltigkeitsratings hat sich geöffnet. Es geht hier nicht nur um Aktien, wobei man ignoriert, dass Anleihen, etwa Staatsanleihen, zu den wichtigsten Assetklassen gehören. Aber auch andere Emittentenkreise wie Immobilien und Rohstoffinvestments sowie Derivate-Investments sollte man sich heute verstärkt ansehen.

Und schließlich sollte auch in diesem Zusammenhang das klassische Bankgeschäft nicht aus den Augen verloren werden: das Zinsdifferenzgeschäft, also die Einnahme von Geld von Sparern zur Veranlagung und die Vergabe von Krediten. Auch für dieses klassische Kerngeschäft einer Bank, das Kreditgeschäft für den „kleinen Häuslbauer", braucht es zunehmend eine interne und externe Nachhaltigkeitsbewertung – genauso wie für alle anderen erwähnten Produkte.

▶ **Was hat die Entwicklung der Nachhaltigkeitsratings beschleunigt, was verlangsamt?**

Aus globaler Sicht muss man festhalten, dass die Finanz- und Wirtschaftskrise des Jahres 2008 sowohl der SRI-Entwicklung als auch dem Nachhaltigkeitsresearch aus der Nische heraus zum Durchbruch verholfen hat. Wurden diese Themen vor 2008 mitunter noch als Modeerscheinung abgetan, war davon in den folgenden Jahren keine Rede mehr. Nachhaltige Investments haben sich zu einem etablierten Kapitalmarktsegment entwickelt. Das ist zu einem guten Teil dem „Schmerz" zu verdanken, den die Krisenjahre seit 2008 für Investoren mit sich gebracht haben. Gleichzeitig hat sich dabei auch die Fragilität des internationalen Finanzsystems deutlich gezeigt.

Aus österreichischer Sicht haben die Einführung der „Abfertigung neu" im Jahr 2003 sowie die Geschäftstätigkeit von betrieblichen Vorsorgekassen zu einem echten „Push" für mehr Nachhaltigkeit in der Veranlagung geführt.

▶ **Von der Vergangenheit in die Zukunft: Wie stehen die Prognosen für die Branche heute; wie wird sie sich entwickeln? Und welche Entwicklung wäre wünschenswert?**

Die Liste der Wünsche ist mit der der Prognosen fast identisch – wie schön. Aus meiner Sicht sehen wir heute eine Etablierung des Segments für nachhaltige Investments mit degressiven Raten. Nach einer groben Schätzung kann man davon ausgehen, dass wir momentan zehn Prozent aller AUMs [Assets under Management] in nachhaltigen Investments veranlagt haben. Eine realistische Prognose erscheint mir, dass wir in zehn Jahren rund 20 bis 30 % aller AUMs im Bereich von SRI veranlagt haben. Und auf diesem Niveau könnte ein explizites Nachhaltigkeitsinvestment auch seinen Plafond erreicht haben.

Dafür gehen Erkenntnisse des Nachhaltigkeitsresearch zunehmend auch in den Werkzeugkoffer des konventionellen Wertpapierresearch ein. Provokant gesprochen: Man muss den Finanzanalysten ökologisch relevante Aspekte inzwischen nicht mehr erklären. Der Schluss daraus ist zugleich auch ein Ausblick: Nachhaltigkeitsratings durchdringen wesentliche Teile des Kapitalmarkts sowohl implizit als auch explizit.

▶ **Wie schätzen Sie die internationale Entwicklung der „Branche" ein? Decken sich internationale Trends mit jenen im deutschsprachigen Raum, oder sind hier Unterschiede festzustellen?**

Das Researchuniversum von Nachhaltigkeitsratinganbietern wird immer größer. Heute sehen wir eine Coverage, die man sich vor zehn Jahren nicht einmal annähernd hätte vorstellen können – etwa was Emerging Markets als Beispiel für eine geographische Expansion betrifft. Darüber hinaus sehen wir auch eine thematische Expansion, sowohl horizontal als auch vertikal. Nicht nur große, börsennotierte Unternehmen sind Gegenstand von Nachhaltigkeitsassessments. Researchinstrumente werden zunehmend auch in den klassischen KMU-Branchen und -Unternehmen [Klein- und Mittelbetriebe] zum Einsatz gebracht. Wir sehen hier einen Trend, bei dem sich Klein- und Mittelbetriebe zunehmend von externen Nachhaltigkeitsratings überprüfen lassen – aber nicht etwa für Investoren, sondern um das eigene, interne Entwicklungspotenzial zu eruieren. Gleichzeitig finden einfache Instrumente der Nachhaltigkeitsprüfung Eingang in die Bonitätsprüfung von Banken.

In der Betrachtung von Nachhaltigkeitsratings im deutschsprachigen Raum gegenüber internationalen Entwicklungen ist festzuhalten, dass hier keine regionalen Spezifikationen in der Betrachtung festgemacht werden können. Ganz im Gegenteil: Es zeigt sich zunehmend, dass sich verschiedene SRI-Konzepte international annähern. Darüber hinaus werden neue Konzepte zunehmend präsenter in den Nachhaltigkeitsbetrachtungen, wie zum Beispiel das Impact Investment oder das Stakeholder Engagement. Zusammenfassend: Man kann zunehmend einen internationalen Gleichklang in Entwicklung und Weiterentwicklung von SRI-Konzepten feststellen, und auch von Kriterien für ein fundiertes Nachhaltigkeitsrating.

▶ **Standardisierung und Vereinheitlichung von Kriterien sind vieldiskutierte Themen im SRI-Bereich. Wie stehen Sie dazu? Halten Sie einheitliche Kriterien zur Bewertung von Nachhaltigkeit für sinnvoll?**

Die Frage, ob man beim Nachhaltigkeitsresearch den Prozess regulieren, standardisieren und vereinheitlichen soll, um ein besseres, vergleichbareres Ergebnis zu erhalten, sehe ich sehr kritisch. Ich würde mich sogar massiv dagegen aussprechen. Nachhaltigkeit und Ethik in einem Unternehmen zu messen ist ein sehr komplexes Vorhaben, es ist eine Illusion zu glauben, dass man den einen, einzigen richtigen Weg findet, der für alle Unternehmen und Stakeholder eines Nachhaltigkeitsratings gleichermaßen optimal ist. So etwas existiert einfach nicht. Es wird weiterhin eine Vielfalt an Ansätzen geben, deren gemeinsames Ziel es sein muss, dem Qualitäts- und Transparenzanspruch gerecht zu werden.

▶ **An der Wiener Börse gibt es mit dem VÖNIX seit knapp zehn Jahren einen Nachhaltigkeitsindex. Wie arbeitet dieser Index, und wie sehen Sie seine Auswirkungen auf den Markt?**

Der VBV-Österreichische Nachhaltigkeitsindex – so heißt der VÖNIX mit vollständigem Namen – der Wiener Börse wurde Mitte 2005 gestartet. Es handelt sich dabei um einen Preisindex, bestehend aus börsennotierten österreichischen Unternehmen, die hinsichtlich ihrer ökologischen und sozialen Leistungen als vorbildlich gelten. Es ist richtig, dass sich der zehnte Geburtstag des VÖNIX nähert – eine Zeitspanne, die unglaublich schnell vergangen ist.

Wie hat sich nun der VÖNIX entwickelt? Gegenüber dem ATX Prime konnte eine Outperformance von ca. einem Prozent pro Jahr erwirtschaftet werden. Hinsichtlich der Volatilität der VÖNIX-Werte war eine gleiche bis leicht geringere Standardabweichung als beim ATX Prime zu sehen. Festzustellen ist auch, dass sich die 20 bis 25 Unternehmen, die im VÖNIX abgebildet sind, erkennbar vorwärtsentwickelt haben, und dass sich sowohl die Reportingqualität als auch konkrete Managementmaßnahmen weiter und intensiver in den Unternehmen verbreiten. Zunehmend kritisch für die Qualität des VÖNIX ist eine Ausdünnung der Wiener Börse. Das Basisuniversum für die VÖNIX-Nachhaltigkeitsbetrachtung waren ursprünglich 70 Unternehmen, diese Anzahl ist inzwischen auf derzeit 60 Unternehmen gesunken. Diese Entwicklung ist mit Besorgnis zu sehen, da mittel- und langfristig zu wenig qualitative Substanz vorhanden sein könnte, um einen aussagekräftigen Nachhaltigkeitsindex zu generieren.

Mag. Reinhard Friesenbichler ist Spezialist für Nachhaltiges Investment und Management. Er hat 1997 die rfu (Mag. Reinhard Friesenbichler Unternehmensberatung) gegründet. Mit diesen Kernkompetenzen werden Kunden bei der Entwicklung und Umsetzung von Anlage- und Geschäftsstrategien unterstützt, z. B. durch die Konzeption von Investmentprodukten, Nachhaltigkeitsresearch und die Integration von Nachhaltigkeit in Managementsysteme. Kunden und Partner sind institutionelle Investoren, Unternehmen und öffentliche Stellen im deutschsprachigen Raum sowie in Zentral- und Osteuropa. Zu den wesentlichen Projekten zählt die Entwicklung und Betreuung der Nachhaltigkeitsindizes VÖNIX und CEERIUS (jeweils Wiener Börse) sowie einer Reihe von Fonds und sonstigen Portfolios mit einem Gesamtvolumen von mehreren Milliarden Euro.

Fünf Thesen zu den Erfordernissen eines Nachhaltigkeitsratings 2.0

Silke Stremlau

Zusammenfassung

Nachhaltigkeitsratings haben sich in den vergangenen Jahren als feste Größe zur Bildung von Nachhaltigkeitsfonds und Nachhaltigkeitsindizes am Markt etabliert. Durch ihr kontinuierliches Adressieren von Nachhaltigkeitsthemen an eine Vielzahl von Unternehmen, ihre Intermediärfunktion zwischen Investorenwünschen auf der einen Seite und Unternehmen auf der anderen sowie durch ihr Agenda-Setting von kontroversen Themen haben sie die Realität von Unternehmen im Hinblick auf CSR und verantwortliches Handeln verändert.

Wenngleich unbestritten ist, dass die Akzeptanz für diese extra-finanziellen Themen in Unternehmen – auch durch den Einfluss von Ratingagenturen – in den letzten Jahren gestiegen ist, mangelt es den Ratings an der tatsächlichen Messbarkeit des Einflusses, den ein Unternehmen auf die Umwelt und die Gesellschaft hat. Der Fokus der Ratings ist zu sehr geprägt von einem Abfragen standardisierter Managementsysteme und liegt weniger auf dem Hebel Richtung Nachhaltigkeit. Nachhaltigkeitsratings stehen somit vor einer kritischen Zäsur: einerseits wollen sie Mainstreaminvestoren erreichen und dürfen dann aus Diversifizierungsgesichtspunkten nicht zu streng in der Auswahl geeigneter Unternehmen werden, und andererseits müssen sie ihrer postulierten Lenkungsfunktion für eine nachhaltige Wirtschaft besser als heute nachkommen. Der tatsächliche Sustainability Impact eines Unternehmens muss adäquater als bisher ermittelt werden, damit der nachhaltige Finanzmarkt seine Gestaltungsmöglichkeiten hinsichtlich ökologischer und sozialer Verbesserungen bei Unternehmen besser ausnutzt. Ausgangspunkt und Ziel – hin zu einem Nachhaltigkeitsrating 2.0 – sind demnach klar, nur der Weg ist erst teilweise erkennbar.

S. Stremlau (✉)
BANK IM BISTUM ESSEN eG., Gildehofstrasse 2, 45127 Essen, Deutschland
E-Mail: Silke.stremlau@bibessen.de

1 Einführung und Problemstellung

CSR- und Nachhaltigkeitsratings haben sich in den letzten Jahren als neuartige Markttransparenzinstrumente institutionalisiert und professionalisiert. Seit Ende der 1990er Jahre entdecken und entwickeln sogenannte Nachhaltigkeitsratingagenturen das Geschäftsfeld der Nachhaltigkeitsbewertung von Unternehmen. Allein am Finanzmarkt sind parallel zu den bekannten klassischen Finanzratingagenturen inzwischen weltweit über 30 Nachhaltigkeitsratingagenturen entstanden, die ihre Analysen an Banken, Versicherungen und andere verkaufen, die auf dieser Grundlage „nachhaltige Fonds", „Nachhaltigkeitsindizes" oder auch sehr fokussierte Fonds etwa mit entwicklungspolitischem Ansatz am Markt platzieren. Auch auf den Konsumgütermärkten haben sich CSR-Ratings in der Tradition der ethischen Shopping-Guides in Deutschland[1] vor allem bei der Stiftung Warentest und der Verbraucher Initiative etabliert. Sie stellen Verbrauchern mithilfe dieser CSR-Ratings Aussagen über die Nachhaltigkeitsleistungen von Unternehmen zur Verfügung. Das Start-up-Unternehmen WeGreen hat beispielsweise eine Internetplattform geschaffen, auf der die am Markt vorhandenen Nachhaltigkeitsratings zusammengefasst und in Form einer einfachen Nachhaltigkeitsampel für Verbraucher nutzbar gemacht werden.[2]

Nachhaltigkeitsratings, die von Ratingagenturen oder Verbraucherinstitutionen eingesetzt werden, haben nicht nur einen über die Marktakteure vermittelten indirekten, sondern häufig auch einen direkten Einfluss auf die Ausgestaltung der Nachhaltigkeitspolitik von Unternehmen. Nachhaltigkeitsratings signalisieren den Unternehmen mit ihren abgefragten Kriterien die Erwartungen der Gesellschaft. Ihr „direkter" Einfluss auf die Ausformulierung von Nachhaltigkeitsstrategien der Unternehmen kann nicht hoch genug eingeschätzt werden. Aus Sicht der Unternehmen werden Ratingagenturen, die CSR-Tests durchführen, häufig als extrem wichtige Stakeholder angesehen.[3] Auch unternehmensgerichtete Wirkungsstudien von veröffentlichten CSR-Tests der Stiftung Warentest belegen, dass die in den Nachhaltigkeitsratings angewandten Kriterien von den Unternehmen als eine Art Richtschnur für ihre zukünftige Nachhaltigkeitsstrategie angesehen werden.[4]

Allerdings mehren sich in letzter Zeit Stimmen, die den vermeintlich positiven Beitrag von Nachhaltigkeitsratings kritisieren. Diesen kritischen Stimmen soll im Folgenden Rechnung getragen und ihr Impuls als Anreiz verstanden werden, die jetzigen Nachhaltigkeitsratings proaktiv weiter zu entwickeln. Gleichwohl muss an dieser Stelle noch einmal die Zielsetzung von Nachhaltigkeitsratings überprüft werden: Denn diese gestaltet sich vielschichtig. Zum einen geht es vielen Investoren bei der Verwendung von sozial-ökologischen Zusatzinformationen um klare Risikominimierung im folgenden Sinne: Je mehr potenzielle Risiken, auch extra-finanzieller Art ich in meine Unternehmensbewertung mit einschließe, desto besser und stichhaltiger wird mein Bild von dem bewerteten

---

[1] Vgl. imug (1997).
[2] www.wegreen.de.
[3] Vgl. oekom research AG (2013, S. 24).
[4] Vgl. imug (2006).

Unternehmen. Der jahrelange Fokus allein auf finanzielle Aspekte der Geschäftstätigkeit greift demnach zu kurz, wenn auch soziale, ethische und Governance-Aspekte (im folgenden ESG) Einfluss auf die ökonomische Entwicklung eines Unternehmens haben. Es gibt jedoch gleichzeitig Investoren, die einen anderen Ansatz bei der Verwendung von ESG-Aspekten bei der Geldanlage verfolgen: Sie möchten nicht in Unternehmen investieren, die durch ihre Produkte, ihre Produktionsweisen oder ihren Umgang mit Ressourcen und Stakeholdern der Welt und den natürlichen Grundlagen einen Schaden zufügen. Dies wird zum einen durch Ausschlüsse bestimmter unethischer oder umweltschädlicher Branchen umgesetzt, wie etwa Nicht-Investments in die Rüstungs- und Tabakindustrie. Zum anderen werden Unternehmen ausgeschlossen, die systematisch gegen die Menschenrechte verstoßen oder Bestechungs- und Korruptionsvorfälle aufweisen. Diesen Investoren ist es wichtig, dass ihr Geld eine Lenkungsfunktion übernimmt, hin zu vermeintlich sauberen Produkten oder Unternehmen, die einen Beitrag zur Lösung unserer weltweiten Probleme leisten.

Somit haben wir es auf der einen Seite mit Risiko-Investoren und auf der anderen Seite mit wertorientierten Investoren zu tun. Diese beiden sich teilweise ergänzenden, überschneidenden, aber in Teilen auch konfliktären Betrachtungsweisen sollen im Blick behalten werden, wenn der Erfolg von Nachhaltigkeitsratings beurteilt werden soll. Letztlich geht es bei der Weiterentwicklung bestehender Ansätze hin zu einem Nachhaltigkeitsrating 2.0 um bisher nicht Erreichtes im Hinblick auf eigentliche Zielsetzungen.

2 Fünf Thesen zum Nachhaltigkeitsrating 2.0

2.1 Nachhaltigkeitsratings haben die Welt großer Konzerne in den letzten zwanzig Jahren verändert

Betrachtet man die Entwicklung der Nachhaltigkeitsratings und ihre Bearbeitung in Unternehmen in den letzten zwanzig Jahren, so ist eine deutliche Entwicklung zu erkennen. Eines der ersten Konzepte war der sozial-ökologische Unternehmenstest des imug Institut e.V.[5], entwickelt zwischen 1992 und 1994, mit dem klaren Fokus auf verbrauchernahe Branchen wie die Kosmetik-, Elektro- oder Sportschuhindustrie. Ende der 1990er Jahre wurde dann der Dow Jones Sustainability Index lanciert, einige Zeit später folgte der FTSE4Good-Index an der Londoner Börse. imug und oekom research AG wurden beide 1992 gegründet und haben den Markt der Nachhaltigkeitsratings im deutschsprachigen Raum entscheidend mitgeprägt. Während gleich zu Beginn eine Vielzahl an Kriterien entwickelt wurde, die in Teilen immer noch relevant sind und abgefragt werden, sah die Reaktion auf Unternehmensseite völlig anders aus. Es gab keine professionalisierten CSR-Abteilungen, welche die Fragebögen der Analysten beantwortet hätten, sondern man musste sich mühsam nach einem geeigneten Ansprechpartner im Unternehmen durchfra-

---

[5] Vgl. imug (1997).

gen. Dies war in manchen Fällen die PR-Abteilung, in anderen die Personalabteilung oder auch das Vorstandssekretariat. Außerdem gab es keine Nachhaltigkeitsberichte, welche die wesentlichen Kennzahlen, Policies und Managementsysteme darstellten, sondern allenfalls einen dürftigen EMAS-Bericht für einzelne zertifizierte Standorte oder bei Großkonzernen mit starker Mitarbeitervertretung einen Personalbericht.

Heute sieht die Welt – in Teilen – anders aus: Gerade die großen marktkapitalisierten multinationalen Konzerne haben CSR-Themen fest in ihre Unternehmensstrategien integriert. Profis beantworten die Fragen der Ratingagenturen, konzernweite ESG-Daten werden erhoben und transparent berichtet, internationale Reporting-Standards für Nachhaltigkeitsberichte wie GRI4 werden mit Feedback von Unternehmen weiterentwickelt und angewendet, Unternehmen organisieren sich in CSR-Netzwerken, betreiben Erfahrungsaustausch und bauen CSR-Themen in ihre Roadshows bei Investorenmeetings ein. Dies sind nur einige Beispiele für die zunehmende Professionalisierung des Themas „CSR und Nachhaltigkeit".

Aber dies gilt vor allem für die Großkonzerne, die sich einer zunehmend sensibilisierten Öffentlichkeit ausgesetzt sehen und die im Fokus vieler medial und von Social Media begleiteten Kampagnen weltweit agierender NGOs stehen.[6] Trotz der inzwischen gut etablierten Kooperation zwischen Unternehmen und Ratingagenturen und testenden Verbraucherorganisationen werden von Unternehmen immer wieder unübersichtliche Fragebögen und in Teilen auch beliebige Fragen sowie der beträchtliche Aufwand, den die Beantwortung mit sich bringt, kritisiert.[7]

Fakt ist: Unternehmen haben die Relevanz von Nachhaltigkeitsratings sowohl für den Finanzmarkt als auch für die öffentliche Wahrnehmung erkannt und gehen je nach Branche und Exposure zunehmend proaktiver damit um.

Für ein Nachhaltigkeitsrating 2.0 bedeutet dies, Unternehmen auch zukünftig mit kritischen, materiellen und neuen Fragestellungen zu konfrontieren, um Transparenz zu erhalten und Innovationen und Verbesserungen im Sinne einer nachhaltigen Wirtschaftsweise voranzubringen.

2.2 Nachhaltigkeitsratings nutzen sowohl Investoren als auch Unternehmen

Bei mancher Kritik, die zurzeit am Sinn und Nutzen von Nachhaltigkeitsratings geäußert wird, hat man den Eindruck, Nachhaltigkeitsratingagenturen betreiben die Informations- und Datensammlung einzig aus der Motivation heraus, Datenberge zu produzieren und die CSR-Abteilungen der Unternehmen zu drangsalieren.

---

[6] Ein Beispiel ist die Greenpeace-Kampagne gegen Volkswagen aus dem Jahr 2012, die per E-Mail und Facebook im Stil von Star Trek geführt wurde.

[7] Vgl. Econsense (2012).

Ratingagenturen betreiben das Geschäft aber nicht für sich oder aus reinem Zeitvertreib. Hinter den Ratings stehen Investoren, die diese Ratings bezahlen und die daraus gewonnenen Informationen für ihre Anlageentscheidungen nutzen. Dies sind vor allem institutionelle Investoren, die sowohl aus Risikogesichtspunkten als auch aus ethischen Motiven heraus sehr detaillierte Informationen und Einschätzungen ihrer Investments benötigen, die detaillierte Auskunftswünsche haben und oft ausgefeilte Anlagestrategien, auch im Nachhaltigkeitsbereich, umsetzen. Des Weiteren gibt es Publikumsfonds, die sich von der breiten Masse der Best-in-Class-Fonds absetzen, indem sie genaue Auswahlkriterien für ihren Nachhaltigkeitsfonds haben. Die Installation eines Anlageausschusses, der mit renommierten Experten besetzt ist, hat mittlerweile keinen Seltenheitswert mehr. Die Mitglieder ringen um jedes neue Investment und führen komplexe Diskussionen zur wirklichen Nachhaltigkeitsperformance einzelner Titel.[8]

Ohne detaillierte, aggregierte und kritisch analysierte ESG-Daten von einer Vielzahl an Unternehmen lassen sich moderne Nachhaltigkeitsportfolios nicht managen. Kein konventioneller Fondsmanager kann diese Analysen selber erstellen, weil ihm das nötige Fachwissen fehlt. Auch kein interessierter institutioneller Investor, der die Nachhaltigkeitsberichte von vier Unternehmen aufmerksam liest, kann sich ein umfassendes Bild über den Vergleich innerhalb einer Branche machen, noch hat er Zugang zu kritischen NGO-Informationen oder spezialisierten Datenbanken zu Rüstungs- oder Gentechnik-Engagements globaler Konzerne. Wenn es um mehr als einen subjektiven Blick auf das Unternehmen geht, sind kritische, spezialisierte und international vernetzte Experten gefragt, die Unternehmen miteinander vergleichen, hinter blumige Greenwashing-Aussagen schauen und NGO-Berichte zu den Angaben des Unternehmens ins Verhältnis setzen.

Damit wird die Lenkungsfunktion des nachhaltig orientierten Finanzmarktes deutlich: Die Nachfrage der Investoren nach sehr guter CSR-Performance beeinflusst die Unternehmen. Wenn diese den Ansprüchen der Investoren nicht genügen, drohen ihnen entweder Kursverluste, weil große Aktienpakete veräußert werden, oder Reputationsrisiken, wenn dies zudem noch in die Öffentlichkeit getragen wird. Ein prominentes Beispiel dafür ist der Norwegische Pensionsfonds, der den Verkauf seines Wal-Mart-Aktienpaketes aufgrund wiederholter Verstöße gegen internationale Arbeitsstandards in der Lieferantenkette öffentlich gemacht und viele andere Investoren zur Nachahmung angeregt hat.

Doch nicht alleine die Investoren profitieren von den generierten Zusatzinformationen, sondern auch die Unternehmen. Diese erhalten durch die Rückspiegelung der Ratingergebnisse quasi kostenlose Verbesserungsvorschläge. Sie bekommen Feedback zu Schwächen in den Regelwerken und Managementsystemen und hören sehr komprimiert, wie wich-

---

[8] Ein Beispiel für einen sehr umfangreichen Kriterienkatalog ist der FairWorldFonds, der von Brot für die Welt mitentwickelt wurde. Das Anforderungsprofil ist genauestens nach Assetklassen unterteilt; Definition unter http://www.fairworldfonds.de/fileadmin/USER/Download/Fondsfolder/09_Profil_Ethisches_Investment_Internet.pdf. Außerdem gibt es einen Kriterienausschuss, der sowohl die Aufnahme neuer Titel ins Portfolio als auch die Weiterentwicklung der Kriterien diskutiert.

tige Stakeholder ihre Nachhaltigkeitsleistungen bewerten.[9] Nachhaltigkeitsratings übernehmen so eine wichtige Mittlerfunktion zwischen den Ansprüchen des Finanzmarktes respektive der Investoren auf der einen und den Unternehmen auf der anderen Seite.[10]

Dies geschieht natürlich nur unter der Annahme, dass die Ratingagenturen den Unternehmen auch regelmäßig, in der Regel einmal pro Jahr, das komplette Ratingprofil, das sie an Investoren verkaufen, zur Kommentierung und Ergänzung überlassen. Zudem müssen die Profile so klar strukturiert sein, dass das Ratingurteil und mögliche Punkte, die das Unternehmen noch liefern müsste, um sich im Rating zu verbessern, klar erkennbar sind. Es darf sich beim Rating also nicht um eine Blackbox handeln. Dies ist ein wichtiger Grundsatz von ARISTA[11], einem freiwilligen Qualitätsstandard, zu dem sich eine Reihe von unabhängigen Nachhaltigkeitsratingagenturen verpflichtet haben.

Für ein Nachhaltigkeitsrating 2.0 bedeutet dies, den bewerteten Unternehmen noch stärker als bisher konkretes und nachvollziehbares Feedback zu ihrer ESG-Performance zu vermitteln, um mittel- bis langfristige Verbesserungsprozesse im Unternehmen anzustoßen und gleichzeitig an einer besseren Vermittelbarkeit der Ratingergebnisse für die Investoren zu arbeiten.

2.3 Nachhaltigkeitsratings haben zu mehr Akzeptanz von CSR beigetragen; den Anspruch, die Welt ökologischer und sozialer zu gestalten, bleiben sie schuldig

Das letzte Jahrzehnt hat sicherlich zu mehr Akzeptanz von CSR- und Nachhaltigkeitsthemen in Großkonzernen beigetragen. Ablesbar ist dies zum Beispiel daran, dass immer mehr Unternehmen die Verantwortlichkeit für das Thema direkt beim Vorstand anbringen. Andere Konzerne knüpfen einen Teil der Vergütung des Vorstands oder des oberen Managements an die Erreichung von ESG-Zielen[12], und sicherlich ist die Anzahl der Mitarbeiter in Nachhaltigkeitsabteilungen in DAX-Konzernen über die letzten Jahre kontinuierlich gewachsen. Aber auch dieses Wachstum soll ja nicht Selbstzweck werden, sondern sich an einer besseren Nachhaltigkeitsperformance ablesen lassen können. Hier den richtigen Beweis anzutreten, fällt schwer. Man könnte zum einen auf die Ratingergebnisse blicken und schauen, wie diese sich im Zeitverlauf verändert haben.

Wirft man einen Blick auf die Ergebnisse der Emittentenbewertung im imug-Nachhaltigkeitsrating von Bankanleihen zwischen 2010 und 2013 (Abb. 1), fällt zweierlei auf: Aufgrund einer fortwährenden Verschärfung der Ratingkriterien geht der Anteil der „gut" und „sehr gut" bewerteten Banken stetig zurück, das heißt, immer weniger Banken erreichen die hohen Messlatten. Gleichzeitig sinkt der Anteil der sehr schlecht bewerteten

---

[9] Vgl. oekom research AG (2013, S. 27).
[10] Vgl. Südwind-Institut (2014, S. 18).
[11] Vgl. www.arista-standard.org.
[12] Vgl. Bergius (2014, S. 2).

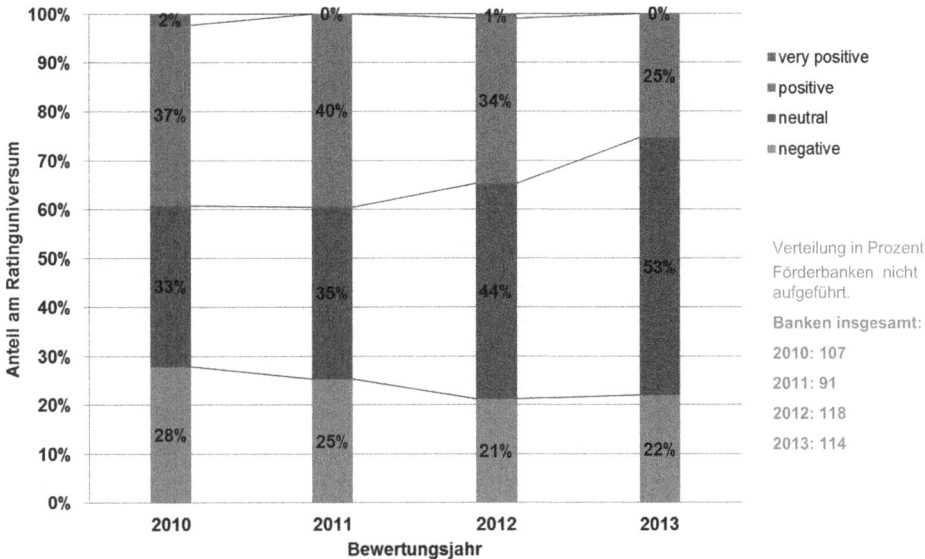

Abb. 1 Bewertung der Nachhaltigkeitsperformance der Emittenten im imug-Nachhaltigkeitsrating von Bankanleihen im Zeitverlauf. (imug 2014)

Banken und steigt zugunsten der Banken, die sich im Mittelfeld befinden und eine „neutrale" Bewertung erhalten. Übersetzen könnte man dies folgendermaßen: Insgesamt ist eine Verbesserung der Nachhaltigkeitsanstrengungen im Bankensektor zu verzeichnen, gleichwohl wird der Anteil der Banken, die das Thema umfassend und gründlich bearbeiten, eher kleiner.

Ein anderer Blickwinkel würde sich herstellen, wenn man fragte, ob sich unsere globalen Menschheitsprobleme seit Beginn der Entwicklung eines nachhaltigen Finanzmarktes verbessert haben. Ganz plakativ: Hat sich die Armut verringert, sind die CO_2-Emissionen zurückgegangen, hat die Artenvielfalt zugenommen, ist der Ressourcenverbrauch pro Produkt geringer, und hat sich die Einhaltung internationaler Sozialstandards verbessert?

An dieser Stelle ist Ernüchterung angesagt. Die globalen ökologischen und sozialen Probleme haben sich nicht verbessert, sie sind eher schlimmer geworden. Hinzu kommen Aussagen von Unternehmen, die besagen, dass nicht Nachhaltigkeitsratings sie zu einem verantwortlicheren Handeln bewogen haben, sondern eher der Druck von Nichtregierungsorganisationen oder lokalen Stakeholdergruppen vor Ort.[13]

An dieser Stelle muss zweierlei betont werden: Zum einen fehlt nach wie vor eine breit angelegte, wissenschaftlich fundierte Wirkungsanalyse der tatsächlichen Einflüsse von Nachhaltigkeitsratings auf die ESG-Performance von Unternehmen. Es reicht nicht aus,

---

[13] Vgl. Südwind-Institut (2014, S. 27).

20 Unternehmensvertreter in kurzen, qualitativ angelegten Interviews zu ihren subjektiven Einschätzungen zu befragen. Vielmehr benötigt man Studien über einen längeren Zeitverlauf, mit einer branchenübergreifenden Auswahl und outputorientierten Vergleichen.

Zum anderen muss man sich aber auch einmal die reale Marktmacht des nachhaltigen Investments vergegenwärtigen. Im deutschen Markt werden nach wie vor lediglich weniger als zwei Prozent der Gelder, die in Aktien- oder Rentenfonds investiert sind, nach Nachhaltigkeitskriterien angelegt. Wie soll also von einer Nische eine derartig umwälzende Entwicklung angegangen werden?

Nachhaltigkeitsratingagenturen sind nur ein Teil, ein Rädchen im System, das Unternehmen beeinflusst und vorantreibt. Es handelt sich hier um ein multifaktorielles Bedingungsgefüge, bei dem verschiedene Player ihre systemeigenen Rollen innehaben, die sich teilweise ergänzen und teilweise aber auch behindern. Es ist ein Zusammenspiel zwischen ordnungspolitischen Vorgaben – gerade in Entwicklungs- und Schwellenländern, wo es eher ein Defizit an der Festschreibung und Durchsetzbarkeit von wirtschaftlichen, sozialen und kulturellen Werten gibt – und zwischen öffentlichem Druck von NGOs und Presse, Druck von Kunden, Mitarbeitern und Investoren und auch von Ratingagenturen. Die Rolle von Nachhaltigkeitsratingagenturen würde völlig überschätzt, sähe man in ihnen den größten Antreiber.

In der Vergangenheit ging es oft mehr darum, neue und weitere Kundengruppen zu erschließen und sich mehr über den Anteil der nachhaltig gemanagten Assets zu definieren. Zukünftig muss die Messlatte auch abfragen, wie viel gesellschaftliche Veränderung durch die Investments erreicht wird.

Für ein Nachhaltigkeitsrating 2.0 bedeutet dies, stärker als bisher die Wirkung in und auf das konkrete Unternehmensverhalten in den Fokus zu nehmen und zu kommunizieren. Durch die Beweisführung, was durch Nachhaltigkeitsratings bewegt wird, erreicht der Markt eine höhere Glaubwürdigkeit und Daseinsberechtigung.

2.4 Nachhaltigkeitsratings bilden zu wenig den tatsächlichen Einfluss der Unternehmen auf Umwelt und Gesellschaft ab

Fragt man Personen, die nicht zu den Insidern des nachhaltigen Finanzmarktes gehören, nach ihren Erwartungen an einen Nachhaltigkeitsfonds, hört man viel von „grünen Unternehmen", Solar- oder Windenergieproduzenten, Wasserreinigungsspezialisten oder anderen einschlägigen, alternativen Titeln. Und jeder dieser Laien ist überrascht, wenn er im Portfolio eines vermeintlich nachhaltigen Best-in-Class-Fonds Titel wie *Bayer*, *Daimler* oder *Shell* findet, da diese Unternehmen in der öffentlichen Wahrnehmung eher als „Umweltsünder" denn als Protagonisten der „Green Economy" gelten. Dieses Dilemma lässt sich noch relativ gut aufklären, indem auf die Anreizfunktion des Best-in-Class-Ansatzes verwiesen wird, ebenso wie auf geeignete Marktkapitalisierung für ein breit diversifiziertes Fondsportfolio. Es verdeutlicht aber auch, dass es in der Außenwahrnehmung vor allem darum geht, nicht Managementsysteme und Leitlinien als Bewertungsmaßstab heranzuziehen, sondern einen Fokus auf den wirklichen Beitrag eines Konzerns zur Lösung globaler Umwelt- und Gerechtigkeitsprobleme zu legen.

Fakt ist jedoch, dass bestehende Ansätze, die Nachhaltigkeitsperformance eines Unternehmens zu bewerten, zu kurz greifen.

Die Kritik an bestehenden Nachhaltigkeitsratings kann auf folgende Punkte verdichtet werden:

- Die Ratings sind zumeist stark angelsächsisch geprägt und haben einen Fokus auf relativ leicht abprüfbare Leitlinien und Managementsysteme, weniger auf einen wirklich messbaren Output der Produkte und deren Hebel Richtung Nachhaltigkeit. Dieser kann nur indirekt hergeleitet werden.
- Die meisten Ansätze bewerten zudem die Unternehmen anhand zu vieler Einzelkriterien, die nicht-materielle Aspekte der Unternehmenstätigkeit erfassen, aber zum Teil nur einen geringen Einfluss auf die tatsächliche Nachhaltigkeitsperformance des Unternehmens haben.
- Es gibt bisher noch keine schlüssigen Bewertungskonzepte, wie der Einfluss der Lieferantenkette in die Nachhaltigkeitsratings mit einfließen kann. Es wird zwar geschaut, ob Arbeitsstandards in der Lieferantenkette eingehalten werden; wie es aber um die Materialintensität der Vorprodukte steht oder wie die Abbaubedingungen der verwendeten Rohstoffe aussehen, bleibt größtenteils in den Ratings außen vor.
- Des Weiteren stehen Nachhaltigkeitsratings separat neben den Finanzratings. Sie werden additiv, aber nicht integriert verwendet oder betrachtet. Dies fördert nicht das eigentlich dringend notwendige Verständnis vonseiten konventioneller Analysten und Fondsmanager für die Relevanz von ESG-Faktoren bezüglich der Werthaltigkeit von Unternehmen.

Für ein Nachhaltigkeitsrating 2.0 bedeutet dies, eine konsequente Weiterentwicklung der Bewertungskriterien zu betreiben und sich nicht auf Leistungsindikatoren auszuruhen.

2.5 Nachhaltigkeitsratings müssen in Zukunft impactorientierter, aussagekräftiger, branchenfokussierter, professioneller, materieller und kritischer werden

Die am Markt etablierten Nachhaltigkeitsratings nehmen in den unternehmens- und verbrauchergerichteten Diskursen über Nachhaltigkeit und CSR eine zentrale Stellung ein (Abb. 2). Sie werden vielfach als wichtigste Instrumente für die Evaluation von CSR- und Nachhaltigkeitsleistungen für Unternehmen angesehen.[14]

Die in aller Regel kriterien- und faktenorientierten Ratingansätze zeichnen sich im Gegensatz zu anderen Instrumenten des Nachhaltigkeitsdiskurses durch ihren Versuch

---

[14] Vgl. imug (2012).

Abb. 2 Zentrale Stellung von Nachhaltigkeitsratings im Nachhaltigkeitsdiskurs zwischen Unternehmen und Investoren. (imug 2013)

aus, die weichen Konstrukte Nachhaltigkeit und Verantwortung „messbar" und damit auch überprüfbar zu machen. Sie können als externe Steuerungs- und Controllinginstrumente gedeutet werden, die Unternehmen auf ihren Wegen in Richtung Nachhaltigkeit die richtigen „Fragen" stellen und auch Anreize in Form von Belohnungen auf den Finanz- und Konsumgütermärkten bieten. Diese Funktion können sie nur erfüllen, wenn die Ratings eine angemessene Transparenz über die verwendeten Kriterien und Bewertungsprozeduren herstellen.[15]

Im Vorangegangenen wurde der Status quo der Nachhaltigkeitsratings mitsamt allen Erfolgen, aber auch Defiziten skizziert. In Hinblick auf eine Weiterentwicklung bestehender Ansätze hin zu einem Nachhaltigkeitsrating 2.0 ergeben sich daraus folgende Herausforderungen:

Impactorientierter Für die Messung des gesellschaftlichen Beitrags – „Impact" – von Unternehmen gibt es bisher noch fast keine wissenschaftlich fundierten Ansätze. Auch ein aktuelles Forschungsprojekt zum Thema „Impact" des Öko-Instituts kommt zu dem Schluss, dass es zum einen kein einheitliches Verständnis davon gibt, was „Impact" eigentlich bedeutet. Zum anderen kennen Unternehmen ihre wesentlichen Wirkungspfade gar nicht oder nur sehr ungenau. Darüber hinaus gibt es keine Indikatoren und Berichterstattungsstandards, die systematisch zwischen Performance im Unternehmen und konkreter

---

[15] Vgl. Econsense (2012, S. 5).

Auswirkung auf die Umwelt und die Gesellschaft (Impact) unterscheiden.[16] Letztlich geht es aber bei nachhaltigem Investment um den Beitrag von global agierenden Unternehmen. Diese Wertschöpfung kann sich ökonomisch, aber eben auch sozial, ökologisch, ethisch oder kulturell ausdrücken. Impactorientierte Nachhaltigkeitsratings müssen mehr denn je der Frage nachgehen, welche Veränderungen auf gesellschaftlicher Ebene durch das Verhalten und durch die Produkte und Dienstleistungen des bewerteten Unternehmen bewirkt werden.

Aussagekräftiger Der Markt der Nachhaltigkeitsratings lebt momentan von seiner Vielfalt. Jede Agentur hat eigene Kriterien, eigene Gesamturteile und eigene Bewertungsverfahren. Was für den Markt und die unterschiedlichen Profilierungswünsche förderlich ist, verwirrt bisweilen die Endnutzer, vor allem Privatanleger, die nur oberflächliches Wissen über den Markt und seine Mechanismen haben. Die Lösung des Problems liegt sicherlich nicht in einem Einheitsrating. Dazu ist das Thema Nachhaltigkeit zu komplex, zu vielschichtig, und die Investoren verfolgen zu unterschiedliche Aspekte und Themen, als dass sie mit einem Einheitsrating abgedeckt werden könnten. Dennoch sind die Agenturen dazu aufgefordert, mehr denn je für Transparenz in der Bewertungsmethodik und Nachvollziehbarkeit ihrer Ratings zu sorgen. Ob sie sich bei den Ratingurteilen an der etablierten Sprache der Finanzratings orientieren sollten, ist dabei nur eine Frage. Insgesamt aber müssen gerade sie darum bemüht sein, sowohl den Nutzern (Investoren) als auch den Objekten der Ratings (Unternehmen) mehr Glaubwürdigkeit, Nachvollziehbarkeit und Transparenz zu garantieren.

Branchenfokussierter Dieser Anspruch wird sicherlich von den meisten Ratingagenturen heute schon geteilt. Unterschiedliche Branchen sind unterschiedlichen ESG-Themen in unterschiedlicher Tiefe ausgesetzt und bedürfen einer differenzierten Betrachtungsweise. Auch wenn dies heute schon von einem Großteil der Rater umgesetzt wird, besteht hier noch Luft nach oben, Standardkriterien zu vermeiden und an einer stärkeren Ausdifferenzierung und Profilierung zu arbeiten. Das allerdings erfordert jede Menge fachliches Know-how, eine spezielle Branchenexpertise und die Erarbeitung sehr differenzierter Kriterien.

Professioneller Nachhaltigkeitsratings müssen zukünftig den Spagat zwischen einer anschlussfähigen Sprache für Konzernlenker und einem hohen inhaltlichen Anspruch exzellenter meistern. Vorständen internationaler Aktiengesellschaften wird durch eine zunehmende Professionalisierung hinsichtlich Sprache, Auftreten, Kompaktheit, Schärfe und Passgenauigkeit der Bewertungskriterien deutlich, dass Nachhaltigkeitsratings eine bedeutende Rolle am Finanzmarkt spielen und der Einfluss nachhaltig anlegender Investoren nicht mehr zu unterschätzen ist.

---

[16] Vgl. Öko-Institut (2013).

Materieller In den letzten Jahren wurde bereits in der Nachhaltigkeitsberichterstattung ein Wechsel hin zu mehr Materialität oder auch Wesentlichkeit eingeläutet. Unternehmen sollten für sich analysieren, welche Nachhaltigkeitsthemen sowohl aus ihrer Sicht als auch aus Stakeholdersicht die größte Relevanz für das Unternehmen haben. Auch der neue Standard GRI 4 der Global Reporting Initiative greift diesen Aspekt auf und hat damit Handlungscharakter für die Nachhaltigkeitsratings. Die neue Maßgabe lautet: „Weniger ist mehr". Unternehmen sollen die Berichte abspecken und sich auf die für ihre Wertschöpfungskette wesentlichen Informationen konzentrieren. Es geht nicht mehr nur um das Abhaken von Leistungsindikatoren, sondern sie sollen die Herangehensweise des Managements erläutern. Ähnlich wie die „Integrierte Berichterstattung" erfordert dies aber einen Strategiewechsel im Unternehmen und eine komplette Neuorientierung in Strukturen, Prozessen und Verantwortlichkeiten. Nachhaltigkeitsratings sind dazu aufgefordert, diese unternehmensspezifische Fokussierung adäquat abzubilden und damit auch einen Materialitätscheck der Bewertungskriterien durchzuführen. Und dies weiterhin unter der Maßgabe, dass die Ratings vergleichbar sein müssen, auch wenn von Unternehmen zu Unternehmen unterschiedliche Bewertungskriterien greifen.

Kritischer Viele aktuelle Nachhaltigkeitsratings sind zu unkritisch. Unkritisch in dem Sinne, dass sie eine wirkliche Lenkungsfunktion des Geldes übernehmen und Investoren deutliche Auskunft darüber geben, ob die Unternehmen eine wirkliche Lösungsorientierung für unsere globalen Probleme vorweisen können. Ziel muss es sein, dass nur wirklich nachhaltige Unternehmen mit sauberen Lieferketten, nahezu unschädlichen Produkten und vorbildlichen Managementstandards Best-Bewertungen erhalten.

3 Fazit

Der Ausgangspunkt und das Ziel sind klar, der Weg dahin ist teilweise noch verborgen.

Der Bedarf und die Herausforderungen für die nötige Weiterentwicklung bestehender Ratingansätze hin zu einem Nachhaltigkeitsrating 2.0 liegen auf der Hand: weg vom bloßen Datensammeln und Abhaken standardisierter Managementinstrumente, die eigentlich schon in jedem Unternehmen verankert sein sollten; hin zu einer Messbarmachung des Nachhaltigkeitsimpacts und zu einem detaillierten Verständnis darüber, welchen Hebel das Unternehmen in Richtung Nachhaltigkeit hat und inwiefern es diesem Anspruch gerecht wird.

Diese nötige Weiterentwicklung bestehender Ratingansätze werden Ratingagenturen nicht alleine erfüllen können. Nötig sind hierfür:

- weitere wissenschaftliche Forschung,
- Unternehmen, die bereit sind, sich diesen neuen, umfassenden Fragen zu stellen,

- NGOs, die als kritische Stakeholder immer wieder die wesentlichen Fragen aus der Sicht der Zivilgesellschaft in den Fokus rücken, und
- Investoren, die willens und bereit sind, dafür einen Teil ihrer Researchgelder bereitzustellen.

Vor allem müssen Investoren als Auftraggeber von Nachhaltigkeitsratings diese stärkere Lenkungsfunktion ihres Geldes erkennen, wollen und auch einfordern. Wenn Nachhaltigkeitsratings kritischer, impactorientierter und materieller werden, wird dies nicht unbedingt die Anzahl geeigneter Investmentobjekte erhöhen. Eher im Gegenteil – denn wirklich nachhaltige Unternehmen gibt es definitiv noch zu wenig.

Literatur

Bergius S (2014) Boni für Verantwortung in Unternehmen. In: Handelsblatt Business Briefing Nachhaltige Investments, 14.3.2014. http://www.handelsblatt.com/downloads/9631594/1/HB-Business-Briefing-Investments_03_14.pdf. Zugegriffen: 29. April 2014

Econsense (2012) Mehr Transparenz, mehr Effizienz, mehr Wirkung. http://www.econsense.de/sites/all/files/ESG%20Ratings%20und%20Rankings_econsense_121112.pdf. Zugegriffen: 7. März 2014

Figge F (2002) Stakeholder Value Matrix. Die Verbindung zwischen Shareholder Value und Stakeholder Value. http://www2.leuphana.de/umanagement/csm/content/nama/downloads/download_publikationen/21-4downloadversion.pdf. Zugegriffen: 7. März 2014

imug (Hrsg) (1997) Unternehmenstest. Neue Herausforderungen für das Management der sozialen und ökologischen Verantwortung. Vahlen, München

imug (Hrsg) (2006) Wirkungen von vergleichenden Untersuchungen zur Corporate Social Responsibility bei Verbrauchern – am Beispiel der Stiftung Warentest. imug Arbeitspapier 16, Hannover

imug (2012) Kurzgutachten zur Systematik bestehender CSR-Instrumente, Endbericht, Im Auftrag des Bundesministeriums für Soziales und Arbeit, Hannover

imug (2013) imug-Forschungsantrag beim BMBF zum Nachhaltigkeitsrating 2.0.; unveröffentlichtes Papier, Hannover

imug (2014) Bewertung der Nachhaltigkeitsperformance der Emittenten im imug-Nachhaltigkeitsrating, Hannover

OECD (2010) Guidance on Sustainability Impact Assessment. http://www.oecd-ilibrary.org/environment/guidance-on-sustainability-impact-assessment_9789264086913-en. Zugegriffen: 7. März 2014

oekom research AG (2013) Der Einfluss nachhaltiger Kapitalanlagen auf Unternehmen. Eine empirische Analyse von oekom research. http://www.oekom-research.com/homepage/german/oekom_Impact-Studie_DE.pdf. Zugegriffen: 7. März 2014

Öko-Institut (2013) Hintergrundpapier CSR – IMPACT. Hintergründe und Empfehlungen. http://www.oeko.de/uploads/oeko/oekodoc/1816/2013-488-de.pdf. Zugegriffen: 7. März 2014

Park-Poaps H, Rees K (2010) Stakeholder forces of socially responsible supply chain management orientation. http://philpapers.org/rec/PARSFO. Zugegriffen: 7. März 2014

Südwind-Institut (2014) Klassenziel erreicht? Der Beitrag von „Best-in-Class"-Ratings zur Einhaltung von Menschenrechten im Verantwortungsbereich von Unternehmen. http://www.suedwind-institut.de/fileadmin/fuerSuedwind/Publikationen/2014/2014-01_Klassenziel_erreicht._Beitrag_von_Best-in-Class-Ratings.pdf. Zugegriffen: 7. März 2014

Silke Stremlau (Jg. 1976) ist Generalbevollmächtigte bei der BANK IM BISTUM ESSEN eG, einer katholischen Genossenschaftsbank mit Schwerpunkt auf nachhaltiger Geldanlage und FairBanking. In der BIB Essen verantwortet Frau Stremlau zur Zeit die Themen Nachhaltigkeit, Personal und die Qualitätssicherung Kreditgeschäft.

Vor ihrer Zeit bei der BIB Essen hat Frau Stremlau als Partnerin und Gesellschafterin bei der imug Beratungsgesellschaft mbH in Hannover den Bereich „Nachhaltiges Investment" aufgebaut und geleitet. Ein Schwerpunkt ihrer Arbeit war die sozial-ökologische Unternehmensbewertung für Nachhaltigkeitsfonds sowie die Beratung von Institutionen, die nachhaltige Investmentprodukte entwickeln.

Silke Stremlau studierte an der Universität Oldenburg Sozialwissenschaften mit dem Schwerpunkt Umweltpolitik/Umweltplanung. Frau Stremlau ist ausgebildete Mediatorin und hat einen Sohn.

Die Nachhaltigkeitszertifizierung der Vorsorge- und Pensionskassen – ein Erfolgsmodell am nachhaltigen Finanzmarkt?

Susanne Hasenhüttl

Zusammenfassung

Die betrieblichen Vorsorgekassen in Österreich haben sich in den letzten Jahren zu absoluten Vorreitern unter den nachhaltigen Investoren entwickelt. Seit mehr als zehn Jahren prüft und zertifiziert die ÖGUT – Österreichische Gesellschaft für Umwelt und Technik – betriebliche Vorsorgekassen und Pensionskassen hinsichtlich der Berücksichtigung von Nachhaltigkeitskriterien in der Veranlagung. Der Beitrag beschäftigt sich mit den Inhalten und Standards der Prüfung, geht auf die Hauptakteure, die Vorsorgekassen, ein und hinterfragt ihre Motivation und Beweggründe. Schließlich wird der Frage nachgegangen, ob eine Korrelation zwischen der Nachhaltigkeitsbewertung und der finanziellen Performance der Kassen hergestellt werden kann. Nicht zuletzt stellt sich die Frage, welche Effekte die Zertifizierung auf dem nachhaltigen Finanzmarkt hervorgerufen hat.

Seit 2004 prüft und zertifiziert die ÖGUT (Österreichische Gesellschaft für Umwelt und Technik) betriebliche Vorsorgekassen und Pensionskassen hinsichtlich der Berücksichtigung von nachhaltigen, also ethischen, ökologischen und sozialen Kriterien in der Veranlagung. Was hat es mit dieser Prüfung auf sich? Welche Motivation treibt die Akteure an, und was bewirkt diese Zertifizierung am Finanzmarkt? Mit diesen und weiteren Fragen beschäftigt sich der folgende Beitrag.

S. Hasenhüttl (✉)
ÖGUT, Hollandstrasse 10/46, 1020 Wien, Österreich
E-Mail: susanne.hasenhuettl@oegut.at

1 Wie alles begann

Die betrieblichen Vorsorgekassen (ehemals Mitarbeitervorsorgekassen) wurden 2002 vom Gesetzgeber ins Leben gerufen, um die betriebliche Pensionsvorsorge in Österreich zu stärken.[1] Das Gesetz verpflichtet alle Unternehmen, die Mitarbeiter und Mitarbeiterinnen mit Eintrittsbeginn nach dem 31.12.2002 neu beschäftigen, monatliche Beiträge in der Höhe von 1,53 % der Bemessungsgrundlage in diese neuen Kassen – als Beitrag zur Pensionsvorsorge – einzuzahlen. Seit dem Jahr 2008 sind auch Selbstständige, Freiberufler sowie Land- und Forstwirte im Geltungsbereich dieses Gesetzes. Die betriebliche Vorsorgekasse wird gemeinsam von Arbeitgeber und Betriebsrat (wenn vorhanden) gewählt. Seit 2010 gibt es zehn betriebliche Vorsorgekassen am österreichischen Markt. Das Gesamtvermögen aller Kassen betrug Ende 2013 6,2 Mrd. €. Zum Jahresultimo 2013 gab es 2,9 Mio. Anwartschaftsberechtigte mit aufrechter Anwartschaftszeit. Zum Wachstum des Vermögens trugen einerseits die Jahresperformance von 2,8 % und andererseits die laufenden Beitragszahlungen in Höhe von 1.123 Mio. € bei.[2]

Da einige betriebliche Vorsorgekassen schon zu Beginn ihrer Geschäftstätigkeit Nachhaltigkeitskriterien für die Veranlagung der Gelder definiert hatten, führte die ÖGUT bereits im Herbst 2002 eine erste Befragung unter den Kassen zu den einzelnen Nachhaltigkeitsthemen durch. Diese erste Erhebung wurde zum Anlass genommen – auch auf Wunsch einiger Vorsorgekassen –, eine Prüfung und Zertifizierung der Nachhaltigkeitspolitik der Vorsorgekassen sowie auch der Pensionskassen zu entwickeln.

Seitdem führt die ÖGUT diese Nachhaltigkeitsprüfung zusammen mit einer Jury und in Kooperation mit dem Bundesministerium für Land- und Forstwirtschaft, Umwelt und Wasserwirtschaft durch. Die Nachhaltigkeitsprüfung ist freiwillig und findet jährlich statt. Im Jahr 2013 wurde das zehnjährige Jubiläum gefeiert. Im Jahr 2014 ließen sich acht von zehn Vorsorgekassen von der ÖGUT prüfen. Das zeigt, dass sich Nachhaltigkeit in der Anlagepolitik dieser Investoren mit den Jahren zu einem Standard in der Branche entwickelt hat. Wie auch der aktuelle Marktbericht des FNG (Forum Nachhaltige Geldanlagen) zeigt[3], avancierten die Vorsorgekassen damit zur Vorzeigebranche unter den nachhaltigen Investoren. Das System der Nachhaltigkeitszertifizierung leistete dazu ohne Zweifel einen wesentlichen Beitrag.

2 Die Nachhaltigkeitszertifizierung

Die nachfolgenden Ausführungen geben einen Überblick über die ÖGUT-Nachhaltigkeitszertifizierung der betrieblichen Vorsorge- und Pensionskassen. Es geht insbesondere um Fragen nach den Inhalten und Standards der Prüfung, um die Akteure, ihre Motivation

---

[1] Am 1. Januar 2003 trat das Betriebliche Mitarbeiter- und Selbständigenvorsorgegesetz (BMSVG) unter dem Stichwort „Abfertigung NEU" in Kraft.

[2] Vgl. Emmett (2014, S. 11).

[3] Vgl. FNG (2014).

und Beweggründe. Schließlich wird der Frage nachgegangen, ob eine Korrelation zwischen der Nachhaltigkeitsbewertung und der finanziellen Performance der Kassen hergestellt werden kann.

2.1 Inhalt der Prüfung

Die Nachhaltigkeitsprüfung und -zertifizierung der ÖGUT umfasst drei voneinander weitgehend unabhängige Ebenen:

A. Berücksichtigung der Nachhaltigkeit im Veranlagungskonzept beziehungsweise der Anlagepolitik („Grundsätze und Methodik"),
B. Berücksichtigung der Nachhaltigkeit in der Umsetzung des Veranlagungskonzepts, das heißt, in der konkreten Veranlagung („Portfolio"),
C. Transparenz, Kommunikation und Engagement („Umfeld").

Im Teil „Grundsätze & Methodik" (Teil A) werden die Veranlagungsgrundsätze und die Veranlagungskriterien, aber auch das Research und die Kontrolle bezüglich der Einhaltung der Kriterien in der Vorsorgekasse geprüft. Hier geht es also um die Bewertung des methodischen Veranlagungskonzeptes hinsichtlich der Berücksichtigung ethischer, ökologischer und sozialer Kriterien.

Die Prüfung des „Portfolios" (Teil B) hat zum Ziel, die tatsächliche Veranlagung im Berichtszeitraum zu untersuchen. Geprüft wird das Portfolio nach gängigen Nachhaltigkeitskriterien, insbesondere hinsichtlich der Verletzung von Ausschlusskriterien. Im Konkreten orientiert sich die Prüfung an den Pflicht-Ausschlusskriterien des „Österreichischen Umweltzeichens für Nachhaltige Finanzprodukte".[4]

Im Sinne des Konzepts der Nachhaltigkeit versucht die Prüfung neben der Veranlagung auch das „Umfeld" der Vorsorgekasse mit einzubeziehen. Dies umfasst die Analyse der Kommunikation und Transparenz bezüglich Nachhaltigkeit sowie Maßnahmen zur Hebung der Nachhaltigkeitswirkung (Engagement im weiteren Sinne[5]). Diese Aspekte sowie Fragen zur Betriebsökologie, Mitarbeiterpolitik und Geschäftsethik ergänzen Teil C, die Prüfung des „Umfeldes".

Diese Themen spiegeln sich in einem Fragenkatalog wider, der den Vorsorgekassen von der ÖGUT zur Verfügung gestellt wird und von ihnen beantwortet werden muss (Abb. 1).

---

[4] Die Prüfung erfolgt in Anlehnung an die Tätigkeiten des Vereins für Konsumenteninformation zur Vergabe des „Österreichischen Umweltzeichens für Nachhaltige Finanzprodukte" (UZ-Richtlinie 49), vgl. http://www.umweltzeichen.at/cms/home/produkte/nachhaltige-finanzprodukte/content.html (letzter Zugriff: 1.10. 2014).

[5] Unter *Engagement* wird „ein langfristiger Dialog von Investoren und Unternehmen mit dem Ziel, die Unternehmensführung für die Berücksichtigung von sozialen, ethischen und ökologischen Kriterien zu gewinnen, verstanden. Dies beinhaltet u. a. den direkten Kontakt zu Unternehmen, Gespräche mit anderen Organisationen und Entscheidungsträgern aus Wirtschaft und Politik" (vgl. FNG 2014, S. 44).

A	GRUNDSÄTZE			

A 1	Die Veranlagungsbestimmungen bzw. internen Anlagegrundsätze der BVK beinhalten die Nachhaltigkeit der Veranlagung in folgender Formulierung:	BEILAGE NR.	JA	NEIN
	Erläuterung	„Nachhaltigkeit" wird im Folgenden gleichgesetzt mit Begriffen wie „Ethik" oder „sozial und ökologisch" u.Ä.		

A 2	Nachhaltigkeit ist in den Veranlagungsbestimmungen gem. §29ff BMVG enthalten und dort folgendermaßen ausformuliert:	BEILAGE NR.	JA	NEIN	CHK

Abb. 1 Auszug aus dem Fragebogen. (Quelle: vgl. ÖGUT, Nachhaltigkeitsprüfung für Betriebliche Vorsorgekassen – Erhebungsbogen)

Die Entwicklung der ökonomischen Performance sowie weitere rechtliche und ökonomische Aspekte sind nicht Gegenstand der Prüfung: Die Prüfung der Vorsorge- und Pensionskassen beinhaltet keine ökonomische Analyse.

2.2 Ablauf der Prüfung

Die Prüfung wird in einem zweistufigen Verfahren abgewickelt (Abb. 2). Zunächst erfolgt die Prüfung sämtlicher Unterlagen, einschließlich des Fragebogens, mit einer Bewertung durch qualifizierte Gutachter.

In einem zweiten Schritt trifft eine Expertenjury auf Basis der Gutachten sowie nach einem Gespräch mit der zu prüfenden Kasse (Hearing) eine Entscheidung über das Ergebnis der Nachhaltigkeitsprüfung. Im Falle eines positiven Ergebnisses empfiehlt die Jury der ÖGUT die Zuerkennung des Nachhaltigkeitszertifikats für betriebliche Vorsorgekassen und Pensionskassen.

Ebene	Aktivität	Akteure
Vorphase	Auftragserteilung an die ÖGUT	BVK
	Übermittlung des Fragebogens an die zu prüfende Kasse (Fragenkatalog)	ÖGUT
Begutachtung	Übermittlung der angeforderten Unterlagen	BVK
	Prüfung der Unterlagen	Gutachter
	Bewertung und Berichtserstellung (Gutachten)	Gutachter
Endphase	Besprechung der Ergebnisse am Prüftag	Gutachter/ÖGUT, Jury
	Hearing der Kassen am Prüftag	BVK, ÖGUT, Jury
	Erstellung Prüfbericht	ÖGUT
	Bei Erfolg: Ausstellung Nachhaltigkeitszertifikat	ÖGUT / BMLFUW

Abb. 2 Darstellung des Ablaufs der Prüfung. (BVK: Betriebliche Vorsorgekasse, BMLFUW: Bundesministerium für Land- und Forstwirtschaft, Umwelt und Wasserwirtschaft)

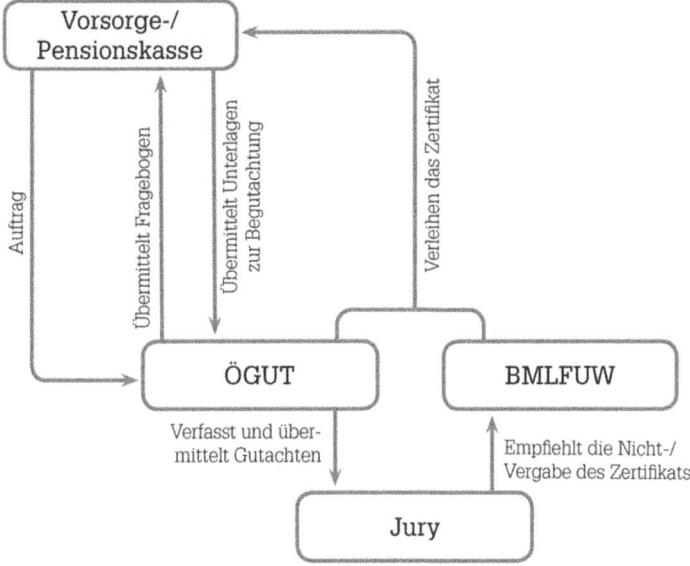

Abb. 3 Organisationsmodell

Seit 2013 begutachtet die ÖGUT selbst sämtliche Unterlagen der Kassen (Abb. 3).

2.3 Beurteilungsmodus

Die drei Prüfbereiche „Grundsätze & Methodik", „Portfolio" und „Umfeld" werden einzeln geprüft und bewertet.

Die Beurteilung stellt eine den jeweiligen Prüfungspunkt umfassende Bewertung anhand der in Abb. 4 gezeigten Systematik dar.

Die Bewertung muss vom Gutachter nachvollziehbar dokumentiert und begründet werden. Im Falle einer geringeren Bewertung als „A" sind Hinweise für eine Verbesserung der Bewertung zu geben. Die Erfüllung dieser Empfehlungen wird bei der nächsten Prüfung im Folgejahr in der Bewertung positiv berücksichtigt.

Abb. 4 Beurteilungsmodus

Erfüllungsgrad	Rating
Nicht ausreichend erfüllt	NE
Ausreichend erfüllt	C
Gut erfüllt	B
Überdurchschnittlich gut erfüllt	A

Abb. 5 ÖGUT-Nachhaltigkeitszertifikat Gold (Muster)

Alle drei Prüfbereiche müssen zumindest mit „Ausreichend erfüllt" bewertet sein, um das ÖGUT-Nachhaltigkeitszertifikat zu erlangen. Ursprünglich gab es das ÖGUT-Zertifikat nur in einer Stufe. Das war zu Beginn ausreichend. Im Laufe der Jahre entwickelten sich die Kassen mit unterschiedlichen Geschwindigkeiten und unterschiedlichem Engagement weiter. Um diesem Umstand Rechnung zu tragen, wurde 2011 eine Differenzierung in der Auszeichnung der Kassen vorgenommen. Seither wird das ÖGUT-Nachhaltigkeitszertifikat in den Stufen Gold (Abb. 5), Silber und Bronze vergeben.

Neben der Bekanntgabe des Prüfergebnisses erstellt die ÖGUT die jeweiligen Prüfberichte für die Kassen, die auch Empfehlungen seitens des Prüfteams für die Weiterentwicklung des Themas beinhalten.

Mit dem Vorliegen des Prüfberichtes wiederum geht die Ausstellung eines Zertifikates einher. Das Zertifikat wird jeweils für die Dauer eines Jahres vergeben (beziehungsweise bis zum Zeitpunkt des nächsten Prüftermins). Die Nachhaltigkeitszertifikate wurden in der Vergangenheit von der ÖGUT gemeinsam mit dem Bundesministerium für Land- und Forstwirtschaft, Umwelt und Wasserwirtschaft verliehen.

2.4 Ergebnisse der Nachhaltigkeitszertifizierung

Im Jahr 2014 unterzogen sich acht von insgesamt zehn Vorsorgekassen und eine VRG (Veranlagungs- und Risikogemeinschaft) einer Pensionskasse der ÖGUT-Nachhaltigkeitsprüfung. In den vergangenen zehn Jahren konnten die Vorsorge- und Pensionskassen folgende Ergebnisse erzielen (Tab. 1):

Die Tabelle erfasst auch die beiden betrieblichen Vorsorgekassen, die sich bisher noch nicht der freiwilligen Zertifizierung unterzogen haben. Die fair-finance Vorsorgekasse ist erst 2010 in den Markt eingetreten. Die Tabelle visualisiert auch, dass es die neuen Auszeichnungsmodalitäten in Gold, Silber und Bronze erst seit 2011 (für das Berichtsjahr 2010) gibt.

Tab. 1 Ergebnisse der Nachhaltigkeitszertifizierung seit 2004. (Quelle: eigene Darstellung)

	2003	2004	2005	2006	2007	2008	2009	2010	2011	2012	2013	2014
APK VK	Erste Begutachtung	Bestanden	Bestanden	Bestanden	Bestanden	Bestanden	Bestanden	Bestanden	Silber	Silber	Silber	Silber
Bawag Allianz VK												
Bonus VK		Bestanden	Bestanden	Bestanden	Bestanden	Bestanden	Bestanden	Bestanden	Bronze	Silber	*Gold*	*Gold*
VRG 1 Bonus PK			Bestanden	Bestanden	Bestanden	Bestanden	Bestanden	Bestanden	Bronze	Bronze	Silber	Gold
BUAK VK		Bestanden	Bestanden	Bestanden	Bestanden	Bestanden	Bestanden	Bestanden	Silber	Silber	Silber	Silber
fair-finance									Silber	*Gold*	*Gold*	*Gold*
Niederösterr. VK												Bronze
Valida Plus (ehem. ÖVK)					Bestanden	Bestanden	Bestanden	Bestanden	Silber	Silber	*Gold*	*Gold*
Valida MVK Plus (ehem. Siemens VK)												
VBK VK		Bestanden	Bestanden	Bestanden	Bestanden	Bestanden	Bestanden	*Premiumstandard*	*Gold*	*Gold*	*Gold*	*Gold*
Victoria-Volksbanken VK							Bestanden	Bestanden	Bronze	Silber	Silber	Silber

2.5 Erfolgsfaktoren und Motivatoren

Das Forum Nachhaltige Geldanlagen (FNG) erhebt jährlich für Deutschland, Österreich und die Schweiz aktuelle Zahlen für den Markt der nachhaltigen Investments. Im Unterschied zu anderen Ländern wird der Markt in Österreich schon lange klar von den institutionellen Investoren dominiert. Dieser Trend, wonach institutionelle Investoren im österreichischen nachhaltigen Anlagemarkt sogar immer wichtiger werden, setzt sich nach aktuellen Zahlen auch 2013 fort. Ihr Anteil stieg von 81 auf fast 86 %. Innerhalb der institutionellen Investoren sind die betrieblichen Pensionskassen die wichtigsten Akteure und vereinen mit den öffentlichen Pensionsfonds und Vorsorgekassen 77 %.[6]

Wie ist das hohe Engagement dieser Investorengruppe in Sachen Nachhaltigkeit zu erklären?

Im Bereich der zweiten Säule der österreichischen Altersvorsorge hat der Gesetzgeber eine Berichtspflicht für das Thema Nachhaltigkeit festgeschrieben. Seit 2005 müssen Pensionskassen offenlegen, ob und welche ökologischen und sozialen Aspekte sie berücksichtigen. Kommen keine Nachhaltigkeitsaspekte zum Zug, reicht diese Angabe zur Erfüllung der Anforderung. Nach Ansicht des FNG tragen sowohl die ÖGUT-Zertifizierung als auch diese Berichtspflicht dazu bei, den Nachhaltigkeitsgedanken weiter unter institutionellen Investoren zu verbreiten.[7] Dies ist zweifelsohne richtig, jedoch hätte der Staat nach Ansicht der ÖGUT noch weiteren Spielraum, das Thema zu fördern: Die angesprochenen Transparenzvorschriften für Pensionskassen sind sehr weich formuliert (der Gesetzgeber fordert eine Erklärung über „ ... die allfällige Auswahl der Vermögenswerte nach ethischen, ökologischen und/oder sozialen Kriterien"[8]), und es besteht die berechtigte Frage, wie sehr diese gesetzliche Regelung imstande ist, Nachhaltigkeit in den Pensionskassen voranzutreiben.

Fest steht allerdings, dass einige betriebliche Vorsorgekassen seit Beginn ihrer Geschäftstätigkeit auf das Thema nachhaltige Veranlagung setzen, weil sie überzeugt sind, dass es ihre treuhänderische Pflicht ist, ihre Veranlagungspolitik nicht nur auf kurzfristige Gewinne auszurichten, sondern weitere langfristige, nachhaltigkeitsorientierte Faktoren im Kerngeschäft zu berücksichtigen.

Ein wesentlicher Motor in der Ausrichtung der Veranlagungspolitik der Vorsorgekassen nach Nachhaltigkeitskriterien waren und sind auch die Gewerkschaften und Betriebsräte, die bei der Auswahl einer betrieblichen Vorsorgekasse in den Unternehmen mitentscheiden und sich für das Thema Nachhaltigkeit einsetzten.

Zudem galt eine nachhaltige Veranlagungsstrategie als willkommenes Unterscheidungsmerkmal unter den Vorsorgekassen. Mittlerweile ist Nachhaltigkeit zum Standard avanciert, wozu die ÖGUT-Zertifizierung sicherlich ihren Beitrag geleistet hat. Eine Zertifizierung zielt immer darauf ab, einen gewissen Standard, ein bestimmtes Qualitätsniveau

---

[6] Vgl. FNG (2014), S.32.

[7] Vgl. FNG (2014), S.32.

[8] Formuliert im Pensionskassengesetz § 25a über die „Grundsätze der Veranlagungspolitik".

zu etablieren. Gerade beim Thema nachhaltige Veranlagung – einem Bereich, der oftmals der Kritik ausgesetzt ist, keinen Standards und Regeln zu unterliegen – spielt eine anerkannte Zertifizierung eine wesentliche Rolle.

Eine Anlagepolitik wiederum, die nach Nachhaltigkeitskriterien ausgerichtet ist, braucht nachhaltige Anlageprodukte. Dabei liegt es nun an den Anbietern, entsprechende Produkte am Markt anzubieten. Betrachtet man die wachsende Anzahl Umweltzeichenzertifizierter Fonds, so scheint dies auch der Fall zu sein.

Die ÖGUT hatte mit der Nachhaltigkeitszertifizierung von Anfang an das Ziel, gemeinsam mit den Vorsorgekassen Nachhaltigkeit in den Finanzmärkten voranzutreiben und weiterzuentwickeln. In diesem Zusammenhang war es auch eine gute Entscheidung, in den Auszeichnungsmodalitäten zu differenzieren und eine Gold-, Silber- und Bronze-Abstufung einzuführen. So wurde der Wettbewerb unter den Kassen entfacht: Nunmehr war nicht mehr einzig das Zertifikat, sondern „Gold" das erklärte Ziel.

Wie immer ist es eine Vielzahl von Gründen, die letztlich dazu führen, ein bestimmtes Ziel zu erreichen – oder ihm ein Stück weit näherzukommen.

2.6 Finanzielle Aussichten

Wie steht es nun um den Zusammenhang zwischen Nachhaltigkeit und Rendite? Nach wie vor weit verbreitet ist die Meinung, dass nachhaltige Investments mit Performance-Einbußen einhergehen. Mit einem Jahresvergleich der Nachhaltigkeitsergebnisse der ÖGUT-Zertifizierung mit den einzelnen Performance-Daten der Vorsorgekassen lässt sich dies überprüfen.

Abbildung 6 zeigt für die betrieblichen Vorsorgekassen einen positiven Zusammenhang zwischen der Nachhaltigkeits- und der finanziellen Performance. Die Performance wird selbstverständlich von verschiedenen Faktoren beeinflusst und bestimmt. Die Graphik zeigt jedenfalls, dass Nachhaltigkeit nicht, wie so oft suggeriert wird, einer guten Performance im Weg steht.

Anmerkungen zu Abb. 6 (nächste Seite)
1. Die x-Achse stellt die durchschnittliche Performance pro Jahr in den Jahren 2005–2013 dar, die y-Achse die durchschnittliche Nachhaltigkeitsperformance (ÖGUT-Rating).
2. Die Kreisfläche ist vermögensproportional.
3. Die Vorsorgekasse ohne Nachhaltigkeitsausrichtung wurde mit einem Score von 0 (Valida MVK/ehem. Siemens VK) und jene mit einem nicht-ÖGUT-geprüften Portfolio (APK VK) mit 1 bewertet.
4. Zu berücksichtigen ist, dass Victoria-Volksbanken und Valida Plus erst 2008 beziehungsweise 2007 Nachhaltigkeitskonzepte einführten. Die Niederösterreichische Vorsorgekasse ließ sich 2014 erstmalig von der ÖGUT prüfen.
5. Die fair-finance Vorsorgekasse trat erst 2010 in den Markt ein.

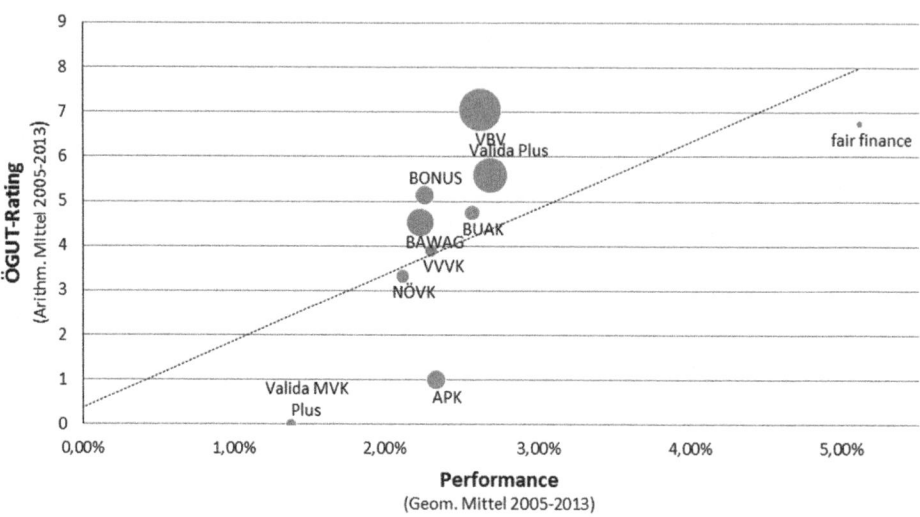

Abb. 6 Performance versus ÖGUT-Nachhaltigkeitsrating

2.7 Ausblick

Die ÖGUT arbeitet im Bereich des nachhaltigen Investments an der Stärkung und Gestaltung eines nachhaltigen Finanzmarktes. Zentrales Anliegen der ÖGUT ist es, Bewusstsein für nachhaltige Investments zu schaffen, um damit die Quantität und Qualität dieser Anlageformen weiter zu erhöhen. In diesem Zusammenhang hat die Nachhaltigkeitszertifizierung bereits ihren festen Platz eingenommen. Ansatzpunkte wie das Schaffen von fördernden Rahmenbedingungen, eine größere Produktvielfalt, verbesserte Kundeninformationen in den Banken zum Beispiel darüber, wie nachhaltiges Investment auch bei privaten Anlegern weiter ausgebaut werden könnte, gehören schon zum Wirken der ÖGUT. In den nächsten Jahren wird sie verstärkt versuchen, weitere Unternehmen der Vorsorgebranche wie Versicherungen für die Nachhaltigkeitszertifizierung zu gewinnen. Des Weiteren muss darauf geachtet werden, die Prüfung mit den neuesten wissenschaftlichen Erkenntnissen in Einklang zu bringen – nur so können zukünftige Trends mitgestaltet werden.

Literatur

Bundesgesetz vom 17. Mai 1990 über die Errichtung, Verwaltung und Beaufsichtigung von Pensionskassen (Pensionskassengesetz – PKG)

Emmett R (2014) Studie BVK 2013. Betriebliche Vorsorgekassen – Bewertung der Anbieter. Studie, Wien

FNG – Forum Nachhaltige Geldanlagen (2014) Marktbericht Nachhaltige Geldanlagen 2014. Deutschland, Österreich und die Schweiz, Berlin (Mai 2014)

http://www.gruenesgeld.at
http://www.oegut.at
ÖGUT, Nachhaltigkeitsprüfung für Betriebliche Vorsorgekassen – Erhebungsbogen
Österreichisches Umweltzeichen (2012) Richtlinie UZ 49 Nachhaltige Finanzprodukte, Wien, Jänner 2012

Photocredit: ÖGUT

Mag.a Susanne Hasenhüttl begann 2001 im Fachbereich „Ökologische Ökonomie" als wissenschaftliche Mitarbeiterin ihre Tätigkeit in der ÖGUT. Zuvor arbeitete sie in der Projektmanagement Group der WU-Wien. Susanne Hasenhüttl baute in der ÖGUT das Themenfeld „Nachhaltiger Finanzmarkt bzw. Grünes Investment" auf und leitet seither Projekte in diesem Bereich. Sie ist seit 2004 Leiterin der ÖGUT-Nachhaltigkeitszertifizierung für Vorsorgekassen und Pensionskassen. Zudem leitet sie die ÖGUT-Arbeitsgruppe „Betriebsökologisches und Soziales Benchmarking für Finanzdienstleister". Sie ist seit 2008 Mitglied der ASRA-Jury für die besten Nachhaltigkeitsberichte und seit 2013 Mitglied der Jury von GREEN BRANDS.

Teil VI
Potenzial durch Transparenz – Integriertes Reporting

Integrated Reporting und Nachhaltigkeitsratings

Verstehen, was Wert schafft; berichten, was relevant ist

Aslan Milla und Julia Knauseder

Zusammenfassung

Die Anforderungen an die Unternehmensberichterstattung werden immer komplexer, die Berichte dicker und der Aufwand für Unternehmen, aber auch Analysten und Kapitalgeber größer. Spiegelt diese Berichterstattung auch die Realität und die Wertentwicklung heutiger Unternehmen angemessen wider? Geschäftsberichte greifen durch die meist isolierte Betrachtung historischer Finanzdaten häufig zu kurz. Nachhaltigkeitsberichte und Corporate Governance-Berichte liefern zwar zusätzliche Informationen, diese stehen jedoch oft in keinem Zusammenhang mit den Zahlen des Geschäftsberichts und weisen wenig vergleichbare und zuverlässige Daten auf. Während Kunden, Mitarbeiter und die breite Öffentlichkeit sich längst über Social Media zu den aktuellen Entwicklungen von Unternehmen austauschen, arbeiten sich Investoren durch die komplexen und vielfältigen Berichtsformate – ohne die wirklich wesentlichen Informationen zu finden. Ratingagenturen haben es sich zur Aufgabe gemacht, zusätzliche Entscheidungsgrundlagen zu generieren, erhöhen aber damit die Komplexität für Unternehmen und Investoren noch weiter. Integrated Reporting soll diese Lücken schließen und die vielfältigen Standards und Rahmenwerke auf einen gemeinsamen Nenner bringen. Die komplexen Zusammenhänge heutiger Unternehmen sollen so einfach und verständlich dargestellt und in Beziehung gesetzt werden. Dies macht es auch für Ratingagenturen leichter, zielgerichtete Informationen über den wahren Wert von Unternehmen und deren zukünftige Potenziale zur Verfügung zu stellen. Unternehmen, die integrierte Berichte veröffentlichen, werden damit nicht nur für Investoren interessanter. Sie können auch ihr Geschäftsmodell langfristig optimieren, die interne Kommunikation verbessern und Ressourcen effizienter managen.

J. Knauseder (✉) · A. Milla
PwC Österreich, Erdbergstraße 200, 1030 Wien, Österreich
E-Mail: julia.knauseder@at.pwc.com

1 Einleitung: Auf der Suche nach einem Bericht zum wahren Unternehmenswert

Unternehmen sind die Grundpfeiler unseres Wirtschaftssystems. Seit Jahrhunderten prägen sie unser Zusammenleben, schaffen Wohlstand und ermöglichen Fortschritt. Wie Unternehmen funktionieren, welche Rolle sie in der Gesellschaft spielen und welche Werte sie schaffen, hat sich über die Zeit jedoch stark verändert. Mit der zunehmenden Bedeutung und dem Wachstum von Unternehmen haben auch die Anforderungen an deren Transparenz zugenommen. Aber wird die Unternehmensberichterstattung auch der Realität heutiger Unternehmen gerecht? Wer einen Blick in die Geschäftsberichte heutiger Unternehmen wirft, wird schnell verstehen, warum die Rufe nach einer „Revolution des Reportings" immer lauter werden: Hunderte Seiten an komplexen technischen Details und Datenfriedhöfe gepaart mit einem unverständlichen, betriebswirtschaftlichen Fachvokabular laden nur wenige zum Weiterlesen ein. Der Trend – und die wachsende Verpflichtung – zu zusätzlichen Berichten rund um Nachhaltigkeit, Corporate Governance oder Vergütung haben den Umfang und die Komplexität der Unternehmensberichterstattung noch weiter erhöht und Redundanzen geschaffen, ohne mehr Licht auf die wahren Zusammenhänge zu werfen. Ist diese Informationsflut wirklich notwendig? Welche Zielgruppen interessieren sich für welche Daten, und wie können diese zielgerichtet informiert werden?

Gerade wenn es um die Beurteilung des Unternehmenswertes geht, reichen die Informationen heutiger Unternehmensberichte oft nicht aus. Nach der klassischen Definition von Erich Gutenberg bestehen Unternehmen aus materiellen Gütern (Finanzkapital, Maschinen, Warenlager), Rechten (Forderungen, Patente) und sonstigen Beziehungen (zum Beispiel Goodwill, Mitarbeiter, Organisation).[1] Während die materiellen Güter („tangible assets") vor knapp 30 Jahren noch 83 % des Shareholder Values eines Unternehmens ausmachten, ist ihr Anteil am Unternehmenswert im Jahr 2015 auf nur noch 16 % geschrumpft[2] (Abb. 1). Die Fähigkeit eines Unternehmens, Innovationen zu generieren, talentierte Mitarbeiterinnen und Mitarbeiter zu gewinnen und zu halten, Ressourcen vorausschauend zu managen und regulatorische Veränderungen zu antizipieren, hat einen signifikanten Einfluss auf dessen Wettbewerbsfähigkeit und langfristige finanzielle Performance. Das zeigt klar: Heutige Geschäftsmodelle bauen viel stärker auf Faktoren wie Humankapital, Naturalkapital oder Beziehungen auf – Aspekte, die in klassischen Geschäftsberichten nur wenig erläutert werden. Investoren haben diese Lücke an Information bisher meist pauschal über Risikoprämien abgedeckt und mangelnde Informationen zum Unternehmenswert mit erhöhtem Risiko gleichgesetzt. Jene Unternehmen, die bereits ein vollständigeres Bild ihres Wertschöpfungsmodells darstellen, können somit klar einen Vorteil erreichen.

---

[1] Gutenberg (1971).

[2] Ocean Tomo (2015).

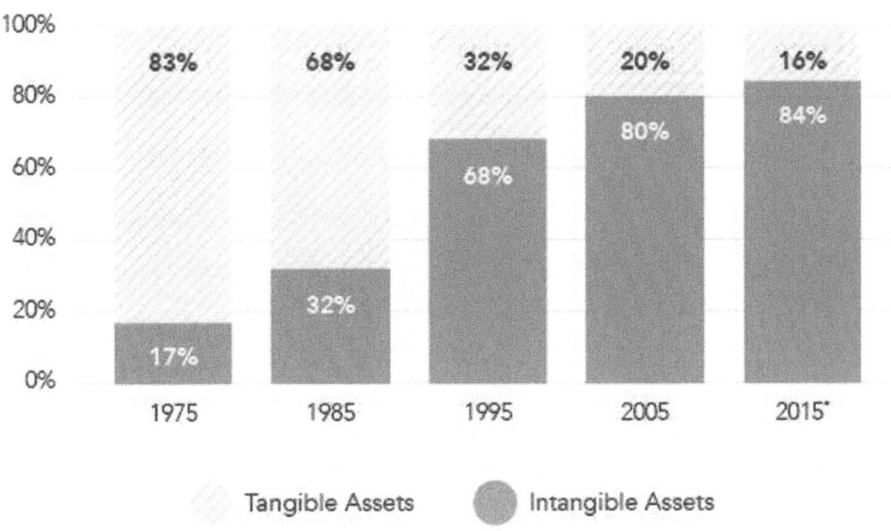

Abb. 1 Entwicklung des Unternehmenswerts (Quelle: Ocean Tomo, LLC 2015)

2 Investoren sind unzufrieden

Immer mehr Unternehmen stellen fest, dass Investoren gezielt nach sozialen, ökologischen und Governance-bezogenen Informationen fragen. Obwohl Nachhaltigkeitsberichte bei großen Firmen bereits zur gängigen Praxis gehören, sind die Geldgeber mit der Datenlage nicht zufrieden. Sie wollen verstehen, wie sich die sozialen und ökologischen Aspekte auf die Geschäftsentwicklung und die Finanzlage auswirken. Neben neuen Anforderungen konventioneller Investoren sehen sich viele Unternehmen auch mit neuen Gruppen von Geldgebern auf dem Markt konfrontiert: Diese „Responsible" oder „Sustainable" Investments berücksichtigen neben wirtschaftlichen Kriterien auch gezielt sogenannte ESG-Aspekte (Environmental, Social and Governance) in ihren Anlageentscheidungen. Ihre Bedeutung hat in den letzten Jahren rasant zugenommen – seit dem Start der Principles for Responsible Investment PRI-Initiative der Vereinten Nationen im Jahr 2009, hat sich die Anzahl an Mitgliedern von 560 mit einem gemeinsamen Investmentvolumen von $18 Billionen auf 1200 Mitglieder mit einem Investmentvolumen von $34 Billionen fast verdoppelt.[3]

---

[3] About the PRI Initiative: www.unpri.org/about-pri/(Zugriff am 03.08.2014).

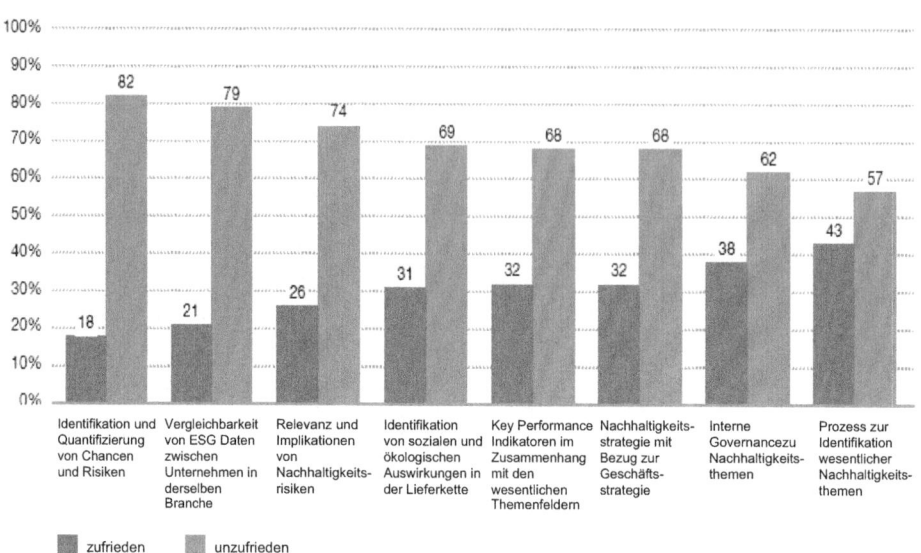

Abb. 2 Zufriedenheit der befragten Investoren nach Themengebiet. (Quelle: PwC (2014) Sustainability goes mainstream)

In der aktuellen Studie „Sustainability goes mainstream"[4] hat PwC die Motive, Praktiken und Herausforderungen dieser nachhaltigen Investoren analysiert und dabei große Lücken zwischen deren Bedürfnissen und der bisherigen Unternehmenskommunikation festgestellt. Von den befragten Investoren gaben 80 % an, sie würden Themen wie Klimawandel, Ressourcenknappheit, soziale Verantwortung und Good Citizenship bereits in ihren Investmententscheidungen berücksichtigen. Als primärer Treiber für die Berücksichtigung von ESG-Informationen wird das Ziel der Risikoreduktion genannt, gefolgt von der Erwartung einer höheren Investmentrendite und der Vermeidung von Investitionen in unethische Unternehmen. Die wichtigste Erkenntnis der Befragung betraf jedoch die Zufriedenheit der Investoren mit den verfügbaren Informationen: Während in Europa die Unzufriedenheit der Investoren bei 38 % lag, gaben über 60 % der amerikanischen und über 70 % der asiatischen Investoren an, nicht mit den verfügbaren Informationen zufrieden zu sein. In Nordafrika und dem Mittleren Osten lag der Anteil sogar bei 87 %. Das Problem ist dabei nicht die Quantität der verfügbaren Daten – vielmehr fehlen die richtigen Informationen in der richtigen Qualität. Die Darstellung von Chancen und Risiken im Geschäftsmodell wie auch die fehlende Vergleichbarkeit von Nachhaltigkeitsdaten wurden als die größten Schwachstellen genannt (Abb. 2).

Dieser Mangel an transparenter und konsistenter Information wirkt sich auf die Attraktivität von Unternehmen für Investoren und Kapitalgeber aus. Wer nach unzähligen Seiten Lektüre von Geschäftsberichten nicht feststellen kann, wie sich ein Unternehmen in der

---

[4] PwC (2014a).

Gesellschaft positioniert, welche Zielsetzungen es verfolgt und mit welchen Chancen und Risiken es konfrontiert ist, der wird mit großer Wahrscheinlichkeit nach einer alternativen Investmentmöglichkeit suchen.

3 Nachhaltigkeitsratings: Große Unterschiede, fehlende Transparenz

Die vorhandenen Informationen zu Unternehmen sind also nicht zufriedenstellend. Dies ruft Ratingagenturen auf den Plan. Ratingagenturen haben es sich zur Aufgabe gemacht, Unternehmen nach deren Wert und Bonität zu beurteilen und so Gläubigern, Eigentümern und anderen Stakeholdern bessere Entscheidungsgrundlagen für Investment- und Kaufentscheidungen zu bieten. Dabei analysieren sie nicht nur öffentlich zugängliche Unternehmensdaten und -berichte, sondern treten meist auch direkt mit Unternehmen in Kontakt und fragen Informationen gezielt an. Die Anzahl an Nachhaltigkeitsratings hat sich in den letzten zehn Jahren mehr als verfünffacht. Insbesondere seit der Finanzkrise ab dem Jahr 2008 haben immer mehr Ratings soziale, ökologische und Governance-Aspekte in ihre Fragebögen integriert. Derzeit existieren knapp 100 unterschiedliche Nachhaltigkeitsratings, -rankings und -indizes. Darüber hinaus haben auch Asset Manager und Kreditratings begonnen, ESG-Aspekte in ihre Analysen aufzunehmen, um so Risiken für Kapitalgeber zu minimieren.[5]

Die Studie *Rate the Raters*[6], die von der Organisation SustainAbility herausgebracht wurde, benennt die glaubwürdigsten Ratings aus Sicht der Investoren: Bloomberg ESG Data, Dow Jones Sustainability Index, Carbon Disclosure Program (CDP), MSCI ESG Research and Indices. Die Studie zeigt jedoch auch große Unterschiede in der Transparenz und Methodologie der unterschiedlichen Ratings auf. Während ein Unternehmen in einem Rating mit Spitzenwerten abschneiden kann, beurteilen andere Ratings dasselbe Unternehmen nur durchschnittlich. Diese unterschiedlichen Ergebnisse sind meist auf die sehr unterschiedliche Ausgestaltung und den unterschiedlichen Fokus der Ratings zurückzuführen. Während einige Ratings sich auf Themen wie Klimawandel und Treibhausgase konzentrieren, sind andere auf die Einhaltung von Menschenrechtsbelangen ausgerichtet. Unternehmen sehen sich mit dutzenden Fragebögen unterschiedlicher Ratings konfrontiert und müssen Kapazitäten und Know-how bereitstellen, um alle Fragebögen zufriedenstellend beantworten zu können.

Die Global Initiative for Sustainability Ratings (GISR) hat sich daher zum Ziel gesetzt, einen einheitlichen Standard für Nachhaltigkeitsratings, -rankings und -indizes zu entwickeln. Durch einen Akkreditierungsprozess soll die Glaubwürdigkeit und Transparenz von Ratingakteuren sichergestellt werden. Bisher wurde bereits ein Set an allgemeingültigen Prinzipien und Grundsätzen für Sustainability Ratings erstellt. In einem zweiten

---

[5] GISR (2013).
[6] SustainAbility (2013).

Schritt sollen die gängigsten Kriterien und Indikatoren für ESG-Assessments erhoben und zu einem gemeinsamen Standard für alle Ratings zusammengeführt werden. Im Zentrum steht dabei die ganzheitliche Definition des Unternehmenswertes im Sinne eines Integrated Reportings.

4 Integrated Reporting: Weniger ist mehr

Der Mangel an einheitlichen Berichts- und Bewertungsstandards sowie die Frustration vieler Leser und Analysten von Unternehmensberichten war ausschlaggebend für die Entwicklung eines Rahmenwerks für integrierte Berichterstattung. Das „International <IR> Framework", das im Dezember 2013 vom IIRC (International Integrated Reporting Council) veröffentlicht wurde, verbindet die bisher existierenden Anforderungen an die Unternehmensberichterstattung zu einem einheitlichen und ganzheitlichen Rahmenkonzept (Abb. 3). Integrated Reporting im Sinne des IIRC ist die Berichterstattung über das Geschäftsmodell, die Geschäftsstrategie und die Performance eines Unternehmens und dessen Interaktion mit seinem Umfeld. Anhand dieser Informationen sollen Shareholder und Stakeholder besser beurteilen können, ob ein Unternehmen über einen längeren Zeitraum Wert schaffen und erhalten kann. Das Ziel: ein Bericht mit deutlich reduziertem Umfang, der aber genau die wesentlichen finanziellen und nicht-finanziellen Informationen

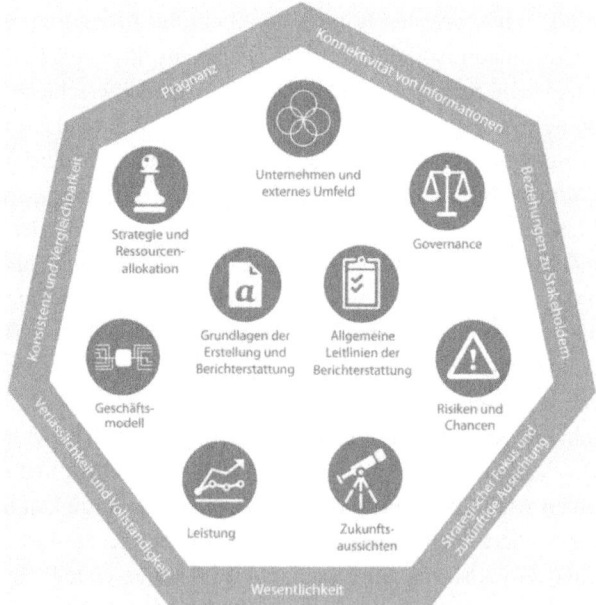

Abb. 3 Leitlinien und Inhaltselemente des <IR> Frameworks (Quelle: PwC (2014) Integrated Reporting. Die Zukunft der Unternehmensberichterstattung in Anlehnung an das Diskussionspapier zum Integrated Reporting Framework des IIRC, Copyright April 2013)

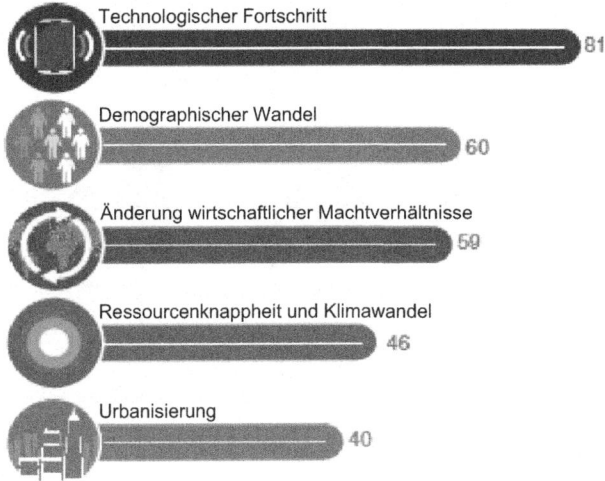

Abb. 4 Megatrends beeinflussen den Geschäftserfolg. (Quelle: PwC (2014) 17th Annual Global CEO Survey)

enthält. Das „International <IR> Framework" basiert auf Leitlinien und Inhaltselementen, welche den Erstellungsprozess und die Bestandteile des integrierten Berichts in groben Zügen festlegen. Viele dieser Leitlinien und Inhaltselemente sind nicht neu und existieren bereits in bestehenden Berichten – sie werden aber durch Integrated Reporting in Beziehung gesetzt.

Ausgangspunkt für jeden integrierten Bericht ist die strategische Auseinandersetzung mit dem externen Umfeld. Im 17th Annual Global CEO Survey[7] fragte PwC Geschäftsführer leitender Unternehmen weltweit, welche Trends ihre Geschäftsmodelle in Zukunft am stärksten beeinflussen werden. Nach technologischem Fortschritt (81 %) schienen der demographische Wandel (60 %), aber auch Ressourcenknappheit und Klimawandel (46 %) die CEOs am stärksten zu beschäftigen (Abb. 4). Auf die Frage, ob das Messen und Berichten von nicht-finanziellen Aspekten zum langfristigen Erfolg des Unternehmen beitragen würde, gaben 74 % der Befragten an, dass hier ein klarer Zusammenhang bestünde.

Eine ganzheitliche Auseinandersetzung mit der Unternehmensstrategie, dem Geschäftsmodell, der Ressourcenallokation sowie der Unternehmensperformance ist Grundvoraussetzung, um einen integrierten Bericht erstellen zu können. Hilfe bietet dabei das vorgeschlagene Kapitalienmodell (Abb. 5). Als Kapitalien bezeichnet das IIRC Ressourcen und Beziehungen, die vom Unternehmen benötigt werden, um seine Produkte und Dienstleistungen zu erzeugen und in weiterer Folge Wert zu generieren. Während die Auseinandersetzung und Berichterstattung über Finanzkapital weitgehend gesetzlich geregelt ist und lange Tradition hat, gibt es häufig nur wenig Verständnis und wenig zuverlässige Daten zu der Bedeutung und Entwicklung von Humankapital und natürlichem Kapital in Unternehmen. Im Zuge der integrierten Berichterstattung

---

[7] PwC (2014b).

Abb. 5 Kapitalien, Ressourcenallokation und Wertschöpfung (Quelle: PwC 2015)

soll deshalb analysiert werden, welche Kapitalien für den Erfolg des Geschäftsmodells ausschlaggebend sind – und wie das Unternehmen diese Kapitalien langfristig steuert. Dies kann je nach Branche und Unternehmenstyp sehr unterschiedlich ausfallen: Während HSBC als eine der führenden Banken weltweit in ihrem integrierten Bericht insbesondere auf die Förderung und Ausbildung ihrer Mitarbeiterinnen und Mitarbeiter eingeht, beschäftigt sich AEP als einer der größten Elektrizitätsanbieter der USA mit der Verfügbarkeit und dem Management von erneuerbaren und nicht erneuerbaren Energieressourcen.

Das Prinzip der Wesentlichkeit hat hierbei oberste Priorität. Kennzahlen, die nur für Reportingzwecke gesammelt werden, ohne dass sie auch tatsächlich als Entscheidungsgrundlage dienen, sind verzichtbar. Erst wenn soziale und ökologische Parameter in die täglichen Prozesse integriert und von der Unternehmensstrategie auf die operative Ebene heruntergebrochen werden, haben Unternehmen tatsächlich die Chance, einen wirtschaftlichen Mehrwert daraus zu generieren und auch authentisch darüber zu berichten.

5 Kein Integrated Reporting ohne Integrated Thinking

Diese Neuausrichtung der Unternehmenskommunikation auf Basis eines ganzheitlichen und langfristigen Verständnisses von Unternehmenswert setzt einen Prozess des Integrated Thinking voraus. Über hundert Unternehmen weltweit haben sich bisher am Pilotprogramm des IIRC beteiligt und in den vergangenen drei Jahren die ersten integrierten Berichte nach dem neuen Rahmenwerk <IR> erstellt. Sie alle haben eines gemeinsam: Im Unternehmen wurde intern und extern ein Veränderungsprozess in Gang gesetzt, der ihre Wirtschaftsweise in Zukunft wesentlich verändern wird. Charles Nichols, Group Controller bei Unilever, unterstreicht die Notwendigkeit dieses Umdenkens:

Bruchstücke von Informationen ohne Verknüpfung	*Teilweise Informations-verknüpfung*	*Vollständige Verknüpfung – roter Faden*
	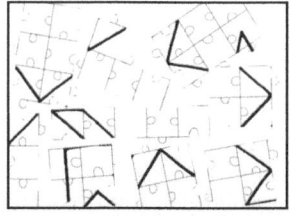	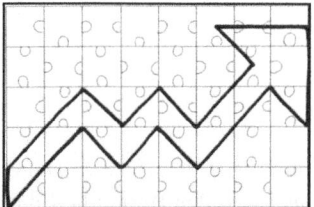

Verknüpfung auf mehreren Ebenen:
- Verzahnung der Aussagen zwischen den Inhaltselementen des Berichts
- Verzahnung der finanziellen und nichtfinanziellen Informationen
- Verknüpfung zwischen Vergangenheit, Gegenwart und Zukunft
- Konsistenz im internen und externen Reporting

Abb. 6 Nicht „mehr" berichten, sondern „anders" – Integrated Thinking (Quelle: IIRC und PwC)

There are enough highly publicized examples of market failures where companies have destroyed inordinate amounts of value because investors, and in some cases, the boards, haven't really understood the business model and been able to ask the right questions at the right time.[8]

HSBC Accounting Chef Russell Picot stellt fest, dass die Erstellung des integrierten Berichts die unterschiedlichen Abteilungen im Unternehmen näher zusammen gebracht hat:

Integrated Reporting provides a unifying, integrating force within a company. The CEO, the major business heads, and the department heads are getting into a room and discussing how they create shareholder value and how they communicate that to the market – and that's really powerful.[9]

Tatsächlich konnten 94 % der Pilotunternehmen des IIRC feststellen, dass sich die Kommunikation zwischen den einzelnen Abteilungen wie Strategie, Controlling, IT, Sustainability und Marketing verbessert hat.[10] Weitere Vorteile eines solchen integrierten Denkens und Managements liegen auf der Hand: Neben dem Aufbrechen altbekannter Silos zwischen Abteilungen und Geschäftssegmenten ermöglicht die Analyse langfristiger, finanzieller und nicht-finanzieller Entwicklungen auch bessere strategische Entscheidungen (Abb. 6). Werden soziale und ökologische Daten mit finanziellen Werten verknüpft, können Ressourcen effizienter eingesetzt und Prozesse optimiert werden.

---

[8] PwC (2013a).
[9] PwC (2013a).
[10] Black Sun (2012).

6 Integrated Reporting in Österreich: Erste Schritte auf einem langen Weg

93 % der 250 weltweit größten Unternehmen veröffentlichen bereits eigene Nachhaltigkeitsberichte. Viele Unternehmen haben nun auch damit begonnen, soziale, ökologische und Governance bezogene Daten in ihren Geschäftsberichten abzubilden. Im Jahr 2013 taten dies bereits 51 % der Unternehmen im Vergleich zu 20 % im Jahr 2011 und nur 9 % im Jahr 2008[11]. Dieser Trend zeigt deutlich, dass Unternehmen diese Aspekte nicht nur als integralen Bestandteil ihrer Geschäftstätigkeit betrachten, sondern auch die Relevanz dieser Informationen für Investoren und Stakeholder erkannt haben. Von einer wirklich integrierten Berichterstattung sind die meisten Unternehmen jedoch noch weit entfernt. Um den Reifegrad börsennotierter deutschsprachiger Unternehmen bei der integrierten Berichterstattung zu analysieren, hat PwC Österreich im Jahr 2014 gemeinsam mit der Wirtschaftsuniversität Wien eine Studie durchgeführt: Wir wollten herausfinden, inwieweit die ATX Prime und DAX 30 Unternehmen in ihrer Berichterstattung bereits den Anforderungen des <IR> Frameworks des IIRC gerecht werden.

Das Ergebnis:

- Während in Österreich kein einziges Unternehmen in seinen Geschäftsberichten eine weitgehende Integration aufweist, kann man in Deutschland bereits bei 17 % der untersuchten Unternehmensberichte von einer weitgehenden Integration sprechen (Abb. 7).
- 68 % der untersuchten Unternehmen in Österreich berichten teilweise integriert, etwas mehr als bei den deutschen Nachbarn mit einem Anteil von 63 %. Die übrigen Unternehmen weisen bisher noch keinerlei Elemente einer integrierten Berichterstattung auf.
- Die größten Entwicklungspotenziale für eine weitergehende und integrierte Berichterstattung der ATX-Unternehmen bestehen in den Bereichen Governance, Chancen und Risiken, Geschäftsmodell und Zukunftsaussichten.

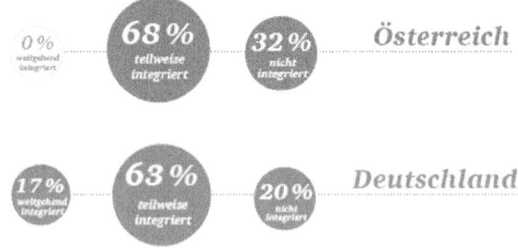

Abb. 7 Durchschnittlicher Reifegrad der integrierten Berichterstattung. (Quelle: PwC (2014) Integrated Reporting- Die Zukunft der Unternehmensberichterstattung)

---

[11] KPMG (2013).

- Trotz der hohen Anforderungen im österreichischen Corporate Governance Kodex berichten nur wenige Unternehmen über die Effektivität der Unternehmensführung.
- Eine schlüssige Darstellung des Zusammenhangs zwischen der sozialen und ökologischen Performance eines Unternehmens und der Managementvergütung liegt nur in den allerseltensten Fällen vor.
- Die meisten Unternehmen analysieren ihr externes Umfeld und die daraus erwachsenden Risiken und Chancen, aber nur wenige stellen eine Verknüpfung zu der strategischen Ausrichtung des Unternehmens dar.
- Soziale und ökologische Risiken sind zumeist unterrepräsentiert und zu selten monetär bewertet.
- Eine Darstellung des Risikoprofils im Zeitverlauf findet sich fast nirgends.
- Die Erläuterung des Geschäftsmodells beschränkt sich meist auf finanzielle Input- und Output-Faktoren.
- Nur wenige Unternehmen beschreiben, wie sich ihre Mitarbeiterinnen und Mitarbeiter (Humankapital) oder ihre Rohstoffe (natürliches Kapital) entwickeln, wie man die Verfügbarkeit dieser Komponenten in Zukunft sicherstellt und wie das Unternehmen über den Bilanzgewinn hinaus Wert schafft.[12]

7 Verlässliche Daten zur richtigen Zeit

Verfügbare und verlässliche Daten sind der Schlüssel für die Qualität und die Glaubwürdigkeit von integrierten Berichten. Erst wenn nicht-finanzielle Daten und Inhalte denselben hohen Standards genügen, wie sie in der Finanzberichterstattung üblich sind, werden sie von Investoren, Ratings und anderen wichtigen Stakeholdern ernst genommen. Dabei spielt auch die zeitliche Verfügbarkeit der Daten eine wichtige Rolle: Sowohl finanzielle als auch ökologische und soziale Daten müssen zeitnah nach Ende eines Wirtschaftsjahres vorliegen, um als Entscheidungsgrundlage dienen zu können. Und: Geschätzte Daten sollten soweit wie möglich vermieden werden.

In der Nachhaltigkeitsberichterstattung lässt sich bereits ein Trend zu einer externen Testierung durch unabhängige Wirtschaftsprüfer feststellen. Das Transparenzbarometer 2012 von PwC Österreich[13] stellte fest, dass mit 58 % mehr als die Hälfte der Unternehmen im deutschsprachigen Raum ihre Nachhaltigkeitsberichte extern prüfen lässt. Wirtschaftsprüfungsgesellschaften wie PwC spielen auch in der Weiterentwicklung der integrierten Prüfansätze eine bedeutende Rolle: Gemeinsam mit dem IIRC und den Pilot-Unternehmen wird derzeit intensiv an Modellen für eine Testierung integrierter Berichte gearbeitet.

Auch Ratingagenturen können von einer solchen unabhängigen Prüfung stark profitieren. Derzeit müssen sich Ratings auf jene Informationen verlassen, die Unternehmen in ihren Berichten und Fragebögen selbst angeben – ohne die Möglichkeit, einen Blick hinter die

---

[12] PwC (2014c).
[13] PwC (2013b).

Kulissen zu werfen. Geprüfte Daten würden auch die Qualität und Transparenz von Ratings erheblich verbessern und für Investoren eine zuverlässige Entscheidungsgrundlage liefern.

8 Integrated Reporting und Ratingagenturen: Gemeinsam zum Ziel

Integrated Reporting und Ratingagenturen verfolgen ein gemeinsames Ziel: Shareholder und Stakeholder sollen jene relevanten Informationen über Unternehmen bekommen, anhand derer sie beurteilen können, ob ein Unternehmen über einen längeren Zeitraum Wert schaffen und erhalten kann. Um dieses Ziel zu erreichen, haben sich das International Integrated Reporting Council (IIRC) und die Global Initiative for Sustainability Ratings (GISR) im März 2014 zusammengeschlossen. In einem gemeinsamen Memorandum of Understanding beteuern IIRC-CEO Paul Druckman und GISR-Gründer Allen White ihre Zusammenarbeit bei der weiteren Harmonisierung der globalen Reporting- und Ratingstandards und Rahmenwerke. Gemeinsam wird derzeit an einem Konzept für „Integrierte Ratings" gearbeitet. Eine einheitlichere Reporting- und Ratinglandschaft kann laut beider Organisationen auch zu einer ganzheitlicheren strategischen Ausrichtung von Unternehmen, einer Verbesserung der operativen Prozesse und Ressourcenallokation und in Folge auch zu größerer Stabilität in den globalen Märkten führen.

Allen White, Co-Chair des GISR, fasst dies so zusammen:

> GISR's vision is to transform the definition of corporate value in the 21st century such that markets reward the preservation and enhancement of all forms of capital. Integrated Reporting is building a foundation for disclosures aligned with multiple capitals that will help company and credit ratings more accurately assess long-term performance. Together, <IR> and GISR will bring to financial markets a new generation of information and tools that will enhance decision-making among all market players for the benefit of investors, companies and society at-large.[14]

Diese Initiative unterstützen wir von PwC: Das Konzept des Integrated Reporting kann langfristig dazu beitragen, mehr Transparenz und damit Nachvollziehbarkeit bezüglich des wahren Wertes von Unternehmen zu schaffen. Unternehmen, die integrierte Berichte veröffentlichen, werden damit nicht nur für Investoren interessanter. Sie haben auch in ihren eigenen organisatorischen Abläufen die Chance, ein Integrated Thinking in Gang zu setzen, das zu einer besseren internen Kommunikation, besseren strategischen Entscheidungen und einem effizienteren Ressourcenmanagement führt.

Um eine konsequente Umsetzung und Ausrichtung sicherzustellen, braucht es aber verbindliche Vorgaben. Hier sind Gesetzgeber und Aufsichtsbehörden ebenso gefragt wie Unternehmen und deren Anspruchsgruppen. Nur wenn alle gemeinsam an einem Strang ziehen, um die gesetzlichen und marktgetriebenen Rahmenbedingungen zu vereinfachen und zu verbessern, kann die Unternehmensberichterstattung und damit auch unser ganzes Wirtschaftssystem auf eine zukunftsfähige und nachhaltige Basis gestellt werden.

---

[14] GISR (2014).

Literatur

Black Sun (2012) Understanding transformation: building the business case for integrated reporting
GISR (2013) Sustainability ratings standard, component 1: principles
GISR (2014) Press release: new MoU drives momentum in corporate reporting
Gutenberg E (1971) Grundlagen der Betriebswirtschaftslehre, Bd 1, Die Produktion
IIRC (2013) The International <IR> framework
KPMG (2013) Survey of corporate responsibility reporting
Ocean Tomo (2015) Ocean Tomo's intangible asset market value study
PwC (2013a) World watch, issue 2
PwC (2013b) Tendenz steigend: Das Transparenz-Barometer von PwC Österreich
PwC (2014a) Sustainability goes mainstream: insights into investor views
PwC (2014b) 17th Annual global CEOsurvey
PwC (2014c) Integrated reporting – Die Zukunft der Unternehmensberichterstattung
SustainAbility (2013) Rate the raters. Phase five—the investors view

Photocredit: PwC Österreich

Mag. Dr. Aslan Milla Wirtschaftsprüfer, ist Senior Partner bei PwC Österreich. Er ist Mitglied des österreichischen Arbeitskreises für Corporate Governance, des AFRAC (Austrian Financial Reporting and Auditing Committee – österreichischer Rechnungslegungsbeirat) und des Präsidiums des Fachsenats für Unternehmensrecht und Revision der Kammer der Wirtschaftstreuhänder. Bis 2010 war er Präsident des Instituts Österreichischer Wirtschaftsprüfer und ist nunmehr Berufsgruppenobmann der Wirtschaftsprüfer in der Kammer der Wirtschaftstreuhänder. Seine beruflichen Schwerpunkte sind die Prüfung von Jahresabschlüssen und Konzernabschlüssen großer und mittlerer Unternehmen nach nationalen und internationalen Standards, die Beratung und Unterstützung bei der Einführung von Konzernberichtswesen nach internationalen Rechnungslegungsvorschriften, die Verbesserung von internen Kontrollsystemen in verschiedensten Branchen und die Einführung von Corporate-Governance-Prozessen sowie eines unternehmensweiten Risikomanagements.

Photocredit: PwC Österreich

MMag. Julia Knauseder ist Senior Managerin bei PwC Österreich und betreut seit 2010 Projekte im Bereich Sustainable Business Solutions und integrierte Managementsysteme. Frau Knauseder ist spezialisiert auf die Verknüpfung betriebswirtschaftlicher Kennzahlen mit sozialen und ökologischen Erfolgsfaktoren. Sie verfügt über umfassende Kompetenz in der Entwicklung von Nachhaltigkeitsstrategien, der Messung und Steuerung von Nachhaltigkeitsmaßnahmen sowie der Erstellung und Prüfung von Nachhaltigkeits- und integrierten Berichten. Zu ihren Kunden zählen zahlreiche börsennotierte Unternehmen aus den Bereichen Energie- und Daseinsvorsorge, Telekommunikation und Industrie. Vor ihrer Zeit bei PwC war Julia Knauseder für unterschiedliche Non-Profit-Organisationen tätig und konnte Erfahrungen bei den Vereinten Nationen sammeln. Sie ist eine gefragte Vortragende und Autorin von Fachpublikationen zum Thema Nachhaltigkeit und unterrichtet außerdem Nachhaltigkeitsmanagement an der Karl-Franzens-Universität Graz sowie an der HULT International Business School in Kalifornien.

Nachhaltiger investieren durch integrierte Ratings – Königsweg oder Utopie?

Johannes Weber und Karen Wendt

Zusammenfassung

Eine Reihe von Studien belegt, dass die Nachfrage nach und das Interesse an nachhaltigen Investments und Anlagestrategien in den letzten Jahren stark gestiegen sind. Analysiert man die Zahlen jedoch etwas genauer, so zeigt sich, dass viele „nachhaltige" Investoren sich auf die Festlegung von Ausschlusskriterien beschränken und der Faktor Nachhaltigkeit nur selten systematisch oder auf der Grundlage einschlägiger Ratings Berücksichtigung findet. Darüber hinaus deuten die Ergebnisse darauf hin, dass nicht in erster Linie Risikoüberlegungen, sondern die „Werte des Hauses" sowie Anlagerichtlinien die treibenden Faktoren für mehr Nachhaltigkeit sind. Vor diesem Hintergrund stellt sich die Frage, inwieweit Nachhaltigkeitsratings dazu beitragen können, konventionelle Anleger von den „Vorteilen der Nachhaltigkeit" zu überzeugen, beziehungsweise ob es nicht darüber hinaus einer integrierten Bewertung von Nachhaltigkeits- und finanzieller Performance bedarf.

Der Beitrag wird sich sowohl mit den Chancen und Möglichkeiten eines solchen integrierten Ratings auf der Grundlage eines integrierten Reportings beschäftigen, als auch die damit verbundenen Herausforderungen und Probleme kurz analysieren. Dazu gehören unter anderem die Frage der Übersetzung von qualitativen Daten in quantitative Messgrößen sowie der Mangel an einheitlichen Standards. Es wird deutlich, dass integrierte Ratings durchaus das Potential hätten, „Nachhaltigkeitsverweigerer" von der Bedeutung ökosozialer Faktoren (und Risiken) bei Anlageentscheidungen zu

J. Weber (✉)
München, Deutschland
E-Mail: johannes-weber@posteo.de

K. Wendt
Ährenfeldstrasse 5, 82194 Gröbenzell, Deutschland
E-Mail: info@responsible-investmentbanking.com

überzeugen, jedoch ist ein umfassender, integrierter Vergleich von Investments aufgrund fehlender Standards nur schwer möglich. Integrierte Ratings werden Nachhaltigkeitsratings zudem nicht ersetzen können, sondern sollten vielmehr als Anreizmechanismus und „Instrument des Übergangs" hin zu einer neuen Kultur des Investmentbankings gesehen werden.

1   Einleitung

Wie jüngst veröffentlichte Studien zeigen[1], gibt es einen deutlichen Trend hin zu mehr Nachhaltigkeit und Verantwortung im Investmentgeschäft. So stiegen einerseits die Nachfrage und das Interesse an nachhaltigen und verantwortlichen Finanzprodukten 2014 deutlich an, wie beispielsweise der von Prof. Schäfer erhobene SRI Stimmungsindex zeigt (Schäfer und Weber 2014). Andererseits finden Nachhaltigkeitskriterien immer stärker Eingang in die Strategien institutioneller Anleger. Dies legt den Schluss nahe, dass nachhaltiges und verantwortliches Investieren zusehends Teil des Mainstreams wird. Betrachtet man die erhobenen Zahlen jedoch etwas genauer, so zeigt sich, dass für die Erhebungen in der Regel eine sehr breite Definition von Nachhaltigkeit herangezogen wird und Nachhaltigkeitskriterien nur selten systematisch Berücksichtigung finden. So beschränken sich die meisten Investoren auf die Festlegung von Ausschlusskriterien in Kombination mit einem Best-in-Class-Ansatz. Unabhängig erstellte Nachhaltigkeitsratings werden vom Großteil der „nachhaltigen" Investoren hingegen nicht herangezogen (vgl. EUROSIF 2014).

Vor diesem Hintergrund stellt sich die Frage nach der möglichen Funktion von Nachhaltigkeitsratings bei der Förderung von ökologischen und gesellschaftlichen Überlegungen bei „konventionellen" Investoren. Sind einschlägige Ratings ein adäquates Mittel, um „Nachhaltigkeitsverweigerer" zu überzeugen, oder wären hier unter Umständen integrierte Ansätze und eine stärkere Risikoperspektive sinnvoller und zielführender? Dieser Frage soll im Rahmen dieses Beitrags nachgegangen werden. Konkret wird es um die Chancen und Möglichkeiten integrierter Ratings als Instrument des Übergangs zu einer nachhaltigen und verantwortlichen Form des Investierens gehen. Ist es eine Utopie zu glauben, dass die Integration und gemeinsame Bewertung finanzieller und nicht-finanzieller Performance, technischer und nicht-technischer Risiken, konventioneller und nachhaltigkeitsbezogener Kriterien zu einer stärkeren Gewichtung ökologischer und sozialer Parameter führt, oder handelt es sich dabei vielleicht tatsächlich um den Königsweg?

Der erste Teil des Beitrags gibt einen kurzen Überblick über die jüngsten Entwicklungen im Bereich „nachhaltiges Investieren" sowie über die Arbeit von Nachhaltigkeitsratingagenturen. Im Anschluss daran werden die Ansätze in Richtung integriertes Reporting als Grundlage für ein integriertes Rating analysiert und diskutiert. Darauf folgt eine abschließende Betrachtung über die Chancen und Möglichkeiten integrierter Ratings zur Förderung nachhaltigen Investierens.

---

[1] Der Beitrag wurde Anfang 2015 verfasst.

2   Der Trend zur Nachhaltigkeit

Wie die sechste „European SRI Study 2014" des European Forum for Sustainable Investment (EUROSIF) zeigt, wuchs der Anteil an verantwortlichen und nachhaltigen Anlagestrategien in den 13 untersuchten europäischen Ländern seit 2011 deutlich stärker als der Markt im Allgemeinen. Vor allem beim Impact Investment (plus 132 % im Vergleich zu 2011) sowie bei der Anwendung von Ausschlusskriterien (plus 91 % von 2011 bis 2013) ist ein deutlicher Aufwärtstrend zu erkennen. Insgesamt 41 % der Assets unterliegen heute in Europa gewissen Ausschlusskriterien. Über alle Formen der Integration von ESG-Kriterien bei Investmententscheidungen hinweg ist ein Plus von 65 % zu verzeichnen (EUROSIF 2014). Eine international angelegte Studie der Union Investment zu diesem Thema brachte ähnliche Ergebnisse. Insgesamt berücksichtigen demnach 56 % der Befragten (institutionelle Anleger) Nachhaltigkeitskriterien bei der Geldanlage. Auch hier dominieren Ausschlusskriterien (84 %) sowie ein negatives Screening (78 %) (Union Investment 2014; zu den Entwicklungen in Deutschland, Österreich und der Schweiz vgl. die Untersuchung des Forums Nachhaltige Geldanlagen [FNG] 2014 sowie zusammenfassend Schäfer und Weber 2014).

Auch wenn diese Ergebnisse sich lediglich auf das Verhalten von Investoren und nicht auf das von Unternehmern beziehen[2], so sind sie dennoch beachtlich und könnten darauf hindeuten, dass die Berücksichtigung von Nachhaltigkeitskriterien im Investmentgeschäft keine Randerscheinung mehr ist, sondern langsam Teil des Mainstreams wird. Analysiert man die Zahlen jedoch etwas genauer, so kommen Zweifel an deren tatsächlicher Aussagekraft auf. Einerseits beruhen sie im Großen und Ganzen auf Selbstauskünften der Investoren, die nur in Einzelfällen mit Informationen aus Sekundärquellen abgeglichen wurden. Andererseits werden die einzelnen Herangehensweisen an die Thematik nicht oder nur ansatzweise auf ihre Qualität hin untersucht.[3] So zeigt sich unter anderem, dass vielfach nur sehr schwache Ausschlusskriterien zur Anwendung kommen, die sich oft lediglich auf Clustermunition und Antipersonenminen beziehen. Zudem werden ESG-Kriterien meist nur unsystematisch und auf der Grundlage frei zugänglicher Informationen berücksichtigt. Laut EUROSIF erfolgte bei nur 36 % der € 5,2 Billionen an Assets, die unter Maßgabe von ESG-Kriterien investiert wurden, die ESG-Integration systematisch und/oder verpflichtend auf der Grundlage von Ratings/Bewertungen von ESG-Analysten (EUROSIF 2014,

---

[2] Es soll an dieser Stelle auf den jüngst erschienenen oekom Corporate Responsibility Review 2014 verwiesen werden, der ergab, dass 2013 lediglich 16,8 % der von oekom research regelmäßig analysierten Großunternehmen mit Sitz in Industrieländern den oekom research branchenspezifisch definierten Mindestanforderungen an das Nachhaltigkeitsmanagement entsprechen. Dies ist ein Plus von nur 0,1 % zu 2012. Demgegenüber zeigten 53,1 % der Unternehmen eine schlechte Nachhaltigkeitsleistung. Dies sind um 0,8 % mehr als 2012. (vgl. Oekom research 2014).

[3] In der EUROSIF-Studie etwa heißt es: „[The study] does not make judgements on the depth, breadth or quality of the approach" (EUROSIF 2014, S. 8). Dies stellt gewissermaßen einen Rückschritt im Vergleich zu den Erhebungen bis 2012 dar, in denen noch zwischen nachhaltigen Geldanlagen im engeren und weiteren Sinne unterschieden wurde.

S. 17–19). Daten über die Beweggründe von Investoren, Nachhaltigkeitskriterien in ihre Anlageentscheidungen mit einfließen zu lassen, wurden vom EUROSIF nicht erhoben. Die Union Investment-Studie ergab jedoch, dass die „Werte des eigenen Hauses" sowie Anlagerichtlinien (81 bzw. 67 %) dominieren. Die Verbesserung des Risikomanagements (54 %) sowie Marketingchancen und Kundennachfrage (43 bzw. 42 %) bilden demgegenüber nachgeordnete Gründe.

Es ist hier also ein deutlicher Trend zu erkennen (auch wenn die Erhebung der Daten nur bedingt wissenschaftlichen Standards entspricht). Einerseits gewinnen Nachhaltigkeitskriterien allgemein stark an Bedeutung. Andererseits jedoch werden diese offensichtlich nicht vorrangig aus Risikoüberlegungen, sondern aufgrund von Anlagerichtlinien und aufgrund der Unternehmenskultur berücksichtigt. Daraus könnte der Schluss gezogen werden, dass Nachhaltigkeitsratings ein wichtiges analytisches Instrument für all jene darstellen, die für sich bereits entschieden haben, dass ökosoziale Kriterien Teil ihrer Anlagestrategie sein sollen, aber möglicherweise nur wenig dazu beitragen, dass „konventionelle" Investoren stärker auf Nachhaltigkeit setzen. Verfolgt man dieses Ziel, so könnte ein integriertes Rating, welches Umweltrisiken, Menschenrechtsverletzungen, soziale Spannungen aufgrund wirtschaftlicher Aktivitäten etc. und finanzielle Risiken gemeinsam bewertet, sinnvoller und zielführender sein.

3 Wie kann man Nachhaltigkeit messen?

Bereits vor mehr als 400 Jahren forderte Galileo Galilei: „Alles messen, was messbar ist – und messbar machen, was noch nicht messbar ist." Dies gilt auch und in besonderem Maße für Nachhaltigkeit und Verantwortung im Investmentgeschäft. Erst auf der Grundlage einer soliden und einheitlichen Messung kann Vergleichbarkeit hergestellt und sinnvoll über mehr oder weniger nachhaltige Geldanlagen gesprochen werden. Ein Versuch in diese Richtung sind Nachhaltigkeitsratings (einen aktuellen Überblick bietet u. a. Kopp 2016).[4] Sie „bilden eine wesentliche Voraussetzung und Basis vor allem für das Angebot nachhaltiger Finanzdienstleistungen bzw. für die Realisierung eines nachhaltigkeitsorientierten Investorenverhaltens. Nachhaltigkeitsratings stellen entsprechend ein wesentliches Instrument der Information über die Erfüllung bestimmter sozialer, kultureller und ökologischer Anforderungen durch ein Unternehmen dar" (Döpfner und Schneider 2012, S. 5). Sie werden in der Regel von Nachhaltigkeitsagenturen erstellt, die nach einer je eigenen Methodologie Informationen zusammentragen, bereitstellen und vergleichbar machen, um private, aber vor allem institutionelle Investoren bei der Bewertung von Geldanlagen in Hinblick auf Nachhaltigkeit und Verantwortung zu unterstützen.

---

[4] Es soll an dieser Stelle nur erwähnt werden, dass Nachhaltigkeitsratings und Nachhaltigkeitsagenturen keineswegs ein Novum sind. Bereits vor knapp zehn Jahren zählte eine Studie im Auftrag der Bertelsmann-Stiftung nicht weniger als 59 Nachhaltigkeitsratingagenturen.

Als Anbieter von Beratungsleistungen stehen Nachhaltigkeitsratingagenturen in einem stetigen Spannungsverhältnis zwischen den Bedürfnissen ihrer Kunden und der Forderung nach Vergleichbarkeit, Transparenz und Vollständigkeit. Aus Wettbewerbsgründen geben sie, mit Verweis auf den Schutz geistigen Eigentums, nur ungern Informationen über ihr methodisches Vorgehen heraus. Das brachte ihnen, vor allem vor dem Hintergrund teils stark divergierender Einschätzungen über einzelne Unternehmen, in der Vergangenheit viel Kritik ein. Als Negativbeispiel wird hier gerne Siemens herangezogen (Döpfner und Schneider 2012, S. 13). Daher gründeten 16 Ratingagenturen im Jahr 2004 die Association for Responsible Investment Services (ARISE), die einen Standard für die Erstellung von Nachhaltigkeitsratings erarbeitete. Der aktuell gültige Standard Arista 3.0 enthält unter anderem Vorgaben zu Transparenz und Qualität bei der Erstellung von Ratings, welche die Nachvollziehbarkeit der Einschätzungen über Unternehmen garantieren soll. Ein grundlegendes Problem, das die Vergleichbarkeit unterschiedlicher Ratings erschwert, wurde damit jedoch nicht gelöst: nämlich die verschiedenen Konzeptionen von Nachhaltigkeit.

3.1 Was ist Nachhaltigkeit?

Seit mehr als 20 Jahren wird intensiv darüber diskutiert, wie unser Wirtschaftssystem dahingehend neu ausgerichtet werden kann, dass Profite nicht zulasten von Umwelt und Gesellschaft gehen. Dabei bilden vor allem drei Konzepte, nämlich Nachhaltigkeit, Verantwortung und Ethik, den Ausgangspunkt der Überlegungen. Diese wiederum speisen sich aus unterschiedlichen Quellen. Während die Idee des ethischen Wirtschaftens oft auf einem religiös geprägten Weltverständnis beruht, hat der Gedanke der Nachhaltigkeit seinen Ursprung in der Umweltbewegung der 1980er Jahre und wurde in der Folge auf weitere Bereiche ausgedehnt.

Die einzelnen Konzepte und Begriffe werden heute in ganz unterschiedlicher Art und Weise verwendet und miteinander kombiniert, wodurch ein schwer abgrenzbares Begriffsfeld (mit dazugehörigen Akronymen) entstand. Man spricht von verantwortlichem, nachhaltigem oder ethischem Investieren, Corporate Social Responsibility, Corporate Responsibility, nachhaltiger Geldanlage, Social oder Socially Responsible Investing, Social Investment etc. Dies trägt keineswegs zur begrifflichen Präzisierung bei, sondern führt zu einer gewissen Beliebigkeit im Sprachgebrauch und zu erheblichen analytischen Unschärfen. Besonders verwirrend wird es, wenn Abkürzungen wie „SRI" ihre Bedeutung verändern. Während viele darunter „Socially Responsible Investing" verstehen, wird das Kürzel in der oben genannten EUROSIF-Studie mit „Sustainable and Responsible Investment" übersetzt, was noch lange nicht heißt, dass darunter völlig gleiche oder völlig unterschiedliche Konzepte verstanden werden.

Im Allgemeinen wird meist zwischen einem weiten und einem engen Nachhaltigkeitsverständnis unterschieden. Während das FNG beispielsweise den Begriff „Nachhaltige Geldanlage" als „allgemeine Bezeichnung für nachhaltiges, verantwortliches, ethisches, soziales, ökologisches Investment und alle anderen Anlageprozesse, die in ihre Finanzanalyse den Einfluss von ESG (Umwelt, Soziales und Governance)-Kriterien einbeziehen" definiert (vgl. FNG 2014, S. 7), beschränken sich andere auf eine bestimmte Auswahl von Kriterien oder passen die Definition den Wünschen ihrer Kunden an.

Als Dienstleister wollen Ratingagenturen den Investoren eine Hilfestellung zur Bewertung der Nachhaltigkeit von Geldanlagen geben und bedienen sich dabei meist eines Punktesystems. Dies soll, so die Hoffnung vieler, auch zu einem Wettbewerb zwischen den Unternehmen und Investmentgesellschaften um die beste Punktezahl führen. Ob ein derartiges Rating jedoch bisweilen konventionell investierende Akteure dazu motivieren kann, Nachhaltigkeitskriterien zu berücksichtigen, ist fraglich (an dieser Stelle soll angemerkt werden, dass dies wohl auch nicht Ziel und Aufgabe der Nachhaltigkeitsagenturen ist). Könnten „Nachhaltigkeitsverweigerer" nicht eher durch ein integriertes Rating überzeugt werden, das Risiken der Nicht-Nachhaltigkeit beziehungsweise die Vorteile eines nachhaltigen Vorgehens und die finanzielle Performance gemeinsam bewertet?

4 Nachhaltigkeit und finanzielle Performance

Hinter der Idee von Nachhaltigkeitsratings steckt die grundlegende Vorstellung, dass finanzieller Profit in der Regel auf Kosten der Nachhaltigkeit geht, oder umgekehrt, dass Nachhaltigkeit[5] den finanziellen Profit verringert. Wenngleich in den letzten Jahren viel zu dieser Frage geforscht wurde, konnte keine eindeutig negative oder positive Korrelation von ESG und finanzieller Performance nachgewiesen werden. Dies hängt mitunter damit zusammen, dass die Situation in einzelnen Branchen und Weltregionen sehr unterschiedlich ist und sich die Performance über Zeit natürlich verändert.[6] Die meisten Untersuchungen deuten jedoch darauf hin, dass nachhaltige/verantwortliche Investments eine ebenso gute, wenn nicht bessere finanzielle Performance aufweisen wie „konventionelle" Anlagen. Dies gilt insbesondere für Krisenzeiten (vgl. Nofsinger und Varma 2014). Eine 2013 veröffentlichte Meta-Studie des Research Center for Financial Services der Steinbeis-Hochschule Berlin, in der 195 themenrelevante Studien (die wissenschaftlichen Ansprüchen genügen) ausgewertet wurden, kam zum Ergebnis, dass

> in allen Anlageklassen kaum Studien [existieren], welche nachhaltigen Geldanlagen ein, für den Investor, negativeres Rendite-Risiko-Profil zuweisen. Vielmehr gibt es tendenziell sogar mehr Untersuchungen, die nachhaltigen Anlagen eher Vorteile zumessen. Zusammenfassend kann deshalb festgestellt werden, dass die Entscheidung, in nachhaltige Anlagen zu investieren, nicht automatisch bessere oder schlechtere Renditen zur Folge hat, als wenn Mittel in eine traditionelle Anlage fließen. (Kleine et al. 2013, S. 10)

---

[5] Es soll an dieser Stelle nochmals angemerkt werden, dass es auch hier an einem einheitlichen Konzept von Nachhaltigkeit und Verantwortung mangelt.

[6] In einer Fallstudie zu österreichischen Investmentfonds zwischen 1992 und 2012 etwa zeigten sich Unterschiede zwischen der ersten und der zweiten Hälfte des Untersuchungszeitraums (vgl. Rathner 2013).

Die Autoren raten dazu, Nachhaltigkeit als Risikofilter für Ereignisrisiken, Reputationsrisiken und Regulierungsrisiken einzusetzen. Für die Berücksichtigung von Nachhaltigkeit zur Verbesserung des Risikomanagements sprechen unter anderem auch die Ergebnisse einer Untersuchung von Goldman Sachs zu 190 Öl- und Gasprojekten aus dem Jahr 2008. Darin konnte gezeigt werden, dass der Grund für Verzögerungen bei Projekten in 73 % der Fälle nicht-technische (Widerstand einzelner Stakeholder, sozioökonomische Bedingungen etc.) und nur in 21 % technische Risiken waren (vgl. Hackenbruch und Pluess 2011).

Glaubt man den oben genannten Ergebnissen, so führt die Berücksichtigung von Nachhaltigkeitskriterien also nicht zu einer schlechteren finanziellen Performance, sondern steigert tendenziell die Profite. Vice versa kann die Nichtbeachtung von Nachhaltigkeitskriterien, vor allem auf lange Sicht, zu geringeren finanziellen Renditen führen. So haben Rachel Davis und Daniel M. Franks im Jahr 2011 in einer Studie zu Minenunternehmen festgestellt, dass die Kontextfaktoren aus dem Bereich Umwelt und Soziales sich zunächst als nicht-technische Risiken darstellen, aber im Zeitverlauf zu finanziellen Risiken und Cash-Flow-Ausfällen führen. (Davis und Franks 2011). Zudem kann eine frühzeitige Beachtung von ESG-Risiken zum reibungslosen Ablauf von Projekten beitragen.

Vor diesem Hintergrund ist es doch einigermaßen verwunderlich, dass sich viele Investoren dem Thema Nachhaltigkeit völlig verweigern und Nachhaltigkeitskriterien nicht als Teil des Risikomanagements und Instrument zur Wertsteigerung (vgl. dazu u. a. Duke 2015) von Investments betrachten. Ein Grund dafür könnte in der bisweilen noch relativ scharfen Trennung von nachhaltigen und nicht-nachhaltigen Anlagen, konventionellen Ratings und Nachhaltigkeitsratings liegen. Ob Nachhaltigkeitskriterien Berücksichtigung finden, ist meist Resultat einer der Risikoanalyse vorausgehenden strategischen Entscheidung. Ihrem Selbstverständnis nach konventionelle Investoren bedienen sich konventioneller Ratings, nachhaltige dagegen Nachhaltigkeitsratings. Verfolgt man nun das Ziel, „Nachhaltigkeitsverweigerer" zu überzeugen, so stellt sich die Frage, ob es nicht unter Umständen zielführender wäre, verstärkt auf integrierte Ratings zu setzen, welche die finanzielle und die Nachhaltigkeitsbewertung miteinander kombinieren. Im Folgenden soll versucht werden, die Vorzüge, aber auch die Probleme und Herausforderungen einer solchen integrierten Form der Bewertung und des Ratings kurz zu analysieren.

5 Integrierte Ratings und die Bewertung von Nachhaltigkeitsrisiken

Der Diskurs über Nachhaltigkeit in der Wirtschaft verläuft heute oft anhand ethischer Kriterien. Umweltverschmutzung, gesellschaftliche Verwerfungen, Menschenrechtsverletzungen etc. werden als nicht mit den moralischen Maßstäben unserer Gesellschaft vereinbare Resultate wirtschaftlicher Aktivitäten verstanden. Mit der Berufung auf moralische Prinzipien wie etwa (Generationen-)Gerechtigkeit, Verantwortung, Solidarität verurteilt man Unternehmen, die Kohlekraftwerke in Deutschland oder Minen im Kongo betreiben. Letzten Endes kann ein tiefgreifender und nachhaltiger Umbau unseres Wirtschaftssystems zu einer „green economy" auch nur aus eigenem Antrieb und auf der Grundlage eines tiefgreifenden Wertewandels gelingen.

Der von ethischen Überlegungen dominierte Diskurs über eine nachhaltige Wirtschaft blendet einen Teil der Realität jedoch oftmals bis zu einem gewissen Grad aus. Auch in seiner nachhaltigsten Form bleibt der Grundantrieb wirtschaftlichen Handelns, sei es nun in der Realwirtschaft oder im Investmentgeschäft, der finanzielle Gewinn. Verantwortliche oder wirkungsorientierte Investoren müssen eine Rendite erwirtschaften und sind ihrem Wesen nach keine Philanthropen. Gelänge es nun jedoch, mangelnde Nachhaltigkeit und Verantwortung in Renditerisiken und -chancen zu transformieren, das heißt, externe Risiken zu internalisieren, so hätte man damit ein Instrument an der Hand, das sogar den hartgesottensten „Nachhaltigkeitsverweigerer" davon überzeugen würde, diese Kriterien in die strategische Planung beziehungsweise in die Anlagestrategie zu integrieren. Davis und Franks kamen in der oben genannten Studie über die Kosten sozialer Konflikte für Minenunternehmen beispielsweise zu dem Ergebnis, dass eine finanzielle Bewertung von Konflikten zwischen Unternehmen und lokaler Bevölkerung zu einem besseren Verständnis für gesellschaftliche Belange führen würde (Davis und Franks 2011, S. 9). Eine solche integrierte Betrachtung, die auch eine Reihe von Gefahren in sich birgt, müsste auch im Berichtswesen und im Rating Anwendung finden.

6 Integriertes Rating durch integriertes Reporting

Die Grundlage für ein integriertes Rating muss die Messung technischer und nicht-technischer Risiken anhand ein und derselben Skala bilden. Mit anderen Worten: Es müssen der Nutzen der Beachtung und der mögliche Schaden (also das Risiko) der Nicht-Beachtung von Nachhaltigkeitskriterien gemeinsam mit der finanziellen Performance darstellbar und messbar werden. Erst durch die gemeinsame Betrachtung dieser beiden Bereiche kann es zu einer stärkeren Gewichtung und Berücksichtigung von Nachhaltigkeitskriterien, vor allem bei konventionellen Anlegern, kommen. Olaf Weber, Roland W. Scholz und Georg Michalik etwa meinen:

> [L]enders need to analyze the relation between their debtor's sustainability risks and financial performance and must not analyze sustainability risks in an isolated way. [...] [B]oth types of indicators [economic/financial and sustainability] should be connected in a multivariate way to take the relation between them into account. (Weber et al. 2010, S. 47)

Ein solcher integrierter Ansatz auf der Grundlage einer reinen Außenbetrachtung, ohne die Mitwirkung der Unternehmen selbst, scheint jedoch nur schwer möglich zu sein. Dafür sprechen unter anderem die Erfahrungen der letzten Jahre mit Regulierungen im Finanzbereich. Hier zeigte sich, dass – mitunter aufgrund eines Mangels an Informationen sowie der hohen Komplexität – staatliche Regulierung von außen inhärent langsam und tendenziell reaktiv ist (Kaufmann 2016, S. 174–176). Es scheint daher zielführender zu sein, den Gegensatz zwischen einer völlig frei agierenden Wirtschaft und einem staatlichen Regulator zu überwinden und Unternehmen dazu zu bewegen, ihre Nachhaltigkeitsrisiken offenzulegen und klar auszuweisen. Dies wird ohne gesetzliche Maßnahmen wohl nicht gelingen, weshalb die EU jüngst ihre Rechnungslegungsrichtlinien dahingehend abgeändert hat, dass „große Unternehmen, die Unternehmen von öffentlichem Interesse sind und am Bilanzstichtag das Kriterium erfüllen, im Durchschnitt des Geschäftsjahres mehr als 500 Mitarbeiter zu beschäftigen", verpflichtet werden,

> in den Lagebericht eine nichtfinanzielle Erklärung auf[zunehmen], die diejenigen Angaben enthält, die für das Verständnis des Geschäftsverlaufs, des Geschäftsergebnisses, der Lage des Unternehmens sowie der Auswirkungen seiner Tätigkeit erforderlich sind und sich mindestens auf Umwelt-, Sozial-, und Arbeitnehmerbelange, auf die Achtung der Menschenrechte und auf die Bekämpfung von Korruption und Bestechung beziehen, einschließlich

a. einer kurzen Beschreibung des Geschäftsmodells des Unternehmens;
b. einer Beschreibung der von dem Unternehmen in Bezug auf diese Belange verfolgten Konzepte, einschließlich der angewandten Due Diligence-Prozesse;
c. der Ergebnisse dieser Konzepte;
d. der wesentlichen Risiken im Zusammenhang mit diesen Belangen, die mit der Geschäftstätigkeit des Unternehmens – einschließlich, wenn diese relevant und verhältnismäßig ist, seiner Geschäftsbeziehungen, seiner Erzeugnisse oder seiner Dienstleistungen – verknüpft sind und die wahrscheinlich negative Auswirkungen auf diese Bereiche haben werden, sowie der Handhabung dieser Risiken durch das Unternehmen;
e. der wichtigsten nichtfinanziellen Leistungsindikatoren, die für die betreffende Geschäftstätigkeit von Bedeutung sind.
(EU 2014, Artikel 19a)

Leitlinien zur Methode der Berichterstattung über nichtfinanzielle Informationen, inklusive Leistungsindikatoren, sollen bis Dezember 2016 von der Europäischen Kommission erarbeitet werden. Eine derartige Verpflichtung, finanzielle und nicht-finanzielle Unternehmensergebnisse auszuweisen, ist ein wichtiger Schritt hin zu einem integrierten Reporting, das in weiterer Folge eine der Grundlagen für ein integriertes Rating bilden kann.

Ein „integrated report" wird vom International Integrated Reporting Council (IIRC) als „concise communication about how an organization's strategy, governance, performance and prospects, in the context of its external environment, lead to the creation of value over the short, medium and long term" (IIRC 2013) definiert. Diese Art des Berichtswesens, welche Hand in Hand mit einer Form von „integrated thinking" geht, wird bisher erst selten angewandt (Churet und Eccles 2014). Gängige Praxis ist, dass Unternehmen einen Geschäftsbericht und, wenn überhaupt, getrennt davon einen Nachhaltigkeitsbericht veröffentlichen. Während der eine die maßgebliche quantitative Grundlage für die Einschätzung über Erfolg oder Misserfolg des Unternehmens darstellt, ist der andere qualitativer Natur und wird oft von der PR- oder Marketingabteilung erstellt.

Ein integriertes Reporting würde diese beiden Bereiche vereinen und Auskunft über die finanzielle und die Nachhaltigkeitsperformance des Unternehmens geben. Dadurch wäre es Anlegern und Investoren möglich, Unternehmen (zumindest aus einer Branche) umfassend miteinander zu vergleichen (Informationsfunktion). Zudem würde ein integrierter Bericht eine wichtige Grundlage für die Diskussion mit Stakeholdern über den adäquaten Einsatz von Mitteln liefern (Transformationsfunktion) (Eccles und Serafeim 2014, S. 18–19).

Die Idee einer solchen „sozialen und ökologischen Bilanz" ist keineswegs neu. Bereits in den 1960er und 1970er Jahren entwickelte man unter dem Titel „corporate social accounting" und „corporate social audit" bzw. „Sozialbericht" oder „Sozialrechnung" erste Modelle zur Messung und Integration von Nachhaltigkeit. Ab Mitte der 1980er Jahre nahm das Interesse an diesem Thema jedoch wieder stark ab. Gründe dafür waren nicht zuletzt der paradigmatische Wandel in der Wirtschaftstheorie und der Widerstand wichtiger Akteursgruppen. Als in den 1990er Jahren die Themen Umwelt und Nachhaltigkeit neuerlich in den Fokus rückten, nahm auch die Diskussion über ökologische und soziale Aspekte des Wirtschaftens wieder Fahrt auf. Befeuert wurde diese unter anderem durch neue Erkenntnisse über die Grenzen des Wachstums und die Folgen einer nicht-nachhaltigen Art des Wirtschaftens (Brundtland-Bericht 1987; Rio-Konferenz 1992) sowie durch neue Konzepte wie den „triple bottom line"-Ansatz (vgl. Antal et al. 2002). Zudem wurde mit dem Kyoto-Protokoll (1997) erstmals eine Grundlage geschaffen, um durch Marktmechanismen und die finanzielle Bewertung von Umweltschäden Emissionen zu reduzieren. Dass das Thema bis heute nicht an Bedeutung verloren hat, liegt unter anderem daran, dass seit den 1990er Jahren eine Reihe einschlägiger staatlicher und nichtstaatlicher Organisationen wie die Global Reporting Initiative, die UNEP Finance Initiative oder der World Business Council for Sustainable Development entstanden sind.

Von Beginn an stellten die Messung von Nachhaltigkeit und die Definition von Indikatoren zentrale Herausforderungen dar. So enthält die Agenda 21, die Abschlusserklärung der Konferenz von Rio (1992), im Kap. 40.6 die Aufforderung an staatliche und nichtstaatliche Organisationen, Indikatoren zur Messung nachhaltiger Entwicklung zu erarbeiten.[7] Seither wurde über diese Frage viel geforscht und diskutiert. Unzählige (internationale) Organisationen, Verbände sowie staatliche und nichtstaatliche Institutionen haben Kriterienkataloge, Schemata und Systeme für die Bewertung ökologischer und sozialer Auswirkungen und Risiken erarbeitet. Diese lassen sich nach Reichweite und Anwendungsbereich einerseits sowie nach der Urheberschaft andererseits unterscheiden. So zielen die großen internationalen Akteure wie die OECD (vgl. Henseling et al. 1999), die United Nations Commission on Sustainable Development (CSD – CSD Indicators 2014) oder die Europäische Union darauf ab, in ihren Schemata möglichst alle für eine nachhaltige Entwicklung relevanten Faktoren zu berücksichtigen. Daneben gibt es noch eine Reihe weiterer staatlicher Organisationen auf regionaler, nationaler und internationaler Ebene,

---

[7] „Die Länder auf nationaler Ebene und staatliche und nichtstaatliche Organisationen auf internationaler Ebene sollen das Konzept der Indikatoren für nachhaltige Entwicklung entwickeln, um solche Indikatoren zu bestimmen. Zur Förderung der verstärkten Anwendung einiger dieser Indikatoren in Satellitenrechnungen und letzten Endes auch in volkswirtschaftlichen Gesamtrechnungen muß die Entwicklung von Indikatoren durch das Statistikbüro des Sekretariats der Vereinten Nationen unter Berücksichtigung der Erfahrungen, die auf diesem Gebiet gesammelt wurden und werden, vorangetrieben werden" (Agenda 21 1992, Kap. 40.6).

die Prinzipien und Indikatoren für bestimmte Regionen, Branchen und Sektoren erarbeitet haben. Ein Beispiel aus dem Finanzbereich ist die UNEP Finance Initiative, die unter anderem in Kooperation mit anderen UN-Organisationen die Principles for Responsible Investment schuf sowie die Sustainable Stock Exchange Initiative ins Leben rief.

Mit Blick auf den Wirtschafts- und Finanzbereich gründeten sich darüber hinaus noch eine ganze Reihe von NGOs, Initiativen, Consultingunternehmen und Ratingagenturen, die es sich zur Aufgabe gemacht haben, Systeme zur Messung von ESG-Faktoren oder zur Erstellung von Nachhaltigkeitsbilanzen zu entwickeln. Einige davon gehen auf zivilgesellschaftliches Engagement zurück, andere werden von der Industrie oder der Investmentbranche unterstützt oder betrieben. Zu den wichtigsten Organisationen im Bereich Sustainable Accounting und Sustainable Reporting gehören die Global Reporting Initiative (GRI), die German Initiative on Sustainable Development, die European Federation of Financial Analysts Societies oder das Sustainable Accounting Standards Board (SASB). Speziell für den Bereich Klimawandel und Emissionen ist das Carbon Disclosure Project zu nennen. Darüber hinaus entstanden in den letzten Jahren unzählige weitere Unternehmen und Agenturen, die etwa mit der Messung von Nachhaltigkeit und der Akkreditierung von Nachhaltigkeitsleitlinien ihr Geld verdienen. Man kann heute schon fast von einem eignen Wirtschaftszweig sprechen, der die große Nachfrage nach „unabhängiger" Expertise in Hinblick auf Nachhaltigkeit befriedigt. Diese Entwicklung geht Hand in Hand mit einer kontinuierlichen Verschiebung in Bezug auf die Zielsetzungen und das Verhältnis der unterschiedlichen Akteursgruppen zueinander. Zu Beginn stand in der Regel der Ausgleich zwischen den Interessen zivilgesellschaftlicher, politischer und wirtschaftlicher Akteure im Zentrum. Man versuchte, durch Transparenz und Vereinheitlichung in der Datenerhebung den Umbau zu einer nachhaltigeren Form des Wirtschaftens im Sinne aller voranzubringen. Heute rücken vielfach Wertsteigerung sowie die Rolle der Initiativen als Dienstleister für die Wirtschaft stärker in den Vordergrund. Der Abschnitt über die Ziele des Sustainability Accountings im „Conceptual Framework" des SASB bringt dies deutlich zum Ausdruck. Darin heißt es: „Ultimately, the goal of sustainability accounting and disclosure is to inform development of an integrated business strategy for corporate management and assess sustainability risks and opportunities inherent to investment decisions" (SASB 2013, S. 7). Diese Entwicklung lässt sich teilweise auch am Wandel der institutionellen Strukturen und Kräfteverhältnisse ablesen. Waren in den 1990er Jahren und zu Beginn der 2000er Jahre noch staatliche Organisationen federführend, die sich Partner aus der Wirtschaft suchten, so ist es heute oftmals umgekehrt. Ein Beispiel dafür ist die Entwicklung der GRI in den letzten knapp 20 Jahren (vgl. Brown et al. 2009).

Diese Vielzahl an Akteuren und Institutionen bedient sich teils sehr unterschiedlicher Definitionen, Konzeptionen und Termini. Analog zur bereits erwähnten Problematik in Bezug auf nachhaltige/verantwortliche Investments handelt es sich auch hier um ein Feld unterschiedlicher, teils schwer voneinander abgrenzbarer Begrifflichkeit. Man spricht unter anderem von „sustainability accounting", „sustainability financial accounting", „social accounting", „social and environmental accounting", „non-financial reporting", „green accounting", „environmental accounting" oder „triple bottom line accounting". So vielfältig wie die Bezeichnungen sind auch die Herangehensweisen, wenngleich meist darauf hingewiesen wird, dass man eine Vereinheitlichung und die Kompatibilität mit bestehenden Standards anstrebe. Dies gilt sowohl in Bezug auf die Grundprinzipien des Datenerhebungsprozesses und den Inhalt als auch in Hinblick auf die Erstellung der Berichte an sich (vor allem Festlegung der Key-Performance-Indikatoren [KPIs], Gewichtung der KPIs, Kategorisierung in Branchen; vgl. dazu u. a. GISR 2013). An dieser Stelle kann nicht im Detail auf die einzelnen Konzeptionen eingegangen werden. Es sollen jedoch zwei sehr verbreitete Standards kurz beschrieben und miteinander verglichen werden.

Die 1997 vom CERES und dem UNEP ins Leben gerufene GRI hat in den letzten gut zwei Jahrzehnten intensiv an der Entwicklung und Weiterentwicklung von Standards, Prinzipien und Implementierungsvorgaben für ein integriertes Reporting gearbeitet (O'Sullivan 2015, S. 255–256). Der aktuelle Standard G4 (zu den Neuerungen gegenüber G3 vgl. Hirs-Schaller und Jurt 2013), welcher im Mai 2013 veröffentlicht wurde, umfasst Vorgaben zu den „Berichterstattungsgrundsätze[n] und Standardangaben" (GRI 2014a) sowie eine „Umsetzungsanleitung" (GRI 2014b). An der Erarbeitung waren zahlreiche Berichterstatter, Berichtnutzer sowie professionelle Vermittler beteiligt.

Die GRI-Richtlinien sind global und für alle Organisationen gleichermaßen anwendbar. Es wird also nicht a priori nach Branche oder Betriebsgröße unterschieden, doch werden die Organisationen dazu aufgefordert, sich auf die aus Sicht aller Stakeholder wesentlichen Aspekte zu beschränken. Die Festlegung dieser Aspekte soll auf Grundlage einer Wesentlichkeitsanalyse erfolgen. Qualitativ bietet G4 zwei Optionen für die Berichtslegung, die beide „in Übereinstimmung" mit den Leitlinien stehen. Eine „Kern"- und eine „Umfassende" Option. Die zweite unterscheidet sich von der ersten darin, dass ausführlicher berichtet werden muss sowie zusätzlich Standardangaben zu Strategie und Analyse, zur Unternehmensführung und zur Ethik und Integrität der Organisation erforderlich sind. In jedem Fall sollten die Berichterstattungsgrundsätze eingehalten werden. In Bezug auf die Bestimmung der Berichtsinhalte sind dies: Einbeziehung von Stakeholdern, Nachhaltigkeitskontext (Darstellung der Leistungen in einem größeren Zusammenhang einer nachhaltigen Entwicklung), Wesentlichkeit und Vollständigkeit. Grundsätze zur Bestimmung der Berichtsqualität sind Ausgewogenheit, Genauigkeit, Aktualität, Klarheit und Verlässlichkeit. Berichte nach G4 müssen allgemeine Standardangaben über die Organisationen sowie spezifische Standardangaben umfassen. Die spezifischen Standardangaben enthalten Angaben zum Managementansatz einerseits sowie bestimmte Indikatoren andererseits. Die GRI unterscheidet hier drei Kategorien von Indikatoren, nämlich „Wirtschaftliche" (darunter wirtschaftliche Leistung, Marktpräsenz), „Ökologische" (etwa Materialien, Energie, Wasser) und „Gesellschaftliche". Die letzte Kategorie wird wiederum in die Unterkategorien „Arbeitspraktiken und menschenwürdige Beschäftigung", „Menschenrechte", „Gesellschaft" und „Produktionsverantwortung" aufgegliedert.

Einen etwas anderen Ansatz verfolgt die „European Federation of Financial Analysts Societies", deren „KPIs for ESG" (EFFAS 2010) heute in der Version 3.0 vorliegen. Sie sind ebenfalls auf alle Unternehmen anwendbar, wenngleich darauf hingewiesen wird, dass man bei der Erstellung vor allem börsennotierte Unternehmen als Zielgruppe im

Kopf hatte. Die Ziele des ESG-Reportings sind laut EFFAS langfristige Produktivität und Profitabilität. Es sollen Risiken minimiert und proaktiv ein Nutzen aus der Integration von ESG-Kriterien gezogen werden. Um Nachvollziehbarkeit zu gewährleisten, werden Unternehmen dazu aufgefordert, vorab ihr Verständnis von ESG offen zu legen und ein ESG-Managementsystem über die gesamte Wertschöpfungskette zu installieren und zu kommunizieren. Neben einigen allgemeinen Anmerkungen über die Erhebung der Daten nennt die EFFAS explizit drei Grundprinzipien, nämlich Relevanz, Transparenz und Kontinuität/Aktualität (um diachrone und synchrone Vergleichbarkeit zu ermöglichen). Den zentralen Unterschied zu den GRI-Richtlinien bildet die branchenspezifische Festlegung von Indikatoren (die Einteilung in 114 Unterbranchen erfolgt anhand der Dow Jones Classification Benchmark). Es wird also für jede Branche ein eigenes Set von bis zu 41 Indikatoren definiert, das nochmals branchenspezifisch in drei „Offenlegungs"-Klassen eingeteilt wird.

Dieser etwas oberflächliche Vergleich zweier Richtlinien für die integrierte Berichtlegung zeigt bereits die zentralen Herausforderungen für Investoren. Im Folgenden soll auf einige davon kurz eingegangen werden.

6.1 ESG- und Nachhaltigkeitsverständnis

Im Abschnitt zu Nachhaltigkeitsratings wurde bereits darauf hingewiesen, dass die verschiedenen Akteure mit unterschiedlichen Verständnissen von ESG und Nachhaltigkeit operieren. Die meisten Richtlinien zur Erstellung von integrierten Berichten definieren zwar relevante Bereiche, legen aber keine eindeutige Begriffsbestimmung von ESG und Nachhaltigkeit fest. Dies wird in der Regel dem Berichterstatter überlassen, wenngleich darauf hingewiesen wird, dass das jeweilige Verständnis offengelegt werden muss. Aus einer Unternehmensperspektive, die vor allem das Risikomanagement und die Wertsteigerung durch die Beachtung von ESG-Faktoren ins Zentrum rückt, hat dies durchaus seine Berechtigung. Unterschiedliche Branchen und Regionen weisen teils sehr spezifische Herausforderungen und Probleme auf. Für Investoren erschwert dies jedoch die Vergleichbarkeit. Hier wäre eine Vereinheitlichung (mitunter durch Ratingagenturen) wünschens- und erstrebenswert.

6.2 Die Bildung von KPIs

Ein integriertes Rating auf der Grundlage eines integrierten Reportings setzt die Darstellung von finanziellen und nicht-finanziellen bzw. technischen und nicht-technischen Risiken auf einer gemeinsamen Skala voraus. Dies zwingt zur Festsetzung von KPIs und zur Entwicklung entsprechender Messskalen. Auch wenn die daraus resultierenden Zahlenkolonnen den Eindruck der Unparteilichkeit suggerieren, ist die Definition von ökologischen und sozialen Auswirkungen nie ein völlig objektiver Prozess. Was wir als „Schaden" für die Umwelt oder als „negative" gesellschaftliche Auswirkung betrachten und wie wir diese bewerten, hängt stark von persönlichen Wertvorstellungen, gesellschaftlichen Normen und kulturellen Prägungen ab und erfolgt immer bis zu einem gewissen Grad interessensgeleitet (vgl. u. a. Mennicken et al. 2008). Bei der in den GRI-Richtlinien geforderten „Wirkungsanalyse" zur Festlegung relevanter Bereiche etwa stellt sich die Frage, welche (Aus-)Wirkungen für wen oder was Relevanz haben: Welche Bereiche sollen herangezogen werden, und welche sind vernachlässigbar? Hier kann sich eine Lücke zwischen ethischem Verhalten und unternehmerisch wirksamem Nachhaltigkeitsrisiko auftun. Menschenrechtsverletzungen gegenüber einer Gruppe, die marginalisiert ist, wenig Sympathien genießt und von der kein Widerstand zu erwarten ist, stellt aus Unternehmensperspektive möglicherweise kein Risiko dar, ist aber dennoch ethisch verwerflich (Kaufmann 2016, S. 177–178). Diese Diskrepanz zwischen einer von rein ethischen Überlegungen geleiteten Perspektive und einer Risikoperspektive wird wohl nie ganz aufzulösen sein. Dennoch gilt es, einen möglichst vernünftigen Ausgleich zwischen den Stakeholdern zu erzielen, ohne ethische Grundprinzipien völlig aus den Augen zu verlieren.

6.3 Die Quantifizierung von qualitativen Daten

Die Messung von Nachhaltigkeit, um sie in weiterer Folge mit Parametern für die finanzielle Performance in Einklang zu bringen, bedarf einer Quantifizierung in der Regel qualitativer Daten. Dies stellt einerseits ein methodisches Problem dar, andererseits gilt es auch hier, einen Ausgleich zwischen den Interessen und Anforderungen der unterschiedlichen Akteursgruppen zu erzielen.

Bei der Operationalisierung von KPIs und der Entwicklung von Messskalen steht man etwa vor der Frage, welcher Wert einer bestimmten Menge von Emissionen beigemessen wird und in welchem Verhältnis dieser Wert zur Verletzung von Menschenrechten steht. Erschwerend kommt hier hinzu, dass ökologische Schäden oder soziale Verwerfungen infolge wirtschaftlicher Aktivitäten oft indirekte Kosten erzeugen, die erst über eine mehr oder weniger lange und konzise Argumentationskette auf einen Verursacher zurückgeführt werden müssen. Mit anderen Worten: Wie können und sollen bestimmte Effekte wem genau zugerechnet werden? Da ökologische und soziale Schäden sich oft erst nach Jahren oder Jahrzehnten manifestieren, stellt sich zudem die Frage, welche zeitliche Perspektive man in den Blick nimmt (vgl. Hiss 2013).

Der Versuch, alle Kriterien möglichst umfassend und detailliert zu erfassen und darzustellen, birgt mitunter die Gefahr, das Kriterium der Praktikabilität zu vernachlässigen. Letzten Endes soll ein integrierter Bericht die integrierte Performance eines Unternehmens abbilden und damit auch als Grundlage für Ratings und Investmententscheidungen dienen. Verliert er sich jedoch zu sehr in Details, ohne klare Aussagen zu treffen, kann er seinen Zweck nicht erfüllen. Ein sehr gutes Beispiel in dieser Hinsicht ist der Frankfurt-Hohenheimer Leitfaden, der mit seinen 850 Einzelkriterien allgemein als umfassendes Leitwerk gelobt wird, sich aber nur schwer in die Praxis umsetzen lässt. Hier gibt es noch viele offene Forschungsfragen (vgl. Searcy 2011).

6.4 Standardisierung

Ein grundlegendes Problem, das alle bisher genannten Punkte betrifft, ist der Mangel an Standardisierung. Während Geschäftsberichte klaren und staatlich vorgegebenen Bilanzierungsvorschriften entsprechen müssen, existieren in Bezug auf das Nachhaltigkeitsreporting nur freiwillige Standards, die oft lediglich Grundprinzipien, aber keine klaren Bewertungsmaßstäbe vorgeben (vgl. Eccles und Serafeim 2014, S. 4 sowie Eccles et al. 2012). Bereits bei den Grundprinzipien gibt es jedoch große Differenzen zwischen den unterschiedlichen Ansätzen, wie die genannten Beispiele zeigen (GISR 2013).

Der derzeit verbreitetste Standard ist jener der Global Reporting Initiative (GRI) (vgl. Del Mar Alonso-Almeida et al. 2013). Ob sich dieser auch global durchsetzt, wird von vielen Faktoren abhängen, unter anderem davon, wie die Europäische Kommission die Leitlinien für die Europäische Union ausgestaltet. Gewisse staatliche Vorgaben werden in diesem Standardisierungsprozess auf jeden Fall unerlässlich sein. Für ein integriertes Reporting im engeren Sinne müssen diese Richtlinien in einem zweiten Schritt jedoch noch mit den allgemeinen Berichtlegungsrichtlinien in Einklang gebracht werden. Hier gibt es bereits vielversprechende Ansätze des SASB, welches das Ziel einer Harmonisierung der Nachhaltigkeitsberichte mit den Standardformularen 10-K und 20-F verfolgt, oder des Carbon Disclosure Standards Board, das etwas Ähnliches für Informationen in Zusammenhang mit dem Klimawandel anstrebt. Allgemein ist in diesem Bereich jedoch noch viel zu tun.

7 Integriertes Rating als Instrument des Übergangs

Wie in den obigen Ausführung deutlich wurde, fehlt es nicht an Initiativen und Ansätzen für ein integriertes Reporting, doch mangelt es – ganz abgesehen von der Bereitschaft der Unternehmen, diese Richtlinien auch tatsächlich in ihren Berichten anzuwenden – bisweilen vor allem noch an einheitlichen Standards und klaren staatlichen Vorgaben. Dies erschwert die Vergleichbarkeit und die gemeinsame Bewertung von Nachhaltigkeits- und finanzieller Performance. Aus Investorensicht wäre dies jedoch eine wichtige Voraussetzung für nachhaltige Anlageentscheidungen über Branchengrenzen hinweg. Hier sind Ratingagenturen gefragt, die als Intermediäre bisweilen disparate Informationen und Bewertungssysteme anhand nachvollziehbarer Analysemethoden in ein einheitliches Schema bringen und die Nachhaltigkeits-gemeinsam mit der finanziellen Performance darstellen und bewerten. Ein schlechtes Governance-System, die Nichtbeachtung von Menschenrechten oder Umweltschäden hätten damit einen direkten negativen Effekt auf das allgemeine Rating eines Unternehmens.[8] Umgekehrt würde in einem integrierten Rating die Beachtung von Nachhaltigkeitsrisiken über die gesamte Wertschöpfungskette die

---

[8] An dieser Stelle soll darauf hingewiesen werden, dass einzelne Untersuchungen bereits zeigen, dass CSR-Systeme einen Effekt auf das Kreditrating von Unternehmen haben (vgl. Attig et al. 2013).

Bewertung verbessern. Es besteht die Hoffnung, dass davon Impulse für eine stärkere Beachtung von Nachhaltigkeitsrisiken bei der Entwicklung von Anlagestrategien und Anlageentscheidungen bisweilen konventioneller Investoren ausgehen.

Aus einer reinen Nachhaltigkeitsperspektive birgt diese integrierte Betrachtung jedoch auch Gefahren. Ökologische und soziale Risiken könnten bei hochrentablen und finanziell weitgehend risikofreien Anlagen in einer integrierten Bewertung nicht oder nur bedingt zum Tragen kommen. Dies könnte mitunter zu Greenwashing-Effekten führen, je nachdem, wie bestimmte Parameter gesetzt und gewichtet werden. Daher können integrierte Ratings weder ein klassisches Nachhaltigkeitsrating noch einen tiefgreifenden Wertewandel oder die Stärkung der Treuhandpflichten von Managern ersetzen. Sie können aber ein Instrument des Übergangs bilden, um Investoren für Nachhaltigkeitsfragen zu sensibilisieren und dazu zu bewegen, Nachhaltigkeitskriterien in ihre Anlagestrategien zu integrieren. In diesem Sinne kann eine integrierte Betrachtung Teil eines Königswegs hin zu mehr Nachhaltigkeit und Verantwortung im Investmentgeschäft bilden, dessen Ziel eine Kultur des Investierens sein muss, die Nachhaltigkeit und Verantwortung als Werte an sich betrachtet. Es wäre aber utopisch zu glauben, dass dies ein einfacher Weg sei. Wie die knappe Analyse zeigt, gibt es in Bezug auf integrierte Berichte und integrierte Ratings noch einen großen Bedarf an klaren Vorgaben, einheitlichen Standards und Konkretisierungen auf der Grundlage eines Interessenausgleichs aller Stakeholder.

Literatur

Agenda 21 (1992) Konferenz der Vereinten Nationen für Umwelt und Entwicklung im Juni 1992 in Rio de Janeiro. http://www.agenda21-treffpunkt.de/archiv/ag21dok/index.htm. Zugegriffen: 20. Jan. 2015

Antal AB, Dierkes M, MacMillan K, Marz L (2002) Corporate social reporting revisited. Schriftenreihe der Abteilung „Organisation und Technikgenese" des Forschungsschwerpunkts Technik-Arbeit-Umwelt am Wissenschaftszentrum Berlin für Sozialforschung. http://bibliothek.wzb.eu/pdf/2002/ii02-105.pdf. Zugegriffen: 22. Jan. 2015

Attig, N, El Ghoul S, Guedhami O, Suh J (2013) Corporate social responsibility and credit ratings. J Bus Eth 117:679–694

Brown HS, de Jong M, Levy DL (2009) Building institutions based on information disclosure: lessons from GRI's sustainability reporting. J Clean Prod 17:571–580

Churet C, Eccles RG (2014) Integrated reporting, quality of management, and financial performance. J Appl Corp Financ 26(1):56–64 (Winter 2014)

CSD – CSD Indicators (2014) CSD Indicators for sustainable development – 3rd edition. http://web.archive.org/web/20110516232227/ http://www.un.org/esa/sustdev/natlinfo/indicators/factsheet.pdf. Zugegriffen: 20. Jan. 2015

Davis R, Franks DM (2011) The costs of conflict with local communities in the extractive industry. First international seminar on social responsibility in mining 2011. http://shiftproject.org/sites/default/files/DavisProzent20&Prozent20Franks_CostsProzent20ofProzent20Conflict_SRM.pdf. Zugegriffen: 25. Jan. 2015

Del Mar Alonso-Almeida M, Llach J, Marimon F (2013) A closer look at the „global reporting initiative" sustainability reporting as a tool to implement environmental and social policies: a worldwide sector analysis. Corp Soc Responsib Environ Manage 21:318–335

Döpfner C, Schneider H-A (2012) Nachhaltigkeitsratings auf dem Prüfstand. Pilotstudie zu Charakter, Qualität und Vergleichbarkeit von Nachhaltigkeitsratings, 2012. http://www.cric-online.org/images/individual_upload/publikationen/nachhaltigkeitsstudie2012.pdf. Zugegriffen: 15. Jan. 2015

Duke G (2015) Sustainable private equity investments and ESG due diligence frameworks. In: Wendt K (Hrsg) Responsible Investment Banking. Springer, Berlin, S 351–360

Eccles RG, Serafeim G (2014), Corporate and integrated reported: a functional perspective. In: Lawler E, Mohrman S, O'Toole J (Hrsg) Corporate stewardship: organizing for sustainable effectiveness. http://papers.ssrn.com/sol3/papers.cfm?abstract_id=2388716. Zugegriffen: 25. Jan. 2015

Eccles RG, Krzus MP, Krzus M, Rogers J (2012) The need for sector-specific materiality and sustainability reporting standards. J Appl Corp Financ 24(2):65–71 (Spring 2012)

EFFAS (2010) KPIs for ESG, A guideline for the integration of ESG into financial analysis and corporate valuation. http://www.effas-esg.com/wp-content/uploads/2011/07/KPIs_for_ESG_3_0_Final.pdf. Zugegriffen: 20. Jan. 2015

EUROSIF (2014) European SRI study 2014. http://www.eurosif.org/our-work/research/sri/european-sri-study-2014/. Zugegriffen: 20. Jan. 2015

Forum Nachhaltige Geldanlage (2014) Marktbericht Nachhaltige Geldanlagen 2014. Deutschland, Österreich und die Schweiz. http://www.forum-ng.org/images/stories/Publikationen/FNG_Marktbericht2014_Web.pdf. Zugegriffen: 20. Jan. 2015

GISR (2013) Global initiative for sustainable ratings: sustainability principles comparison – GISR & precursor frameworks. http://ratesustainability.org/wp-content/uploads/2013/10/GISR-Principles-Map.pdf. Zugegriffen: 23. Jan. 2015

GRI (2014a) Global Reporting Initiative, G4 – Leitlinien zur Nachhaltigkeitsberichterstattung, Berichterstattungsgrundsätze und Standardangaben. https://www.globalreporting.org/resourcelibrary/German-G4-Part-One.pdf. Zugegriffen: 23. Jan. 2015

GRI (2014b) Global Reporting Initiative, G4 – Leitlinien zur Nachhaltigkeitsberichterstattung, Umsetzungsanleitung. https://www.globalreporting.org/resourcelibrary/German-G4-Part-Two.pdf. Zugegriffen: 23. Jan. 2015

Hackenbruch M, Pluess JD (2011) Commercial value form sustainable local benefits in the extractive industries: local content. http://www.bsr.org/reports/BSR_LocalContent_March2011.pdf. Zugegriffen: 23. Jan. 2015

Henseling C, Eberle U, Grießhammer R (1999) Soziale und ökonomische Nachhaltigkeitsindikatoren. http://www.oeko.de/oekodoc/79/1999-007-de.pdf. Zugegriffen: 21. Jan. 2015

Hirs-Schaller I, Jurt S (2013) GRI G4– Die neuen Richtlinien zur Nachhaltigkeitsberichterstattung. Audit Committee News, Ausgabe 43/Q4 2013. http://www.kpmg.com/CH/de/auditcommittee/newsletter/Documents/pub-20130916-ac-news-43-article-07-de.pdf. Zugegriffen: 20. Jan. 2015

Hiss S (2013) The politics of the financialization of sustainability. Competition and Change 17(3):234–247

IIRC (2013) International integrated reporting council. The international <IR> Framework, 2013. http://www.theiirc.org/wp-content/uploads/2013/12/13-12-08-THE-INTERNATIONAL-IR-FRAMEWORK-2-1.pdf. Zugegriffen: 24. Jan. 2015

Kaufmann C (2016) Respekt für Menschenrechte im Investmentbanking: Ein Paradigmenwechsel und seine Folgen. Unterwegs zu einem neuen Branchenstandard? In: Wendt K (Hrsg) CSR und Investment & Banking, Springer, Berlin, S 173–191

Kleine J, Krautbauer M, Weller T (2013) Nachhaltige Investments aus dem Blick der Wissenschaft: Leistungsversprechen und Realität. Analysebericht, München. http://www.steinbeis-research.de/images/pdf-documents/ExecutiveProzent20Summary_Nachhaltige_Investments_aus_dem_Blick_der_Wissenschaft.pdf. Zugegriffen: 24. Jan. 2015

Kopp H (2016) Nachhaltigkeitsratings: Eine kurze Bestandsaufnahme. In: Wendt K (Hrsg) CSR und Investment & Banking. Springer, Berlin, S 479–490

Mennicken A, Miller P, Samiolo R (2008) Accounting for economic sociology. In: economic sociology_the european electronic newsletter, 10(1):3–7

Nofsinger J, Varma A (2014) Socially responsible funds and market crises. Journal of Banking and Finance, 48:180–193

Oekom research (2014) Oekom corporate responsibility review 2014 – kompakt. Nachhaltigkeit in der Unternehmensführung – eine Bestandsaufnahme. http://www.oekom-research.com/homepage/german/oekom_CR_Review_2014.pdf. Zugegriffen: 24. Jan. 2015

O'Sullivan, N (2015) The global reporting initiative guidelines and external assurance of investment bank sustainability reports: effective tools for financial sector social accountability? In: Wendt K (Hrsg) Responsible Investment Banking. Springer, Berlin, S 253–268

Rathner S (2013) The relative performance of socially responsible investment funds. New evidence from Austria. Working Paper in economics and finance, No. 2013–01. http://www.uni-salzburg.at/fileadmin/oracle_file_imports/2133616.PDF. Zugegriffen: 24. Jan. 2015

EU 2014 Richtlinie 2014/95/EU des Europäischen Parlaments und des Rates vom 22. Oktober 2014 zur Änderung der Richtlinie 2013/34/EU im Hinblick auf die Angabe nichtfinanzieller und die Diversität betreffender Informationen durch bestimmte große Unternehmen und Gruppen

SASB (2013) Conceptual framework of the sustainable accounting standards board. http://www.sasb.org/wp-content/uploads/2013/10/SASB-Conceptual-Framework-Final-Formatted-10-22-13.pdf. Zugegriffen: 20. Jan. 2015

Schäfer H, Weber V (2014) Institutionelle Anleger und nachhaltige Kapitalanlagen – Marktsituation und Marktstimmung. In: Schäfer H Institutionelle Anleger und nachhaltige Kapitalanlagen. Best Practices deutscher Banken, Stiftungen und Altersvorsorgeeinrichtungen. Springer, Berlin, S21–33

Searcy C (2011) Corporate sustainability performance measurement systems: a review and research agenda. In: Journal of Business Ethics 107:239–253

Union Investment (2014) Nachhaltiges Vermögensmanagement institutioneller Anleger. Ergebnisbericht zur Nachhaltigkeitsstudie 2014 von Union Investment. https://institutional.union-investment.de/dms/institutional/service/downloads/Ergebnisbericht_2014_140623.pdf. Zugegriffen: 21. Jan. 2015

Weber O, Scholz RW, Michalik G (2010) Incorporating sustainability criteria into credit risk management. In: Business Strategy and the Enviroment 19:39–50

Johannes Weber ist im Stiftungsbereich tätig und beschäftigt sich im Rahmen dessen mit der wirkungsorientierten Veranlagung von Vermögen. Davor war er als wissenschaftlicher Mitarbeiter an einem Forschungscluster an der Goethe Universität in Frankfurt/Main tätig und sammelte Erfahrung im österreichischen Außenministerium. Johannes Weber hat Politikwissenschaft und Geschichte in Innsbruck und Bologna studiert.

Photocredit: Johannes Weber

Photocredit: Karen Wendt

Karen Wendt hat mehr als 20 Jahre Erfahrung sowohl in der Schaffung von freiwilligen globalen Standards im Investment Banking als auch bei der Identifizierung von positiven und negativen ökosozialen Wirkungen von Investments und Finanzierungen. Sie hat die Gründung der Äquatorbanken in führender Rolle initiiert und begleitet, war seit der Gründung des Äquatorbankenverbandes in dessen Vorstand und dort für die Themen Mitgliedergewinnung, Stakeholder-Dialoge und die strategische Ausrichtung bis 2015 zuständig. Karen Wendt ist Gründerin von „Responsible Investmentbanking" und beschäftigt sich in dieser Funktion vorwiegend mit den Themen Verantwortliches Banking und Positive Impact Investing. Ihr Credo: Unternehmen müssen Business-Prozesse so organisieren, dass sie insgesamt positive Wirkungen für die Gesellschaft erzeugen. Die bisher vorherrschende Negativlogik (Vermeidung von negativen Auswirkungen) sollte durch Environmental, Social and Corporate Governance (ESG) ergänzt werden, um Strategien und Produkte zu fördern, die Innovationen mit positiven ökosozialen Wirkungen darstellen und somit zu einer nachhaltigen Entwicklung der Weltgemeinschaft beitragen. Karen Wendt hat Stakeholder-Dialoge mit internationalen Organisationen in Bezug auf ESG für den Verband der Äquatorbanken durchgeführt. Sie hat an verschiedenen Universitäten als Gastprofessorin unterrichtet und hält einen MBA der University Liverpool.

Teil VII
Who Cares Wins (UN Global Compact) – Ethik und Erfolg in Unternehmen

Nachhaltigkeit der BONUS Pensionskassen Aktiengesellschaft und der BONUS Vorsorgekasse AG

Gabriele Feichter und Romana Pontasch-Reiner

Zusammenfassung

In den drei Unternehmen BONUS Vorsorgekasse AG, BONUS Pensionskassen Aktiengesellschaft und der Concisa Vorsorgeberatung und Management AG werden Vorsorgeeinrichtungen verwaltet.

Im Beitrag wird der Investmentprozess der BONUS Vorsorgekasse und der BONUS Pensionskasse vorgestellt. Die Case Study zeigt die Umsetzung des Investmentkonzepts BONUS[21].

Das Konzept gilt für die Portfolios der BONUS Vorsorgekasse AG und der BONUS Pensionskassen Aktiengesellschaft, wobei der Erfüllungsgrad der Anforderungen von der generellen Gültigkeit für das gesamte Portfolio zu unterscheiden ist. In der Pensionskasse ist der Erfüllungsgrad in den jeweiligen Veranlagungs- und Risikogemeinschaft (VRG) unterschiedlich. BONUS[21] gilt für sämtliche Asset-Klassen, Emittentenkategorien, Fonds und sonstige kollektive Anlageinstrumente sowie Einzelpositionen, einschließlich liquider Mittel. Ausgenommen sind nur die (insgesamt marginalen) liquiden Mittel innerhalb von Fonds und sonstigen kollektiven Anlageinstrumenten.

Zur Analyse nachhaltiger Investments wurden Positivkriterien und Ausschlusskriterien für Unternehmen, Staaten und sonstige Anlageklassen definiert. Es existieren sogenannte Muss-Kriterien, ohne deren Erfüllung eine Anlage nicht im Pool potenzieller Anlageentscheidungen zugelassen wird. Darüber hinaus definieren Soll-Kriterien den Grad der Nachhaltigkeit der Anlage. Einzelne, weniger gute Ausprägungen in Teilbereichen des Anforderungskataloges können durch gute Ausprägungen in anderen Bereichen ausgeglichen werden. Ausschlusskriterien führen zur sofortigen Entfernung der Anlageklasse aus dem Pool möglicher Anlagen.

G. Feichter (✉) · R. Pontasch-Reiner
BONUS Vorsorge- und Pensionskassen, Traungasse 14–16, 1030 Wien, Österreich
E-Mail: gabriele.feichter@bonusvorsorge.at

© Springer-Verlag Berlin Heidelberg 2016
H. E. Kopp (Hrsg.), *CSR und Finanzratings,* Management-Reihe Corporate Social Responsibility, DOI 10.1007/978-3-662-47461-7_20

1 Einführung

In den drei Unternehmen BONUS Vorsorgekasse AG, BONUS Pensionskassen Aktiengesellschaft und Concisa Vorsorgeberatung und Management AG werden Vorsorgeeinrichtungen verwaltet. Die Concisa ist spezialisiert auf die Verwaltung von Vorsorgeeinrichtungen öffentlich-rechtlicher Körperschaften und die Erstellung von Gutachten für die Bewertung von Sozialkapital.

Die BONUS Pensionskassen Aktiengesellschaft ist eine von sechs überbetrieblichen Pensionskassen in Österreich, in welchen Arbeitgeber Zusatzpensionen für ihre Mitarbeiter ansparen. Die Pensionskasse verwaltet und veranlagt die ihr anvertrauten Gelder treuhänderisch in Veranlagungs- und Risikogemeinschaften und zahlt in der Folge lebenslange Renten an die Pensionisten aus.

Die BONUS Vorsorgekasse AG, eine von zehn Vorsorgekassen in Österreich, ist seit 2003 tätig, dem Jahr, in dem das Betriebliche Mitarbeiter- und Selbständigen-Vorsorgegesetz in Kraft getreten ist. Arbeitgeber sind seit 2003 verpflichtet, einen Vertrag mit einer Vorsorgekasse abzuschließen. Gemeinsam mit den monatlichen Sozialabgaben zahlt der Arbeitgeber 1,53 % des Brutto-Entgelts für die Mitarbeiter unter dem Titel „Abfertigung Neu" an die Gebietskrankenkassen. Diese leiten die Beiträge an die Vorsorgekasse zur Verwaltung und Veranlagung weiter. Seit Januar 2008 sind auch die selbstständig Erwerbstätigen von dieser Regelung erfasst.

Die Geschäftstätigkeit der BONUS ist die Verwaltung und Veranlagung von Sozialkapital – Nachhaltigkeit ist also schon produktimmanent.

Die BONUS Pensionskassen Aktiengesellschaft wurde 1996 gegründet, seit 1997 ist sie operativ tätig. Der Großteil der anderen überbetrieblichen Pensionskassen wurde bereits Anfang der 1990er-Jahre gegründet. Aus Verantwortung den Berechtigten gegenüber, aber auch, um sich von den Mitbewerbern unterscheiden zu können, hat die BONUS schon seit Aufnahme der operativen Tätigkeit eine Veranlagungs- und Risikogemeinschaft nach ethisch-ökologischen Kriterien ausgerichtet. Die Autoren des Standardwerkes für ethisch-ökologische Geldanlage „Grünes Geld" bescheinigen der BONUS diesen „Pionierstatus"[1].

Es war daher naheliegend, sich auch im 2002 gegründeten Schwesterunternehmen, der BONUS Vorsorgekasse AG, von Beginn an für eine ethische Veranlagung der anvertrauten Gelder der Anwartschaftsberechtigten zu entscheiden.

Die BONUS veranlagt nicht nur mit betriebswirtschaftlicher Verantwortung, sondern auch nach ökologischen, ethischen und sozialen Kriterien transparent. Seit nunmehr zwölf Jahren stellt sich die BONUS der externen Kontrolle der ÖGUT (Österreichische Gesellschaft für Umwelt und Technik) – so lässt sich die Veranlagungsgemeinschaft hinsichtlich nachhaltiger Veranlagung überprüfen.

Die Krise 2008 hat die Finanzmärkte nachhaltig beeinflusst und scheinbar sichere Anlageformen von heute auf morgen unberechenbar gemacht. Das langfristige Erwirtschaften konstanter Erträge ist zu einer großen Herausforderung geworden. Die Börsen reagieren

---

[1] Deml und Blisse (2013), S. 249, Kap. 3.3.2.

nach wie vor nervös, was sich vor allem darin zeigt, dass kleine Faktoren die Kurse zum Einstürzen oder Explodieren bringen. Risikoadjustiertes Investment und Diversifikation sind mehr denn je gefordert.

In den Jahren 2010 und 2011 hat sich die BONUS-Gruppe daher intensiv mit der Frage auseinandergesetzt, ob sie an ihrem nachhaltigen Investmentansatz weiter festhalten oder auf konventionelle Veranlagung umstellen soll. Für konventionelle Veranlagung spricht, dass das Angebot an Fonds weitaus größer ist als für nachhaltige Veranlagung, was sich auf die Diversifikation im Portfolio auswirkt. Bei alternativen Investments wie beispielsweise Immobilienfonds ist das Angebot durch die Nachhaltigkeit deutlich eingeschränkt. Was die Performance anbelangt, kann man die Nachhaltigkeit eher neutral bewerten.

Aber auch die Tatsache, dass die BONUS Gruppe Sozialkapital – Gelder von Mitarbeitern sowie von selbstständig Erwerbstätigen – veranlagt, hat bei den Überlegungen eine wesentliche Rolle gespielt. Wir sehen nachhaltiges Investment auch als einen gesellschaftspolitischen Beitrag.

Daher wurde der Entschluss gefasst, den bereits zu Beginn der Geschäftstätigkeit eingeschlagenen Weg – das wirtschaftliche Handeln an sozialen und Umweltkriterien auszurichten – weiterzuentwickeln und zu intensivieren. Gemeinsam mit einem auf nachhaltiges Investment spezialisierten Unternehmensberater hat die BONUS das Investmentkonzept BONUS[21] erarbeitet, das neue Standards in Österreichs Vorsorgebranche setzt.

BONUS[21] steht für die Tatsache, dass sich die Gruppe als Trägerin von Verantwortung für die Stakeholder und die Geschäftsgebarung betrachtet und hierbei aktiv die gesellschaftlichen Herausforderungen des 21. Jahrhunderts annimmt.

In der Folge wird der Investmentprozess der BONUS Vorsorgekasse und der BONUS Pensionskasse vorgestellt. Die Case Study zeigt die Umsetzung des Investmentkonzepts BONUS[21].

1.1 Der Investmentprozess

Der Investmentprozess ist mehrstufig und transparent, er gibt den Asset Managern den Handlungsspielraum, den die heutigen Märkte verlangen. So sind in den jeweiligen Veranlagungs- und Risikogemeinschaften der BONUS Pensionskasse Veranlagungsausschüsse eingerichtet, in denen Kunden ein Informations- und Mitentscheidungsrecht eingeräumt wird. Unter anderem werden in diesem Gremium die allgemeinen Veranlagungsrichtlinien erstellt. Das Gremium hat elementare Informationsrechte gegenüber dem Vorstand sowie das Recht auf Berichterstattung und Antragstellung in der Hauptversammlung. In der BONUS Vorsorgekasse übernimmt diese Aufgabe ein Kundenbeirat, der sowohl mit Arbeitgebern als auch mit Betriebsräten besetzt ist. Bis zu viermal im Jahr – in Zeiten stark volatiler Finanzmärkte auch öfter – treffen diese Ausschüsse zusammen. Sie bilden die erste Stufe im Veranlagungsprozess.

Die zweite Stufe stellt die Veranlagungssitzung dar. In diesem Gremium werden all jene strategischen Vorgaben zur Umsetzung gebracht, die im Veranlagungsausschuss oder im Kundenbeirat definiert wurden. Diese Sitzung findet monatlich statt und setzt sich aus dem Vorstand, dem Asset Management- und dem Risikomanagementteam sowie Experten aus dem Konzern und externen Veranlagungsspezialisten zusammen. Ziel der Veranlagungssitzung ist, mittelfristige Anlageentscheidungen zu treffen – unter Berücksichtigung von Analysen der Portfoliomanager sowie des Researchmaterials internationaler Investmenthäuser.

In der dritten Stufe, dem Portfoliomanagement, setzen die Experten des Asset Managements die in den Veranlagungssitzungen gefällten Beschlüsse sowie die Feinjustierung und das Timing all jener Käufe und Verkäufe um, die das Vermögen der Kunden der BONUS mehren und sichern sollen. Diese Umsetzung wird von den Risikomanagern begleitet und kontrolliert.

Die Implementierung der strategischen Asset-Allokation erfolgt über das Core-Satellite-Plus-Konzept:

Fonds werden dabei dahingehend ausgewählt und gewichtet, dass sowohl die Vorteile aktiven als auch passiven Managements genutzt werden können. Der Kernteil des Vermögens wird in die sogenannten Core-Holdings investiert, um in effizienten Märkten und auch in turbulenten Marktphasen einen stabilen Basisertrag bei geringer Volatilität zu erwirtschaften. Durch die Beimischung von volatileren, aktiv gemanagten Satelliten kann in weniger effizienten Märkten (etwa in Emerging Markets) ein zusätzlicher Mehrertrag erzielt werden. All diese Portfoliokomponenten müssen wirtschaftlichen Auswahlkriterien entsprechen. Die Integration von Nachhaltigkeit in den Anlageprozess über unser Anlagekonzept BONUS[21] ist dabei wertvolle Ergänzung zur konventionellen Finanz- und Bonitätsanalyse.

1.2 Das Investmentkonzept BONUS[21]

Das nachhaltige Investmentkonzept BONUS[21] steht für die BONUS, die sich als Träger von Verantwortung für ihre Stakeholder und ihre Geschäftsgebarung betrachtet und hierbei aktiv die gesellschaftlichen Herausforderungen des 21. Jahrhunderts annimmt.

Das gilt für die Portfolios der BONUS Vorsorgekasse AG und der BONUS Pensionskassen Aktiengesellschaft, wobei der Erfüllungsgrad der Anforderungen von der generellen Gültigkeit für das gesamte Portfolio zu unterscheiden ist. In der Pensionskasse ist der Erfüllungsgrad in der jeweiligen Veranlagungs- und Risikogemeinschaft (VRG) unterschiedlich. BONUS[21] gilt für sämtliche Asset-Klassen, Emittentenkategorien, Fonds und sonstige kollektive Anlageinstrumente sowie Einzelpositionen, einschließlich liquider Mittel. Ausgenommen sind nur die (insgesamt marginalen) liquiden Mittel innerhalb von Fonds und sonstigen kollektiven Anlageinstrumenten.

Zur Analyse nachhaltiger Investments wurden Positivkriterien und Ausschlusskriterien für Unternehmen, Staaten und sonstige Anlageklassen definiert. Es existieren sogenannte Muss-Kriterien, ohne deren Erfüllung eine Anlage nicht im Pool potenzieller Anlageentscheidungen zugelassen wird. Darüber hinaus definieren Soll-Kriterien den Grad der

Nachhaltigkeit der Anlage. Einzelne, weniger gute Ausprägungen in Teilbereichen des Anforderungskataloges können durch gute Ausprägungen in anderen Bereichen ausgeglichen werden. Ausschlusskriterien führen zur sofortigen Entfernung der Anlageklasse aus dem Pool möglicher Anlagen.

1.3 Die Auswahl der Investments

Um sich für eine Veranlagung nach BONUS[21] zu qualifizieren, müssen folgende Kriterien erfüllt sein:

1. Die Anlagepolitik einer Portfoliokomponente darf auf den ersten Anschein keine Ausrichtung besitzen, die der Nachhaltigkeit potenziell widerspricht.
2. Die Anlagepolitik und die Zusammensetzung einer Portfoliokomponente müssen transparent und überprüfbar sein (also öffentlich verfügbar oder individuell ermittelbar).
3. Erst dann erfolgt die Überprüfung, ob Ausschlusskriterien vorliegen könnten.

Diese Kriterien existieren für Anlagen in Staatspapiere und für Unternehmenspapiere. Sie erstrecken sich grundsätzlich auf den gesamten bilanziellen Konsolidierungskreis und sogar auf die darüber hinausgehende Sphäre wirtschaftlichen Einflusses (etwa abhängige Lieferanten, Joint Ventures).

1.3.1 Die Anwendung von Ausschlusskriterien

Gemäß den Vorgaben in BONUS[21] wird nicht in Staaten mit offensiver Militärpolitik (Staaten, die Atomwaffen besitzen oder entwickeln oder jüngst in wesentlichem Ausmaß an illegitimen Kriegshandlungen beteiligt waren) angelegt. Staaten, in denen Mangel an Freiheit, Demokratie und Menschenrechten (Aufrechterhaltung der Todesstrafe etwa) herrscht, sowie ein hohes Maß an Umweltzerstörung (Staaten, deren Yale-University-Environmental-Performance-Index mit weniger als 50 auf der 100-stufigen Skala bewertet wird) feststellbar ist, unterliegen ebenfalls den Ausschlusskriterien für Anlagen nach BONUS[21].

Für Unternehmen existieren ähnliche Ausschlusskriterien: Firmen, die in wesentlichem Ausmaß Elektrizität aus Atomenergie erzeugen oder vertreiben, nukleare Brennstoffe herstellen oder spezifische Leistungen für solche Unternehmen erbringen, sowie Unternehmen, die in stark risikobehafteten oder ethisch kontroversen Bereichen der „grünen" oder „roten" Gentechnologie tätig sind oder spezifische Leistungen für solche Unternehmen erbringen, finden sich nicht im Portfolio nach BONUS[21]. Ebenfalls tabu sind Unternehmen, die in bedeutsamen Mengen militärische Waffen oder Ausrüstungen sowie Tabak, Tabakwaren oder Spirituosen erzeugen oder vertreiben.

Der Kriterienkatalog versteht sich, angesichts der hohen Dynamik im Bereich der sogenannten Finanzinnovationen, als ein anpassbares Werk und wird bei Bedarf um neue Aspekte und Anlagekategorien ergänzt.

1.3.2 Die Anwendung von Positivkriterien

Erst wenn potenzielle Anlagentitel die Hürde der Ausschlusskriterien genommen haben, geht es an die Bewertung der Nachhaltigkeit der Anlage anhand von definierten Positivkriterien.

Zu den Positivkriterien für Staaten gehören etwa Freiheits- und Verantwortungsanforderungen (das Vorhandensein von Prinzipien, Regeln und Handlungen auf Basis demokratischer Prozesse), die Friedens- und Sicherheitsorientierung (die Prinzipien, Regeln und Handlungen des Staates richten sich auch an den legitimen Interessen der Nachbarländer und Minderheiten im Lande aus), die Wohlstands- und Gerechtigkeitsorientierung (die Prinzipien, Regeln und Handlungen richten sich am sozialen, gesundheitlichen und ökonomischen Wohlergehen der Gesellschaft insgesamt aus) sowie die Umweltorientierung (Staaten, die ihre Prinzipien, Regeln und Handlungen an der Erhaltung beziehungsweise Förderung einer gesunden, natürlichen Umwelt ausrichten).

Für Unternehmen zählen folgende Positivkriterien in der Bewertung: die Herstellung nachhaltiger Produkte (Geschäftsfelder und Produkte oder Dienstleistungen sind so gewählt, dass sie möglichst geringen Schaden entlang der gesamten Wertschöpfungskette anrichten), die Verwendung nachhaltiger Technologien (die Produktionstechnologien und begleitenden Prozesse sind so gestaltet, dass sie einen möglichst geringen Schaden für Gesellschaft und Umwelt bewirken), nachhaltiges Management oder etwa Stakeholder-Orientierung (Unternehmen, die Ansprüche von Mitarbeitern, der Öffentlichkeit, Kunden, Lieferanten und Kapitalgebern identifizieren und in verantwortungsvoller Weise befriedigen).

In jedem Fall sind Anlagen geeignet, wenn eine Zertifizierung nach dem Standard des Eurosif für nachhaltige Investmentfonds, CSRR-QS, vorliegt oder eine solche mit dem österreichischen Umweltzeichen für Nachhaltige Finanzprodukte ausgezeichnet ist, oder wenn eine sonstige anspruchsvolle externe Zertifizierung vorhanden ist. Künftig noch entstehende relevante Zertifizierungen oder sonstige externe Prüfungsverfahren sind vorab auf ihre Aussagekraft zu prüfen.

Die Angebotspalette für nachhaltige Investmentfonds, insbesondere Aktienfonds, ist bereits umfangreich. Bestimmte Anlagewünsche sind aber noch nicht mit einem adäquaten Angebot an explizit nachhaltigen Anlageprodukten gedeckt. Aufgrund zu geringer Fondsvolumina ist eine Anlage des Sozialkapitals oftmals noch nicht möglich. In solchen Fällen greift die BONUS auf konventionelle Produkte zurück und wählt jene, die die Nachhaltigkeitsanforderungen zumindest in noch ausreichendem Maß erfüllen beziehungsweise diesen möglichst wenig widersprechen.

1.4 Anlageuniversum und Kontrolle

Mit den oben genannten Kriterien und Auswahlprozessen sind die Nachhaltigkeitsanforderungen sehr gut erfüllbar. Folgende Veranlagungsinstrumente finden sich in unserer

Veranlagungsgemeinschaft beziehungsweise in den Veranlagungs- und Risikogemeinschaften:

1.4.1 Veranlagungsinstrumente

Eigene Nachhaltigkeitsfonds: Die BONUS gibt für ihre eigenen Nachhaltigkeitsprodukte externen Asset-Managern hinsichtlich der Nachhaltigkeitsmethodik Vorgaben, sodass die Anforderungen der BONUS an die Anlagepolitik gut bis sehr gut erfüllt sind. Die Nachhaltigkeitsqualität der Portfolios wird auf Titelebene durch das externe Asset Management gesteuert, unterstützt durch deren Research-Agenturen. Die BONUS Gruppe steuert im Bereich der Titelselektion einen Fonds selbstständig auf Basis des Konzepts BONUS[21].

Externe Nachhaltigkeitsfonds: Die BONUS wählt aus den anlagetechnisch tauglichen externen Nachhaltigkeitsfonds jene, welche die Anforderungen an die Anlagepolitik gut bis sehr gut erfüllen. Die Nachhaltigkeitsqualität der Portfolios wird auf Titelebene durch das externe Asset Management gesteuert, unterstützt durch deren Research-Agenturen.

Konventionelle Fonds: Aus den anlagetechnisch tauglichen Fonds werden jene gewählt, welche die Anforderungen an die Anlagepolitik zumindest ausreichend erfüllen. Die Nachhaltigkeitsqualität der Portfolios entsteht unsystematisch durch die rein anlagetechnische Titelauswahl des externen Anlagenmanagements. Die Anforderungen der BONUS an die Portfolios sollten ebenfalls zumindest ausreichend erfüllt sein oder sollen allenfalls leicht unterschritten werden, solange für bestimmte Anlagebedarfe keine besseren Alternativen zur Verfügung stehen.

1.4.2 Interne und externe Kontrolle

Die BONUS und ein externer Nachhaltigkeitsberater überprüfen regelmäßig alle Portfoliopositionen sowie – aggregiert – die Gesamtportfolios darauf, ob die Ziele und Anforderungen der BONUS erfüllt sind. Aus einem Soll-Ist-Vergleich leiten sich Maßnahmen in Form von Portfoliomutationen oder Engagement-Aktivitäten ab.

Die Einhaltung der grundsätzlichen Veranlagungsrichtlinien in der Pensionskasse beziehungsweise der Vorsorgekasse wird anhand der Prüfergebnisse in den jeweiligen monatlichen Veranlagungssitzungen überwacht.

Überprüfung durch die ÖGUT, die Österreichische Gesellschaft für Umwelt und Technik: Die gesamte Prüfung der Nachhaltigkeit durch die ÖGUT umfasst einerseits die Durchsicht und Bewertung des Veranlagungskonzeptes hinsichtlich der Berücksichtigung ethischer, ökologischer und sozialer Kriterien (Prüfung des Konzepts), andererseits die Prüfung der konkreten Veranlagungsentscheidungen (Prüfung der Umsetzung) sowie die Transparenz des Berichtswesens beziehungsweise die Informationspolitik. Seit mittlerweile zwölf Jahren wird die Vorsorgekasse von der ÖGUT mit dem Nachhaltigkeitsgütesiegel ausgezeichnet. Seit drei Jahren wurde das Portfolio mit dem höchsten Status, dem Gold Label, ausgezeichnet.

Die BONUS Pensionskassen Aktiengesellschaft leistet Pionierarbeit, ist sie doch die einzige Pensionskasse Österreichs, die sich der strengen Prüfung der ÖGUT unterzieht.

2 Case-Study zum Nachhaltigkeitskonzept der BONUS Vorsorgekasse AG

Auf Grundlage der grundsätzlichen Systematik und Struktur des an Nachhaltigkeit ausgerichteten Anlagenmanagements der BONUS soll nachfolgend in der Methode einer Fallstudie aufgezeigt werden, wie das System in der Praxis arbeitet und wie die einzelnen Elemente ineinandergreifen.

2.1 Ausgangsbasis

Die BONUS setzt zur Steuerung der Nachhaltigkeit im Portfolio das eingangs erläuterte Konzept BONUS[21] ein. Zur besseren Veranschaulichung der Vorgehensweise bei der nachhaltigen Produktanalyse wird dies im Folgenden näher erläutert. Die Case-Study beruht auf der Analyse des BONUS Global Equity, einem nachhaltigen, globalen Aktienfonds und Spezialmandat der BONUS.

2.1.1 BONUS Global Equity

Im Januar 2003 wurde SAM – Sustainable Asset Management – mit dem Fondsmanagement des Spezialmandates BONUS Global Equity betraut. Der Dow Jones Sustainability World Index (DJSI-World), ein nachhaltiger Aktienindex, den SAM gemeinsam mit Dow Jones entwickelte, wurde als Anlageuniversum bestimmt. In den Fondsbestimmungen wurden explizite Nachhaltigkeitsvorgaben festgehalten, um die Anforderungen der BONUS bestmöglich zu erfüllen.

Seit 2005 erfolgt das Fondsmanagement von der in Basel ansässigen Bank J. Safra Sarasin, wobei die Nachhaltigkeitsorientierung erweitert wurde. Das Nachhaltigkeitsresearch erfolgt durch J. Safra Sarasin und beinhaltet umfangreiche Ausschluss- sowie Best-in-Class-Positivkriterien. Ein interdisziplinär zusammengesetzter Beirat der Fondsgesellschaft überprüft periodisch die Kriterien der Nachhaltigkeitsanalyse, Ausschlusskriterien und diskutiert die Anlagestrategie.

Das Portfolio des Fonds umfasst zum Prüfungsstichtag etwa 70 globale Aktienpositionen weltweit und orientiert sich seit 2012 zusätzlich an den Kriterien von BONUS[21].

2.1.2 Nachhaltigkeitsprüfung eines Spezialmandats nach dem Konzept BONUS[21]

Die Grundlage für die Nachhaltigkeitsprüfung des Spezialmandates BONUS Global Equity ist das Konzept BONUS[21]. Hierbei werden die nachhaltigen Anlagenanforderungen sowohl auf Fondsebene als auch auf die einzelnen durchgerechneten Fondsbestandteile des BONUS Global Equity angewendet.

Diese Prüfung wurde seit Implementierung von BONUS[21] fünfmal durchgeführt, wobei nur die aktuellste beispielhaft dargestellt wird. Die Bewertung liegt im Bereich von −1 und +2 möglichen Punkten, wobei −1 als nicht nachhaltig und +2 als sehr nachhaltig klassifiziert ist. Die jeweiligen Überprüfungen des BONUS Global Equity lieferten +1, +1,25, +1,65, +1,90 Punkte. Die Gründe für die stetige Verbesserung des Ratings werden in der nachfolgenden Analyse dargestellt.

Die unten angeführten Muss- und Soll-Anforderungen wurden zum Stichtag 30.09.2014 überprüft und bewertet, wobei die jeweiligen Ergebnisse im Folgenden näher erörtert werden.

2.1.3 Muss-Anforderungen

Kriterium „Überprüfbarkeit": Die Anlagepolitik und die Portfoliozusammensetzung des Fonds sind so dargestellt, dass eine Beurteilung möglich ist. Überprüft wurde dies mittels Rechenschafts- und Halbjahresbericht, Bestandsliste sowie EUROSIF-Profil.

Kriterium „Grundsätzliche Eignung": Die Anlagepolitik des Fonds hat keine Ausrichtung, die dem Prinzip der Nachhaltigkeit grundsätzlich widerspricht. Es besteht keine Fokussierung, die zu einer Zusammensetzung führt, die zwangsläufig oder potenziell in hohem Maße die Ausschlusskriterien des Konzepts BONUS[21] betrifft.

2.1.4 Label

Kriterium „Label": Das Produkt ist nicht Träger des österreichischen Umweltzeichens oder einer sonstigen externen Nachhaltigkeitszertifizierung.

2.1.5 Soll-Anforderungen an die Anlagepolitik

Kriterium „Transparenz": Der Fonds publiziert nach dem EUROSIF-Transparenzstandard. Die erforderliche Transparenz ist damit gegeben.

Kriterium „Positivkriterien": Es bestehen ausreichend operationalisierte Positivkriterien, welche die einzelnen Aspekte der Nachhaltigkeit umfassend und für die relevanten Emittentenkategorien abdecken. J. Safra Sarasin betreibt ein anspruchsvolles Positiv-Screening. Die Sarasin Sustainability Matrix hat 60–70 Kriterien, die das gesamte relevante Spektrum unternehmerischer Ethik/Nachhaltigkeit abdecken. Die Anforderungen der BONUS sind gänzlich erfüllt.

Kriterium „Ausschlusskriterien": Es bestehen umfangreiche und ausreichend operationalisierte Ausschlusskriterien für die Emittentenkategorien. Es gelten neben den Anforderungen von BONUS[21] auch einige darüber hinausgehende Kriterien von J. Safra Sarasin. Die Anforderungen der BONUS sind gänzlich erfüllt.

Kriterium „Investierbarkeit": Das Anspruchsniveau für den Status als taugliche Anlage ist hoch. Die Anforderungen der BONUS sind erfüllt.

Kriterium „Prozesse": Es bestehen geeignete Prozesse zur Sicherung von Qualität, Aktualität, Objektivität sowie zur Integration in die Investmententscheidung. Der Prozess von J. Safra Sarasin ist zwar nicht nach dem ARISTA-Qualitätsstandard zertifiziert, entspricht aber dem State of the Art. Die Anforderungen der BONUS sind gänzlich erfüllt.

2.1.6 Soll-Anforderungen an das Portfolio

Kriterium „Positivprofil": Das Stichtagsportfolio zeigt eine überwiegende Ausrichtung an den Positivkriterien des Konzeptes BONUS[21]. Es besteht fast ausschließlich aus Titeln von hoher Nachhaltigkeitsqualität.

Kriterium „Negativprofil": Das Stichtagsportfolio ist nur marginal (unter 0,1 %) von Ausschlusskriterien der BONUS betroffen.

2.1.7 Risiken und Potenziale

Kriterium „Ausblick und Empfehlung": Durch die EUROSIF-Publikation und die Verbesserung des Positivprofils hat der Fonds seine Potenziale im Wesentlichen ausgeschöpft. Die Maximalwerte nach BONUS[21] wären insbesondere durch eine Umweltzeichenprüfung und damit verbundene kleinere Nachschärfungen erzielbar.

2.2 Analyse der Ergebnisse einzelner Nachhaltigkeitsprüfungen des Spezialmandats

Das Spezialmandat BONUS Global Equity wurde, wie bereits ausgeführt, bisher fünfmal auf seine Nachhaltigkeit überprüft. Den letzten Stand und die damit verbundenen Prüfergebnisse haben die Ausführungen in Abschn. 20.2.1 („Nachhaltigkeitsprüfung eines Spezialmandats nach dem Konzept BONUS[21]") gezeigt. Nachfolgend wird erläutert, wie die Ergebnisse der vorherigen Prüfungen sich darstellten und welche Anpassungsschritte unternommen wurden.

2.2.1 Erstanalyse nach BONUS[21]

Die Erstanalyse des Spezialmandats nach BONUS[21] erfolgte im Juni 2012 auf Basis der vom Fondsmanagement angewendeten nachhaltigen Veranlagungsvorgaben und resultierte in einem BONUS[21]-Rating von +1, gleichbedeutend mit einer durchschnittlichen Nachhaltigkeitsbewertung.

Die Gründe für das mittelmäßige Abschneiden lagen unter anderem im Anlageuniversum, die zugrundeliegende Benchmark war damals der DJSI-World. Die branchenspezifischen Mindestanforderungen zur Anlage in den DJSI waren nicht sehr hoch. Einige Unternehmen, vor allem US-Titel, waren als konventionell bis kontrovers zu betrachten. Des Weiteren sind die Kriterien von BONUS[21] strenger als die bisher gültigen oder die vom Fondsmanagement berücksichtigten.

Als erste Konsequenz der Analyse wurde die Umsetzung des Konzeptes BONUS[21] im Anlageprozess des Fondsmanagements des Spezialmandates forciert. Das Hauptaugenmerk lag dabei auf der Berücksichtigung der spezifischen Positiv- und Ausschlusskriterien sowie der Einhaltung der Toleranzgrenzen.

Ebenso wurde die Benchmark auf 50 % MSCI World ex Europe/MSCI Europe umgestellt. Dadurch konnte ein größeres Anlageuniversum geschaffen werden, das der Nachhaltigkeitsexpertise von J. Safra Sarasin besser entspricht und einen breiteren Handlungsspielraum für das Fondsmanagement schafft. Die Nachhaltigkeitsvorgaben von BONUS[21] können durch das neue Universum besser implementiert werden.

Das Ziel dieser weitreichenden Änderungen ist es, eine Verbesserung im Nachhaltigkeitsrating zu erreichen.

2.2.2 Zweite Analyse nach BONUS[21]

Die zweite Überprüfung des Fonds im Oktober 2012 mit dem Fokus auf die Auswirkungen der Maßnahmen aus der Erstanalyse lieferte bereits ein deutlich besseres Ergebnis. Das BONUS[21]-Rating konnte auf +1,20 Punkte verbessert werden, dies entspricht einer guten Nachhaltigkeitsbewertung.

Es hat sich gezeigt, dass die Änderung der Benchmark sowie die Orientierung am Konzept BONUS[21] zu einer wesentlichen Verbesserung der nachhaltigen Ausrichtung führten. Die Zielvorgaben konnten somit äußerst zufriedenstellend erfüllt werden.

Der nächste Schritt sah eine weitere Optimierung im Sinne des Konzeptes vor. Hierbei wurde die Publizierung nach den EUROSIF-Transparenzstandards angestrebt, außerdem eine qualitative Erhöhung der nachhaltigen Titel des Fonds. Ersteres sollte bis Jahresende 2012, letzteres laufend umgesetzt werden.

2.2.3 Dritte Analyse nach BONUS[21]

Die dritte Überprüfung erfolgte im März 2013. Die erste Zielvorgabe, die Publizierung des Fonds nach den EUROSIF-Transparenzstandards, konnte mit Ende 2012 erreicht werden. Die Ausräumung kleinerer methodischer Schwächen und die nachhaltige Verbesserung des Portfolioprofils führten zu einem deutlichen Anstieg im BONUS[21]-Rating auf +1,65 Punkte. Dies entspricht bereits einer sehr guten Nachhaltigkeitsbewertung.

Da der Fonds seine nachhaltigen Potenziale im Wesentlichen ausgeschöpft hat, ist der Maximalwert (+2,0) nur mehr durch die Erfüllung der Anforderungen der österreichischen Umweltzeichenprüfung und damit verbundene kleinere Nachschärfungen erzielbar.

2.2.4 Vierte Analyse nach BONUS[21]

Die vierte Überprüfung erfolgte im März 2014. Der BONUS Global Equity konnte sich erneut verbessern und hat mit +1,90 Punkten das obere Ende des BONUS[21]-Potenzials von +2,00 Punkten nahezu erreicht. Dies entspricht einer ausgezeichneten Nachhaltigkeitsbewertung. Dieses erfreuliche Ergebnis wurde durch die EUROSIF-Publikation und die Verbesserung des Negativprofils erreicht.

Zum Erzielen des Maximalwerts sind nur mehr geringfügige Verbesserungen im Portfolio erforderlich.

2.2.5 Fünfte Analyse nach BONUS[21]

Der BONUS Global Equity konnte bei der fünften Überprüfung im September 2014 das hohe Nachhaltigkeitsniveau von +1,90 Punkte halten. Das Negativprofil konnte wieder deutlich verbessert werden als der Anteil der Ausschlusskriterienverletzungen weiter reduziert werden konnte (von 0,9 % auf unter 0,1 %).

2.3 Einschätzung

Die Nachhaltigkeitsprüfung des Portfolios des BONUS Global Equity wurde seit der Implementierung von BONUS[21] fünfmal durchgeführt und führte jeweils zu einer sichtbaren Verbesserung im Nachhaltigkeitsrating. Durch Engagement und stetiges Erweitern der Anforderungen an das Fondsmanagement konnten die gesetzten Ziele nicht nur erreicht, sondern deutlich übertroffen werden.

Es hat sich eindrucksvoll gezeigt, dass das Konzept BONUS[21] nicht nur praxistauglich ist, sondern in kurzer Zeit effektive Verbesserungen bringt.

Auch die Performance hat sich im abgelaufenen Geschäftsjahr, in dem das Konzept BONUS[21] zum Einsatz gekommen ist, erneut sehr gut entwickelt. Die BONUS Vorsorgekasse hat im Jahr 2014 den Gesamtmarkt der Vorsorgekasse um 158 Basispunkte outperformt. Zum Jahresende 2014 hat die BONUS Vorsorgekasse mit 5,56 % ein respektables Ergebnis erwirtschaftet.

3 Weitere Aktivitäten

Als institutioneller Investor zeigt die BONUS externen Asset Managements Verbesserungswünsche. Dies ist bei eigenen Nachhaltigkeitsfonds und -mandaten sowie teilweise auch bei externen Nachhaltigkeitsfonds aussichtsreich.

Des Weiteren nutzt die Pensionskasse unterschiedliche Plattformen, um mit ihren Stakeholdern in Kontakt zu treten:

Da sind einerseits die Veranlagungsausschüsse und der Kundenbeirat, die regelmäßig zusammentreffen, aber auch Kunden- und Mitarbeiterinformationsveranstaltungen bis hin zu Kundenevents mit Vorträgen von Spezialisten. Durch die Initiative der BONUS-Gruppe wurden auch die Vereine HR-Circle und der CSR-Circle gegründet:

Der HR-Circle ist ein Netzwerk für Personalverantwortliche und HR-Dienstleister. Gegründet wurde der Verein vor mehr als sieben Jahren von der BONUS Vorsorgekasse AG gemeinsam mit drei weiteren Unternehmen. Alle ein bis zwei Monate treffen die Mitglieder zu Fachvorträgen und zum Erfahrungsaustausch zusammen.

Der Verein CSR-Circle ist ein Netzwerk für Menschen, die sich mit dem Thema Nachhaltigkeit beschäftigen und globalen, nachhaltigen Wandel unterstützen wollen. Die BONUS hat den Verein im Jahr 2010 initiiert und im Jänner 2011 gemeinsam mit vier weiteren Unternehmen gegründet. Alle zwei Monate finden Veranstaltungen statt. Mit Themen wie Bildung, Risikomanagement, Nachhaltigkeitsbericht, Medien oder nachhaltiges Investment wird ein breites Spektrum abgedeckt.

Abschließend sei auf die Unterstützung von karitativen Projekten durch die BONUS verwiesen. Zunächst wurden jährlich wechselnde Projekte alimentiert. 2012 hat man sich dazu entschlossen, das „Haus der Barmherzigkeit" für einen längeren Zeitraum zu unterstützen.

Literatur

Deml M, Blisse H (2013) Grünes Geld. Handbuch für ethisch-ökologische Geldanlagen 2012/2013

Photocredit: BONUS

Mag. Gabriele Feichter Prokuristin und Bereichsleiterin Vertrieb und Marketing der BONUS Pensionskassen Aktiengesellschaft und der BONUS Vorsorgekasse AG, ist seit mehr als zehn Jahren in der betrieblichen Altersvorsorge tätig und spezialisiert auf die Ausarbeitung und Implementierung von kollektiven Vorsorgemodellen. Ein Schwerpunkt liegt auch in der Begleitung der Arbeitgeber und Betriebsräte bei der Kommunikation der Vorsorgemodelle in den jeweiligen Betrieben.

Photocredit: BONUS

Mag. Romana Pontasch-Reiner ist im Asset Management der BONUS tätig und vorrangig für das Thema „Nachhaltige Anlagen" verantwortlich. Romana Pontasch-Reiner war maßgeblich an der Entwicklung des Konzepts BONUS[21] beteiligt und mit der Implementierung betraut. Die stetige Weiterentwicklung der nachhaltigen Anlagemöglichkeiten und der damit einhergehenden nachhaltigen Portfoliogestaltung ist ihr ein wichtiges Anliegen.

Von den Herausforderungen bei Einführung nachhaltiger Investmentstrategien in der Finanzbranche

Herbert Ritsch

Zusammenfassung

Nachhaltigkeitsratings erheben den Anspruch, eine umfassendere Beurteilung eines Unternehmens oder eines Staates zu ermöglichen. Sie stützen sich im Wesentlichen auf das Prinzip der ganzheitlichen Betrachtung und heben hervor, dass soziale und ökologische Kriterien Auswirkungen auf den wirtschaftlichen Erfolg haben.

Es gibt leider noch immer keine einheitliche Meinung am Kapitalmarkt zu diesem Thema.

Die Zusammenführung der Methodologie der internationalen Ratingagenturen Moody's, Fitch und Standard & Poor's und der ESG-Nachhaltigkeitsratings von oekom research, Sustainalytics und anderen bleibt nach wie vor unbefriedigend. In Zukunft wird es eine wie auch immer geartete sinnvolle Zusammenführung oder Betrachtung geben müssen, will das Thema ESG vom Kapitalmarkt auf- und ernstgenommen werden.

> It is hard to be green.
> (Kermit von der Muppet Show)

Dieser Artikel beschäftigt sich mit den Schwierigkeiten und Herausforderungen der organisatorischen Umsetzung von Nachhaltigkeit in Banken.

Die gemachten Erfahrungen diesbezüglich sind subjektiv und stützen sich auf den permanenten Versuch, Nachhaltigkeit nicht als Feigenblatt für ein Geschäftsmodell zu benutzen, sondern selbstbewusst und offen in der Finanzbranche zu verankern.

H. Ritsch (✉)
Bankhaus Schelhammer & Schattera AG, Goldschmiedgasse 3, 1010 Wien, Österreich
E-Mail: herbert.ritsch@schelhammer.at

© Springer-Verlag Berlin Heidelberg 2016
H. E. Kopp (Hrsg.), *CSR und Finanzratings,* Management-Reihe Corporate Social Responsibility, DOI 10.1007/978-3-662-47461-7_21

Investments bilden einen Hebel Eines der fünf Kernziele des Global Marshall Plans ist die schrittweise Realisierung einer weltweiten ökosozialen Marktwirtschaft, letztlich, um den Marktfundamentalismus zu überwinden.

Auch wenn es im Kleinen in einem österreichischen Bundesland beachtliche Erfolge gibt, beispielsweise das CO_2-Projekt namhafter Unternehmen wie Fa. Blum, Fa. Sutterlüty, Fa. Alpla, Fa. Haberkorn oder Hypo Vorarlberg, stellt sich dennoch die Frage: Welche Implikationen haben die Ambitionen des Global Marshall-Planes, sein Bestreben, auf dem Kapitalmarkt eine Welt in Balance zu erreichen, und welchen Beitrag können Investoren dazu leisten?

Mit einem Investment oder dem Kauf einer Aktie sowie Anleihe wird ein Unternehmen als Investor global tätig. Damit hat es weltweit Einfluss sowohl auf börsennerte Unternehmen wie auch auf Staaten. Dies ist ein außerordentlicher Hebel für gutes Handeln, wenn er richtig eingesetzt wird!

Nachhaltige Investments wachsen Die Entwicklung sogenannter nachhaltiger Investments ist selbst in Österreich beachtlich. Seit 2005 gibt es dazu jährliche Zuwachsraten von fast 24 %. Jedoch, und das muss ebenfalls angemerkt werden, auf absolutem niedrigem Niveau. Der Anteil der nachhaltigen Investments im Vergleich zum Gesamtmarkt liegt bei 4,5 %. Auch in Deutschland sind es bei weit höherem Volumen nur 1,5 %.

Im Umkehrschluss bedeutet dies jedoch, dass 95,5 % des Gesamtvolumens in Österreich nach wie vor in Unternehmen, Staaten und Banken investieren, die nicht als nachhaltig gelten müssen. In Deutschland sind es gar 98,5 % des Gesamtmarktes (FNG 2014).

Dies würde nicht weiter beunruhigen, wenn es eine breite Basis von Unternehmensgruppen gäbe, die entsprechend ihrem eigenen Tempo Nachhaltigkeit implementieren würden. Doch sind es lediglich die Flaggschiffe der Vorsorgekassen und kirchlichen Institutionen, die die Nachhaltigkeit weiter vorantreiben. Stiftungen, Privatkunden oder die öffentliche Hand sind hier noch immer keine wesentlichen Stützen.

Es hat mehrere Gründe, warum sich diese Unternehmensgruppen der nachhaltigen Veranlagung noch nicht verschrieben haben.

Im Folgenden wird in einigen Punkten angeführt, um welche organisatorischen Hemmschwellen auf dem Wege zur Implementierung von nachhaltigen Investments es sich handelt.

1 Der Markt ist hart umkämpft

Nachhaltigkeit ist fast vollständig zu den 24 Kapitalgesellschaften (KAGs) durchgedrungen. Von den 24 KAGs in Österreich haben zumindest 18 KAGs bereits nachhaltige Fonds. In Österreich sind über 200 Fonds als „nachhaltig" gekennzeichnet. Im Jahr 2013 hatte man in Österreich zirka 30 Umweltzeichen-Fonds; 2014 waren es bereits rund 50. Jeder will nun am „Volumen-Kuchen" mit partizipieren und gibt vor, nachhaltig zu investieren.

Das Volumen steigt zwar, jedoch nicht die Anzahl der Kundengruppen. Noch immer sind es nur zwei Kundengruppen, die nachhaltig investieren: Vorsorgekassen und Klerus, wobei der Großteil, also 77 %, von den Vorsorgekassen kommt.

Im Vergleich zu den anderen deutschsprachigen Ländern spielen Privatkunden oder Stiftungen hierzulande noch eine verhältnismäßig geringe Rolle.

2 Was wir gelernt haben, reicht nicht mehr aus, um die Welt zu verstehen

Eine neue ökonomische Sichtweise auf die Themenstellungen der Klimagerechtigkeit oder der sozialen Ungleichheit, die uns heute beschäftigen, ist notwendig geworden.

An den Universitäten wird die Portfoliotheorie von Markowitz (1952) gelehrt. Diese besagt, dass jede Einschränkung im Investment-Universum unweigerlich zu einem Renditeabschlag in effizient agierenden Märkten führt. Folglich bewirkt die Integration von Ausschlusskriterien eine Under-Performance und zwingt den Investor, weniger Rendite in Kauf zu nehmen. Ebenso wurden wir über den Monetarismus von Milton Friedman (1962) unterrichtet, der mit seiner Aussage „The business of business is business" das Streben nach Gewinn über alles andere stellte.

Soziale und ökologische Themenstellungen wurden nicht entsprechend gewürdigt. Erst langsam, unter anderem durch Porter (1995), Kahnemann (1992) und auch Stateman (2010), werden sie in die akademische Diskussion eingeführt.

Dass Universitäten Lehrstühle für Wirtschaftsethik gründen oder beispielsweise die Wirtschaftsuniversität (WU) Wien ein Kompetenzzentrum für Nachhaltigkeit eingerichtet hat, gibt Anlass zur Hoffnung. So könnte eine neue Generation von Portfoliomanagern ausgebildet werden, welche die ESG-Faktoren in ihre Finanzanalysen von Unternehmen und Staaten einfließen lassen und auch nach diesen Kriterien bewerten können.

3 Nachhaltige Investments weisen eine geringere Performance aus als herkömmliche

Dieses Argument hört man zumeist, wenn es darum geht, nicht nachhaltiges Investieren begründen zu müssen. Die Wissenschaft hinkt den aktuellen Marktgegebenheiten um etwa zwei Jahre hinterher. Dies bedeutet, dass man nunmehr aktuelle wissenschaftliche Studien mit einer zeitlichen Verzögerung von ungefähr zwei Jahren zurate ziehen kann, um zu beweisen, dass nachhaltige Investments durchaus keine Under-Performance erzielen. Letztlich ist es immer eine Frage der zeitlichen Perspektive. Wenn man den DJ Sustainability World mit dem MSCI World und dem DJ Stoxx Global 1800 in einem Zeitraum zwischen 1999 bis 2014 vergleicht, dann kann man statistisch belegen, dass es zu keiner Under-Performance, aber auch zu keiner Out-Performance gekommen ist.

Was man jedoch ergänzen muss: Diese Studien gelten nur für den Best-in-Class-Ansatz. Sie haben keine Gültigkeit, wenn Ausschlusskriterien miteinbezogen werden. Letztere reduzieren naturgemäß den Grad der Diversifikation und erhöhen mitunter das Konzentrationsrisiko in den Portfolios. Die Verwendung von Ausschlusskriterien geht immer zulasten von Performance bei gleichzeitigem Gewinn eines guten Gewissens. Beides zu erreichen ist unmöglich. Bei dieser Betrachtungsweise erzielt das Primat der Ethik vor dem Primat der Performance den Gewinn.

4 Adam Smiths unsichtbare Hand gilt für die Realwirtschaft, nicht aber für die Finanzwelt

Dass das Streben nach eigenen Vorteilen zwangsweise auch der Allgemeinheit dient, wie es Adam Smith festgestellt hat, gilt in dieser Weise nicht für die Veranlagung.

Der Einsatz von „Sin Stocks" dient dem Portfoliomanager vordergründig dazu, die Diversifikation des Portfolios nicht durch Verzicht auf diese „Stocks" einzuschränken und damit auf mögliche Performance zu verzichten.

Die Fondsmanager haben dabei nicht in ihrem Mindset, die Welt zu retten. Nur der klare Fokus auf Rendite ist hier entscheidend.

Das geforderte Primat der Ethik gegenüber der Gewinnmaximierung ist eine notwendige Einschränkung und betont das moralkonforme Investment; dies aber wird in der gängigen Praxis leider noch zu wenig berücksichtigt.

Es erfordert Mut vonseiten der Geschäftsführung, moralkonform zu investieren und Ausschlusskriterien für sich im Unternehmen im Bewusstsein einer möglichen Einschränkung der Performance zu definieren. Dieser Mut aber wird allzu selten sichtbar.

5 Nachhaltiges Investieren ist noch immer ein Nischenthema bei Banken und Kapitalanlagegesellschaften

Anfangs wurde erwähnt, dass das Thema Nachhaltigkeit bei den KAGs bereits im großen Stil übernommen wurde. Jedoch ist dies nur vordergründig ein Teil der Geschäftsstrategie. In der Regel werden nachhaltige Produkte parallel zur bestehenden Produktpalette mit angeboten, damit man am „Trend" teilhaben kann. In manchen Fällen wird dies auch durch einen Ethikbeirat begleitet, der eigens für diese Fonds gegründet wird. So lobenswert dies auch sein mag, so wenig basiert das Geschäftsmodell einer Bank darauf. Nachhaltige Produkte sind zumeist nur eine Insellösung im gesamten Investmentprozess.

Es hat sich auch gezeigt, dass Spezialbanken, die ethisches Investieren als ihr einziges Geschäftsmodell ansehen, speziell in kleinen Märkten nur schwer überlebensfähig sind.

6 Unterschiedliche Ansätze und Bedeutung der Ausschlusskriterien sowie Plastikbegriffe erschweren die Arbeit

Derzeit werden rund zwei Drittel der Zeit dafür aufgewendet, die Begriffsbestimmungen zu sondieren, um eine gemeinsame Plattform zu finden, auf der man im restlichen verbleibenden Drittel der Zeit zum Thema diskutieren und Lösungen finden kann. Was bedeutet Nachhaltigkeit, was ethisches Investieren, was versteht man unter einem Ausschlusskriterium genau, und wie wirkt sich dies auf die Lieferkette aus?

Durch die vielseitige Verwendung von Begrifflichkeiten rund um das Thema des ethischen Investments drohen Begriffsbestimmungen inhaltlich leer zu werden, und man verliert sich in Diskussionen, ohne zum Kern des Themas vorzustoßen.

7 Es gibt keine politischen Führungspersönlichkeiten mit Weitblick

Diskussionen sind wichtig, um Themenstellungen in der Nachhaltigkeit zu hinterfragen oder zu festigen. Natürlich ist es entscheidend, verschiedene Abteilungen damit zu konfrontieren. Jedoch gibt es den Punkt, an dem sich die Diskussionen erschöpfen und der Zeitpunkt gekommen ist, Entscheidungen zu treffen. Diese Entscheidungen, getroffen vom Management, basieren auf dessen ethischen Grundeinstellungen mit Fokus auf die Zukunft.

Ein Wechsel bei politischen wie auch unternehmerischen Führungspersönlichkeiten scheint notwendig, um ethische Investitionen zu verstärken.

Machtkompetente, ethisch bewusste Leader mit zukunftsfähigen Inhalten sind notwendig.

8 Der Beratungsaufwand für Retail und Privatbanking ist enorm und steht in keiner Relation zur verdienten Marge

Einen Privatkunden überzeugen zu wollen, ethisch zu investieren, kostet das Finanzinstitut wesentlich mehr an Beratungszeit und Aufwand als der Verkauf herkömmlicher Produkte. Warum sollte ein Institut dann ethische Produkte anbieten wollen und mehr Lernaufwand für die Beratung in Kauf nehmen – für die gleiche Marge? Hier benötigt es einen klaren Fokus der Bank, bewusst diesen anfangs höheren Beratungsaufwand durchführen zu wollen, und auch die Bereitschaft, ein Stück Aufklärungsarbeit im Sinne einer gesellschaftlichen Verantwortung zu übernehmen.

9 ESG-Integration als Treiber: Nachhaltiges Investieren ist „out", verantwortungsvolles Investieren ist „in"

Die Integration von ESG-Faktoren im Investmentprozess ist eine Notwendigkeit. Kaum jemand wird sich mit wesentlichen Argumenten dagegen aussprechen können. Jedes Investmenthaus analysiert die Titel nach ökologischen, sozialen und eben auch ökonomischen Inhalten. Jedoch geschieht dies auf der Grundlage von unterschiedlichen Zugängen und Gewichtungen. Die Ausbalancierung dieser ESG-Kriterien in der Beurteilung von Staaten oder Unternehmen ist dabei der entscheidende Faktor.

Der ESG-Integration kommt deshalb so eine wichtige Bedeutung zu, weil sie breit angelegt ist und die gesamte Veranlagung einer Bank oder KAG umfasst.

Wer die ESG-Kriterien in den Investmentprozess integriert, ist mit Sicherheit am Puls der Zeit. Die ESG-Integration für die gesamte Veranlagung, basierend auf Mindeststandards wie beispielsweise Berücksichtigung der Menschenrechte oder Einbeziehung des UN Global Compact, kombiniert mit den Ausschlusskriterien bestimmter Kundengruppen, wäre ein erstrebenswertes Ziel in jeder KAG oder Bank. Niemand in Österreich, abgesehen von kleinen Spezialbanken, hat dies bisher in dieser Form umsetzen können.

10 Es gibt einen Zusammenhang zwischen Eigenkapital und nachhaltigem Rating: warum dann zwei Ratings?

Die zwei entscheidenden Merkmale für die Beurteilung einer Ausfallwahrscheinlichkeit eines Unternehmens sind Eigenkapital und die Bonität der Eigentümer. Ist das Geschäftsfeld zukunftsfähig, sind die Mitarbeiter motiviert und die Gewinne ausreichend, um die Kosten abzudecken und die Eigentümer zufriedenzustellen, dann wird das Unternehmen mit hoher Wahrscheinlichkeit eine lange Lebensdauer haben. Daher gibt es auch eine Verbindung zwischen der rein ökonomischen Betrachtung und der nachhaltigen Überlebensfähigkeit von Unternehmen.

Gewinnen die Unternehmen an Größe und Markteinfluss, verschieben sich die ökonomischen Betrachtungen, und die sozialen wie auch ökologischen Kriterien werden wichtiger. Dennoch ist die Balance der ökonomischen, sozialen und ökologischen Faktoren von größter Bedeutung, und das Ergebnis ist immer im Zusammenhang dieser drei Komponenten zu betrachten. Eine Ausklammerung eines Kriteriums, um die sozialen und ökologischen Faktoren näher zu betrachten, wird gefährlich. Man schränkt dadurch die eigene Urteilsfähigkeit ein.

Am Markt finden wir derzeit leider diese Welten vor: Neben den Ratingagenturen Moody's, Fitch und Standard & Poor's gibt es mittlerweile eine Vielzahl von Nachhaltigkeitsratings. Es liegt nun am Investor, sich eine Meinung darüber zu bilden, um eine Kaufentscheidung zu treffen.

Die drei großen Ratingagenturen Moody's, Standard & Poor's und Fitch berücksichtigen die sozialen und ökologischen Kriterien nicht in dem Ausmaß, wie sie eigentlich gewürdigt werden sollten. Zum anderen haben die Betrachtungen des Eigenkapitals und der Eigentümer keinen oder nur einen geringen Einfluss in den Nachhaltigkeitsratingagenturen. Jede dieser Gesellschaften verkauft derzeit ihr eigenes Modell. Eine Zusammenführung wäre sinnvoll, ist aber derzeit nicht sichtbar. Große Nachhaltigkeitsagenturen argumentieren, dass es eine Korrelation zwischen deren Nachhaltigkeitsrating und dem Rating der großen drei (Moody's, Fitch und S&P) gibt. Aber was nützt die Korrelation, wenn man erst recht zwei Ratings für ein Unternehmen hat? Und stimmt die besagte Korrelation dann auch gerade für jenes Unternehmen, das man analysiert? Im Idealfall würden die großen Ratingagenturen die Nachhaltigkeitskriterien entscheidend in ihre Ratingbetrachtung mit einfließen lassen. Damit würde das Geschäftsfeld der Nachhaltigkeitsratingagenturen entfallen.

11 Das „Henne Ei-Problem" oder „Man kann auch in Schönheit sterben"

Führt man eine neue Produktlinie in eine Bank ein, stellt sich der Vorstand sogleich die Frage, in welchem Ausmaß der Gewinn gesteigert werden kann. Dies ist eine berechtigte und vor allem betriebswirtschaftlich legitime Frage.

Thema der Nachhaltigkeit ist, dass es nunmehr in der vierten Welle nicht mehr ausreicht, ähnliche Produkte wie die Konkurrenz aufzulegen. Man sollte auch authentisch sein und plausibel dem Kunden vermitteln, dass man es ernst mit den aufgelegten Produkten meint. Dies erfordert zusätzliche Leistungen und Bemühungen im Unternehmen, die nicht unmittelbar monetär messbar sind. Wo ist dann die Grenze? Wer sagt dann: „Wie viel ist genug?" und „Jetzt sind wir authentisch?"

12 Was soll ein Ethikbeirat eigentlich tun?

Die Implementierung eines Ethikbeirates ist eine Herausforderung. Was soll ein Ethikbeirat wirklich tun? Engt er nicht zu sehr den Handlungsspielraum des Vorstandes ein? Denn dies möchte er sicherlich nicht.

Wie schon erwähnt, macht es Sinn, sich im Vorfeld der Errichtung dieses Gremiums genau zu überlegen, was man von ihm erwartet. Je präziser und fokussierter die Erwartungen formuliert werden, umso besser kann sich dann auch das Gremium dieser Aufgabe widmen. Man sollte diese Frage intensiv diskutieren, weil es letztlich davon abhängt, wie authentisch man nach außen wirkt.

Der Ethik-Beirat kann aus diesem Grund mehrere Ausprägungen haben:

1. Der Ethikbeirat kann zum Beispiel einen Beitrag zur strategischen Ausrichtung der Bank leisten. Wo sieht die Bank ihre Verantwortung? Wie positioniert sie sich zu bestimmten ethischen Fragen und Herausforderungen? Welche Trends zeichnen sich

ab? Wo ist die Bank besonders gefordert? Wo muss die Bank sagen können: „Das liegt nicht in unserer Verantwortung?"
2. Der Ethikbeirat könnte aber auch eine Art Sparring-Partner für das Bankmanagement in Ethik- und Nachhaltigkeitsfragen sein. So könnte zum Beispiel bei jeder Sitzung abwechselnd ein Mitglied des EB einen Input aus seinem eigenen Bereich leisten, der dann kontrovers diskutiert wird. Oder das Management konfrontiert den EB mit bestimmten Fragen zu Ethik und Nachhaltigkeit.
3. Der Ethikbeirat kann auch einen Beitrag dazu leisten, welche Standards in der Geldanlage oder im Anlagegeschäft insgesamt gelten. Hier wäre zu unterscheiden, ob Standards erarbeitet werden, die dann für die Bank und für die Kundenprodukte gelten, oder ob beides getrennt wird. Das hätte den Vorteil, dass man das eigene Profil weiter schärft und damit auch authentisch nach außen wirken. Man könnte dabei nicht nur Ausschlusskriterien diskutieren, sondern sich auch überlegen, ob Ausschlusskriterien überhaupt sinnvoll sind bzw. welche Alternativen es gibt. Man könnte aber auch Asset-Klassen oder Anlagestile diskutieren, Standards dafür erarbeiten (immer im Hinblick auf ethische Verantwortung und Nachhaltigkeit). Der Ethikbeirat könnte auch die nachhaltigen Anlageprodukte (Fonds) kritisch diskutieren, an deren Verbesserung und Weiterentwicklung mitarbeiten. Denn für die Arbeit der Ratingagentur oder zur Überprüfung der Kriterien gibt es ja bis jetzt kein kritisches Korrektiv.
4. Der Ethikbeirat könnte auch für Kundenveranstaltungen herangezogen werden.

Auch Fortbildungsmaßnahmen für die Mitarbeiter sind von Bedeutung, wobei es vor allem um Kompetenzentwicklung und Sprachfähigkeit zu ethischen Fragestellungen gehen sollte.

13 Gleichzeitige Anwendung unterschiedlicher Strategieansätze zur Einführung von nachhaltigen Investments ist notwendig

Die Etablierung einer nachhaltigen Investmentschiene in der Bank oder KAG ist ohne die Zustimmung des Vorstandes und in letzter Konsequenz der Eigentümer natürlich nicht möglich. Hat man diese Zustimmung erlangt, ist dies noch lange keine Garantie, dass dann alles „von selbst geht". Zum einen hat man es mit Kollegen zu tun, die sich dem Thema Nachhaltigkeit „immer schon" gewidmet haben und sozusagen bis dato unentdeckte Experten sind. Zum anderen greift man in der Diskussion mit Kollegen auf unterschiedliche Wissensstandards zurück.

Ein einheitliches Niveau herzustellen, erfordert einen langen Atem in den jeweiligen Diskussionen. Will man die Nachhaltigkeit vorantreiben, ist man ständig im Spannungsfeld zwischen Kollegen und Vorstand. Der Vorstand möchte Ergebnisse sehen und sich nicht allzu weit in die Zukunft für „noch nicht fassbare" Themen (Etablierung eines Ethikbeirats, ESG-Integration, Ausschlusskriterien etc.) verpflichten. Die Kollegen wollen ständig auf dem Laufenden gehalten werden, das Gefühl haben, auch ihre Meinung einbringen zu können.

Demzufolge ist ein Top-Down-Ansatz (zuerst den Vorstand überzeugen, dann die Mitarbeiter) immer in Kombination zu sehen mit einem Bottom-Up-Ansatz (die Mitarbeiter überzeugen, um gegenüber dem Vorstand Möglichkeiten und Chancen besser darstellen zu können).

Ziele in kleinen Schritten gesetzt sind überschaubar! Gehen Sie langsam, aber beharrlich!

Diese Form der Implementierung der Nachhaltigkeit kostet sehr viel Kraft, erfordert nicht selten ein hohes Maß an Selbstmotivation und generiert möglicherweise am Ende des Weges wenig Dankbarkeit. Sie ist aber mit Sicherheit die effizienteste.

14 Forderung nach gesetzlichen Rahmenbedingungen ist unerlässlich

Letztlich sollte der Druck von Seiten der Kunden kommen, die ethisch investieren wollen und ethische Veranlagungen nachfragen. Momentan scheint dieser Druck nicht in ausreichender Form vorhanden, um wirklich eine entscheidende Schwungmasse zu bilden. Aus diesem Grund brauchen wir Rahmenbedingungen des Gesetzesgebers für alle institutionellen Investoren.

Notwendig sind daher:

1. Ethisch basierte Veranlagungsrichtlinien seitens des Gesetzesgebers, verpflichtend für alle Investorengruppen (normbasierte Ratings, insbesondere UN Global Compact, ILO, OECD Leitlinie); Vorreiter sind hier die Vorsorgekassen und deren Ethikbeiräte.
2. Stärkere Einbindung der Kirche als moralische Autorität (basierend auf der christlichen Soziallehre), die die Kriterien auch gegenüber anderen Investorengruppen konsequent einfordert und selbst die Vorreiterrolle lebt.
3. Versicherungen und die öffentliche Hand als weitere Träger des Österreichischen Umweltzeichens und des EUROSIF Transparenzlogos.
4. UN PRI (Principles for Responsible Investment) verpflichtend für alle KAGs und institutionellen Investoren.
5. Verpflichtende Einführung eines Ethikbeirates im Aktiengesetz in Verbindung mit dem BWG für Finanzinstitute.
6. Verpflichtende ESG-Ausbildungsangebote für Portfoliomanager (EFFAS ESG Analyst) und Kundenbetreuer.

Literatur

FNG (2014) Forum Nachhaltiger Geldanlagen e. V. Marktbericht Nachhaltige Geldanlagen 2014. Berlin

Dr. Herbert Ritsch ist seit Jänner 2016 beim Bankhaus Schelhammer & Schattera tätig.

Er ist Direktor für Wirtschaftsethik und Schöpfungsverantwortung und stv. Leiter der Abteilung Nachhaltigkeit, Institutionelle Kunden und kirchliche Stellen. Herbert Ritsch verfügt über 25 Jahre Erfahrungen im Finanzbereich und beschäftigt sich seit mehr als 8 Jahren intensiv mit ethischen Fragenstellungen in der Veranlagung als auch Finanzierung. Er hält zudem den EFFAS ESG Analyst und ist Mitglied im Forum christlicher Führungskräfte als auch im Senat der Wirtschaft Österreich.

Wie nützlich sind CSR-Ratings?

Gedanken über den Wert der Bewertungen

Michael Sasse

Zusammenfassung

Ratingagenturen sehen sich als der Wegbereiter für nachhaltiges Investment; sie bieten ihren Kunden Informationen darüber, wie ausgewählte Unternehmen gesellschaftliche Verantwortung und Rendite miteinander vereinbaren. Der Gedanke der Agenturen ist in diesem Zusammenhang, dass eine solche nachhaltige Orientierung für den langfristigen Unternehmenserfolg günstig ist. Für ihre Auftraggeber analysieren Agenturen die Unternehmen hinsichtlich ihrer ökologischen und sozialen Performance. Ihre Ratings prägen das Bild eines Unternehmens bei potenziellen Investoren, aber auch in der interessierten Öffentlichkeit – von Medien bis zur Zivilgesellschaft. Eine zusätzliche Bedeutung erhalten diese Ratings für die bewerteten Unternehmen selbst – als eine kritische Sicht auf das eigene Portfolio nachhaltiger Produkte und Dienstleistungen.

Das Verhältnis zwischen Ratingagenturen im Bereich CSR und den bewerteten „Kunden" ist naturgemäß ambivalent. Die überprüften Unternehmen sehen die Agenturen mitunter als ungerufene Geister, die für die Unternehmen inhaltliche Anstrengung und zusätzlichen Zeitaufwand bedeuten. Ob dies nur an den unterschiedlichen Blickwinkeln von Überprüfern und Überprüften in Kombination mit der spezifischen Herangehensweise von CSR-Ratingagenturen liegt, soll Gegenstand der folgenden Analyse sein. Und: Was würde man sich von CSR-Ratingagenturen in Zukunft wünschen – aus Sicht von Banken?

Ratingagenturen sehen sich als der Wegbereiter für nachhaltiges Investment; sie bieten ihren Kunden Informationen darüber, wie ausgewählte Unternehmen gesellschaftliche Verantwortung und Rendite miteinander vereinbaren. Der Gedanke der Agenturen ist in

---

M. Sasse (✉)
Oesterreichische Kontrollbank AG, Am Hof 4/Strauchgasse 3, 1010 Wien, Österreich
E-Mail: michael.sasse@oekb.at

© Springer-Verlag Berlin Heidelberg 2016
H. E. Kopp (Hrsg.), *CSR und Finanzratings,* Management-Reihe Corporate Social Responsibility, DOI 10.1007/978-3-662-47461-7_22

diesem Zusammenhang, dass eine solche nachhaltige Orientierung für den langfristigen Unternehmenserfolg günstig ist. Für ihre Auftraggeber analysieren Agenturen die Unternehmen hinsichtlich ihrer ökologischen und sozialen Performance. Ihre Ratings prägen das Bild eines Unternehmens bei potenziellen Investoren, aber auch in der interessierten Öffentlichkeit – von Medien bis zur Zivilgesellschaft. Eine zusätzliche Bedeutung erhalten diese Ratings für die bewerteten Unternehmen selbst – als eine kritische Sicht auf das eigene Portfolio nachhaltiger Produkte und Dienstleistungen. Interessant könnte sein, den Ratinggedanken in Richtung von NGOs zu erweitern, die ebenso „Investoren" haben – Spender, Sponsoren und Kooperationspartner. Eine kritische Sicht von außen könnte zu deren Reputation beitragen und das Fundraising stärken. Solche Ratings sind bisher jedoch nicht bekannt.

Die Oesterreichische Kontrollbank (OeKB) setzt sich seit Jahren mit dem Thema Umwelt und Nachhaltigkeit auseinander. Entsprechende Berichte erscheinen seit 2001 jährlich, seit 2004 nach GRI, und sind von externen Prüfern hinsichtlich EMAS und EN-ISO 14001 zertifiziert. Obwohl die OeKB kein börsennotiertes Unternehmen ist, wird sie dennoch in unregelmäßigen Abständen von spezialisierten CSR-Ratingagenturen kontaktiert und befragt. Die Zahl der Anfragen ist steigend: Gab es zwischen 2004 und 2009 insgesamt vier Anfragen, waren es von 2010 bis Ende des ersten Quartals 2014 bereits sechs. Gleichzeitig sind in den letzten Jahren Umfang und Komplexität der geforderten Informationen deutlich gestiegen. Derzeit wird die OeKB regelmäßig von oekom research, Sustainalytics und Vigeo für deren Kunden bewertet.

Das Verhältnis zwischen Ratingagenturen im Bereich CSR und den bewerteten „Kunden" ist naturgemäß ambivalent. Die überprüften Unternehmen sehen die Agenturen mitunter als ungerufene Geister, die für die Unternehmen inhaltliche Anstrengung und zusätzlichen Zeitaufwand bedeuten. Ob dies nur an den unterschiedlichen Blickwinkeln von Überprüfern und Überprüften in Kombination mit der spezifischen Herangehensweise von CSR-Ratingagenturen liegt, soll Gegenstand der folgenden Analyse sein.

1 Wie werden CSR-Ratingagenturen wahrgenommen?

Im Idealfall sollten Ratingagenturen als Feedbackgeber wahrgenommen werden. Ihr Input sollte bei den von ihnen untersuchten Unternehmen Denkanstöße auslösen.

Die OeKB etwa befindet sich im Prime-Segment der oekom research; beim Austrian Sustainability Award (ASRA) der österreichischen Kammer der Wirtschaftstreuhänder haben die Berichte der OeKB in den vergangenen Jahren elf Auszeichnungen erhalten, darunter drei erste und drei zweite Plätze. Weitere Auszeichnungen umfassen den trend award und den EMAS-Preis.

Dass Ratingagenturen oftmals nicht zum Nachdenken in den Firmenstrukturen anregen, hat verschiedene Gründe:

1. Ratingagenturen erstellen ein rudimentäres Unternehmensprofil aufgrund der öffentlich verfügbaren Informationen und konfrontieren das Unternehmen mit diesem. Ent-

scheidend ist, dass die verarbeiteten Informationen aus seriösen Quellen stammen, diese jederzeit nachvollzogen werden können und sich nicht auf Einzelmeinungen stützen. Grundlage dazu sind unterschiedliche Reports und andere, via Internet leicht zugängliche Informationen – mit all den damit verbundenen Vor- und Nachteilen. Manche Agenturen legen ihre Quellen detailliert offen, andere beschränken sich darauf zu verweisen, dass die Gesamtheit der öffentlich verfügbaren Quellen die Grundlage des Grobprofils darstellt.
2. Unternehmen, die mit solchen Profilen konfrontiert werden, fühlen sich dadurch in die Defensive gedrängt – schließlich wird man in einen Bewertungsprozess gezwungen. Kein Unternehmen kann es sich jedoch leisten, seine Reputation zu vernachlässigen. Somit ist es notwendig, Unternehmensressourcen zu binden, um dieses Profil zu evaluieren, zu ergänzen und zu hinterfragen.
3. Selbst eine intensive Auseinandersetzung mit dieser Thematik bringt jedoch nicht immer die gewünschte Verbesserung. Schließlich ist es immer die Ratingagentur, welche die Informationen in Relation setzt, bewertet und festschreibt. Übrig bleibt ein Unternehmen, das trotz aller gesetzten Anstrengungen und trotz Lieferns der gewünschten Informationen nach bestem Wissen und Gewissen sich in manchen Punkten unangemessen dargestellt sieht.

2 Welche Methoden, Methodologien, Approaches sind nachvollziehbar und sinnvoll, um konkreten Impact zu erzielen, insbesondere in der Finanzbranche?

Dafür müsste die konkrete Frage eigentlich lauten: Ist es Aufgabe einer Agentur, Verbesserungen anzustoßen, und ist der Blick damit in die Zukunft gerichtet, oder soll die Agentur die Vergangenheit des Unternehmens aus nachhaltiger Sicht bewerten?

Aus Sicht der Unternehmen hat jede konstruktive Kritik von Stakeholdern, zu denen auch CSR-Ratingagenturen zählen, einen positiven Effekt für die kontinuierliche Weiterentwicklung des Unternehmens im Bereich der gesellschaftlichen Verantwortung. Allerdings ist diese Kritik nicht ungefiltert zu übernehmen, sondern zu hinterfragen und auf Relevanz, Anwendbarkeit und Implementierung ins eigene Geschäftsmodell zu überprüfen. Es empfiehlt sich daher, den Fragenkatalog nicht als eine Sammlung von Key Performance Indicators für das Berichtswesen zu betrachten. Er ist vielmehr als Ergänzung zu etablierten Standards wie GRI oder EMAS zu sehen, aus denen durchaus Ideen für die Weiterentwicklung geschöpft werden können.

Damit das funktioniert, ist ein konstruktiver Dialog gefordert. Wenn überhaupt, dann kann ein Unternehmen nur dann positiven Impact für die eigenen CSR-Aktivitäten gewinnen, wenn es sich auf eine intensive Diskussion der Bewertung einlässt. Dazu zwei Beispiele:

1. Sehr viele der gängigen Fragebögen folgen dem Schema „Gibt es für den Bereich XY eine Policy?" Gefolgt von: „Und wie wird diese umgesetzt?" Dies ist auf den ersten

Blick nicht nachvollziehbar. Warum sollten Maßnahmen zum Klimaschutz ohne eine vorhandene Klimapolitik weniger wirksam sein als mit Policy?

Dennoch wird das Fehlen einer expliziten Politik immer zu einer Verschlechterung der Bewertung führen. Aber ist eine „Politik ohne weiterführende Maßnahmen" nicht schlechter zu bewerten als „Maßnahmen ohne Politik"? Wer genauer auf die Bewertungssysteme der Ratingagenturen blickt und den Dialog mit den Analysierenden-Teams sucht, wird verstehen, warum spezifische Policies wichtig sind. Eine präzise formulierte und veröffentlichte Policy impliziert für Ratingagenturen, dass sich das Unternehmen Gedanken gemacht hat und langfristig hinter dem damit verbundenen Anliegen steht. Maßnahmen, die nicht an einer Policy festgemacht werden können, stehen eher im Verdacht, ebenso schnell wieder zu verschwinden, wie sie gekommen sind. Diese Argumentation ist durchaus nachvollziehbar und kann zu einem konkreten Impact im Unternehmen führen.

2. Sobald ein Unternehmen mit einem Projekt in der Kritik von Medien und/oder NGOs steht, wird bei der Vorbewertung standardmäßig die denkbar schlechteste Bewertung vergeben. Liegen aber keine derartigen Fälle vor, wird zur allgemeinen Irritation nicht die Bestnote vergeben, sondern ein „not applicable". Aus Sicht der Ratingagentur verständlich, weil diese ordentliches Verhalten als normal interpretieren und daher nicht positiv bewerten. Auf der Unternehmensseite wird dies allerdings als Fokussierung auf Negatives gewertet. Es sieht so aus, als wären positive Aussagen gar nicht vorgesehen, was wiederum einer Zusammenarbeit oder einem positiven Impact nicht förderlich ist und zu keinem Impact führt.

3 Know-how und Erfahrung der Analysten

Diese sind im Allgemeinen nicht leicht zu eruieren, da die Ansprechpartner zumeist nicht mit dem Analystenteam ident sind. Die Erfahrungen, die bisher gemacht wurden, gingen in die Richtung, dass die Ansprechpartner weitgehend junge Mitarbeiter sind, die die Koordinationsarbeit leisten. Bei tiefer gehenden Fragen kommen dann Senior-Analysten zu Wort.

4 Dialog mit den CSR-Ratingagenturen

Nach der Ersterstellung des Unternehmensprofils ist es notwendig, hilfreich und vor allem zeitsparend, den Dialog zu suchen. Wie erwähnt, sind vor allem beim ersten Zusammentreffen mit Ratingagenturen deren Vorstellungen, angelegte Standards und Interpretationsroutinen nicht deckungsgleich mit jenen des bewerteten Unternehmens. Auch sind nicht alle Agenturen mit den Feinheiten des jeweiligen Geschäfts vertraut. Ohne entsprechenden Dialog besteht für beide Seiten die Gefahr von Missinterpretationen. Auch wenn nicht alles zur beidseitigen Befriedigung ausgeräumt werden kann, ergeben sich dennoch Einsichten in die jeweils andere Denkweise, die bei folgenden Ratings den Ablauf erleichtern.

5 Wie professionell/werthaltig sind die CSR-Ratingagenturen wirklich?

Oder: Wer ratet[1] bzw. berät die Ratingagenturen? Kernproblem ist, dass Standards definiert werden müssen, welche die nachhaltigen Leistungen der Unternehmen sowie des ökonomischen und sozialen Impacts mess- und sichtbar machen.

Da solche Impactmessungen sehr komplex und aufwändig sein können, wird am anderen Ende angesetzt: Konkret werden die im Unternehmen vorhandenen Policies und deren Implementierung abgefragt. Grundsätzlich kann man aus den bisherigen Erfahrungen schließen, dass Agenturen, die sich seit mehr als zwei Jahrzehnten am Markt behauptet haben, professionell agieren.

Indirekt ergibt sich für die bewerteten Unternehmen aus der sich nolens volens ergebenden Zusammenarbeit mit den Agenturen das Plus einer erweiterten Sicht, die über die eigene Einschätzung und jene der Umweltgutachter und anderer Zertifizierer hinausgeht. Aus dem Fragenkatalog lassen sich Anregungen für die eigene Weiterentwicklung im sozialen und ökologischen Kontext gewinnen. Die Ergebnisse der durchgeführten Ratings sind für die Unternehmenskommunikation der bewerteten Unternehmen kaum zu verwerten. Dies liegt vor allem daran, dass diese Ratings von Agentur zu Agentur differieren und damit für einen Stakeholderdialog nur sehr eingeschränkt zu verwenden sind. Vollends unbrauchbar werden Ratings schließlich, wenn sie für den Leserkreis eines Nachhaltigkeitsberichts völlig konträre Assoziationen bewirken. Ein „C+" würde auf einer Bewertungsskala von A+ bis D− den Eindruck einer mittelmäßigen Performance vermitteln. Dass aber die beste Wertung in diesem Zusammenhang für den Bereich des Finanzsektors ein „B" war und Bewertungen im Topsegment „A" noch nie vergeben wurden, ist für die Leser nicht ersichtlich. Auch wenn man solch ein verfälschtes Bild mit Erläuterungen und Kommentaren korrigieren will: Ein negativer Ersteindruck ist schwer zu relativieren.

6 Relevanz von CSR-Ratings für Finanzdienstleister?

Die Finanzkrise mit all ihren Facetten hat zu einer tiefen Verunsicherung und einem massiven Vertrauensverlust nicht nur im Verhältnis zum Kunden, sondern auch innerhalb der Branche geführt. Inwiefern spezialisierte Agenturen mit ihren Nachhaltigkeitsratings die Vertrauensbasis stärken können, ist schwer zu beantworten. Die breite Öffentlichkeit nimmt Ratingagenturen im CSR-Bereich vermutlich nicht differenziert wahr und ist aus der medialen Berichterstattung heraus eher mit den Einschätzungen der klassischen Ra-

---

[1] Hier wird „ratet" im Sinne von „bewerten" (= rating) verwendet.

tingagenturen vertraut. Diesen Ratingagenturen wurde im Kontext der Finanzkrise von Kritikern wenig Lösungskompetenz zugeschrieben, sie wurden eher als Teil des Problems betrachtet.

Angenommen, CSR-Ratingagenturen werden differenziert wahrgenommen, so könnten sie – theoretisch – zur Verbesserung der Reputation beitragen, indem die nachhaltigen Leistungen eines Unternehmens durch eine unabhängige, externe Prüfung bewertet werden. In der Praxis ist dies aber kaum der Fall, da a) die Ergebnisse nicht vollumfänglich oder überhaupt nicht öffentlich zugänglich und b) die Ergebnisse der Nachhaltigkeitsratingagenturen nicht standardisiert sind. Damit relativiert sich der Wert dieser Prüfungen für die bewerteten Unternehmen deutlich. Mitunter ist es den Unternehmen auch von den Agenturen untersagt, die Ergebnisse zu veröffentlichen.

7 Vergleichbarkeit von Rating-Standards

Eine Vergleichbarkeit der Ratings ist aktuell definitiv nicht gegeben. Unter den gegebenen Umständen ist es auch fraglich, wie jemals eine Vergleichbarkeit zustande kommen könnte. Jede Agentur bedient sich ihrer eigenen Methode, um die nicht-finanziellen Leistungen zu bewerten und in Relation zu setzen. Diese mitunter recht komplexen Prozesse zielen a priori gar nicht auf Vergleichbarkeit zu anderen Standards ab, sondern dienen dazu, Dinge zu messen, die eigentlich nicht messbar sind. Damit stellt aber die eingesetzte Methodik das Hauptkapital einer Ratingagentur im Nachhaltigkeitsbereich dar, mit der die Kernkompetenz der Agentur steht und fällt. Selbst wenn die abgefragten Indikatoren verschiedener Agenturen gleich gestaltet wären, würden unterschiedliche Betrachtungen und vor allem unterschiedliche Gewichtungen der einzelnen Faktoren immer zu unterschiedlichen Ergebnissen führen.

8 Lassen sich aus den Fragenkatalogen Rückschlüsse für die eigene Berichterstattung ableiten?

Das ist definitiv zu bejahen. Schon alleine die – manchmal mühselige – Auseinandersetzung mit den umfangreichen Fragenkatalogen bietet die Möglichkeit, die gestellten Fragen zu hinterfragen, die Bedeutung für die eigene Geschäftstätigkeit abzuwägen und positiv zu reflektieren. Ein kontinuierlicher Verbesserungsprozess lebt ja von konstruktiver Kritik und Anregungen der Stakeholder, zu denen auch Ratingagenturen zählen. Voraussetzung ist, dass das Grundgerüst der Fragen das Kerngeschäft und die Stellung des Unternehmens im gesellschaftlichen Kontext weitgehend erschließt. Da diese Kataloge jedoch zumeist über eine ganze Branche gebreitet werden, besteht die Gefahr, dass nicht Vergleichbares verglichen wird. Natürlich hat man in jedem Fragebogen die Möglichkeit, einzelne Bereiche als nicht zutreffend („not applicable") einzustufen. Letztlich liegt jedoch die abschließende Bewertung nie im Ermessen des geprüften Unternehmens, sondern immer in dem der Ratingagentur. Abweichende Meinungen können natürlich diskutiert werden, entschieden wird aber einzig und allein vom Analystenteam der Ratingagentur. Das eigene Unternehmen falsch dargestellt zu wissen, ohne dies richtigstellen zu können oder dagegen vorgehen zu können, erklärt die verbreitete Skepsis gegenüber CSR-Ratings.

9 Sind etablierte Standards wie GRI und EMAS hilfreich im Umgang mit den von CSR-Ratingagenturen gestellten Fragen?

Die Auseinandersetzung mit etablierten Standards wie den oben genannten erleichtert den Umgang mit CSR-Ratingagenturen, da die verwendete Terminologie und die dahinterstehenden Guidelines (etwa jene der GRI) sich an diese Standards anlehnen oder sogar darauf basieren. GRI und EMAS haben sich weitgehend als Standards etabliert und füllen somit die Lücke, die von den Ratingagenturen aufgrund eines fehlenden Standards in dieser Branche nicht gefüllt werden kann. Es ist auch nicht zu erwarten, dass sich in absehbarer Zukunft ein Standard für Nachhaltigkeitsratings etablieren wird, auch wenn dies im Interesse der gerateten Unternehmen liegen würde.

10 Machen CSR-Ratings Sinn, die sich nur mit einem Bereich (etwa Umwelt) des Unternehmens beschäftigen?

Eingeschränkt ist dies zu bejahen, auch wenn eine umfassende Sicht auf das Unternehmen die deutlich bessere Bewertungsvariante darstellt. Bei solch eingeschränkten Beurteilungen stellt sich auch die Frage, ob es sich hier dann überhaupt noch um ein Rating im Sinne der Corporate Social Responsibility handelt, wenn sich die Prüfung auf rein ökologische Fakten beschränkt. Es ist auch ein Unterschied, ob es sich dabei um ein global agierendes Unternehmen handelt oder um einen Forstbetrieb in Deutschland. Jedoch: Selbst wenn ein Forstbetrieb etwa durch den Einsatz rapsölbetriebener Motorsägen ökologisch vorbildlich agiert, könnten schlechte Arbeitsbedingungen in der Gesamtbetrachtung diese Umweltvorteile relativieren. Bewertungen nach rein ökologischen Kriterien sollten eigentlich der Vergangenheit angehören und als Auslaufmodell betrachtet werden.

11 Was würde man sich von CSR-Ratingagenturen in Zukunft wünschen – aus Sicht von Banken?

11.1 Transparenz

Von den Unternehmen fordern Ratingagenturen Transparenz. Naheliegend wäre ein ebenso transparenter Bewertungsprozess. Hintergründe und Auftraggeber der Bewertung werden jedoch zumeist nicht offengelegt, auch die Gewichtungen der einzelnen Faktoren zum

Gesamtergebnis sind zwar mathematisch nachzuvollziehen, nicht aber die Intention, die zu dieser Gewichtung führt. Auch die fehlende Harmonisierung von Standards vonseiten der Agenturen schlägt sich hier negativ nieder. Um einzelne Branchen vergleichbar zu machen, wird ein relativ starres Bewertungsschema über ganze Sektoren gelegt. Teilnehmende Unternehmen, für die dieses Schema nicht passt, sind damit automatisch etwas schlechter gestellt.

11.2 Verständnis des Kerngeschäfts

Womit der nächste Punkt ins Spiel kommt: das Verständnis für das Geschäftsmodell beziehungsweise die Geschäftsmodelle eines Unternehmens und die damit verbundenen Feinheiten. Gerade im Bereich der Finanzdienstleister ergeben sich große Bandbreiten, welche den Vergleich erschweren. Bei allem Bemühen der Ratingagenturen kommt man als Unternehmen nicht um den Eindruck herum, sich gelegentlich in einem Umfeld/einem Universum wiederzufinden, das nicht passend erscheint.

11.3 Kooperation

Kooperation wäre der Idealzustand. Auch die Ratingagenturen bekämen damit Impulse für die Weiterentwicklung. Wünschenswert wäre, dass nicht nur Impactmessung betrieben wird, sondern dass zu den Bewertungen auch die gewünschten Lösungen kommuniziert würden.

Ein kontinuierlicher Austausch könnte für beide Seiten positive Erkenntnisse bringen und die nachhaltige Entwicklung vorantreiben. Ratingagenturen wären dann als hochqualifizierte Feedbackbringer positioniert, deren Anregungen die Praxis verändern könnten.

Photocredit: OeKB/C. Häusler

Dr. Michael Sasse trat 1983 in die Oesterreichische Kontrollbank AG (OeKB) ein. Die OeKB ist ein Finanz- und Informationsdienstleister für Exportwirtschaft und Kapitalmarkt in Österreich. Die Dienstleistungen stehen dabei Unternehmen und Finanzinstitutionen sowie Einrichtungen der Republik Österreich zur Verfügung. Für den Historiker und Anglisten Michael Sasse hatte ein Studentenjob in der OeKB weitreichende Wirkung. Seither widmet er sich beruflich der Gegenwart und der Zukunft – zunächst in der Beschaffung und in der Arbeitsplatzevaluierung, seit 2001 als Nachhaltigkeitsbeauftragter. In dieser Funktion war er zunächst für die Umsetzung von CSR-Agenden in der OeKB verantwortlich, in den folgenden Jahren auch für den CSR-Bereich bei weiteren Tochterunternehmen innerhalb der OeKB Gruppe.

Changing Sustainability Paradigms in a Turbulent Banking Environment

Hans Biemans

Abstract

The chapter begins with the observation that we live in an era of social responsibility and transparency. Companies have started to incorporate sustainability in their core business strategies. Almost every company has green and fair products or production processes. We also live in a world that is becoming more transparent. How will the banking industry play a role in this new era of social responsibility and transparency? And what will the future sustainability strategies of banks look like? The chapter describes how the moral development of a bank goes through various levels. At level I, banks have traditional moral values and the policy is to avoid controversial companies. This is driven by the protection of the reputation and the credit risk of the bank. At level II, the self-orientation is replaced by an outside orientation. Banks want to comply with external norms and values and want to be good citizens. At level III, the absolute and universal norms of level II will be replaced by relative, more context-dependent norms. Banks use the norms developed by the sustainability leaders among their clients as a general guideline and want other clients in these sectors to comply with these same norms. The chapter describes how sustainability ratings and certifications play a role in this paradigm shift. The chapter concludes that sustainability policies of banks shift from a focus on controversial companies to a focus on sustainability leaders who drive the change, and describes what this paradigm shift will look like in various business lines of banks.

H. Biemans (✉)
Rabobank, Croeselaan 18, PO Box 17100, 3500 Utrecht, The Netherlands
E-Mail: hans.biemans@rabobank.com

1 Management Summary

The chapter begins with the observation that we live in an era of social responsibility and transparency. Companies have started to incorporate sustainability in their core business strategies. Almost every company has green and fair products or production processes. We also live in a world that is becoming more transparent. How will the banking industry play a role in this new era of social responsibility and transparency? And what will the future sustainability strategies of banks look like? The chapter describes how the moral development of a bank goes through various levels. At level I, banks have traditional moral values and the policy is to avoid controversial companies. This is driven by the protection of the reputation and the credit risk of the bank. At level II, the self-orientation is replaced by an outside orientation. Banks want to comply with external norms and values and want to be good citizens. At level III, the absolute and universal norms of level II will be replaced by relative, more context-dependent norms. Banks use the norms developed by the sustainability leaders among their clients as a general guideline and want other clients in these sectors to comply with these same norms. The chapter describes how sustainability ratings and certifications play a role in this paradigm shift. The chapter concludes that sustainability policies of banks shift from a focus on controversial companies to a focus on sustainability leaders who drive the change, and describes what this paradigm shift will look like in various business lines of banks.

2 The Setting: An Era of Responsibility and Transparency

Do companies take sustainability serious? For a long time the fair answer has been a clear "no". Sustainability or corporate social responsibility (CSR) was only a communication topic with little meaning for the core business of companies. There are clear signals, however, that the attitude towards sustainability strategies in companies is changing for good. The world is moving towards a new paradigm where responsibility and transparency are central themes.

Companies have started to incorporate sustainability in their core business strategies. Almost every company has green and fair products or production processes. Sustainability staffs in large companies are no longer appointed in central sustainability departments but much deeper in the various business lines of those companies in order to talk to clients and suppliers. To their shareholders they communicate in terms of sustainable business drivers. Not everything is equally green or social of course, and some green claims may be greenwashing. The materiality of sustainability in core business processes varies significantly per sector and per company. For this company the key issue is raw material sourcing and scarcity, for that company it is labor circumstances and fair wages.

We also live in a world that is becoming more transparent. Companies develop new metrics and indicators and disclose more material information than in the past, in externally audited sustainability reports or statements. Higher management of companies is

Fig. 1 Sustainability disclosure leads to improvements in sustainability performance: the numbers tell the tale

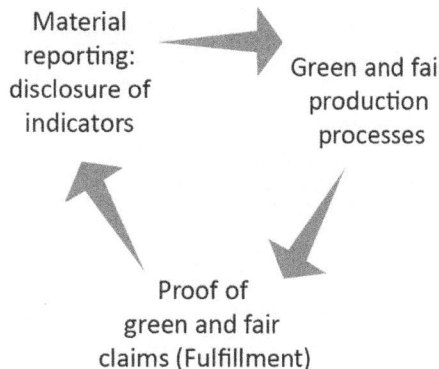

held accountable[1] by clients, shareholders, or other stakeholders if the company fails to produce sustainably in general or in case they are not able to fulfill their green and fair product claims.

On April 15, 2014, the plenary of the European Parliament adopted the directive on disclosure of non-financial and diversity information by certain large companies and groups.[2] European companies must comply with European Union (EU) legislation on non-financial disclosure. Currently, around 2,500 large EU companies disclose environmental and social information regularly. The directive applies to large public-interest entities with more than 500 employees, that is, approximately 6,000 large companies and groups across the EU[3], see Fig. 2. Yet many companies do not disclose their sustainability performance.

Transparency requirements will also trigger improvements in the sustainability performance of companies. The numbers tell the tale is the assumption of the EU: "Transparency leads to better performance (Fig. 1). This is true not only about disclosure of financial information but also in regard to information on environmental and social matters".[4]

The era of social responsibility in corporate strategies has just begun, will probably evolve gradually, and will be mainstream within two decades from now. How will the banking industry play a role in this new era of social responsibility and transparency? And what will future sustainability strategies of banks look like?

---

[1] Accountability is a concept in ethics and governance about answerability, blameworthiness, and liability. Accountability is also account-giving: transparent and material reporting.

[2] Proposal for a Directive amending Council Directives 78/660/EEC and 83/349/EEC as regards disclosure of non-financial and diversity information by certain large companies and groups. http://ec.europa.eu/internal_market/accounting/non-financial_reporting/index_en.htm (Download 3–6–2015).

[3] Disclosure of non-financial and diversity information by large companies and groups, frequently asked questions. European Commission MEMO-14-301_EN, 15 April 2014.

[4] The EC memo mentions: "Had the Commission used a threshold of 250 employees as for financial disclosures, more than 40,000 large companies would have come within the scope of application. Having increased the reporting threshold to 500 employees actually reduces the number of companies to around 18,000." Source: European Commission memo MEMO-13-336_EN, 16 April 2013.

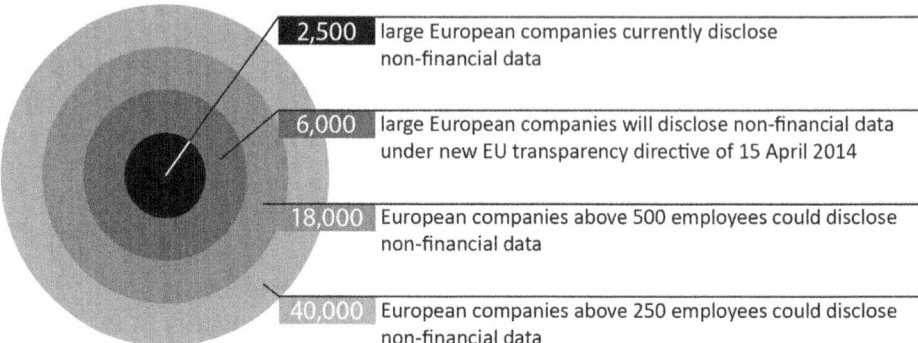

Fig. 2 Non-financial disclosure by European companies from 2014. (Source: EU)

3 The Old Sustainability Paradigm in the Banking Industry

Let us first look at the "old" sustainability paradigm in the banking industry. Traditionally, an important sustainability strategy of banks is to avoid lending money to "controversial" companies (see textbox). In the old paradigm, banks were seen as trustworthy, respected organizations with high ethical standards. The exclusion of "bad clients" was assumed important in order to protect the reputation of the bank and to reduce credit risk. Nowadays, banks themselves are involved in controversies, their reputation is seriously damaged, and it is much less accepted when banks have an ethical opinion on the behavior of other companies.

Two very common arguments to avoid lending money to "controversial" clients are that services to such clients lead to severe reputation risks or higher credit risks for the bank. Sustainable customer due diligence was supposed to protect the interests of the bank. The most comprehensive way to identify controversial clients, especially type II controversial clients, is to do an extensive "sustainable customer due diligence" and review each client and prospect and filter out the controversial ones. This is a very complex and very costly process. It is only possible if the bank has a well-defined sustainability strategy; has allocated enough budget to hire sustainability people; has a process in place to approve sustainability policies and criteria; includes the right sustainability elements analyses in country, sector, and company research; adapts core (credit/CDD) processes, templates, and ICT systems; and trains sales and credit risk management and other staff.

What are „controversial" companies?
The two main type of „controversial" companies are summarized in Fig. 3.

(I) ...Companies, industries or sectors with x% unwanted **products** that conflict with certain ethical values (they are perceived as intrinsically wrong)	Think of controversial weapons, fire arms, furs and specialty leathers, GMO, tobacco, military contracting, nuclear power generation, gambling, adult entertainment, alcohol, pesticides, trade in certain species, goose liver etc.
	Values are subject to religion, civil or social rights movements, cultural preferences, political preferences or environmental movements.
	Companies can be identified via Value Based Screening

(II) ...Companies and projects with bad environmental or social or governance **practices**: controversies, incidents, violations of international norms and conventions	Think of slave labor or child labor, severe environmental pollution, animal welfare, excessive remuneration of top management, consumer issues or agressive tax planning.
	Norms and conventions are the UN Declaration of Human Rights, OECD guidelines, UN Global Compact, ILO, Aarhus, but also numerous sector or industry specific norms and conventions
	Companies can be identified via Norms Based Screening.

Fig. 3 Negative impacts arise from lending to two types of companies

Value-based exclusion
is the oldest way to avoid investments in type I controversial companies. Value-based or ethical screening roots in religious practices and virtues not to be involved in sins (alcohol, tobacco, weapons, sex). The exclusion of companies that manufacture and trade controversial weapons is a typical example of how mainstream banks and investors avoid type I clients, based on values. Value-based screening is used to exclude companies; it makes not much sense to engage with these companies, they cannot really improve unless they stop producing their products. Sometimes they can offer alternatives. A beer brewer will probably not stop producing beer but can produce non-alcoholic beers.

Norms-based exclusion
is used to avoid investments in type II controversial companies that violate international norms and conventions. Norms-based screening is a relatively recent screening method. This method roots in civil or social rights and apartheid campaigns, and in environmental campaigns against severe pollution, oil spills, and nuclear power. Violation of fundamental norms has become highly controversial. It makes sense to engage with controversial companies if they can and want to improve in the short term. If this is not the case or it takes a very long time, exclusion is a more efficient option given avoiding negative impact is a key goal. Engagement processes can take years and cost a lot of time. It is important to notice that even sustainable companies can (suddenly) be involved in severe controversies or incidents.

Which arguments will convince decision makers within banks that they should allocate scarce resources to this? Are the "higher reputation risk" and "higher credit risk" arguments convincing? No. A quick reality check teaches that (potential) reputation risks were significant for banks and professional investors in the past years. External stakeholders of banks (especially activist non-governmental organizations, NGOs) have put a lot of pressure on banks in the past 10 years to use their (perceived) leverage to exert influence on clients to achieve a better world. It is the mission of activist NGOs to campaign against bad situations until the involved parties improve the bad situation.

There were numerous environmental and human rights NGO campaigns (not just media campaigns but also physical campaigns) against banks that financed controversial companies or projects. In some of these campaigns the NGOs even involved retail clients who publicly announced they would go to another bank. The campaigns became more sophisticated with time. With the help of external research bureaus and real time market information systems (like Bloomberg), NGOs have gained knowledge of large public market transactions by banks, especially in project finance and the public bond markets. NGOs question banks on why they perform transactions for companies with severe social or environmental controversies. In these campaigns, NGOs ask banks to publish their sustainability policies and the clauses they apply in the loan documentation to trigger events of default when clients do not meet the criteria in their sustainability policies, to publish the results of their sustainability assessments of clients and to publish a list of companies they exclude or engage with.

What was the result? I think it is fair to say that banks do not live up to the expectations of NGOs. There were changes in the retail and wholesale lending businesses of the banking industry, but not on a large scale. Banks and investors publish exclusion lists, sustainability policies, portfolio information, or cases in which they effectively influenced a clients' behavior. Media attention for climate change in the past two decades was so huge that you could only have missed it if you lived on another planet. Banks and investors would have acted upon that if they would have suffered reputation risks or if they had experienced severe pressure from clients. Probably the accusations or threats were not serious enough, either in the eyes of bankers or in the perception of their clients and the wider audience. The financial crisis showed that the reputation of a bank depends first on how they behave as a financial service provider. Conclusion: the reputation risk from negative sustainability impacts from lending—in daily practice—is and has been very limited.

The second much-used argument for doing sustainability assessments (in the interest of the bank) is that unsustainable clients have a higher credit risk profile and should pay higher interest rates. They could have a lower performance, for example, because of litigation or claim risks. If that is the case, it seems worthwhile to assess these non-financial risks. The challenge will then be to pick sustainability ratios that do not correlate too much with existing financial and non-financial ratios, and include them in the credit rating models. Sustainability ratios overlap, however, with other existing non-financial parameters and warning signals in credit rating models, such as management quality, and it is not clear to what extent. When one introduces new indicators in credit rating models, it takes years to build data history and prove that these factors indeed predict credit risk. Econometrists can only use those sustainability ratios that predict default risk better than other ratios. Skeptical people may argue that sustainability costs money, reduces free cash flows and hence increases credit risk.

Whatever the truth is, there are practical considerations that make any outcome less relevant. The average tenor of a bank loan is only 3–5 years. Credit rating models predict default within 1 year. Credit officers simply do not believe that it pays out to put a lot of time in complex and time-consuming sustainability assessments, especially not when their main objective is to reduce the throughput time of the credit approval process by 80%. Besides, because the number of controversial clients is low, the significance of the data will also be low. Conclusion: the added value from a sustainability assessment or rating for credit risk assessments may be significant in the long run, but is—in daily practice—very limited.

Neither reputation risk nor credit risk arguments convince people to spend time and money on identifying controversial clients and hence avoiding negative impacts from lending, unless there is a very specific reason to do so due to very specific diligence in a very specific market, such as in project finance (equator principles).

Because the implementation of sustainability had a due diligence character that was mainly based on reputation risks or credit risks of servicing controversial clients, it has had a low priority within the normal retail and wholesale lending operations of banks.

4 Lessons from the Investment Industry

In the past years, professional investors (asset managers and asset owners) have made more progress in avoiding investments in controversial companies than banks. There are two main reasons why the investment industry made more progress.

The first reason is that there is a common framework for this in the industry, the United Nations Principles for Responsible Investment (UN PRI, applicable for investment firms and asset owners like pension funds and insurers). These initiatives create significant transparency and awareness because they are led by (in 2015 over 1300) institutions that have large market shares in project finance or assets under management. In the banking industry, there are the Equator Principles, but these are only applicable for a niche market, project finance.

The second reason why investors made more progress is the existence of socially responsible investing (SRI) data-gathering services, SRI rating agencies, and engagement/voting services providers (for examples of such companies see below). Time-efficient sustainability assessments (of large, stock listed companies) are possible, thanks to the widespread availability of commercial SRI screening tools. In the past years, most asset managers and asset owners have implemented sustainability screenings of their equity and fixed income portfolio with the help of these value- and norms-based screening tools and ratings. A very small team of SRI analysts is able to cover thousands of companies with the help of these tools.

SRI data gathering (step 1), SRI data analysis (step 2), and SRI Screening (step 3) are time consuming and specialist activities that require specialized staff and ICT systems. Each SRI analyst in step 1 must gather raw company data on an ongoing basis. Raw data are published by companies in annual reports and websites or published by journalists and NGOs. The raw data must be documented in a structured manner so that it can be used by the SRI analyst in step 2. The interpretation of the raw data, the sustainability analysis, requires deep knowledge of the sector and the sustainability challenges and initiatives of that sector. Each SRI analyst in step 2, therefore, only covers a few sectors and a few dozens of companies. Step 2 ends with a sustainability rating, a value-based controversies score and

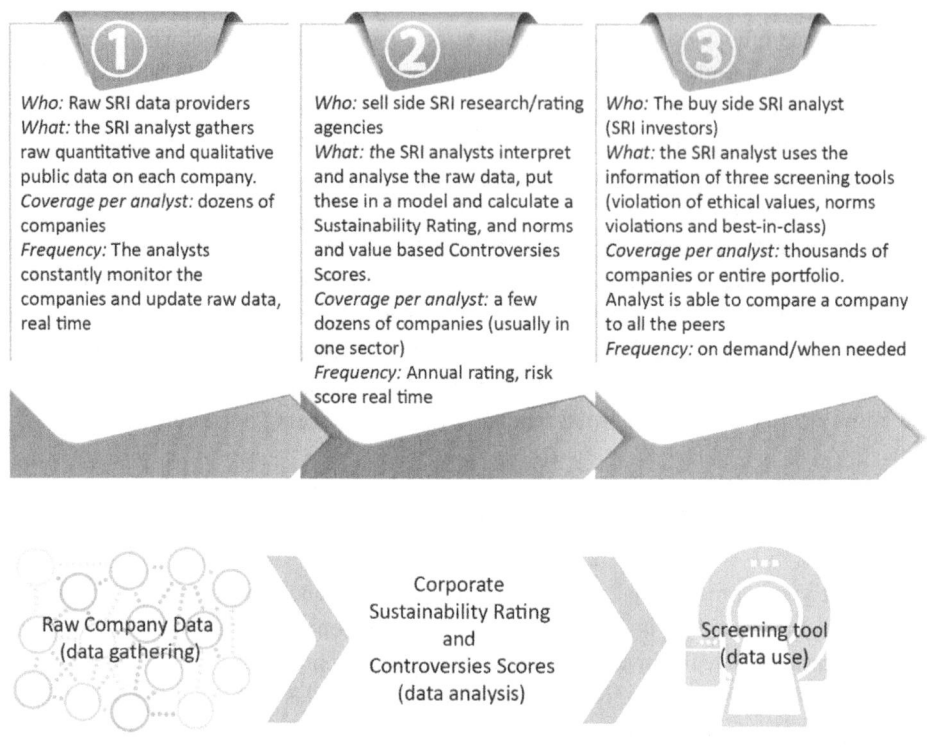

Fig. 4 Three tier (socially responsible investing, SRI) analyst approach to achieve time-efficient sustainability screening for the end user who uses the tool to screen an entire portfolio

a norms-based controversies score per company. For the end user, the buy side analyst, it is now possible to do a fast and proper portfolio analysis with these three screening tools.

The process to put together an exclusion list (or, if you want, an awareness list) is relatively simple (Fig. 5). The steps are as follows:

1. Take a subscription from an SRI research provider that offers value- and norms-based screenings.
    – If you have many large companies in the portfolio, subscribe to SRI rating agencies such as Sustainalytics (UN Global Compact Screening), MSCI, EIRIS (Convention Watch), Ethix (Norm-Based Screening), Vigeo, or oekom. SRI rating agencies typically cover up to 4,500 companies with their ratings and up to 15,000 companies with controversies scores. Other agencies are Ethos, Pirc, Solaron, EthiFinance, GES, Imug, Sustinvest, Caer, and Ethix. The trade association of these SRI rating agencies is Arista.
    – If you have many small companies in the portfolio it may also be useful to subscribe to specialized controversies data providers like RepRisk or Sigwatch (the latter also in order to find out which companies are positive in the news) or customized news services like Factiva or Google Custom Search. These companies systematically collect and analyze negative incidents, criticism, and controversies about companies and projects worldwide, and offer real-time information on activities related to

Fig. 5 How to put together an exclusion list?

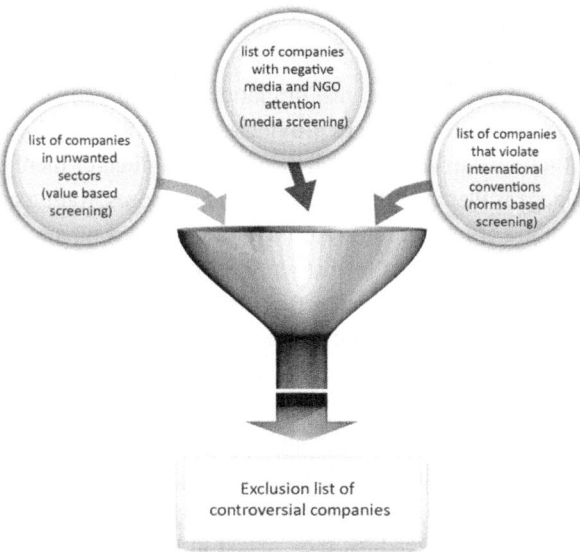

human rights violations, poor working conditions, corruption, and environmental destruction. These data providers cover currently up to 50,000 companies.
- If you want to customize a lot or if you are only interested in specific issues (like carbon emissions) or countries, subscribe to specific data providers. You can consider SRI data providers such as Reuters-Asset4, Bloomberg, CDP, Trucost, and Verisk/Maplecroft.
2. Decide what kinds of norms and values (see Fig. 3) are the basis for your exclusion list. If you do not have specific wishes, use the standard controversies and values filters in the various tools.
3. All tools give a score of how severe the controversies of a company are, so you have to choose your own threshold level in order to limit the number of companies on the list.
4. Generate a list of controversial companies. You can either use the company universe of the service provider (50,000) or provide the data provider with a confidential list of your portfolio companies and do a match.
5. On a case by case basis, unwanted companies can be added to or removed from the list by hand. The providers refresh the data frequently (almost real time).

The big advantage of using lists of specific companies that are excluded or considered sensitive because they violate norms and values is that a list is very clear and time effective for everyone. Sustainability officers in the pension fund and SRI investment sector often put together a specific exclusion list of unwanted companies. This list will always be based on norms and values-based controversies screenings. They ask a formal internal ethical decision-making body, for example, a group ethics committee or an SRI committee, to approve the list. Portfolio managers or credit officers whose task is to do investments get a sustainability screened universe of companies and can do their financial assessment as usual. They do not need to have specific sustainability knowledge, and for them, the list is the practical meaning of internal sustainability policies (that often remain meaningless without concrete names). Another advantage is that exclusion lists that are based on external data and facts are automatically updated.

Of course there are also limitations to controversies screenings with these tools. Sustainability rating agencies provide extensive information for large stock listed companies, but for smaller companies the content is limited or there is no score at all. Another disadvantage is the reliability of controversies scores. Rating agencies calculate how severe the violation of international norms for a specific company is and give it a score. They do this in various ways and the number of different sources they use to confirm a violation varies. The positive aspect, however, is that they will do it in the same way for all companies, so on a relative scale a score will be ok.

There is a second aspect in which SRI investors have made more progress than banks: best-in-class sustainability investments. Best-in-class investments are investments in sustainability leaders. Sustainability leaders are the companies with the highest (= best) sustainability ratings in their sector (= class). Many commercially available sustainable investment funds use best-in-class methodologies. Traditional SRI funds will only invest in sustainability leaders: they invest in the top 20% of companies with the highest sustainability rating in each sector (the threshold may vary). More mainstream responsible investment funds will only use best-in-class selection for off-benchmark investments and then typically set a 50% threshold. This means that they will invest in the best 50% for a small part of the fund.

The advantages and disadvantages of best-in-class lists are similar as for lists of controversial companies. The main advantage is that a best-in-class list is very clear and time effective for everyone. The main disadvantage is that sustainability ratings have limited materiality: they are not always a good indication of how companies perform in areas that really matter for their sector. All sustainability ratings are based on the same general environmental, social, and governance indicators and a small set of sector specific indicators. The materiality of general indicators is lower than the sector specific ones in the total ratings. For example, if you rate a temporary work agency, carbon emission or water use are less important than social issues. High scores in these areas may however increase the overall rating, but it does not really make the company more sustainable than the peers. The quality of the rating depends on how the weightings of the various indicators are set and on the number and quality of the sector-specific indicators.

5 Case Study Rabobank

Rabobank published its 2020 sustainability ambitions in December 2014.[5] Key points of these new sustainability ambitions are:

---

[5] For the press release see https://www.rabobank.com/en/press/search/2014/20141205-rabobank-working-with-clients-to-raise-the-bar-for-sustainable-development.html (Download 3-6-2015).

Contributing to the society as a whole:

- Rabobank is committed to accelerating the process of making agriculture and the food supply more sustainable.
- Rabobank is committed to strengthening the vitality of communities.

Contributing to the success of clients:

- Rabobank proactively supports sustainability leaders by prioritizing their access to finance and by doubling the scope of the services provided to them.
- Rabobank aims to connect its own financial services, knowledge, and networks in the field of sustainability with clients' ambitions. The bank is initiating numerous concrete activities in this respect, such as a sustainable "client photo" for companies in order to realize the ambitions.

Sustainability is embedded in a structural and constructive manner in Rabobank's relationship management and seen as a strategic topic to discuss with clients. Rabobank has both policies that function as a minimum level of requirements as well as developed suitable products and services to match clients' sustainability demands.

Both Norms- and Value-based Policies and Supply Chain Policies

Rabobank has introduced both theme and supply chain policies with regard to sustainability, besides endorsing various international standards such as UN Global Compact and UNEP FI. The theme policies are norms- and value-based policies and focus on issues such as animal welfare, the armaments industry, and human rights. The supply chain policies reflect Rabobank's position in chains and sectors, including for instance cocoa, coffee, and palm oil. Many of these policies have a direct link to the food and agri-sector, in which Rabobank considers itself a leading financial player.

Sustainability Photo of Business Clients

Since 2004, it is obligatory in the credit processes within Rabobank to apply sustainability criteria for business clients. In the past, this was mainly an internal analysis to determine whether the sustainability performance of a client was acceptable for the bank (reputation and credit risk perspective). Rabobank uses the sustainability photo to initialize dialogue with clients and advise them on the degree to which their company is either in the lead or lagging behind in terms of sustainability; use this strategic knowledge to support and thereby encourage businesses to improve their sustainability performance each year. In practice, this also means that there are clients that do not fulfill the bank's sustainability policy. In such cases, actively engaging through an agreed improvement scheme will be part of the client process. Rabobank will be transparent about the percentage of loans that temporarily does not fulfill the bank's sustainability policy, what is being done to correct this, and how the percentage is changing.

Training, Education, and the Ethics Committee

Training and education regarding sustainability are essential and key to group-wide implementation of Rabobank's objectives on sustainability. Clients have to comply with these policies, and we actively train account management in order to enable them to discuss these. Workshops have been developed whereby client-facing colleagues are educated both on their knowledge of sustainably themes that are relevant for clients as well as training competences: How do I discuss sustainability in an open and constructive dialogue? Both elements are regarded as relevant, and they are in fact highly complementary to each other. Furthermore, sustainability has been incorporated into a wide range of Rabobank's (credit) training and education programs ensuring coverage of the theme across client-facing departments. The Rabobank ethics committee, headed by the CEO, gathers every 8 weeks to discuss ethical dilemmas brought forward by Rabobank staff. The committee has an advisory role.

Products and Services

In recent years, it has become increasingly clear that sustainability as a strategic, continuity-related theme offers commercial opportunities. Clients want to differentiate themselves based on sustainability, thereby meeting modern consumer demand, both in business-to-business (B2B) and business-to-consumer (B2C) markets. Rabobank wants to facilitate these clients by offering sustainable products and services. These can vary from green bonds and green loans in the wholesale market to fiscally attractive green loans in the Dutch SME market (for green projects such as sustainable greenhouses). Rabobank also introduced a Socially Responsible Deposit that links savers and investors on one side of the balance sheet to innovative and sustainable businesses on the other side of the balance sheet.

Financing Sustainability Leaders

The strategy includes an important innovation: sustainability leaders will be given priority with respect to financing. Rabobank will double the scale of services that the bank provides them with.

- Rabobank uses the internal customer photo to identify sustainability leaders.
- Rabobank offers attractive lending conditions to clients who are sustainability leaders according to the Dutch fiscally stimulated green finance scheme. These clients get around 0.9% interest rate deduction. This green lending program is funded via a fiscally attractive green saving scheme.
- Clients who are identified as more sustainable according to criteria set by external parties will receive special conditions if attractive funding is available. This will probably be without fiscal stimulus, so with a lower interest rate deduction. Examples are companies with selected ELIS (Environmental Labeling and Information Schemes, such as eco and fair trade certifications) or members of sustainable sector initiatives.[6] Local relationship managers of Rabobank can see in their client relationship management systems which clients have external sustainable leadership characteristics.

Rabobank's new sustainability ambitions are simple to understand for clients and staff, concrete and executable, and verifiable for our auditors. The key advantage of this strategy is that the implementation of simple sustainability criteria is also applicable.

Summary Case Study Rabobank

With products and services, the integration of sustainability in the banking process has come full circle. Policies, products, and client engagement form solid pillars for this core value of Rabobank. The approach develops from the ambition to avoid financing unsustainable controversial laggards only to a more holistic one. In this approach, the existing efforts are combined with the ambition to contribute to the business success of clients with the sustainability knowledge, advice, network, and tailor-made products and services of the bank.

6 Changing Paradigms: From Self-Interest to Social Contracts

We started this chapter with the observation that a new era of corporate social responsibility has just begun. Is this also the case in the banking industry? Yes—since the financial crisis in 2008 banks are heavily criticized and forced to rethink their role in society and the way they do business. It is inappropriate for banks to judge the ethical behavior of clients in order to protect the bank's reputation and credit risk, since banks were severely criticized by the general public and NGOs.

Banks will have to move away from sustainability strategies that are only based on self-interest. There is a strong parallel with the development of moral thinking in individuals as

---

[6] Gruère (2013) Table 1 "Categories of institutional actors acting around ELIS users and suppliers." This OECD publication offers an overview of inventorying organizations.

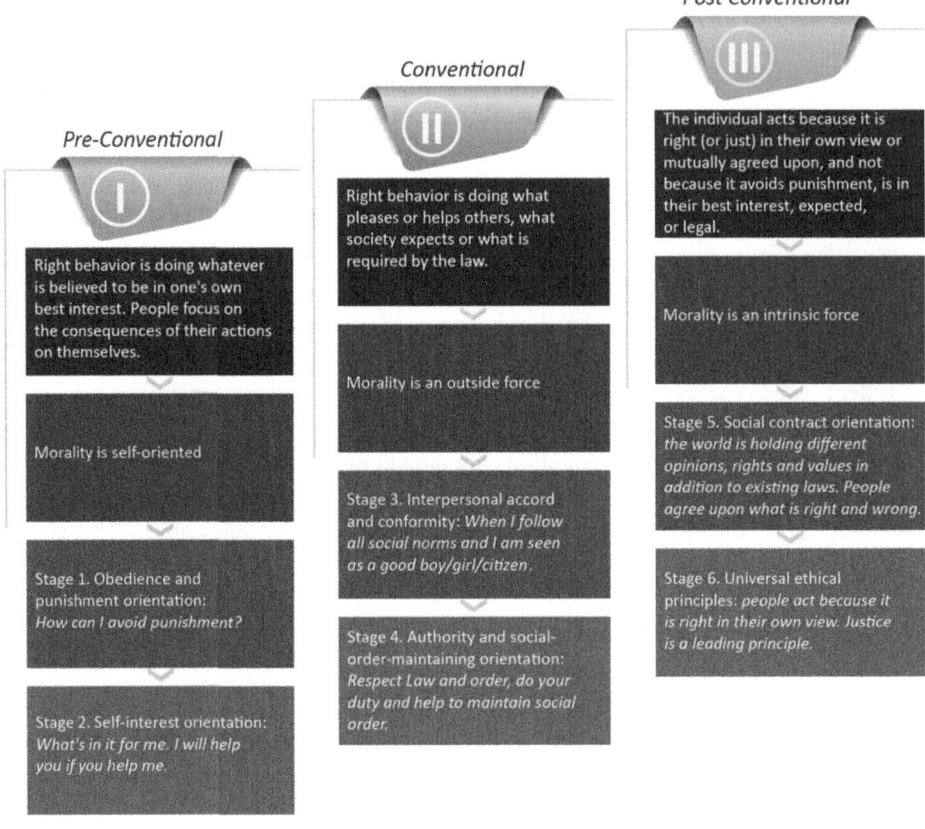

Fig. 6 Three levels and six stages of moral development by Lawrence Kohlberg

described by Lawrence Kohlberg[7] and summarized in Fig. 6. Kohlberg's theory describes how people develop moral thinking in three levels with two stages each. The first level is driven by self-interest. Right behavior is doing whatever is believed to be in one's own best interest. Children are at this level: they focus on the consequences of their actions on themselves. The second level is to respect the law, rules, and regulations. Morality is an outside force. Right behavior is doing what pleases or helps others or what society expects. The third level is when persons or certain communities have developed their own moral standards in addition to existing laws, rules and regulations. Morality is not only an outside force but also an intrinsic force. According to Kohlberg, people cannot skip stages, and most people will not reach the sixth stage. A similar model of sustainability-attitudes was developed at Tilburg University using five distinct attitude levels, which are based on a staged approach of increasing inclusiveness and moral depth.[8]

---

[7] Kohlberg (1981).
[8] Zoeteman (2013).

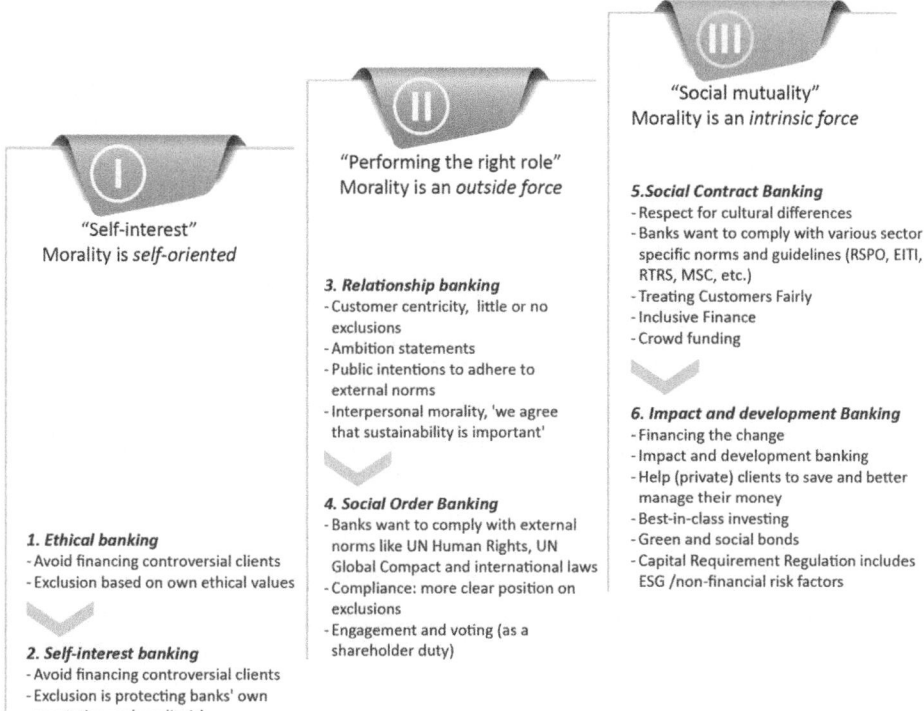

Fig. 7 Three levels and six stages of moral thinking in the banking industry

The development of moral thinking (sustainability) in banks goes through the same three levels and stages (Fig. 7).

At level I, banks have a self-oriented approach to sustainability based on traditional ethical values. Banks want to avoid things that will hurt their business or reputation. There is no reference to external social or environmental norms yet.

Level I starts with traditional ethical banking (stage 1), which has historic roots in religious practices and virtues not to be involved in "sins" such as alcohol, tobacco, sex, or weapons, as mentioned previously. The decision-makers want to comply with their own core values and avoid bad investments in companies that produce "evil" products, for example, because they fear God's last judgment. Self-interest banking (stage 2) is also based on traditional moral values but more driven by the protection of the reputation and the credit risk of the bank. Banks have value-based exclusion lists.

At Level II, banks want to comply with external social and environmental standards, such as the UN human rights, the UN Global Compact social and environmental principles, and the OECD Guidelines for multinationals. These norms are the outcome of many civil or social rights and apartheid campaigns, environmental campaigns against severe pollution, oil spills, and nuclear power. Self-interest and self-orientation are replaced by mutual interest, and morality has become an outside force. Banks focus on establishing good and respectful relationships with clients and regulators. Performing the right role is important here, as well as maintaining social order. Banks want to behave well, which is supposed to be in everyone's best interest.

Level II starts with relationship banking (stage 3). At this stage, banks put client demand first (client centricity). Self-oriented approaches are left behind. Ambition statements are developed. Banks are expected to play the right role in society and want to fulfill this expectation: be a "good boy" or "good girl". Sustainability policies are public intentions to adhere to external laws and international social and environmental conventions as mentioned above. Relationship managers and clients may tell each other how important these conventions are and will mutually and interpersonally agree to comply with them. Morality is very interpersonal and intentional. Exclusion is unthinkable. It is enough to have policies and to show the right intentions, implementation is less important.

In social order banking (stage 4), banks go a step further. Morality is still an outside force and banks want to comply with external laws, regulations, and the social and environmental norms that they have said to adhere to in stage 3. Stage 4 is an era of self-regulation. The fact that morality is an outside force means that banks want to comply with norms like the UN Declaration of Human Rights and the UN Global Compact that were developed outside the banking industry (external). These norms are universal, absolute, written in stone. At stage 4, tools to implement the norms become available. Some banks use these and claim to have norms-based exclusion lists. It marks the start of norms-based thinking.

At Level III, the absolute and universal norms of level II will be replaced by relative, more context-dependent norms. Banks realize that different communities and sectors have different values and (certainly different) norms, and that different sectors have different sustainability challenges.

Level III starts with Social Contract Banking (stage 5). Banks participate in and initiate roundtables, and their sustainability policies refer to certification schemes and sustainability initiatives within specific sectors. Think of the roundtables for sustainable palm oil (RSPO), responsible soy (RTRS), and the extractive industries transparency initiative (EITI). Many branch organizations (members are clients of banks) develop their own fair or environmental guidelines and product or process certifications. All such initiatives are social contracts between parties who together define new and more flexible and more practical norms and values. These systems apply absolute human rights and environmental norms in a way that is workable within the sector, and also banks see that these approaches work. Sophisticated sustainability policies of banks adhere to guidelines developed by the various (sensitive) sectors. Banks use the norms developed by the sustainability leaders among their clients as a general guideline and want other clients in these sectors to comply with these same norms.

There is one very special aspect of banks at stage 5 that we also must discuss here. The banking sector on its own also developed social contracts with clients at this stage. These contracts are about the way banks provide financial services.

Before moving to stage 6, we will first describe these "fair trade" social contracts of level 5 in a separate section.

7 Changing Paradigms: Banking As Fair Trade

Because banks are financial service providers, material corporate social responsibility for banks is how to serve clients responsibly, better known as treating customers fairly (TCF). TCF is a social contract with a promise to provide fair services to consumers and companies. Banking at stage 5 could also be seen as "fair trade" banking: a typical sustainability concept. It must be noted, however, that many banks were forced to report on fairness aspects of their services by supervisors, so TCF also has characteristics of an "outside force", as we have seen at level 4 of the moral development of banks. There are two other topics very much related to TCF that are also very well known in the field of sustainability. The first topic is inclusive finance; the second one is to stand by clients in financial trouble. We will describe the themes in the following sections. See Fig. 8.

7.1 Treating Customers Fairly (TCF)

TCF is often confused with customer focus or client centricity, but is in fact not a commercial but a social contract or fairness concept. TCF means putting a client's interest first, while client centricity means putting a client's demand first. In practice, TCF means that each product a bank sells to a client must be in the best interest of that client, otherwise it would be wrong to sell it, even if the client wants it. The client's profile must be filed and

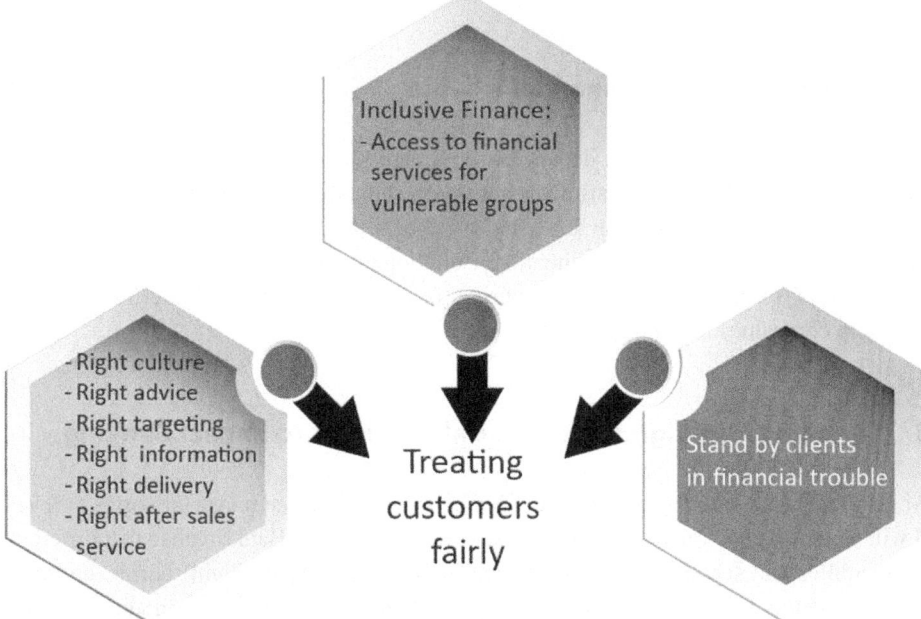

Fig. 8 Treating customers fairly (TCF) and inclusive finance

monitored during the lifetime of the product–client relationship, the price for the services offered must be fair and transparent, and handling of complaints must be proper. Next to that, product information must be simple and match or improve the financial literacy of clients. The interest of the bank (income, fees, and commissions) may never prevail over the interest of the client. It is the responsibility of the bank to not provide services via sales processes that do not meet TCF criteria.

7.2 Inclusive Finance and Crowd Funding

Inclusive finance (or access to finance) is the provision of financial services to vulnerable clients such as homeless, blind, or elderly, first-time home buyers or startup companies and of course microfinance. Access to finance is also keeping distribution channels open in remote, poor, or low population areas.

Some banks have sustainability strategies that are focusing on financing SME's in deprived areas, like Lloyds banking group with the "Helping Britain Prosper" program or the Spanish development bank ICO that raised 1 billion € for this purpose via a social bond in 2015.

Access to finance is not only relevant for obviously vulnerable groups but also of increasing importance for normal SME companies. If banks fail to provide access to finance in certain sectors or regions, *crowd funding platforms* fill in these unfulfilled needs, connecting lenders to borrowers, even in the cloud. Access to finance needs great care. Increased access to finance easily leads to over-indebtedness.

7.3 Stand by Clients in Financial Trouble

Special Asset Management is a department in a bank that deals with clients in financial trouble. Traditionally, these departments must protect the financial interest of the bank, but they increasingly choose to help and stand by clients in financial trouble in order to get them back into a healthy financial situation. Common instruments are forgiveness of interest payments (forbearance), debt restructuring (or even debt relief), and interim managers who help companies to manage the problems.

8 Changing Paradigms: From Social Contracts to Impact Banking

At Level III of the moral development of banks, the absolute and universal norms of level II will be replaced by relative, more context-dependent norms. Banks realize that different communities and sectors have different values and (certainly different) norms, and that different sectors have different sustainability challenges. As we have seen above, banks participate in and initiate roundtables, and their sustainability policies refer to certification

> **Green sustainability leaders - companies with positive environmental impact**
>
> - Companies with certain environmental sustainability certificates (so called ELIS, for example Organic food labels, Green Key, FSC, MSC)
> - Companies that take part in sector specific sustainability initiatives
> - Environment- and clean technology companies
> - Wind-, sun-, certain biomass, and energy efficiency projects
> - Sustainable buildings and other objects
> - Companies with high sustainability ratings from rating agencies (high environmental performance)

> **Social sustainability leaders - companies with positive social impact**
>
> - Companies with certain social/fair trade sustainability certificates (so called ELIS, for example Fair Trade Max Havelaar, Fair Wear, Made By)
> - Social entrepreneurs and Public Benefit Corporations who perform public tasks (sometimes referred to as B-corps)
> - Education and research institutions
> - Social care (such as home care, care for the disabled, youth care, elderly care, child care and care for the blind)
> - Sociocultural companies and institutions (such as museums, theatres, libraries, sport and art)
> - Companies with high sustainability ratings from rating agencies (high social performance)

Fig. 9 For impact banking it is important to identify clients who are sustainability leaders that drive the change in society because they potentially have positive social impact

schemes and sustainability initiatives within specific sectors. These sector guidelines apply absolute human rights and environmental norms in a way that is workable within the sector, and also banks see that these approaches work. Banks use the norms developed by the sustainability leaders among their clients as a general guideline and want other clients in these sectors to comply with these same norms.

Stage 6 in the moral development of banks is impact and development banking. At this stage, banks play a responsible role and help create a just, fair, and ecological society. At stage 6, justice, fairness, and life are more important values than laws and regulations which were more central in previous stages. Banks will finance positive change in the real economy, and help develop society in a positive manner. Ideally, the bank has also an impact banking strategy that describes what kind of impact is aimed at or in which sectors. For a specific example of potential ecological impact see the text box on "financing the bio-based economy".

Because banks shift from a negative approach to a positive, impact and development-oriented approach, it is important to identify clients who are sustainability leaders that drive the change in society (Fig. 9). Banks may but do not have to develop this knowledge internally, many external characteristics determine who are sustainability leaders.

Examples of sustainability leaders are companies with sustainability certifications (or ELIS, environmental labelling and information schemes, see footnote 6) and participants of sustainability initiatives and roundtables such as RSPO. These organizations have set the new practical, applied norms for sustainable business in stage 5. Other examples are companies that are active in intrinsically responsible sectors. These can be identified via North American Industry Classification System (NAICS) or chamber of commerce industry codes. Finally, examples are stock listed companies with very high sustainability ratings.[9] The claim will not be that sustainability leaders are 100% sustainable but that they are leaders in their sector and that the criteria are a good proxy for this. Some fair- and eco-certifications are, for example, not 100% perfect, but the companies that have them drive sustainable change and create awareness in the world. One can see it as a proxy because certification schemes have limitations too.[10]

Only a few banks will be able to reach this level in their mainstream activities. In other banks it will be a small part of the strategy of the bank as a whole. Banks will be transparent about how many sustainability leaders they finance and what the potential impact is.

Only if the Capital Requirement Regulation (CRR) and Capital Requirement Directive (CRD, Basel) for banks would include long term *positive* environmental and social impacts on society this sixth stage would become mainstream. Debates in this field have always focused on companies with *negative* impacts on society—without success. If the capital requirements for financing sustainability leaders, sustainable objects, and projects would be lower than for other loans, this would trigger all banks to prioritize sustainability, simply because it would cost more to provide loans to non-sustainable clients. The criteria for sustainability leaders must be simple, understandable, and auditable as described in Fig. 9.

> **An Example of Impact Banking: Financing the Bio-based Economy**
>
> An example of an impact banking strategy could be to pro-actively finance all companies that are active in the bio-based economy.
>
> The scope can include the entire supply chain, including farms and sugar companies that produce raw cellulose-rich materials such as certain plant and by-products of crops.
>
> A number of companies produce low amounts of high value-added end products like bio-plastics, food additives, or pharmaceuticals.
>
> Low value-added end products like biofuels will only be produced in high quantities when there are no high value options and when they can be produced at very low cost (this could be the case for biofuels made from plant oils from oil rich algae).

---

[9] Banks that use services from Sustainability Rating agencies can easily identify these via best-in-class selection, see Fig. 4.
[10] Steering Committee of the State-of-Knowledge Assessment of Standards and Certification (2012).

At stage 6, banks must still avoid negative impacts and violations of social and environmental norms, certain values, and of course the law. There is a difference however with the past. In a world of social contracts, it is a shared responsibility of banks and companies and their sectors to comply, and banks will at best be able to help or encourage clients to be transparent, to disclose, and to be compliant. Our society expects from all companies to be more transparent and to disclose environmental, social, and governance (ESG) information, and when these companies do not disclose, banks can use various commercial screening and rating tools as described.

9 Conclusion—Key Ingredients of Future Sustainability Strategies of Banks

We started this chapter with the observation that we live in an era of social responsibility and transparency. Companies have started to incorporate sustainability in their core business strategies. Almost every company has green and fair products or production processes. We also live in a world that is becoming more transparent. Companies develop new metrics and indicators, disclose more material information than in the past, in externally audited sustainability reports or statements. Higher management of companies is held accountable by clients, shareholders, or other stakeholders such as banks, if the company fails to produce sustainable in general or in case they are not able to fulfill their green and fair product claims.

How will the banking industry play a role in this new era of social responsibility and transparency and how will future sustainability strategies of banks look? Previously we have seen that the moral development of a bank passes through various levels.

At level I, banks have traditional moral values and the policy is to avoid controversial companies. This is driven by the protection of the reputation and the credit risk of the bank.

At level II, the self-orientation is replaced by an outside orientation. Banks want to comply with external norms and values and want to be good citizens.

At Level III, the absolute and universal norms of level II will be replaced by relative, more context-dependent norms. At this level, banks realize that different communities and sectors have different values and (certainly different) norms, and that different sectors have different sustainability challenges. Banks participate in and initiate roundtables, and their sustainability policies refer to certification schemes and sustainability initiatives within specific sectors. These sector guidelines apply absolute human rights and environmental norms in a way that is workable within the sector, and also banks see that these approaches work. Banks use the norms developed by the sustainability leaders among their clients as a general guideline and want other clients in these sectors to comply with these same norms.

Finally, banks focus on financing change. Sustainability policies of banks shift from a focus on controversial companies to a focus on sustainability leaders who drive the change. Banks have to play their intermediary role as financial service providers in a new way and will be financing sustainable development in the real economy.

How do these sustainability strategies of banks look in practice? The table below shows the key ingredients of future sustainability strategies of banks. Commercial banks are organizations with many different product and service offerings. A bank lending transaction can, for example, be a public market bond, a syndicated loan, or bilateral wholesale or retail lending. Also the treasury is part of the bank. Green and social bonds can be used to explicitly fund projects of clients and loans of the bank and create transparency. The table is not exhaustive but shows the direction.

Which part of the bank?	Key ingredients of future sustainability strategies of banks
Treasury	Green and social bonds are used to explicitly fund sustainability projects of clients and loans of the bank
	Disclosure about sustainability impact of the savings of clients and the capital of shareholders and bondholders
Retail banking, private lending	Special conditions for green housing and home refurbishing
	Banks must move in the lives of customers, play a greater role, and help them to save and better manage their money. Fierce competition in payment services from non-banks already force banks to do this in financial logistics. Busch and Moreno (2014)
	Treating customers fairly (TCF)
Retail banking, small business lending	SME client is required to disclose basic ESG information, online sustainability self-assessment without advisor
	Positive impact via pro-active selection of sustainability leaders
	Norms- and value-based exclusions (data from rating agencies)
	Treating customers fairly (TCF)
Project finance	Green project bonds and green asset backed securities
	Equator principles
Wholesale banking, corporate lending	Commercially available sustainability assessment/rating tools are used to identify controversial companies and sustainability leaders
	Banks encourage all wholesale clients to voluntary comply with EU sustainability disclosure directive of April 15, 2014
	Positive impact via Supply Chain Finance to support smallholders in developing countries (lower borrowing costs)
	Norms- and value-based exclusions (data from rating agencies)
Investment banking	Issuers disclose basic ESG information in public offering documentation, SRI ratings, SRI road shows and research
	Positive impact via green and social bond origination and other instruments guided by Green Bond Principles
	M&A advisory on sustainability risks and opportunities for acquisition targets
	Norms and value-based exclusions applied in market making and trading (data from rating agencies)

Which part of the bank?	Key ingredients of future sustainability strategies of banks
Wealth management and private banking (WMPB)	SRI is standard for all new WMPB offerings. WMPB implements exclusion criteria and best-in-class SRI ratings in ordering systems
	Positive impact via impact investment product offering (niche)
	Charity management
Investment management	Conversion of existing funds into SRI funds (data from rating agencies)
	Positive impact via impact investing in green and social bonds, private equity, seed capital, and public benefit corporations
	Active ownership of shareholders (also vertical in the supply chain): voting and engagement
	Post-investment ESG disclosure and impact assessment

10 How to Achieve Sustainable Banking?

It sounds weird. We live in an era of responsibility and transparency, and yet we are asking the question: How can we achieve sustainable banking?

There are different ethical behavior theories describing why people do the right things. For any sustainability strategy it is important to understand these behavioral drivers. Different investment and credit officers and relationship managers will have different reasons to do the right things. For example, because they do not want to be a bad person (virtue ethics), because it is against internal or external principles, duties or policies (deontological ethics), because it is against basic international conventions such as the Universal Declaration of Human Rights (rights ethics), because it leads to bad consequences for the world as a whole (utilitarian ethics), or because it is unfair (justice ethics).

For a successful sustainability strategy it is important to connect at this deeper level. People who see it as their duty to follow the rules need a very clear policy. If the policy is vague and the rules are unclear, they cannot and do not want to use it. People who want to be a good person flourish in a corporate culture that encourages social responsibility and will not want to compromise their personal accountability or blameworthiness. For each business line, the way to proactively identify and service sustainability leaders is different. Also the leverage to identify and exert influence on controversial clients is different for each business line. Implementations fail when instruments do not match with the business and do not support the beliefs of people who must use them.

Advanced sustainable banks will finance positive change in society. Banks have a moral responsibility for what they do with the savings of their clients and the capital of their shareholders and bondholders. Capital employed is expected to create both positive financial returns in the real economy and social returns in society as a whole. Banks must become more aware of and more transparent about this, and learn how to finance change.

Also as financial service providers banks need to change. Banks need social contracts with clients about the way banks provide financial services: treating customers fairly and inclusive finance. This is everything but an easy part of the paradigm shift for banks. Scandals, claims, fines, and complaints keep bankers from sleeping well at night. The financial crisis of the past years is partly related to the failure of financial institutions to put client interest (and not only client demand) first.

The "implementation" or "internalizing" of sustainability, treating customers fairly, and inclusive finance have many similarities. The most important one is perhaps that both need the right corporate culture: a culture of being responsible.

References

Busch W, Moreno P (20 February 2014) Banks new competitors: Starbucks, Google and Alibaba. Harv Bus Rev

Gruère G (2013) A characterisation of environmental labelling and information schemes. OECD Environment Working Papers, No. 62, OECD Publishing. http://dx.doi.org/10.1787/5k3z11hpdgq2-en. Accessed 3 June 2015

Kohlberg L (1981) Essays on moral development, Vol I: the philosophy of moral development. Harper & Row, San Francisco

Steering Committee of the State-of-Knowledge Assessment of Standards and Certification (2012) Toward sustainability: the roles and limitations of certification. (Executive summary). RESOLVE, Inc., Washington, DC

Zoeteman BCJ (2013) What is behind the leadership shift in sustainable development from politicians to CEOs? Environ Dev 8:113–130. http://www.researchgate.net/researcher/2065761985_Bastiaan_CJ_Zoeteman. Accessed Oct 2013

Hans Biemans MSc MiF (1966) is head of sustainability, Rabobank Markets. Biemans has been working at Rabobank since 2002 and has integrated sustainability in the mainstream business of the group (capital markets, retail and wholesale finance, private banking, private equity, leasing, and real estate). Furthermore, he explored business development opportunities in areas such as renewable energy, bioeconomy, green building, climate change, and brownfield remediation. Biemans holds a Master in Molecular Sciences from Wageningen Agricultural University as well as a Master in Financial Economics from Tilburg University (Tias), and studied Ethics at Utrecht University, The Netherlands. Until 2002, Biemans was vice president of the structured reinsurance department at Eureko Reinsurance and sales manager for Interpolis (Achmea Group) corporate clients.

Teil VIII
Praktisch nachhaltig – Case Studies

Negative Screening und Exklusionsprozesse im Rahmen von Socially Responsible Investing: Der norwegische Pensionsfonds GPFG als Fallstudie

Marie Czuray, Stéphane Gartner und Markus Scholz

Zusammenfassung

Der staatliche Pensionsfonds des Königreichs Norwegen (GPFG) zählt zu den weltweit größten seiner Art. Zur Bestimmung seiner Anlagepolitik verfügt GPFG über sogenannte „Ethische Richtlinien", deren Einhaltung von einem Ethikrat überwacht wird.

Dieser Artikel gibt Auskunft über die historische Entwicklung und den Inhalt der Ethischen Richtlinien, über die Funktionsweise des Ethikrates und über entsprechende Exklusionsverfahren von ungeeigneten Investitionspartnern. Das Exklusionsverfahren wird am Beispiel von zwei Unternehmen illustriert.

1 Einleitung: GPFG als Beispiel für Exklusionsprozesse

Der staatliche Pensionsfonds des Königreichs Norwegen (Government Pension Fund Global, im Folgenden GPFG) ist mit einem Marktwert von rund 618 Mrd. € einer der weltweit größten seiner Art (Ministry of Finance 2014a). Das Ziel des Fonds besteht darin, bei einem moderaten Risiko Gewinne aus dem nationalen Erdölsektor langfristig zu maximieren und sicherzustellen, dass sowohl heutige als auch künftige Generationen davon profitieren. Um eine entsprechende Verwendung des Finanzvermögens des Fonds zu sichern, wurden 2002 Verpflichtungen, Geltungsbereiche und Prioritäten von GPFG formuliert. Diese sogenannten „Ethischen Richtlinien" (Ethical Guidelines) definieren

---

M. Czuray (✉) · S. Gartner · M. Scholz
FHWien der WKW, Währinger Gürtel 97, 1180 Wien, Österreich
E-Mail: cgbe@fh-wien.ac.at

© Springer-Verlag Berlin Heidelberg 2016
H. E. Kopp (Hrsg.), *CSR und Finanzratings,* Management-Reihe Corporate Social Responsibility, DOI 10.1007/978-3-662-47461-7_24

die Anlagepolitik von GPFG. So werden beispielsweise Unternehmen, die gegen die in den Ethischen Richtlinien definierten Kriterien verstoßen, aus dem Beteiligungsportfolio ausgeschlossen (wie etwa EADS Co., British American Tobacco Plc., Wal-Mart Stores Inc.). Um entsprechende Verstöße identifizieren zu können, verfügt GPFG über einen Ethikrat. Dieser gibt Empfehlungen an das norwegische Finanzministerium, das letztendlich über die Exklusion von Unternehmen aus dem GPFG-Anlageportfolio entscheidet.

In diesem Artikel werden das Untersuchungsverfahren zur Identifizierung von ungeeigneten Investitionspartnern und der Entscheidungsprozess zur Exklusion von Unternehmen analysiert. Zu diesem Zweck werden zunächst der historische Hintergrund von GPFG, seine Aufgaben und die Motive für die Entwicklung von ethischen Leitlinien vorgestellt. Eine Beschreibung des Ethikrats und der Ethischen Richtlinien sind Ausgangsbasis für eine Darstellung des Exklusionsverfahrens am Beispiel der Unternehmen Afrika Israel Investment und Danya Cebus Ltd. Diese beiden Unternehmen sind die ersten, die aufgrund von schweren Verletzungen der Rechte von Individuen in Kriegs- oder Konfliktsituationen aus dem Anlageportfolio von GPFG ausgeschlossen wurden. Das Beispiel wurde ausgewählt, da es sich hierbei um einen Präzedenzfall handelt, zu dem umfangreiches Datenmaterial vorhanden ist.

2 Der norwegische Pensionsfonds GPFG

2.1 Was ist der Auftrag von GPFG?

GPFG wurde 1990 gegründet; der Fonds verwaltet, ähnlich wie ein Einlagenkonto an der norwegischen Zentralbank (Norges Bank), Norwegens überschüssiges Einkommen aus dem Abbau von Rohöl. Als staatlicher Pensionsfonds sind die primären Aufgaben von GPFG die Steigerung des norwegischen Staatsvermögens und somit die Sicherung des Wohlstandes für zukünftige Generationen. Zu diesem Zweck investiert GPFG die aus dem Erdölabbau resultierenden Gewinne in ein breites Anlagenportfolio. Durch diese Investitionen wurde eine permanente Einnahmequelle geschaffen, die auch dann noch Überschüsse erzielen wird, wenn Norwegens Erdölvorkommen versiegen. Ohne entsprechende Investitionen würde der Ölreichtum von jener Generation verbraucht werden, die auch die Gewinnung erlebt. Gleichzeitig wird auf diese Weise eine Überhitzung der norwegischen Wirtschaft verhindert und eine Stabilisierung der norwegischen Währung erreicht. Bei der Erfüllung der oben genannten Aufgaben ist GPFG dazu angehalten, die Integration von Corporate-Governance-Anforderungen, von Umwelt- und sozialen Fragen im Einklang mit international anerkannten Grundsätzen sicherzustellen (Strategy Council 2013).

GPFG investiert in Aktien, Anleihen und Immobilien. Der Fonds ist nicht befugt, mehr als zehn Prozent der Anteile eines Unternehmens zu halten, und ist dazu verpflichtet, im Ausland zu investieren. GPFG verzeichnete im letzten Jahrzehnt eine durchschnittliche

Rendite von 6,9 % auf seine Investitionen, 2013 lag diese bei 15,9 % (Reed 2014). Das norwegische Finanzministerium geht davon aus, dass der Fonds bis 2030 weiter wächst und sein Umfang bis dahin 240 % des aktuellen norwegischen BIP betragen wird (Ministry of Finance 2014b). Aufgrund der Erschöpfung von Norwegens natürlichen Rohstoffvorkommen und des Rückgangs der Öl- und Gasförderung wird der Fonds voraussichtlich ab 2030 schrumpfen.

2.2 Warum entwickelte GPFG die Ethischen Richtlinien?

Im Jahr 2002 musste GPFG klären, ob durch die Investition in das Unternehmen Singapore Technologies Engineering die Verpflichtungen Norwegens zur Einhaltung der Ottawa-Konvention zum Verbot von Antipersonenminen verletzt wurden. Zu diesem Anlass beschloss die norwegische Regierung, Leitprinzipien für die Investitionstätigkeiten des Fonds zu definieren (Chesterman 2008). Die Regierung beauftragte den Graver Sachverständigenausschuss damit, Leitlinien zu erarbeiten, welche die ordnungsgemäße Verwendung des Finanzvermögens des Fonds sichern sollen. In diesem Bericht sind Verpflichtungen, Geltungsbereiche und Prioritäten von GPFG erläutert (Graver Committee 2003). Der Ausschuss kam darin überein, die Ethischen Richtlinien nicht auf konkrete politische Überlegungen auszurichten, da diese mit der beständigen Unterstützung der Öffentlichkeit in Norwegens pluralistischer Gesellschaft in Konflikt stehen könnten. Stattdessen wählte der Ausschuss als Ausgangspunkt Prinzipien der hereditären Rechte und Pflichten sowie das Konzept des Konsenses über allgemeine Grundsätze. Des Weiteren konzentrierte man sich auf die Identifizierung von Werten und normativen Merkmalen der norwegischen Außenpolitik. Eine deontologische Perspektive, die den Schwerpunkt auf Vermeidung von Pflichtverletzungen und Komplizenschaft setzt, wird gegenüber einer teleologischen oder utilitaristischen[1] Doktrin bevorzugt.

Der Graver Ausschuss empfahl, den GPFG-Fonds nicht als politisches Instrument zu nutzen, um norwegische Interessen durchzusetzen. Es sollte lediglich sichergestellt werden, dass GPFG die Komplizenschaft in unethischen Aktivitäten vermeidet. Die Grundlagen für die Ethischen Richtlinien sind die norwegische Verfassung und internationale Konventionen wie der UN Global Compact, die dreiteilige ILO-Grundsatzerklärung multinationaler Unternehmen, die OECD-Leitsätze für multinationale Unternehmen und die Genfer Konventionen. Die Gemeinsamkeiten der Dokumente wurden zur Definition der Ethischen Richtlinien von GPFG herangezogen (Graver Committee 2003).

Der Besitz von Anleihen oder Aktien von Unternehmen, die für unethisches Handeln verantwortlich sind, kann nach Einschätzung des Graver Ausschusses als indirekte

---

[1] Eine teleologische oder utilitaristische Perspektive würde bedeuten, dass der Fonds verwendet wird, um Investitionen zu fördern, die vorteilhafte Konsequenzen versprechen oder sogar vermeintliche Ungerechtigkeiten korrigieren.

Komplizenschaft gewertet werden. Um zu klären, welche Unternehmen ein Risiko darstellen, wurde auf Empfehlung des Ausschusses ein Ethikrat (im Folgenden „Rat" genannt) aufgestellt. Der Rat ist damit beauftragt, das GPFG-Anlageportfolio regelmäßig zu überprüfen und Empfehlungen zum Rückzug von Investitionen auszusprechen (im Folgenden „Negative Screening"). Entsprechende Kriterien wurden in den Ethischen Richtlinien festgelegt, die zum ersten Mal im Dezember 2005 vom norwegischen Finanzministerium gemäß dem Government Pension Fund Act (Gesetz Nr. 12) angenommen wurden (NBIM 2013). Die 2010 überarbeiteten Ethischen Richtlinien des Fonds waren wiederum 2014 Gegenstand einer Revision[2] und werden im nächsten Abschnitt erläutert.

2.3 Was sind die Kriterien der Ethischen Richtlinien?

Derzeit sind 63 Unternehmen auf Empfehlung des Rates vom Anlageportfolio des GPFG ausgeschlossen: 40 Firmen aufgrund von produktbezogenen und 23 aufgrund von verhaltensbezogenen Kriterien (Ministry of Finance 2014c). GPFG formulierte in den Ethischen Richtlinien die folgenden Kriterien, welche im Rahmen von Negative Screenings zur Exklusion der entsprechenden Unternehmen führen[3]:

2.1 (a) Herstellung von Waffen, die durch ihren normalen Gebrauch humanitäre Grundsätze verletzen (Antipersonenminen, Streumunition, Atomwaffen etc.),
2.1 (b) Verkauf von Waffen und Kriegsmaterial an Staaten, die von Anlagebeschränkungen für Staatsanleihen betroffen sind,
2.1 (c) Herstellung von Tabak.

Darüber hinaus wird die Gewinnung von Kohle oder Erdöl als Exklusionsgrund im norwegischen Parlament diskutiert (Ministry of Finance 2014d).

In den Ethischen Richtlinien sind auch verhaltensbezogene Gründe aufgeführt, die zu einer Exklusion und zum Rückzug von Investitionen führen:

2.3 (a) schwerwiegende oder systematische Menschenrechtsverletzungen wie Mord, Folter, Freiheitsberaubung, Zwangsarbeit und Ausbeutung von Kindern,
2.3 (b) schwerwiegende Verletzungen der Rechte von Individuen in Kriegs- oder Konfliktsituationen,
2.3 (c) schwerwiegende Umweltschäden,
2.3 (d) schwerwiegende Korruption,
2.3 (e) andere besonders schwere Verstöße gegen grundlegende ethische Normen.

---

[2] Das Finanzministerium bat Anfang 2013 ein Gremium zu untersuchen, wie die Ressourcen und das Know-how des Ministeriums, des Ethikrats und der Zentralbank am besten genutzt werden können, um die Strategie für verantwortungsvolle Investitionen zu stärken (Ministry of Finance 2014b).

[3] Originalversion der Kriterien der Ethischen Richtlinien: Ministry of Finance 2010a. Ethical Guidelines. Diese wie alle folgenden Übersetzungen durch Marie Czuray.

Punkte 2.3 (a–e) erfordern häufig umfangreiche Ermittlungen, da die Trennlinie zwischen unethischem und akzeptiertem Handeln selten eindeutig auszumachen ist. Deshalb wurden folgende präzisierende Kriterien für den Exklusionsprozess definiert: die Wahrscheinlichkeit zukünftiger Normverletzungen; ihr Ausmaß; die Verbindung zum Unternehmen, in das der Fonds investiert; ob das Unternehmen das Risiko künftiger Normverletzungen innerhalb einer angemessenen Frist reduziert; Richtlinien des Unternehmens zur Sicherung guter Corporate Governance sowie Umwelt- und Sozialstandards; die Anstrengungen des Unternehmens zur Wiedergutmachung für Personen, die durch ihre Aktivitäten Schaden genommen haben (Ministry of Finance 2010a). Um Unternehmen aus dem Anlageportfolio auszuschließen, muss deren aktiver Beitrag oder tatenlose Akzeptanz der Vergehen ersichtlich werden (ebd.).

3 Die Anwendung der Ethischen Richtlinien

3.1 Der Ethikrat

Der Rat wurde 2004 gegründet und besteht aus fünf Mitgliedern, die vom Finanzministerium ernannt werden. Die im Rat tätigen WissenschaftlerInnen und Fachkräfte verfügen über umfassende Erfahrung in den Bereichen Corporate Governance, Sustainability und Corporate Social Responsibility. 2013 wurde der Rat durch ein eigenes Büro mit insgesamt neun Angestellten und durch ein Gesamtbudget von 12,5 Mio. Norwegischen Kronen (circa 1,5 Mio. €) unterstützt (Council on Ethics 2013). Die primären Aufgaben des Rates bestehen in der Entwicklung, Interpretation sowie in der Anwendung der Ethischen Richtlinien und somit in der Überwachung des umfangreichen Investitionsportfolios von GPFG, das 2013 rund 8500 Unternehmen umfasste. Aufgrund von regelmäßigen Negative Screenings oder durch externe Akteure wie NGOs, Medien oder Behörden wird die Aufmerksamkeit des Rats auf potenziell problematisches Verhalten von Unternehmen innerhalb des Anlageportfolios gelenkt. Im Prozess des Negative Screenings setzt der Rat auf die Unterstützung von zwei Beratungsfirmen, die für die tägliche Medienbeobachtung der Unternehmen zuständig sind. Diese erstellen monatlich einen Medienbericht, der etwa 60 bis 70 Fälle abdeckt und von denen im Durchschnitt vier bis fünf Fälle zur näheren Begutachtung ausgewählt werden. Ein Vergleich mit den Kriterien der Ethischen Richtlinien ermöglicht eine Einschätzung, wie bedenklich und systematisch eine vermeintliche Rechtsverletzung ist (Ministry of Finance 2010a). Der Rat ergreift anschließend entweder selbst die Initiative, oder das Finanzministerium bittet ersteren, eine Untersuchung zu starten. Dazu wird eine detaillierte Analyse der Vorwürfe durchgeführt, in welcher unter anderem das Verhalten des entsprechenden Unternehmens mit anderen Akteuren der Branche, beziehungsweise der Region, verglichen und beurteilt wird. Abschließend erteilt der Rat in einem Bericht eine Empfehlung an das norwegische Finanzministerium, welches nach Prüfung der Empfehlung die Norges Bank damit beauftragt, ein oder mehrere Unternehmen aus dem GPFG-Portfolio auszuschließen.

3.2 Die Screening-, Forschungs- und Entscheidungsverfahren im Überblick

Im Folgenden werden das Screening- und Forschungsverfahren des Rates und das Entscheidungsverfahren des Finanzministeriums noch einmal überblicksartig dargestellt:

- Der Rat identifiziert problematische Unternehmen.
- Die Unternehmen werden für eine vorläufige und anschließend für eine detaillierte Begutachtung ausgewählt.
- Die Begutachtungen werden durchgeführt.
- Die Norges Bank kontaktiert die Unternehmen.
- Der Rat tagt in einer Sitzung, in der Ergebnisse der Begutachtungen vorgestellt werden.
- Der Rat erteilt eine Empfehlung an das Finanzministerium.
- Das Finanzministerium fällt eine Entscheidung:
  - Im Falle einer positiven Überprüfung der Empfehlung des Rates wird die Norges Bank Investment Management (NBIM)[4] beauftragt, die Empfehlungen umzusetzen und bestimmte Unternehmen aus dem Anlageportfolio des GPFG auszuschließen.
  - Unternehmen können unter Beobachtung gestellt werden.
  - Ein ausgeschlossenes Unternehmen kann unter bestimmten Umständen wieder aufgenommen werden.

Verschiedene Quellen beschreiben GPFG als eine der transparentesten Einrichtungen ihrer Art (Backer 2009; Chesterman 2008; Clark und Monk 2009; SWFI 2014). Auch das Sovereign Wealth Fund Institute vergab an GPFG die volle Punktezahl für Transparenz. Der Rat veröffentlicht die Bewertung von ausgeschlossenen Unternehmen und die Ergebnisse seiner Tätigkeit in Jahresberichten. Meistens stehen Beschlüsse des Ministeriums im Einklang mit den Empfehlungen des Rates, obwohl diese nicht bindend sind (Chesterman 2008). Darüber hinaus werden Entscheidungen dem norwegischen Parlament zur Prüfung vorgelegt. Abbildung 1 zeigt die Aufgaben- und Rollenverteilung im Exklusionsprozess.

---

[4] NBIM ist ein Teilbereich der norwegischen Zentralbank und mit dem Management von GPFG beauftragt. Es führt auch die Eigentumspolitik durch, die allerdings nicht Gegenstand dieses Artikels ist.

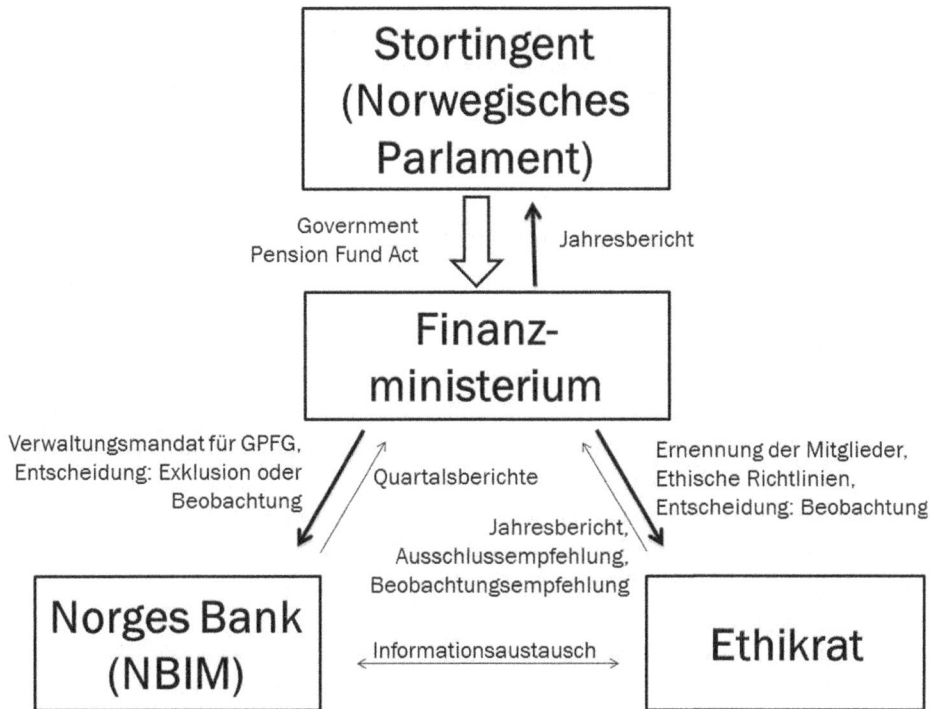

Abb. 1 Rollen und Aufgaben der verschiedenen Akteure im Exklusionsprozess. (In Anlehnung an Strategy Council, Main Report, 2014b)

4 Illustration des Exklusionsverfahrens am Beispiel zweier Unternehmen

4.1 Afrika Israel Investments und deren Tochtergesellschaft Danya Cebus Ltd.

Im Folgenden wird am Beispiel von Afrika Israel Investment und deren Tochtergesellschaft Danya Cebus Ltd. ein Exklusionsprozess illustriert: 2013 empfahl der Rat die Exklusion dieser Unternehmen aufgrund ihrer Beteiligung am Bau von Siedlungen in Ost-Jerusalem (Council on Ethics 2014a). Das norwegische Finanzministerium folgte der Empfehlung und entschied sich 2014 zum Verkauf seiner Anteile. Der Fall war bereits im November 2009 eröffnet worden, als der Rat die Exklusion dieser Unternehmen erstmals empfohlen hatte. Damals beteiligte sich Danya Cebus Ltd. an der Errichtung von israelischen Siedlungen im Westjordanland, dem Gebiet östlich von einer international anerkannten Demarkationslinie zwischen Israel und Palästina, die 1948 errichtet worden war (UN Security Council 1949). Das Westjordanland wird weithin als von Israel besetztes Gebiet angesehen, und die Siedlungspolitik der israelischen Regierung stößt international auf Ablehnung. Das

Unternehmen Africa Israel Investments und deren Tochtergesellschaft Danya Cebus Ltd. wurden aufgrund ihrer Bautätigkeiten aus dem Anlageportfolio ausgeschlossen. Begründet wurde die Exklusion durch das Kriterium 2.3 (b) der Ethischen Richtlinien: „Schwere Verletzungen der Rechte von Individuen in Kriegs- oder Konfliktsituationen".

4.2 Interpretation der Ethischen Richtlinien

Durch die Beurteilung von OCHA (United Nations Office for the Coordination of Humanitarian Affairs) richtete der Rat in diesem Fall sein Augenmerk auf folgende Situation: Israelische Siedlungen und Infrastrukturprojekte verursachen Benachteiligungen für die einheimische palästinensische Bevölkerung. Mehrere hundert Straßensperren, Kontrollpunkte und eine Trennmauer zwischen israelischen und palästinensischen Gemeinden verringern die Bewegungsmöglichkeiten der PalästinenserInnen und behindern deren wirtschaftliche Entwicklung. Ebenso erschwert ein Netzwerk von Straßenbeschränkungen den Zugang zu landwirtschaftlichen Flächen. Infolge des Bevölkerungswachstums seit den 1970er Jahren werden außerdem die Wasserressourcen in den Siedlungen knapper (Council on Ethics 2009; OCHA 2009).

Im Zuge der detaillierten Begutachtung führte der Rat eine eingehende Überprüfung des Kriteriums 2.3 (b) der Ethischen Richtlinien durch: „Schwerwiegende Verletzungen der Rechte von Individuen in Kriegs- oder Konfliktsituationen". Als Referenz dienten die Vorarbeiten zur Definition der Ethischen Richtlinien (Ministry of Finance 2010b). Der gleiche Prozess war bereits 2005 durchgeführt worden[5] im Bezug zu Kriterium 2.3 (a): „Schwerwiegende oder systematische Menschenrechtsverletzungen wie Mord, Folter, Freiheitsberaubung, Zwangsarbeit, Ausbeutung von Kindern".

Nach Interpretation des Kriteriums untersuchte der Rat die Situation aus der Sicht von bestimmten Institutionen und im Hinblick auf internationales Recht. Im vorliegenden Fall bezog sich der Rat auf eine Erklärung von ICRC (International Committee of the Red Cross). ICRC urteilte, dass die israelischen Siedlungen ein Vergehen gegen das humanitäre Völkerrecht und eine Verletzung der IV. Genfer Konvention darstellten, insbesondere in Bezug zu Art. 49: „Die Besatzungsmacht darf nicht Teile ihrer eigenen Zivilbevölkerung in das von ihr besetzte Gebiet deportieren oder umsiedeln" (Council on Ethics 2010b, S. 3; ICRC 1950). Die Einschätzung des Rates bezieht sich auch auf ein Gutachten des Internationalen Gerichtshofs aus dem Jahr 2004. Dieses besagt, dass die israelischen Siedlungen in den palästinensischen Gebieten (einschließlich Ost-Jerusalems) unter Verletzung des Völkerrechts errichtet wurden (ICJ 2004). Als letzten Schritt prüfte der Rat die Position des UN-Sicherheitsrats, der in Resolution 465 die Rechtswidrigkeit der Siedlungen bestätigte (UN Security Council 1980).

---

[5] Der Rat interpretierte das Kriterium 2.3. (a) zum ersten Mal 2005, als die Verbindung des französischen Unternehmens Total SA zu Menschenrechtsverletzungen in Süd-Myanmar geprüft wurde.

4.3 Die Verbindung zwischen GPFG und den verdächtigen Unternehmen

GPFG war bis 2010 mit 5,5 Mio. Norwegischen Kronen (zirka 650.000 €) an Afrika Israel Investments beteiligt. Der Rat stellte fest, dass deren Tochterfirma Danya Cebus Ltd. sich beim Siedlungsbau im Westjordanland engagierte, was nach seiner Sicht eine Verletzung der Rechte von Individuen in Kriegs- und Konfliktgebieten darstellt. Beide Firmen sind an der Tel Aviv Stock Exchange separat aufgeführt, doch es ist die Eigentümerschaft von Afrika Israel Investments, die GPFG durch die indirekte Beteiligung zu einem Komplizen gemacht hatte (Council on Ethics 2009). Der Rat konnte nachweisen, dass Danya Cebus Ltd. in Bautätigkeiten der Siedlungen Modi'in Elit und Ma'aleh Adumin im Westjordanland involviert war. Zu den Quellen gehört eine Pressemitteilung vom 16. August 2004, dass das Unternehmen einen Green-Park-Komplex bauen werde. Außerdem wies ein Kaufvertrag vom 8. Mai 2005 zwischen Green Park International INC und einem privaten Käufer Danya Cebus Ltd. als verantwortlichen Auftragnehmer aus (ebd.).

4.4 Die Perspektiven der untersuchten Parteien

Der Rat forderte die Norges Bank auf, eine Stellungnahme von Afrika Israel Investments einzuholen und die Beteiligung von Danya Cebus Ltd. an den Bautätigkeiten zu klären. Die spezifischen Exklusionskriterien legen fest, dass die Verletzungen der Ethischen Richtlinien entweder andauern müssen oder dass ein nicht vertretbares Risiko besteht, dass diese in Zukunft wieder auftreten könnten. Daher war es von großer Bedeutung, die zukünftigen Pläne des Unternehmens zu klären – doch Afrika Israel Investments reagierte nicht (Council on Ethics 2009).

Der Rat ist angehalten, die Sicht aller untersuchten Parteien einzubeziehen (Council on Ethics 2010a). So ist die israelische Regierung der Ansicht, dass sie einen historischen Anspruch auf Gebiete des Westjordanlands hat, solange andere Teile der Bevölkerung durch die Besiedlung nicht benachteiligt werden. Sie bestreitet daher, dass die israelische Siedlungspolitik gegen die IV. Genfer Konvention verstoßen würde (Israeli Ministry of Foreign Affairs 2001; Israeli Central Bureau of Statistics 2006).

4.5 Empfehlung durch den Ethikrat

Die Ethischen Richtlinien verlangen die Exklusion von Unternehmen aus dem Beteiligungsportfolio von GPFG, deren Handlungen ein inakzeptables Risiko für den Fonds darstellen, sich an schweren Rechtsverletzungen (inklusive Völkerrechts- und Menschenrechtsverletzungen) mitschuldig zu machen: Eine Untersuchung des Rates kam zum Schluss, dass Afrika Israel Investments und Danya Cebus Ltd. direkt am Bau von Siedlungen im Westjordanland beteiligt waren. Dies verstieß nach Interpretation des

Rates gegen die Ethischen Richtlinien von GPFG, da die israelische Siedlungspolitik nach internationalem Recht als illegal eingestuft wurde (Council on Ethics 2009). Dem Rat war bewusst, dass mehrere Unternehmen innerhalb des GFPG-Anlageportfolios indirekt zur Siedlungspolitik beitragen (zum Beispiel durch die Bereitstellung von Baumaterial oder durch Lieferungen von Waren in die Siedlungen, wie Lebensmittel, Treibstoff oder Strom). Allerdings wird nicht jede wirtschaftliche Tätigkeit in den Siedlungen als Verstoß gegen die Ethischen Richtlinien gedeutet (ebd.). Im Fall von Africa Israel Investments und Danya Cebus Ltd. urteilte der Rat, dass die Unternehmen einen maßgeblichen Beitrag zur Verletzung der IV. Genver Konvention durch Israel geleistet und somit ein unmittelbares Risiko der Komplizenschaft für GPFG bestanden hatte. Der Rat zweifelte daran, dass Danya Cebus Ltd. seine Bautätigkeiten im Westjordanland in absehbarer Zeit einstellen würde. Da Africa Israel Investments auf eine Kommentierung des Berichts verzichtete, beschloss der Rat am 16. November 2009, die Exklusion der beiden Unternehmen aus dem Anlageportfolio zu empfehlen (ebd.).

4.6 Entscheidung durch das Finanzministerium

Der Fall Africa Israel Investments und Danya Cebus Ltd. verlangte erstmals eine Entscheidung nach dem Kriterium 2.3 (b): „Schwerwiegende Verletzungen der Rechte von Individuen in Kriegs- oder Konfliktsituationen". Das Ministerium forderte am 16. Februar 2010 den Rat zur weiteren Klärung der Umstände auf. Dieser bekräftigte die Zweifel, Danya Cebus Ltd. würde seine Aktivitäten ändern. Argumente für eine Exklusion lieferte der direkte Beitrag an Normverletzungen durch den Staat Israel, welche durch Africa Israel Investments und Danya Cebus Ltd. unterstützt wurden (Council on Ethics 2010b). Das norwegische Finanzministerium war bereit, Afrika Israel Investments und Danya Cebus Ltd. als Präzedenzfall zu etablieren, um diesen in Zukunft auf ähnliche Situationen anzuwenden. Es billigte die Empfehlung des Rates und wies die Norges Bank an, die entsprechenden Unternehmen aus dem GPFG-Anlageportfolio auszuschließen. Die Norges Bank ist grundsätzlich dazu verpflichtet, innerhalb von zwei Monaten nach einer Mitteilung des Ministeriums zu handeln. Nach einer Exklusion werden die Unternehmen unter Beobachtung gestellt. Wie im nächsten Abschnitt kurz beschrieben, besteht für Unternehmen prinzipiell die Möglichkeit zur Wiederaufnahme in das GPFG-Anlageportfolio.

4.7 Reintegration und erneute Exklusion der Unternehmen

Am 25. April 2013 empfahl der Rat, die Exklusion der Unternehmen Africa Israel Investments und Danya Cebus Ltd. aufzuheben (Council on Ethics 2013). Dementsprechend ordnete das Finanzministerium an, die Unternehmen wieder ins Anlageportfolio aufzunehmen. Die Unternehmen versicherten, ihre Beteiligung an Bauvorhaben im Westjordanland eingestellt zu haben und dass es keine Pläne gäbe, sich in neuen Projekten in diesem

Bereich zu engagieren. Allerdings nahm Danya Cebus Ltd. kurze Zeit später Aufträge in Ost-Jerusalem an, das ebenfalls als besetztes Gebiet eingestuft wird. In Folge empfahl der Rat am 1. November 2013 eine erneute Exklusion. Das Ministerium befürwortete diese Empfehlung des Rates am 30. Januar 2014 (Ministry of Finance 2014e).

5 Zusammenfassung

Wie oben angeführt, zählt GPFG zu den global größten und gleichzeitig zu den transparentesten Pensionsfonds der Welt (Backer 2009; Chesterman 2008; Clark und Monk 2009; Ministry of Finance 2014a; SWFI 2014). Vorbildhaft ist die vom norwegischen Finanzministerium initiierte Gründung und Strukturierung eines Ethikrates zur Kontrolle des Anlageportfolios von GPFG, welche auch Exklusionen von Unternehmen zulässt, die aktiv oder passiv zu Menschenrechtsverletzungen beitragen. GPFG zeigt mit seinen dialogorientierten Verfahren und Strukturen die Praxis einer aktiven Rolle als Corporate Citizen (Scherer und Palazzo 2007), der seiner ökologischen und gesellschaftlichen Verantwortung nachkommt.

Literatur

Backer LC (2009) Sovereign wealth funds as regulatory chameleons: the Norwegian sovereign wealth funds and public global governance through private global investment. Law J 40(4):101–201

Chesterman S (2008) The turn to ethics: disinvestment from multinational corporations for human rights violations – the case of Norway's sovereign wealth fund. Am Univ Int Law Rev 23:577–615

Clark GL, Monk AHB (2009) The legitimacy and governance of Norway's sovereign wealth fund. The ethics of global investment, Oxford University

Council on Ethics (2009) Recommendation to exclude the companies Africa Israel Investments Ltd. and Danya Cebus Ltd. P.1 http://www.regjeringen.no/upload/FIN/etikk/Recommendation_Africa_Israel.pdf. Zugegriffen: 5. Juni 2014

Council on Ethics (2010a) Annual Report 2010. http://www.regjeringen.no/pages/1957930/Annual-Report_2010.pdf. Zugegriffen: 23. Juni 2014

Council on Ethics (2010b) Letter to the Ministry of Finance on March 9th, 2010. http://www.regjeringen.no/upload/FIN/etikk/ERLetter_to_Ministry_of_Finance_March_2010.pdf. Zugegriffen: 24. Juni 2014

Council on Ethics (2013) Annual Report 2013. http://www.regjeringen.no/pages/1957930/Annual_report_2013.pdf. Zugegriffen: 23. Juni 2014

Council on Ethics (2014a) Recommendation to exclude the companies Africa Israel Investments Ltd. and Danya Cebus Ltd. P.1. http://www.regjeringen.no/pages/1930865/Africa_Israel_nov_2013.pdf. Zugegriffen: 23. Juni 2014

Council on Ethics (2014b) GPFG strategy for responsible investment. http://www.regjeringenno/upload/FIN/brosjyre/2010/spu/english_2010/index.htm. Zugegriffen: 23. Juni 2014

Graver Committee (2003) The report from the Graver Committee. http://www.regjeringen.no/en/dep/fin/Selected-topics/the-government-pension-fund/responsible-investments/The-Graver-Committee-documents/Report-on-ethical-guidelines.html?id=420232. Zugegriffen: 16. Juni 2014

ICJ (2004) Legal consequences of the construction of a wall in the occupied Palestinian Territory. http://www.icj-cij.org/docket/files/131/1671.pdf. Zugegriffen: 23. Juni 2014

ICRC (1950) IV Geneva convention. http://www.icrc.org/IHL.NSF/FULL/380?OpenDocument. Zugegriffen: 19. Juni 2014

Israeli Central Bureau of Statistics (2006) Statistical abstract of Israel. http://www1.cbs.gov.il/shnaton59/st02_06x.pdf. Zugegriffen: 16. Juni 2014

Israeli Ministry of Foreign Affairs (2001) Israeli Settlements and International Law. http://www.mfa.gov.il/mfa/foreignpolicy/peace/guide/pages/israeli%20settlements%20and%20international%20law.aspx. Zugegriffen: 16. Juni 2014

Ministry of Finance (2010a) Ethical guidelines. http://www.regjeringen.no/en/sub/styrer-rad-utvalg/ethics_council/ethical-guidelines.html?id=425277. Zugegriffen: 15. Mai 2014

Ministry of Finance (2010b) Letter to the council on ethics for the government pension fund global (sent on Feb. 18 2010). http://www.regjeringen.no/upload/FIN/etikk/Brev_til_ER_feb2010_Israel_eng.pdf. Zugegriffen: 23. Juni 2014

Ministry of Finance (2014a) Press release: a sound and responsible management of the Government Pension Fund. http://www.regjeringen.no/en/dep/fin/press-center/press-releases/2014/A-sound-and-responsible-management-of-the-Government-Pension-Fund.html?id=755312. Zugegriffen: 20. Mai 2014

Ministry of Finance (2014b) The management of the government pension fund in 2013. http://www.regjeringen.no/en/dep/fin/Documents-and-publications/propositions-and-reports/Reports-to-the-Storting/2013-2014/Meld-St-19-20132014/2.html?id=763158. Zugegriffen: 16. Juni 2014

Ministry of Finance (2014c) Companies excluded from the investment universe. http://www.regjeringen.no/en/dep/fin/Selected-topics/the-government-pension-fund/responsible-investments/companies-excluded-from-the-investment-u.html?id=447122. Zugegriffen: 16. Juni 2014

Ministry of Finance (2014d) Coal and oil producing companies. http://www.regjeringen.no/en/dep/fin/press-center/press-releases/2014/Expert-group-on-investments-in-coal-and-petroleum-companies.html?regj_oss=1&id=755273. Zugegriffen: 18. Juni 2014

Ministry of Finance (2014e) New decisions about the Government Pension Fund Global. http://www.regjeringen.no/en/dep/fin/news/news/2014/new-decisions-about-the-government-pensi.html?id=750091. Zugegriffen: 10. Juni 2014

NBIM (2013) Lov om Statens pensjonsfond. http://www.nbim.no/fondet/styringsmodellen/lov-om-statens-pensjonsfond/. Zugegriffen: 18. Juli 2014

NOU (2003) In Council on Ethics. 2009. Recommendation to the Ministry. http://www.regjeringen-no/upload/FIN/etikk/Recommendation_Africa_Israel.pdf. Zugegriffen: 20. Mai 2014

OCHA (2009) Five years after the international court of justice advisory opinion: a summary of the humanitarian impact of the barrier. http://www.ochaopt.org/documents/ocha_opt_the_humanitarian_monitor_2009_august_english.pdf. Zugegriffen: 20. Mai 2014

Reed (2014) Norway's sovereign wealth fund ramps up investment plans. New York Times. http://dealbook.nytimes.com/2014/06/24/norways-sovereign-wealth-fund-ramps-up-investment-plans/?_php=true&_type=blogs&_r=0. Zugegriffen: 24. Juni 2014

Scherer LC, Palazzo G (2007) Toward a political conception of corporate responsibility. Business and society seen from a habermasian perspective. Acad Manage Rev 32:1096–1120

Strategy Council (2013) Main report: responsible investment and the Norwegian government pension fund global. http://www.regjeringen.no/pages/38525979/sc_mainrreport.pdf. Zugegriffen: 23. Juni 2014

SWFI (2014) Sovereign wealth funds ranking. http://www.swfinstitute.org/fund-rankings/. Zugegriffen: 23. Juni 2014

UN Security Council (1949) Armistice Agreement UN Doc S/1264/Corr.1. http://unispal.un.org/UNISPAL.NSF/0/9EC4A332E2FF9A128525643D007702E6. Zugegriffen: 17. Juni 2014

UN Security Council (1980) Resolution 465. http://unispal.un.org/UNISPAL.NSF/0/5AA254A1C8F8B1CB852560E50075D7D5. Zugegriffen: 23. Juni 2014

Photocredit: FHWien der WKW

Marie Czuray MA ist wissenschaftliche Mitarbeiterin bei der Stiftungsprofessur für Corporate Governance and Business Ethics der FHWien der WKW. Neben dem Masterstudium in Soziologie hat sie die Bakkalaureatstudien in Soziologie und in Publizistik-/Kommunikationswissenschaft an der Universität Wien abgeschlossen. Ihr Studium verbrachte sie teilweise in Kopenhagen, Ottawa und Prag; außerdem sammelte sie auch Arbeitserfahrung im Ausland, unter anderem als Praktikantin im Wissenschaftszentrum Berlin für Sozialforschung und als Forschungsassistentin einer architektursoziologischen Studie der IT Universität Kopenhagen. Durch die Arbeit beim Österreichischen Kulturforum in Prag und später bei der ERSTE Stiftung in Wien lernte Marie Czuray praktische Umsetzungen von Corporate Social Responsibility (CSR) kennen. Nun vertieft sie ihre Kenntnisse auf diesem Gebiet durch Forschungs- und Publikationsprojekte.

Photocredit: FHWien der WKW

Stéphane Gartner MA ist wissenschaftlicher Mitarbeiter bei der Stiftungsprofessur für Corporate Governance and Business Ethics der FHWien der WKW. Sein Forschungsschwerpunkt liegt im Themenfeld Corporate Social Responsibility (CSR) als Schnittstelle zwischen Politik und Wirtschaft. Bereits als Student an der Maastricht University beschäftigte sich Stéphane Gartner mit nachhaltigen Geschäftsmodellen. Das Thema seiner Bachelorarbeit in European Studies war die CSR-Politik der Europäischen Kommission, seinen Master erlangte er in European Public Affairs. Durch Praktika bei der EU-Delegation in Namibia, beim South African Institute of International Affairs sowie beim Centre for the Study of Governance Innovation in Südafrika sammelte Stéphane Gartner wertvolle Erfahrungen im Bereich nichttarifäre Handelshemmnisse und Good Governance.

Photocredit: FHWien der WKW

FH-Prof. Dr. Markus Scholz ist Professor für Corporate Governance and Business Ethics an der FHWien der WKW, Research Fellow an der University of Pennsylvania/Wharton School of Business, Research Associate am Centre for Philosophy of the Natural and Social Sciences an der London School of Economics und ständiger Research Associate am Center for Ethics and Law in the Life Sciences an der Leibniz Universität Hannover. Zu seinen primären Forschungsbereichen zählen Unternehmensstrategie und Corporate Governance sowie Corporate Citizenship und Political Corporate Social Responsibility. Außerdem arbeitet Markus Scholz als Consultant mit Schwerpunkten in den Bereichen Corporate Governance and Business Ethics sowie im strategischen Management in diversen öffentlichen und privatwirtschaftlichen Projekten.

Transparenz, Nachhaltigkeit und Rendite: *Das* wirtschaftliche Erfolgskonzept der Zukunft

Stefanie Schock und Armand Colard

Zusammenfassung

Dem WWF Österreich ist es seit Jahren ein Anliegen, den heimischen Finanzmarkt auf Chancen und Risiken, die mit einer globalen, gesellschaftlichen Verantwortung einhergehen, aufmerksam zu machen. In diesem Sinne wurde ein Nachhaltigkeitsprozess ins Leben gerufen, der das Ziel hat, mehr Transparenz und Nachhaltigkeit in den Finanzsektor zu bringen. Ein praxistaugliches Set an ESG-Kriterien (Environmental, Social, Governance) ermöglicht die Bewertung von Investments nach ökologischen, sozialen und wirtschaftlichen Gesichtspunkten. Dazu wurde ein großer Pool an NachhaltigkeitsexpertInnen aus verschiedenen Disziplinen involviert, und deren Inputs wurden schließlich zur Generierung eines holistischen Bewertungsmodells herangezogen. Durch die Kooperation des WWF Österreich mit der Allianz Gruppe in Österreich wurde zudem ein Praxispartner gefunden, der sich bereit erklärt hat, die Erkenntnisse des Prozesses und den Anspruch einer holistischen Anwendung mit Hilfe ihrer gesamten Veranlagung in die Praxis zu übersetzen. Die gemeinsame Vision bestand darin, eine Methode zu finden, mit der erstmals umfassende Transparenz im Gesamt-Investitionsverhalten eines Finanzinstituts ermöglicht wird, um auf Basis dieser geschaffenen Transparenz große Kapitalströme gezielt in Richtung „mehr Nachhaltigkeit" zu bewegen. Im Zuge der seit 2011 dauernden Partnerschaft wurde ein kerngeschäftsrelevanter Teil des Versicherungskonzerns erstmals gesamtheitlich bewertet, die Ergebnisse wur-

---

S. Schock (✉)
WWF Österreich, Ottakringer Straße 114–116, 1160 Wien, Österreich
E-Mail: wwf@wwf.at, stefanie.schock@gmx.at

A. Colard
ESG Plus GmbH, Rudolf-Nurejew-Promenade 9/24/14, 1220 Wien, Österreich
E-Mail: a.colard@esgplus.at

den offengelegt und letztlich ambitionierte, quantitativ messbare Nachhaltigkeitsziele formuliert. Der Beitrag beschreibt den Prozess und das Modell im Detail.

1 Wirtschaft und Nachhaltigkeit: „Blackbox" Finanzmarkt

Der WWF hat sich dem Schutz der biologischen Vielfalt der Erde und der Gestaltung einer Zukunft verschrieben, in der Mensch und Natur in Einklang miteinander leben. Der Wirtschaft kommt dabei eine entscheidende Rolle zu, da sie in der gegenwärtigen Gesellschaft maßgeblichen Einfluss auf den Fortbestand wertvoller Ökosysteme, das Maß der Nutzung knapper Ressourcen, das Fortschreiten der Erwärmung des Erdklimas und weitere brisante Bereiche hat.

Gelingt es, einen Dialog mit der Wirtschaft zu führen, um sie im Sinne des Verursacherprinzips dazu zu bewegen, auch Teil der Lösung unserer globalen Probleme zu werden, kann ein ganzheitlicher Ansatz gelingen.

Dem Finanzsektor kommt aus Sicht des WWF eine entscheidende Rolle zu, denn dort haben Investitionen in Sektoren, Technologien, aber auch Bereiche des alltäglichen Konsums ihren (meist versteckten) Ursprung. Bedenkt man, dass alleine das österreichische Finanzvermögen privater Haushalte 2013 mit 557 Mrd. € rund 173 % des österreichischen BIP entspricht[1] und, dass der heimische „Finance Footprint" Auswirkungen in allen Ländern und Sektoren der Welt hat, wird bewusst, warum der Finanzsektor zentrales Gebiet von Nachhaltigkeitsüberlegungen sein muss und es einer gezielten (nachhaltigen) Lenkung von Kapitalströmen bedarf.[2] Dementsprechend ist einer der Lösungsansätze des „One Planet Living"-Konzepts des WWF auf die Umlenkung von Finanzströmen und auf ein Leben und Wirtschaften innerhalb der ökologischen Grenzen unserer Erde ausgerichtet[3] (Abb. 1).

Dem WWF Österreich ist es daher seit Jahren ein Anliegen, den heimischen Finanzsektor auf Chancen und Risiken, die mit einer globalen, gesellschaftlichen Verantwortung einhergehen, aufmerksam zu machen und sich gemeinsam mit Finanzinstituten für nachhaltige Lösungen einzusetzen.

In diesem Sinne wurde ein Prozess ins Leben gerufen, um mehr Transparenz und Nachhaltigkeit in den Finanzsektor zu bringen. Ein praxistaugliches Set an Kriterien ermöglicht die Bewertung von Investments nach ökologischen, sozialen und wirtschaftlichen Gesichtspunkten. Dazu wurde ein großer Pool an NachhaltigkeitsexpertInnen aus verschiedenen Disziplinen involviert, und deren Inputs wurden schließlich zur Generierung eines holistischen Nachhaltigkeitsmodells herangezogen.[4]

WWF Österreich kooperiert in diesem Zusammenhang mit der Allianz Gruppe in Österreich als Praxispartner, die in diesem Bereich als Pionier bezeichnet werden kann. Im

---

[1] Vgl. Oesterreichische Nationalbank 2014.
[2] Vgl. WWF Österreich 2011.
[3] Vgl. WWF International 2015.
[4] Vgl. WWF Österreich 2011.

Abb. 1 Ein kluger Lösungsansatz. (Quelle: ©WWF Deutschland 2015)

Zuge der seit 2011 dauernden Partnerschaft wurde ein kerngeschäftsrelevanter Teil des Versicherungskonzerns (Investitionen) erstmals gesamtheitlich bewertet, die Ergebnisse wurden offengelegt und auf dieser Grundlage ambitionierte, quantitativ messbare Nachhaltigkeitsziele formuliert.

Diese Offenlegung steht auch im Zeichen der aktuellen Standards für die Nachhaltigkeitsberichterstattung für Unternehmen und geht mit der letzten Novelle (G4) der „Global Reporting Initiative" (GRI) konform, in der gefordert wird, die aus Nachhaltigkeitssicht kritischen Kernbereiche der berichtenden Einheit auszuweisen und Informationen darüber bereitzustellen:

> The aim of G4 is to help reporters prepare sustainability reports that matter, **contain valuable information about the organization's most critical sustainability-related issues** and make such sustainability reporting standard practice.[5]

Die Allianz Gruppe in Österreich setzt mit dem vorliegenden Projekt ein klares Signal, die „Blackbox" Finanzmarkt aufzubrechen. Sie tritt den Beweis an, dass auch wirtschaftlich agierende Unternehmen diesen Schritt gehen können, und dass Nachhaltigkeit und Rendite nicht im Widerspruch zueinander stehen.

---

[5] Vgl. Global Reporting Initiative 2015.

2 Der gemeinsame Weg beginnt mit einer gemeinsamen Vision

Bereits 2009 äußerte die Allianz Gruppe in Österreich gegenüber WWF Österreich die zentrale Frage: Wie kann die Allianz ihre gesellschaftliche Verantwortung als „Good Corporate Citizen" noch stärker wahrnehmen und dabei einen ihrer größten Nachhaltigkeitshebel – die Kapitalanlagen – bedienen? Die gemeinsame Vision: Transparenz, Nachhaltigkeit und Rendite sollten auf einen Nenner gebracht werden. Aber zunächst musste ein geeignetes Modell gefunden oder entwickelt werden, das in der Lage sein würde, die gemeinsamen Ziele der Kooperation bestmöglich abzubilden.

2.1 Vision der Kooperation

Gemeinsam sollte eine Methode gefunden werden, mit der erstmals umfassende Transparenz im Investitionsverhalten eines Finanzinstituts ermöglicht würde; auf Basis dieser geschaffenen Transparenz sollten dann große Kapitalströme gezielt in Richtung „mehr Nachhaltigkeit" bewegt werden. Die Partner einigten sich auf folgende Kriterien:
Das Modell sollte

- holistisch auf große Portfolien anwendbar sein,
- Transparenz in einer „Blackbox" schaffen (auch gegenüber der Öffentlichkeit),
- eine Nachhaltigkeitsaussage über das Gesamt-Investitionsverhalten liefern,
- die drei Dimensionen der Nachhaltigkeit (E, S, G)[6] gleichwertig umfassen,
- dem Prinzip der Wesentlichkeit Rechnung tragen,
- von Drittparteien – mit Fokus auf Zivilgesellschaft, Wissenschaft und Wirtschaft – akzeptiert sein,
- als Basis für langfristige, messbare Nachhaltigkeitsziele („Commitments") dienen sowie
- in einen langfristigen Gesamt-Nachhaltigkeitsprozess eingebettet sein.

2.2 Meilensteine der Kooperation 2010–2014

Die Kooperation prägen im Wesentlichen drei relevante Phasen:

1. Machbarkeitsanalyse (2010–2011)
   Als ersten Schritt entschloss sich der WWF, in einer explorativen Phase mithilfe von Desk Research, Expertengesprächen, Fragebogenerhebungen und einem Multi-Stakeholder-Prozess eine faktische Basis für einen Nachhaltigkeitsprozess mit der Finanzwirtschaft zu schaffen. Die Ergebnisse flossen in eine Ende 2011 veröffentlichte

---

[6] Englisch für Umwelt, Soziales und Governance bzw. gute Unternehmensführung.

Studie ein[7], die auch den Start der Kooperation mit der Allianz Gruppe in Österreich darstellte.

2. Modellentwicklung und Portfolioanalyse (2012–2014)

In einer gemeinsamen Pressekonferenz wurden Ende 2011 die Studienergebnisse vorgestellt sowie seitens der Allianz Gruppe in Österreich die Bereitschaft ausgesprochen, die Inhalte der Studie erstmals in der Praxis anhand ihrer gesamten Veranlagungen[8] in den Bereichen Lebensversicherungen, Sachversicherungen sowie Mitarbeitervorsorge zu testen und weiterzuentwickeln. Es folgte eine aufwendige Modellentwicklungs- und Test-Phase, bei der – neben den bereits in der Studie beschriebenen Submodellen für Staaten[9] und Unternehmen[10] – ein neues Submodell für Pfandbriefe erstellt wurde. Ab 2012 wurden die ersten Submodelle mit dem Portfolio korreliert und die Ergebnisse analysiert sowie in einem „Backtesting" teilweise (z. B. für Staaten) bis zurück in das Jahr 1999 getestet. Nach zahlreichen Plausibilisierungs- und Evaluationsrunden wurde die Modellentwicklung Mitte 2014 schließlich abgeschlossen. Bis zu diesem Zeitpunkt war der gesamte Bestand an Investments (mehr als sieben Milliarden Euro) zu 95 % bewertet und lieferte damit erstmals eine signifikante Aussage über den Nachhaltigkeitsgrad der Kapitalanlagen der Allianz in Österreich.

3. Mehrjährige Nachhaltigkeitsziele (2015–2020)

Bis Ende 2014 wurden zwischen den Partnern kurz-, mittel- und langfristige Nachhaltigkeitsziele für 2015, 2020 sowie 2050 vertraglich vereinbart und der Öffentlichkeit im Dezember 2014 im Rahmen einer weiteren Pressekonferenz vorgestellt. Diese quantitativen Ziele beziehen sich einerseits auf eine sukzessive Steigerung des allgemeinen Nachhaltigkeitsgrades im Gesamt-Portfolio (gemäß ESG-Scores), andererseits wurden Subziele vereinbart, die den Metazielen des WWF zuspielen (gemeint sind konkrete Klima-Commitments wie etwa die Verdoppelung des Anteils erneuerbarer Energien im Portfolio bis 2020).

3 Der Multi-Stakeholder-Prozess

Für die Entwicklung der Kriterien, die zur Bewertung herangezogen werden sollten, entschloss sich der WWF Österreich, einen Multi-Stakeholder-Prozess zu initiieren und zu moderieren. Ein Expertenrat von rund 40 VertreterInnen aus Wirtschaft, Wissenschaft und dem NGO-Bereich[11] wurde gebeten, aus 350 vorgeschlagenen Indikatoren jeweils ein Set

---

[7] Vgl. WWF Österreich 2011.
[8] Ende 2011 ca. sechs Milliarden Euro, aktuell (Ende 2014) ca. sieben Milliarden Euro.
[9] Für die Bewertung von Staatsanleihen.
[10] Für die Bewertung von Unternehmensanleihen und Aktien.
[11] Darunter VertreterInnen der UNIDO, der Universität Wien, der Universität für Bodenkultur (BOKU), des Umweltbundesamtes, der Österreichischen Gesellschaft für Umwelt und Technik

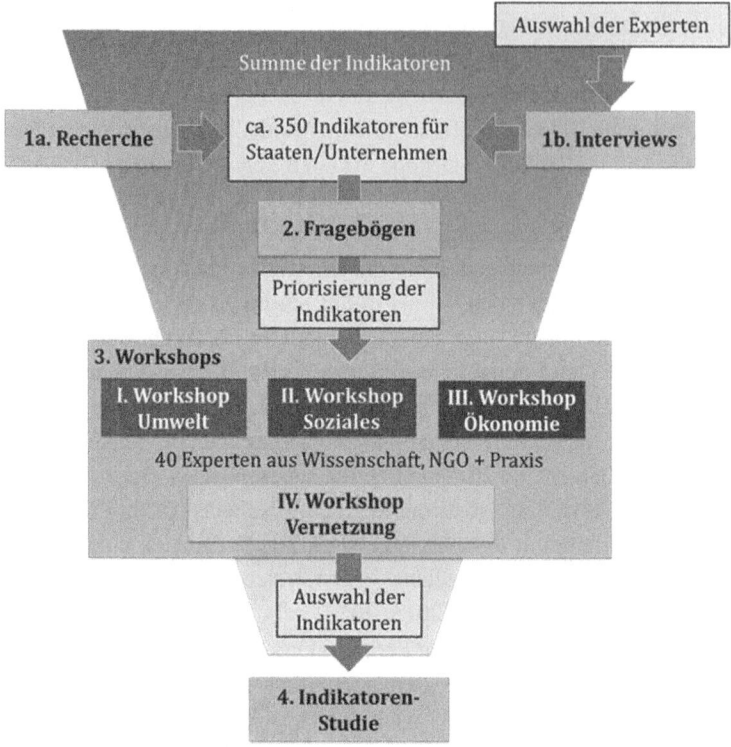

Abb. 2 Multi-Stakeholder-Prozess. (Quelle: WWF Österreich 2011)

für Staaten und für Unternehmen zu ermitteln, das die relevanten „Hot-Spots" der Nachhaltigkeit bestmöglich abdeckt und dabei ein hohes Maß an Praktikabilität behalten würde. Abbildung 2 zeigt den beschriebenen Prozess.

In vier Fokusgruppen-Workshops diskutierten die ExpertInnen zunächst in ihren eigenen Disziplinen Umwelt, Soziales oder Ökonomie. Interdisziplinären Austausch gab es in einem finalen Vernetzungs-Workshop, der von den TeilnehmerInnen selbst angeregt worden war. Der Prozess lieferte 100 als relevant befundene Nachhaltigkeitsindikatoren, darunter 56 für das Staatenmodell und 44 für das Unternehmensmodell. Etwa 30 % der Indikatoren wurden im Laufe der Workshops gänzlich neu von den ExpertInnen eingebracht.[12] Dieses Set bildete die Basis für das Nachhaltigkeitsmodell.

(ÖGUT), des IFF Soziale Ökologie der Universität Klagenfurt, von CARE, von Caritas, dem Roten Kreuz, der Arbeiterkammer, vom Bundesministerium für Arbeit, Soziales und Konsumentenschutz (bmask), von FAIRTRADE, der Reinhard Friesenbichler Unternehmensberatung (rfu), der Wirtschaftskammer, der Oesterreichischen Nationalbank (OeNB), der Oesterreichischen Kontrollbank (OeKB), der Industriellenvereinigung (IV), der Wirtschaftsuniversität Wien und vieler weiterer Institutionen.

[12] Vgl. WWF Österreich 2011.

Im Anschluss an den Stakeholder-Prozess wurden zwischen 2012 und 2014 im Zuge der Modellverfeinerung und -weiterentwicklung insgesamt rund 30 weitere ExpertInnen aus dem NGO-Umfeld bzw. mit spezifischem Know-how (etwa für einzelne Sektoren) herangezogen, um der Komplexität des Themas in einer umfassenden Form gerecht zu werden.

4 Das Modell und seine Anwendung

Das zugrunde liegende Modell setzt sich aus drei Sub-Kategorien (Submodellen) zusammen, die die Beschaffenheit des Portfolios widerspiegeln und den Großteil der Positionen eines klassischen „Mainstream-Investments" abdecken (Abb. 3).

Im Staatenmodell werden Staatsanleihen bewertet, die im Portfolio der Allianz Österreich rund 27% ausmachen (Stand: Ende 2014). Mithilfe des Best-in-Class-Ansatzes (BIC) werden die Staaten in Bereichen wie Klima, Biodiversität, Landnutzung, Mobilität, Demokratie, soziale Gerechtigkeit, Bildung, Gesundheit, Arbeit, öffentliche Investitionen, Steuer- und Schuldenpolitik miteinander verglichen. Aktuell kommen dabei 56 Indikatoren zur Anwendung (Stand: Ende 2014).

Der größte Teil des Portfolios beläuft sich mit 40 % auf Unternehmensanleihen und Aktien (Stand: Ende 2014), wobei sich die Bewertung von Unternehmen als weitaus komplexer erweist. Im Unternehmensmodell werden sowohl der Sektor, in dem das Unternehmen tätig ist, als auch die individuelle ESG-Performance in einem zweistufigen Bewertungsverfahren berücksichtigt. Der erste, generische Schritt bewertet die negativen Auswirkungen (Impacts), die dieser Sektor auf Nachhaltigkeitsbereiche wie Klima, Ressourcenintensität, Menschenrechte, Corporate Governance etc. hat. Diese sektorale Charakterisierung dient als Ausgangspunkt und weist dem jeweiligen Unternehmen einen „Startwert" zu, der nur durch eine Änderung seiner Kerngeschäftsfelder beeinflussbar wäre. In einem weiteren Schritt wird der Sektorwert mit der individuellen Bewertung des Unternehmens nach ESG-Kriterien kombiniert, was schließlich zu einem finalen Nachhaltigkeitswert (ESG-Score) führt. Das Unternehmensmodell unterscheidet per Ende 2014 mehr als 60

---

1. Staatenmodell [GOV]
- "Best-in-Class" (z.B. Best of EU-28)

2. Unternehmensmodell [CORP]
- zweistufiges Bewertungsverfahren (Sektor- und Titelbewertung)

3. Pfandbriefmodell [PFB]
- zweistufiges Bewertungsverfahren (Banken- und Deckungsstockbewertung)

Abb. 3 ESG-Submodelle. (Quelle: Eigene Darstellung 2014)

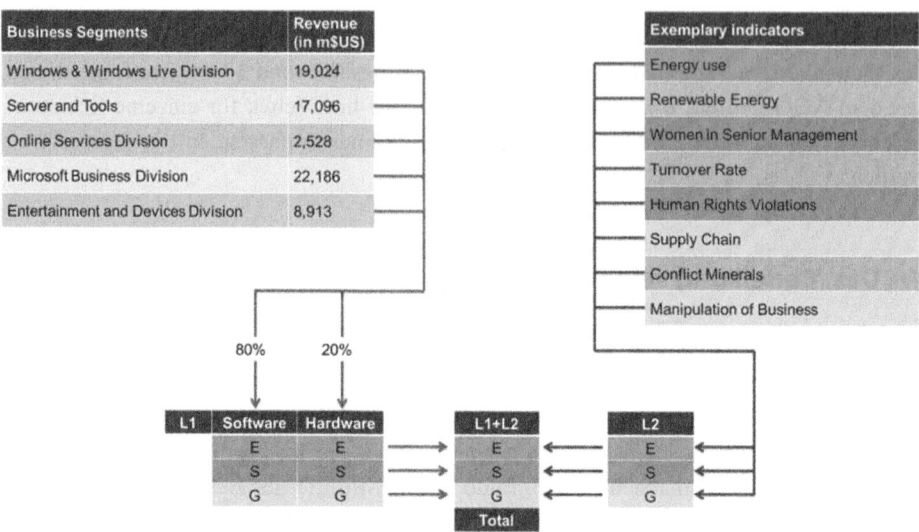

Abb. 4 Sektorbewertung wird mit individueller ESG-Bewertung des Titels kombiniert. (Quelle: Eigene Darstellung 2014)

Geschäftsbereiche (Business-Segmente) und greift auf einen Pool von rund 100 sektorspezifischen Indikatoren zurück.

Abbildung 4 veranschaulicht die beschriebene Vorgehensweise anhand des IKT-Sektors.[13] Die Größe der Business-Segmente des hier beispielhaft angeführten Unternehmens wird anhand der Umsätze bestimmt, die in den einzelnen Segmenten generiert wurden. Für die individuelle Bewertung wurden Indikatoren gewählt, die die ESG-Hot-Spots des Sektors abdecken. Sie beinhalten in diesem Fall neben Energieeffizienz und erneuerbaren Energien beispielsweise auch die Problematik der Konfliktmineralien.

Pfandbriefe machen im österreichischen Allianz-Portfolio rund 33 % der Asset Allocation aus (Stand: Ende 2014). Auch das Pfandbriefmodell besteht aus einem zweistufigen Bewertungsverfahren. Dabei wird, neben der Bewertung des Emittenten (der Bank), der Deckungsstock des emittierten Pfandbriefes bewertet. Das Modell berücksichtigt hypothekarische und staatsbesicherte Deckungsstöcke mit entsprechenden Indikatoren. Beim Pfandbriefmodell können je nach Beschaffenheit des Deckungsstocks bis zu 90 ESG-Indikatoren zum Einsatz kommen.

5 Der „Nachhaltigkeits-Check"

Ein Hauptfokus des gemeinsamen Projekts liegt auf dem „Nachhaltigkeits-Check" des Anlageuniversums der Allianz Gruppe in Österreich (Abb. 5), der mithilfe des vom WWF Österreich initiierten Bewertungsmodells durchgeführt wird. Jeder Position des

---

[13] Der Informations- und Kommunikationstechnologie-Sektor.

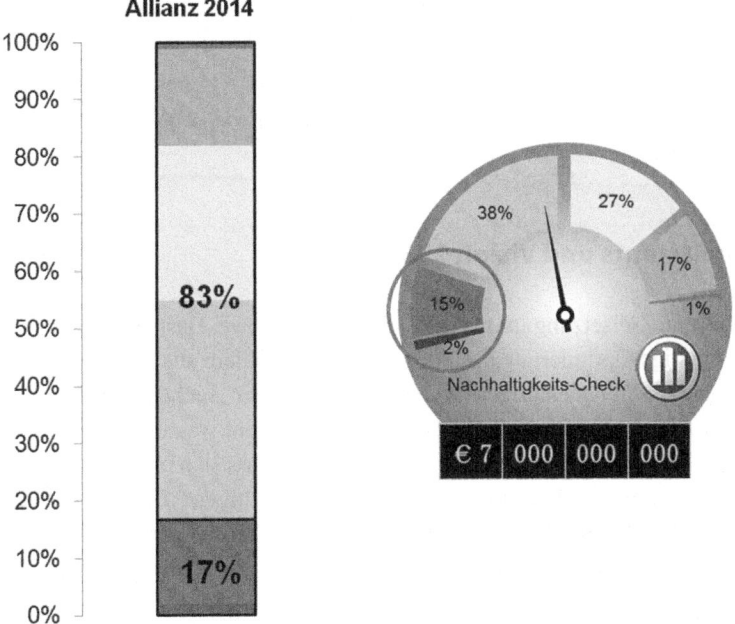

Abb. 5 Nachhaltigkeits-Check der Allianz Investments in Österreich. (Quelle: Allianz Österreich 2014)

Universums, das rund 18.000 Wertpapier-Positionen von über 700 Emittenten umfasst, wird dabei ein Nachhaltigkeitswert zugewiesen. Die Messskala reicht von Null (niedrigster Nachhaltigkeitswert) bis 100 (höchster Nachhaltigkeitswert) und bewertet die drei gängigsten Wertpapier-Klassen:

1. Sovereign bzw. Government Bonds (Staatsanleihen),
2. Corporate Bonds und Equity (Unternehmensanleihen und Aktien) sowie
3. Covered Bonds (Pfandbriefe).

Die Nachhaltigkeitsskala wird in fünf Bereiche unterteilt. Die beiden unteren Quintilen bezeichnen den „nicht-nachhaltigen" Bereich, die mittlere Quintile den „durchschnittlich nachhaltigen" Bereich[14], die beiden oberen Quintilen zeigen den „nachhaltigen" Bereich an.

Der Nachhaltigkeits-Check der Allianz Gruppe in Österreich zeigt, dass sich der größte Teil (65 %) der Investments im durchschnittlichen Nachhaltigkeitsbereich, 17 % im nicht-nachhaltigen und 18 % im als nachhaltig bewerteten Feld befinden. Der Fokus des WWF

---

[14] Die mittlere Quintile ist wiederum in zwei Hälften unterteilt: „besserer Durchschnitt" und „schlechterer Durchschnitt".

Österreich liegt nun in der sukzessiven Verbesserung der mit einem Kreis gekennzeichneten Kategorie des Allianz-Portfolios (Abb. 5).

Überwiegend „nachhaltige" Portfolien würde man im Nischensegment SRI (Sustainable and Responsible Investment) finden, zu dem zum Beispiel Öko-, Nachhaltigkeits- oder Ethikfonds zählen.

6 Commitments und Vision 2030

Die gemeinsame Zielsetzung umfasst im Wesentlichen zwei Bestandteile:

Die nachhaltige Optimierung des Portfolios, die vor allem aus einer Umschichtung der nicht-nachhaltigen in nachhaltigere Bereiche besteht. Der „nicht-nachhaltige" Anteil soll demnach im Jahr 2020 nur mehr zwölf Prozent betragen, was einer Umschichtung von rund 350 Mio. € entspricht. Die Vision für 2030 lautet, dass sich nur mehr fünf Prozent der österreichischen Allianz-Investments im „nicht-nachhaltigen" Bereich befinden sollen. Der inhaltliche Schwerpunkt liegt dabei auf der Verbesserung des Nachhaltigkeitsgrades des Unternehmens-Portfolios. Hier findet sich der höchste Anteil an nicht-nachhaltigen Positionen (Abb. 6).

Gleichzeitig ist es für eine globale Naturschutzorganisation wie den WWF wichtig, mit der Allianz Gruppe in Österreich auch Umweltziele zu definieren. Weitere Teile der Zielvereinbarung umfassen daher bereits ab 2015 den schrittweisen und dauerhaften Ausstieg

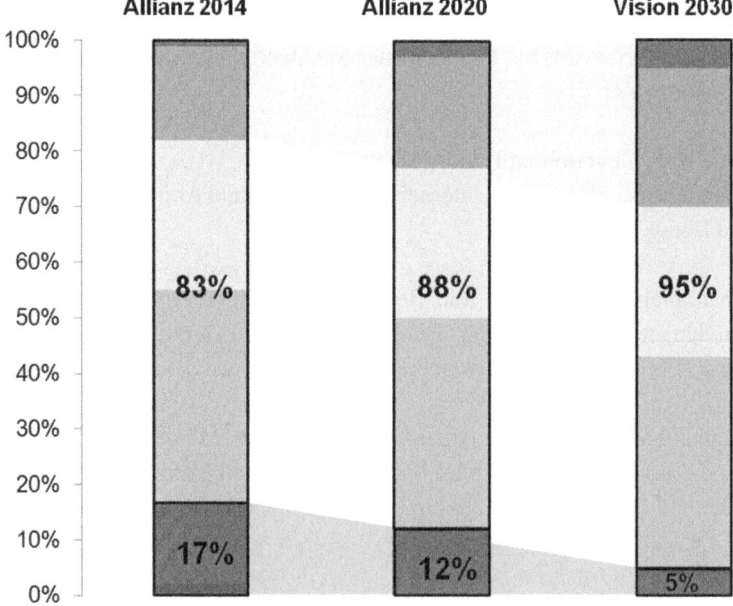

Abb. 6 Nachhaltigkeitsvision der Allianz Österreich für 2030. (Quelle: Allianz Österreich 2014)

aus Kohleabbau-Unternehmen, sowie das Verdoppeln des Anteils erneuerbarer Energien von derzeit knapp 12 auf 24 % bis 2020.[15]

7 Ausblick: Quo vadis, „Nachhaltiger Finanzmarkt"?

Die Erkenntnisse aus dem fünfjährigen Nachhaltigkeitsprozess bestärken den WWF Österreich in der Position, dass der Finanzmarkt und seine Player zu wenig Transparenz in Bezug auf „Nachhaltigkeit im Kerngeschäft" aufweisen. Es bedarf geeigneter Diagnoseinstrumente für die Messung der Nachhaltigkeit sowie einer einheitlichen Norm für die Diagnose, um eine allgemeine Vergleichbarkeit zu gewährleisten. Aus Sicht des WWF sollte diese Norm der Zivilgesellschaft entspringen, ähnlich wie die Gütesiegel für Holz und Papier (FSC) oder nachhaltigen Fisch (MSC).

Weltweit sind ungefähr US$ 70.000 Mrd. veranlagt.[16] Wenn weitere Finanzunternehmen dem Beispiel der Allianz Gruppe in Österreich folgen und fünf Prozent ihrer Kapitalanlagen in Richtung mehr Nachhaltigkeit verschieben, würde das bedeuten, dass global bis zu US$ 3500 Mrd. neu in nachhaltig agierende Unternehmen veranlagt werden. Immerhin entspräche dies der jährlichen Wirtschaftsleistung Deutschlands, der größten Volkswirtschaft Europas.[17] Das enorme Potenzial und die damit einhergehende Verantwortung des Finanzmarktes, für mehr Nachhaltigkeit zu sorgen, stecken global in den Kinderschuhen. In Österreich gibt es mit der Allianz Gruppe in Österreich nun ein Best-Practice-Beispiel, das zeigt, wie die Faktoren Transparenz, Nachhaltigkeit und Rendite in Einklang gebracht werden können.

Literatur

Allianz Österreich (2014) Pressekonferenz von Allianz Österreich und WWF Österreich vom 2. Dez. 2014

Deutsche Bundesbank (2014) Statistiken/Bruttoinlandsprodukt. http://www.bundesbank.de/Navigation/DE/Statistiken/Zeitreihen_Datenbanken/Makrooekonomische_Zeitreihen/its_details_value_node.html?tsId=BBNZ1.A.DE.N.G.0000.A. Zugegriffen: 10. März 2015

European Commission (2015) Climate Action/The 2020 Climate and Energy Package. http://ec.europa.eu/clima/policies/package. Zugegriffen: 8. März 2015

Global Reporting Initiative (2015) G4 Sustainability Reporting Guidelines. www.globalreporting.org/reporting/g4. Zugegriffen: 8. März 2015

Oesterreichische Nationalbank (2014) Statistiken- Daten & Analysen/Statistiken Q4/2014. http://www.oenb.at/Publikationen/Statistik/Statistiken-Daten-und-Analysen/2014/statistiken-daten-und-analysen-Q4-14.html. Zugegriffen: 6. März 2015

---

[15] Das EU-Klimaziel für erneuerbare Energien lautet im Vergleich 20 % bis 2020 (vgl. European Commission 2015).

[16] Vgl. The Boston Consulting Group 2014.

[17] Vgl. Deutsche Bundesbank 2014.

The Boston Consulting Group (2014) Asset-Management-Branche verzeichnet stärkste Erholung seit der Finanzkrise. http://www.bcg.at/media/PressReleaseDetails.aspx?id=tcm:101-165213. Zugegriffen: 10. März 2015

WWF Deutschland (2015) Living Planet Report 2014. http://www.wwf.de/living-planet-report/. Zugegriffen: 6. Okt 2015

WWF International (2015) Living planet report 2014. http://www.wwf.at/de/living-planet-report-2014. Zugegriffen: 8. März 2015

WWF Österreich (2011) Praxismodell Nachhaltiger Finanzmarkt – Indikatoren für die Bewertung von Investments. www.wwf.at/investment-bewertung. Zugegriffen: 6. März 2015

Mag. (FH) DI Stefanie Schock Jahrgang 1985, Studium Tourismusmanagement an der FH Wien sowie Umwelt- und Bioressourcenmanagement an der Universität für Bodenkultur Wien. Berufliche Tätigkeit bei der Raiffeisen Zentralbank von 2008 bis 2010 im Bereich Kreditmanagement, seit 2011 Spezialisierung auf den Bereich nachhaltige Investitionen bei WWF Österreich. Betreuung von nachhaltigen Finanzprodukten bzw. Entwicklung eines Modells zur ganzheitlichen Bewertung des Kerngeschäfts im Rahmen von Kooperationen mit ERSTE-SPARINVEST und Allianz Österreich (ERSTE WWF STOCK UMWELT gewann den Deutschen und Österreichischen Fondspreis 2015 in der Kategorie „Sustainable Investment", TRIGOS Award 2015 für Allianz Österreich und WWF Österreich in der Kategorie „Beste Partnerschaft").

Mag. Armand Colard Jahrgang 1976, Studium der Biologie (Ökologie) an der Universität Wien sowie Umweltökonomie an der Wirtschaftsuniversität Wien. Berufliche Tätigkeiten: 2002 bis 2003 bei einer Privatbank in Wien im Bereich Institutionelle Kunden, 2003 bis 2006 in einem Forschungsprojekt des IFF Soziale Ökologie (im Auftrag des Wissenschaftsministeriums) und zwischen 2006 und 2015 bei WWF Österreich verantwortlich für den Bereich „Sustainable Finance". Seit Sommer 2015 Gründer und Leiter der ESG Plus GmbH, die auf Nachhaltigkeitsberatung für den Finanzsektor spezialisiert ist.

Photocredit: WWF (CB)

The manufacturer's authorised representative in the EU is Springer Nature Customer Service Centre GmbH, Europaplatz 3, 69115 Heidelberg, Germany. If you have any concerns regarding our products, please contact ProductSafety@springernature.com

Printed and bound by CPI Group (UK) Ltd, Croydon, CR0 4YY
23/03/2026
02076739-0013